LA 'RAISON D'ÊTRE'
AUTHENTIQUE

Éric Gautier

LA 'RAISON D'ÊTRE' AUTHENTIQUE

Éditeur : BoD-Books on Demand
12-14 rond-point des Champs-Élysées, 75008 Paris
Impression : Books on Demand, Norderstedt, Allemagne

ISBN : 978-2-3222-0402-1
Dépôt légal : avril 2020

Avant-propos

Ce livre est issu des travaux sur la singularité de Patrick Mathieu et de la thèse universitaire d'Éric Gautier "La révélation de la singularité identitaire par un consultant"[1] réalisée au Laboratoire de Recherche en sciences de Gestion Panthéon-Assas dirigé par le Pr. Véronique Chanut.

Sont ici remerciés les membres du jury de thèse : les Professeurs des Universités Jean-Michel Plane et Maurice Thévenet, Mme Stefka Mihaylova et Mme Catherine Voynnet-Fourboul, Maîtres de Conférences, M. Patrick Mathieu Président-Directeur Général de patrickmathieu singularité, ainsi que le Dr. Michel Schiro pour sa contribution et son soutien.

---

[1] Soutenue le 8 novembre 2018. Lauréat du prix de thèse 2019 Université Paris 2 Panthéon-Assas

Résumé

Communiquer la "raison d'être" de l'organisation nécessite pour le dirigeant une recherche de sens. Né de la première thèse universitaire à propos de la raison d'être instituée par la loi Pacte, ce livre décrit un modèle innovant « la singularité révélée » pour tout dirigeant, manager, entrepreneur souhaitant accéder au sens profond de son entreprise.

Le livre expose comment cette révélation peut faire émerger la vocation, la mission, la conscience et aussi comment la quête existentielle amène le dirigeant à se questionner sur le bien-être, la considération, la bienveillance, à faire des choix, à s'ouvrir à des intérêts pluriels et plus larges, inspirer les salariés et imprégner l'écosystème.

En outre est ici expliqué comment la mobilisation des savoirs par l'intelligence collective favorise l'appropriation de la raison d'être : depuis la singularité le dirigeant aligne le cadre stratégique, formalise des principes rationnels, émotionnels et spirituels pour l'action des équipes.

Cet ouvrage aux nombreuses conséquences managériales sera également utile aux étudiants en master, thèse ou école d'ingénieur, ainsi qu'aux enseignants-chercheurs et consultants. En outre, la singularité étant propre à chacun, ce livre pourra aider toute personne dans son quotidien d'acteur dans les organisations, dans la société, dans les associations ainsi qu'à titre personnel.

En 1951 dans la trilogie avant-gardiste de science-fiction « Fondation », Issac Asimov posait le destin de la civilisation humaine sur d'autres planètes habitées au fil de 50 000 ans (Leslie, 2020). Aujourd'hui des voyages interstellaires deviennent envisageables (Kaku, 2019). Ces nouvelles perspectives en rupture invitent à réfléchir à un management augmenté et élargi pour faire face à la nouvelle complexité de demain. A titre d'exemple, les équipages et les passagers de voyages en vaisseaux interplanétaires Terre-Mars selon la vision d'Elon Musk[2], ne se gèreront pas de la même façon qu'à bord d'un avion Paris-New York. Mais n'oublions pas que ce voyage s'effectuait en paquebot jusqu'à ce que Lindbergh[3] en 1927 devienne le premier pilote à relier sans escale New York à Paris : il a fait changer la temporalité. Or ce fait qui était révolutionnaire hier est devenu une banalité aujourd'hui.

Pour Edgar Morin « un changement de paradigme est révolutionnant. Une révolution affectant un grand paradigme modifie les *nuclei* organisateurs, et de la société, et de la civilisation, et de la culture, et de la noosphère. C'est une transformation du mode de pensée, du monde de la pensée et du monde pensé. Changer de paradigme, c'est à la fois changer de croyance, d'être et d'univers. » (Morin, 1991, p. 344). Mais pour cela « l'idée nouvelle doit se faire un premier nid, avant de pouvoir se fortifier et devenir une tendance reconnue […]. La révolution héliocentrique n'a pu triompher que dans les **conditions de bouleversement culturel, historique et social** où naissait le monde moderne. » (Morin, 1991, p. 348).

Aujourd'hui le bouleversement climatique mobilise les entreprises et leur Responsabilité Sociale et Environnementale (RSE) : au-delà des principes, des codes de conduite, des bonnes pratiques, des normes, ce bouleversement implique les individus et leur devenir. Dès lors le

---

[2] Elon Musk, entrepreneur, chef d'entreprise et ingénieur, PDG de la société SpaceX
[3] Charles Augustus Lindbergh (1902-1974) est un pionnier américain de l'aviation

sens de la RSE se pose pour chacun (Gond et Igalens, 2019) : fierté d'appartenance, estime de soi, empowerment, inclusion, écoresponsabilité.

Dès maintenant, la crise sanitaire sans précédent que nous traversons appelle à une réflexion profonde sur la contribution de nos sociétés au monde, questionnement pouvant aboutir à une forme de rupture de leur fonctionnement actuel : **un enjeu majeur de la raison d'être des entreprises.**

Ainsi de la terre plate à la terre ronde, de la terre ronde intégrée à notre galaxie, de la galaxie intégrée à l'univers, cela nous amène à un changement de paradigme : l'Homme peut aller à la découverte de son univers identitaire. C'est la suite du chemin de l'Homo Sapiens : un groupe a acquis des techniques, apporte un projet, construit une raison d'être. Il comprend mieux sa singularité et sa présence, compréhension accrue par la disparition d'autres espèces agissant comme un révélateur ou le « négatif » d'une photo.

Imaginer partir vivre sur une autre planète, comme dans un autre pays c'est certes gérer la mobilité fonctionnelle mais aussi existentielle : qui suis-je dans ce nouveau pays avec son identité et la mienne ? Les entreprises le savent : se développer active ces questions existentielles à résoudre souvent dans l'urgence et provoque des sauts quantiques parce que demain, rien ne sera plus comme avant. Pour cela elles ont besoin de raccourcis, de trouver un passage qui relie deux points distants dans l'espace et dans le temps en écho à la théorie du « Trou de ver » : en entrant dans un ascenseur on peut se déplacer à différents étages d'un immeuble, à la différence près que l'on ne pourra pas retourner au même endroit (Kaku, 2019).

Ce livre sur la raison d'être invite à mieux comprendre un de ses facteurs de réussite tant pour les organisations que pour les individus : la **singularité** ainsi nommée par le chercheur et praticien Patrick Mathieu (Poitevin, 2019).

Introduction

« *Tous les managers le ressentent : nous vivons dans un monde où la volatilité et l'incertitude sont devenues la norme. Les consommateurs sont plus volatils que jamais ; il ne faut que quelques semaines pour qu'un marché émergent prometteur se déstabilise ; l'incertitude juridique affecte presque tous les secteurs. Dans le domaine du digital, enfin, les innovations se succèdent à un rythme soutenu.* » (Charles-Edouard Bouée[4] Président-directeur général de Roland Berger[5])

« *La meilleure expression est que nous vivons dans un monde Vuca. À présent, nous avons une bonne visibilité jusqu'à soixante jours, maximum quatre-vingt-dix. Mais c'est tout.* » (Hans-Ulrich Engel, directeur financier de BASF[6])

L'acronyme VUCA (Volatilité, Incertitude, Complexité, Ambiguïté)[7] utilisé par l'armée américaine pour qualifier un nouveau type d'environnement qui émerge a été transposé à l'entreprise pour décrire la turbulence du monde du travail moderne, avec des environnements organisationnels en évolution rapide, avec la nécessité pour les managers de s'adapter à ces changements (Hall et Rowland, 2016). L'entreprise apparaît elle-même comme une *Gestalt* : elle est insaisissable, elle se forme et se reforme en permanence (Weick, 1979). **Les implications managériales de ce constat soulèvent la question de l'existence dans l'organisation d'invariants, comme facteur de pérennité, pouvant servir au dirigeant de point d'ancrage, en dépit des mouvements et des turbulences d'un environnement**

---

[4] Charles-Edouard Bouée, "Entreprise : comment faire de l'instabilité une force", La Tribune, 21 janvier 2014.
http://www.latribune.fr/opinions/tribunes/20140121trib000810980/entreprise-comment-faire-de-l-instabilite-une-force.html
[5] Roland Berger créé en 1967 en Allemagne par Roland Berger, est un des principaux cabinets de conseil en stratégie sur le plan international.
[6] BASF SE est le plus grand groupe de chimie au monde.
Les Échos, 21 février 2017. https://www.lesechos.fr/idees-debats/cercle/cercle-166536-comment-deployer-une-strategie-anti-vuca-2066639.php
[7] Volatility, Uncertainty, Complexity, Ambiguity

incatain. Comment le dirigeant peut-il redonner des perspectives à long terme à son entreprise et à ses équipes ? Quels leviers peut-il actionner ? De quels outils dispose-t-il pour faire face à ce phénomène ?

Pour aider le dirigeant, les services offerts par les consultants sont nombreux : audit, organisation, management, stratégie, ressources humaines, informatique, innovation, etc. Ces prestations sont proposées par des cabinets à taille et objet variables. L'actualité montre que le marché du conseil est en évolution : dans le domaine qui nous intéresse, le conseil en gestion, des cabinets prestigieux et les branches conseil en stratégie des « big four[8] » structurent leurs prestations sur le marché de la transformation. Ainsi en 2015, le BCG (Boston Consulting Group) fait l'acquisition[9] de Brighthouse, cabinet conseil précurseur du « *purpose led transformation* » avec un objectif affiché : aider les clients à définir leur véritable « pourquoi » et à aligner toute leur organisation autour de ce but afin d'accélérer la transformation et la création de valeur. Dans le même temps, le cabinet Ernst & Young déploie ce même concept dans le monde entier. Cette approche qui s'intéresse au « pourquoi » est utilisée par de grandes organisations et suscite un intérêt : le livre « *Start with Why: how great leaders inspire everyone to take action* » de Simon Sinek[10] (2009) est devenu un « *best-seller* ». Cette actualité sous-tend une autre question : **cette évolution conjoncturelle traduit un questionnement plus profond se posant de plus en plus comme une nécessité pour les dirigeants : la recherche de sens.**

La société « patrickmathieu singularité » (PMS), se situe dans ce champ d'activité. Dans ce contexte, notre attention s'est portée sur les clients de cette société de recherche et de conseil sur la singularité qui touche à des domaines « existentiels » (au sens générique du terme) de l'organisation et à sa pérennité. Elle a été créée en 1999 par Patrick

---

[8] Ernst & Young, Deloitte, KPMG et PricewaterhouseCoopers
[9] https://www.bcg.com/d/press/28may2015-bcg-acquires-brighthouse-12165
[10] Simon O. Sinek, né en 1973, est un auteur anglo-américain, conférencier motivateur et consultant en marketing

Mathieu qui en est le PDG, avec un double objectif : d'une part, accompagner les dirigeants d'entreprises et d'autre part, mener des recherches sur ce qui forme **l'invariant** d'un système : la singularité que l'on pourrait définir par analogie d'ADN de ce même système. Le positionnement de PMS se situe à contre-courant d'approches connexes (tableau 1) comme le « Barrett Values Centre » (Barrett, 1998) qui s'intéressent aux façons de transformer les valeurs ou la culture de l'organisation (Cameron, Quinn, 2005) pour mettre en œuvre le projet d'entreprise.

Approche	Objet	Auteurs
Intégrée	Modèle d'ensemble pour identifier la culture organisationnelle et la faire évoluer.	Robert Cooke Daniel Denison Olivier Devillard et Dominique Rey Gerry Johnson et Kevan Scholes Marc Lebailly et Alain Simon Joanne Martin Edgar Schein
Types d'organisation	Identification de la culture d'entreprise à partir d'une typologie et mise en œuvre de proposition pour la faire évoluer.	Kim Cameron et Robert Quinn Terence Deal et Allan Kennedy John Kotter et James Heskett Toyohiro Kono et Stewart Clegg
Démarche	Définition d'un processus pour diagnostiquer et faire évoluer la culture organisationnelle.	Larry Senn Carolyn Taylor Maurice Thévenet
Valeurs	Identification des valeurs comme bases de la culture ainsi que la manière de les transformer pour atteindre la culture cible.	Richard Barrett Chris Edmonds Thierry Wellhoff et Jean-François Claude
Expériences	Les résultats à obtenir guident le changement de culture, les actions à réaliser et les expériences sur les croyances pour y parvenir.	Roger Connors et Tom Smith

Tableau 1 : les approches concurrentes de PMS se concentrent sur le changement de culture

L'approche de PMS consiste au contraire à rechercher ce qui ne change pas au sein de l'organisation en explorant son identité, pour en faire le pivot de la transformation. Pour Sarason (1995) l'intégration de l'identité organisationnelle dans la réflexion sur les sociétés permet de donner une explication sur les raisons (le pourquoi) pour lesquelles les entreprises évoluent dans une direction particulière, plutôt que sur la façon (le comment) dont les organisations changent.

PMS s'adresse aux fondateurs, présidents, CEO, et aux membres de comités exécutifs d'entreprises. Son équipe sert une clientèle avec un champ d'action international (Europe, USA, Asie), composée d'entreprises du CAC 40, françaises et internationales et de start-ups à fort potentiel. PMS intervient dans de nombreux domaines, et en particulier le luxe, la robotique, les services B2C et B2B, les médias, la grande consommation, la distribution, les organismes publics et collectivités territoriales et aussi l'humanitaire.

Problématique et cadre conceptuel

La singularité de PMS se rattache au plan académique à l'identité organisationnelle. Selon Albert et Whetten (1985) les caractéristiques centrales, distinctives et stables de l'organisation permettent de répondre à des questions identitaires « Qui sommes-nous ? Dans quel genre d'entreprise sommes-nous ? Que voulons-nous devenir ? » L'identité organisationnelle fait émerger le sens (Weick, 1979). Elle est aussi un schéma d'interprétation et d'action de l'organisation (Gioia et Thomas, 1996) et crée des référents utilisables par le management, des orientations dans un but de congruence et de légitimité (Dutton et Penner, 1993 ; Ashforth et Mael, 1996). Gagliardi (1986) et Gioia et al. (2000) distinguent dans l'identité organisationnelle une partie dynamique qui se construit au fil du temps et des événements et une partie stable constituée d'invariants transmis par le fondateur et présumés être résistants aux tentatives de changement en écho au modèle de Schein (1983).

Se pose alors la question de la mesure de l'identité pour les organisations dans lesquelles des tentatives d'auto-observation sont mises en œuvre. Si l'identité existe par ses propriétés organisationnelles, en revanche elle n'est ni nécessairement accessible ni parfaitement partagée de façon égale à la perception des membres de l'organisation. Cela peut expliquer leurs interrogations et le recours à un consultant spécialisé dans le but de les aider à accéder au sens de cette identité.

En outre, la multiplicité des perceptions de l'identité génère de l'incertitude et de la confusion au sein d'une équipe. De cette confusion peut apparaître chez elle un besoin d'ancrage à un modèle identitaire bien défini et qui lui permet de faire sens. Ainsi l'objectif de ce livre est de répondre à une question principale : **quelle valeur ajoutée peuvent apporter les interventions conduites par un consultant auprès de dirigeants, visant à clarifier l'identité de l'organisation ?**

Pour traiter cette question nous allons rechercher comment des individus affiliés à une organisation accèdent au sens de l'identité dans le processus de la singularité révélée, accompagnés par un professionnel du conseil et nous nous intéresserons aux effets de cette révélation.

Épistémologie et méthodologie

La posture épistémologique constructiviste comme observateur participant de la société PMS a permis d'accéder à de très nombreuses données et aux interventions de conseil pendant quatre ans. L'acquisition des données est extrêmement diversifiée et combine dans une approche ethnographique, des observations participantes de missions de conseil, des récits de vie, des observations de vidéos, des entretiens semi-directifs et des analyses de cas.

L'analyse qualitative des données selon les principes de la « Grounded Theory » (Glaser et Strauss, 1967) est centrée sur un codage axial et sélectif (Strauss et Corbin, 2015) des discours des dirigeants et des données empiriques de l'observation participante. Tous les entretiens retranscrits ont été codés à l'aide du logiciel QDA Miner.

Un objectif de théorie

Nous soutenons un objectif de rendre enseignable la connaissance avec la production d'une théorie. Théoriser, c'est faire émerger à partir de données brutes des éléments qui auront du sens. Pour le sociologue

Merton (1967) la théorie est la formulation de réponses à des questionnements avec pour périmètre les connexions existantes dans un phénomène, qui explique la nature des relations causales, et donc pourquoi les choses se passent ainsi et selon un certain ordre. Chalmers (1976) résume le modèle classique de la science, à travers un processus (figure 1) de production de connaissances scientifiques.

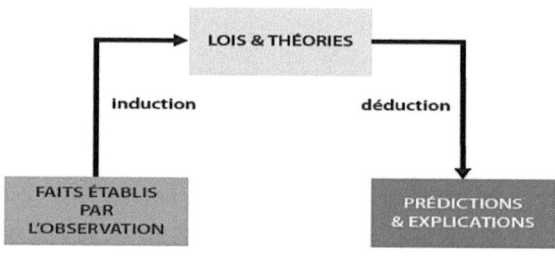

**Figure 1 : modèle classique de la science
(Chalmers, 1976)**

Dans ce cadre, notre connaissance relève d'observations auprès de clients de la société PMS. L'observation porte sur une situation particulière, celle de la clarification d'une identité organisationnelle par un consultant. A partir de faits convergents, nous avons pu raisonner de façon inductive et généraliser pour formuler des énoncés universels qui constituent les théories scientifiques. Nous parlons alors d'explications et de la prédiction possible des phénomènes. En sciences de gestion Desreumaux (2015) rejoint la définition générale de la théorie sur le sens : un modèle agençant un ensemble de variables qui permet d'expliquer un phénomène donné.

Pour aller dans cet objectif de théorie, des sous-questions de recherches et des suppositions (tableau 2) issues d'une première observation du terrain ont été mobilisées au sens de Kelle (1995).

Ces objectifs de recherche structurent la partie théorique de ce livre : la place de l'accompagnement, l'analyse de l'apport des outils, l'identité organisationnelle et la singularité.

Objectifs de la recherche	Sous-questions de recherche	Suppositions issues des premières observations de terrain
Place de l'accompagnement	Quel est le rôle de l'accompagnateur dans l'accès à l'identité ? L'accompagnement est-il universaliste ou contingent à la relation client-consultant ?	Une intervention extérieure peut revêtir plusieurs formes (Perez, 2006). Le consultant active l'intelligence collective en invitant les participants à repérer eux-mêmes ce qui fait sens au cours de la mission de conseil (Weick, Roberts, 1993).
Analyse de l'apport d'un outil de consultant	En quoi la singularité trouve sa place dans le champ du leadership ? Où se situe l'outil de la singularité par rapport aux outils du leadership ? Quel est le fondement de l'outil de la singularité ?	Tous les outils ne se situent pas au même niveau d'ambition ou d'analyse : organisation, personne, équipe (Moisdon, 1997). L'outil de la singularité en décryptant les fondements de l'organisation favorise pour le dirigeant la recherche de sens (Giacalone, Jurkiewicz, 2003).
La clarification de l'identité organisationnelle	Comment situer la singularité dans le champ de l'identité organisationnelle ? Comment accéder à l'identité ? Peut-on convoquer la spiritualité pour accéder à une autre facette de l'identité et au sens ?	L'identité organisationnelle est constituée d'un pôle stable et d'un pôle en mouvement (Gagliardi, 1986), (Gioia et al., 2000), (Gioia, 1998). Il est très improbable de révéler une identité totale, en revanche, une représentation de la partie stable de l'identité, peut être communiquée. Les sujets comme la recherche de sens qui touchent à l'intériorité des personnes peuvent établir ou susciter diverses connexions d'ordre spirituel (Giacalone, Jurkiewicz, 2003).

Tableau 2 : questionnement préalable à l'analyse des données

« L'entreprise doit faire des profits, sinon elle mourra.
Mais si l'on tente de faire fonctionner une entreprise uniquement sur le
*profit, alors elle mourra aussi car elle n'aura plus de **raison d'être** »*
Henry Ford
(Fin du 19ième siècle)

PARTIE 1 – DECRYPTAGE THEORIQUE D'UNE IDENTITE ORGANISATIONNELLE

En Occident, dans les entreprises prestigieuses et dans les écoles participant à la formation des futurs dirigeants, on constate un intérêt tout d'abord pour le management et ensuite pour le leadership, terme qui apparaît comme un supplément au management.

Le management a été défini par de nombreux auteurs, parmi lesquels : Henry Fayol[11], Peter Drucker[12], Henry Mintzberg[13]. Il englobe direction et gestion, conduit une organisation vers ses buts par la réalisation d'objectifs prédéfinis. Il trouve son origine dans l'organisation des armées avec l'emploi d'un vocabulaire spécifique (cadre, stratégie, tactique). C'est une notion ancienne chez les anglo-saxons qui empruntent une démarche pragmatique : action en fonction des circonstances, maîtrise rapide de situations complexes. Le management organise le travail collectif en visant l'efficacité à plusieurs, à travailler avec les autres et à faire travailler les autres si l'on est en position d'autorité. Il gère la ressource humaine.

En résumé si le management traite d'activités telles que la stratégie, la planification, l'administration et le contrôle, le leadership, pour sa part, introduit des concepts, des processus et des rôles qui n'ont pas été centraux dans les thèmes traditionnels du management en traitant la performance par une orientation différente, plus **intérieure** qu'il

---

[11] Ouvrage de référence : *L'Administration industrielle et générale* (1916). Fondateur français du concept de management (alors « administration de l'entreprise »), pour qui le mangement repose sur une séquence de cinq actions : prévoir, organiser, commander, coordonner et contrôler.
[12] Ouvrage de référence : *The Practice of Management* (1954), pour qui le management fixe des objectifs, organise le travail, motive, communique, forme et se forme.
[13] Ouvrage de référence : *Structure et dynamique des organisations* (1982). Représentant le courant « de la contingence », pour qui le management unit les efforts.

s'agisse de l'**individu** ou de l'**organisation**. Cette intériorité est également appréhendable par l'**identité** qui soutient le champ du leadership. Les dirigeants se trouvent parfois déconcertés face à des incertitudes à propos de l'organisation qu'ils ont la charge de gérer. Si nous utilisons un anthropomorphisme à propos de l'organisation, nous pouvons considérer qu'elle peut être malade, et dans ce cas, il arrive que les dirigeants fassent appel à un tiers, comme un consultant, un expert ou autre professionnel du conseil, pour les aider à résoudre les maladies organisationnelles. Cette métaphore de l'entreprise comme individu fait écho aux images de l'organisation de Morgan (1989).

Lorsque les conseils sur la stratégie (Mintzberg, 1987 ; Kornberger et Clegg, 2011) ont été épuisés, les interventions peuvent porter sur des questions beaucoup plus profondes liées à l'identité de l'organisation (Albert et Whetten, 1985) : d'où venons-nous ? Que sommes-nous ? Où allons-nous ?[14] Ces questions sont récurrentes lors de séminaires d'entreprise et se posent comme une nécessité pour le dirigeant : définir le **sens** de son action, le **pourquoi** de sa startup, entreprise ou organisation. Le « pourquoi » correspond à une recherche intérieure de sens (Giacalone et Jurkiewicz, 2003). Ce qui importe dans l'entreprise : 1) c'est « le quoi » : le produit ou le service que le client achète ; 2) « le comment » : la façon de faire et 3) intrinsèquement c'est « le pourquoi » :

- les **raisons** et le rôle de l'entreprise dans son écosystème, dans la société, au service du bien commun,
- le **sens** que vont établir ceux qui engagent l'entreprise dans l'action.

Appelé mission, vocation ou **raison d'être, il n'est pas toujours aisé de trouver le sens.** Faire sens relève d'un processus qui peut être rationnel ou irrationnel, fondé sur des éléments objectifs extérieurs à l'individu mais également par un cheminement intérieur. Cette réflexion appelle un questionnement : **comment se produit la**

---

[14] Allusion au tableau ainsi intitulé et peint par Paul Gauguin en 1887 : il montre le cycle de la vie et propose une vision spirituelle de l'existence humaine, de son origine à sa finalité.

clarification de l'identité organisationnelle par les dirigeants ? Quel est le rôle de l'accompagnement dans l'accès à l'identité ?

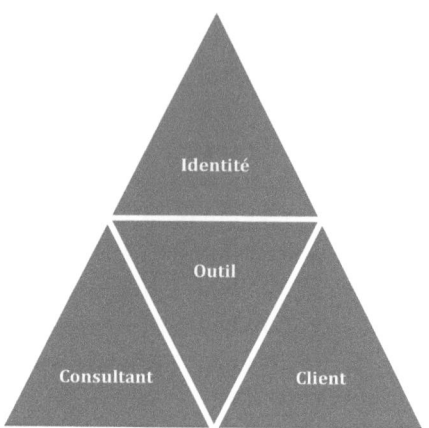

Figure 2 : les concepts soumis à l'analyse de la partie théorique

Pour répondre à ce questionnement au plan théorique, nous allons (figure 2) dans une première sous-partie examiner l'intervention de conseil en gestion, le rôle des outils du consultant et plus précisément la place de l'outil de la singularité. Dans une deuxième sous-partie nous descendrons dans les profondeurs de l'organisation pour explorer le vaste domaine de l'identité organisationnelle afin d'y situer la singularité. Enfin, nous expliciterons le processus de révélation.

SOUS-PARTIE 1. L'INTERVENTION DE CONSEIL EN GESTION

Cette sous-partie présente les théories de la relation consultant-client, élabore une grille de lecture des outils du consultant et établit une description de l'outil de la singularité utilisé dans notre recherche.

Chapitre 1. La relation client-consultant

1.1. Introduction

En relation avec notre terrain de recherche, le marché du conseil est extrêmement vaste et il nous apparaît utile d'en préciser des contours, d'autant qu'au cours des deux dernières décennies, ce sujet du « conseil en gestion » a attiré l'attention des chercheurs académiques si l'on en juge par le nombre croissant de livres, d'articles traitant du sujet (Mohe et Seidl, 2011). Il a aussi fait son entrée dans le monde des écoles de commerce en étant intégré à leurs programmes d'études.

Une des raisons de l'intérêt qui est porté à ce domaine est sûrement liée à la croissance de l'industrie du conseil en gestion en Europe au cours des années 1990. Alors que le chiffre d'affaires total des sociétés de conseil en Europe était de 24,7 milliards d'euros en 1998, ce chiffre a plus que triplé pour atteindre 82,9 milliards d'euros en 2007 et 126 milliards d'euros en 2016 selon les données de la FEACO[15]. Selon cette même source, la France a connu une progression de 8,5 % en 2016 avec un chiffre d'affaires de 6,6 milliards d'euros.

Les principaux acteurs du marché du conseil utilisent une même rhétorique pour promouvoir leurs activités se présentant comme un acteur majeur du marché dont la vocation est d'aider les dirigeants à prendre les bonnes décisions. Ces cabinets prétendent :

---

[15] Fédération Européenne des Associations de Conseils en Organisation

21

1) disposer de méthodes spécifiques : les outils sont présentés comme des clefs de lecture et non comme des grilles standardisées prêtes à être à appliquer ;

2) utiliser un langage simple et standard et non pas un « jargon » de consultants ;

3) que leur succès se mesure à celui de leurs clients.

L'histoire fondatrice d'une société de conseil peut prendre la forme d'une génération spontanée (exemple : Boston Consulting Group) ou d'une résurgence d'un autre cabinet (exemple : Bain & Co). La communication des cabinets de conseil s'appuie sur des témoignages de leurs clients faisant état de leurs « *success stories* ». Après avoir connu un réel succès, certains cabinets anglo-saxons élargissent leur champ d'activité vers des causes d'utilité publique et se définissant alors comme « citoyens » (santé, mécénat, etc.).

Thine (2006) analyse le champ du conseil autour de deux pôles :

1) les cabinets de grandes tailles nationales et internationales comme les « *big four* » (Ernst & Young, Deloitte, KPMG et PricewaterhouseCoopers), sorte de « supermarchés du conseil » et les SSII ;

2) les cabinets de tailles moyennes régionales et les consultants indépendants.

Les premiers avec un chiffre d'affaires élevé ont une organisation en réseau avec de nombreux consultants qui leur permet d'offrir des prestations diversifiées et disposer d'une capacité à gérer de gros projets : ils font autorité dans la profession. Les seconds ont un nombre réduit de consultants et peu de partenaires mais peuvent proposer des prestations spécifiques, sur mesure.

Ce contour du vaste marché du conseil permet maintenant d'aller plus en avant dans nos sous-questions de recherche dont la première concerne la relation consultant-client conceptualisée dans la figure 3.

L'accompagnement est-il universaliste ou contingent à la relation consultant-client ?

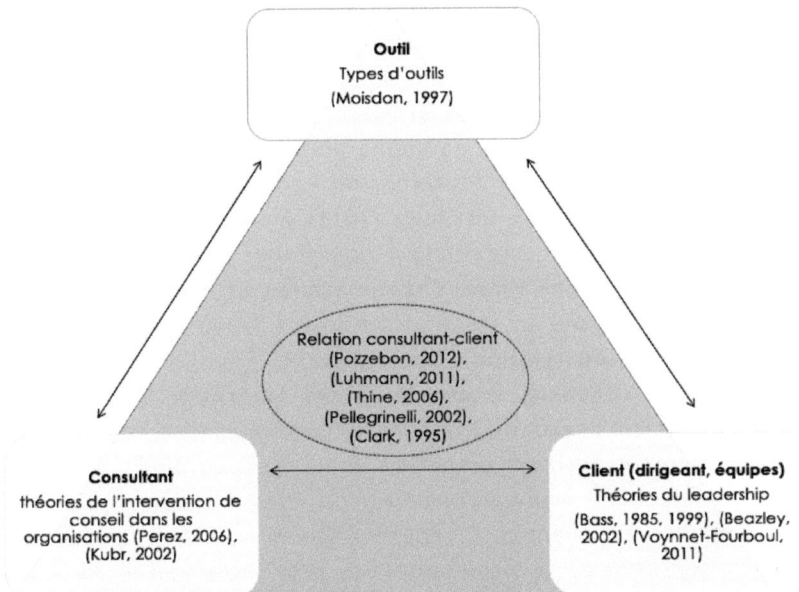

Figure 3 : cadre conceptuel de la relation client-consultant

1.2. Le marché du conseil

Notre recherche se situant principalement dans le conseil auprès de hauts dirigeants, nous élaguerons donc volontairement et par nécessité une large partie du conseil pour nous consacrer au marché du conseil en leadership dans lequel se situe PMS.

Ce marché peut se segmenter ainsi : 1) le conseil aux entreprises et aux institutions : stratégie, management, organisation ; 2) le conseil aux individus par le coaching.

Il convient d'examiner plus précisément ce qui caractérise ces deux sous-domaines du conseil en leadership.

1) Le consultant est un spécialiste extérieur à l'organisation qui intervient pour avis au sujet d'une question, pour aider à résoudre un problème précis ou non déterminé, mais aussi pour accompagner à la mise en œuvre de recommandations. Il tire des conclusions de ses observations et les transfère d'organisation en organisation. C'est

avant tout un savoir empirique. Toutefois, dans les années 1970 le Boston Consulting Group a élaboré des théories et en a fait des produits : « la courbe d'expérience », la « matrice BCG » sont encore aujourd'hui enseignées dans les grandes écoles de commerces et en sciences de gestion. Il en est de même pour les « 7 S » de McKinsey, « la chaîne de valeur », les « 5 forces de Porter » ou le « modèle de Kotter ». Pour Kornberger et Clegg (2011) les consultants sont des traducteurs de théories, les rendant opératoires pour être mises en pratique dans les organisations. Chaque cabinet forme ses consultants (profil grandes écoles) à ses méthodologies selon un principe de transmission avec une relation d'apprentissage.

2) Quant au coaching, il est défini par la Société Française de Coaching comme « l'accompagnement de personnes ou d'équipes pour le développement de leurs potentiels et de leurs savoir-faire dans le cadre d'objectifs professionnels ». Il s'agit d'un processus d'apprentissage expérientiel (Cloet et Vernazobres, 2011). Tout comme pour les consultants, la profession est peu réglementée. Il existe différentes formations au coaching en université, grandes écoles de commerce ou en institutions privées. Les coachs se regroupent au sein d'associations pour établir un code de déontologie, des procédures d'accréditation, des labels de qualité et des référentiels de compétence.

Selon Chavel (2011), « la seule formation incontournable et qualifiante au coaching est de travailler sur soi, d'avoir cheminé en étant accompagné, puis supervisé ». A titre d'exemple d'application du coaching, voici le témoignage de Stéphane Richard, PDG d'Orange qui est accompagné par un coach depuis quinze ans : le coach est *« quelqu'un qui entre dans mon intimité car un dirigeant ne se coupe pas en rondelles. C'est un luxe mais justifié, pour ne jamais décanter une décision seul et aiguiser la dynamique collective. Le Comex a également recours à un coach en période de crise. C'est une pratique répandue dans le CAC 40 mais dont on ne parle pas* »[16]. Ainsi le coach considère le dirigeant dans l'entièreté de son être pour appréhender sa problématique professionnelle.

1.3. Les différentes postures de conseil

Notre objectif est de situer PMS dans le monde de la consultance. L'intervention de conseil dans les organisations trouve ses fondements théoriques du côté de la psychologie avec la recherche-action (Lewin, 1967) et du côté des sciences de gestion avec « L'Organizational Development (OD) » (Bennis, 1966), l'analyse systémique (Crozier et Friedberg, 1977) et l'école de Palo Alto.

Année (chercheur)	Rôle
1961 (Gouldner)	Expert, facilitateur
1969 (Schein)	Catalyseur, médecin, fournisseur
1972 (Margulies, Raia)	Expert technique, facilitateur
1978 (G. Lippitt, R. Lippitt)	Avocat persuasif, expert de l'information, formateur/éducateur, pair dans la résolution des problèmes, agent d'identification des problèmes, chercheur de faits, conseiller sur les processus, observateur
1981 (Block)	Expert, exécutant, collaborateur
1982 (Stryker)	Médecin, vendeur, scientiste, détective, expert, courtier/collaborateur, ingénieur, conservateur
1985 (Nees, Greiner)	Conseil de type "jobbing" (contrôlé par le client, le consultant est dans un rôle d'exécutant), conseil de type "sparing" (partenariat interactif entre le client et le consultant)
1992 (Gadrey)	Analyste, ingénieur de projet, co-pilote, docteur en management
1993 (Weick, Roberts)	« Actionner » une intelligence collective

Tableau 3 : l'évolution des rôles du consultant selon les chercheurs

---

[16] Marie-Sophie Ramspacher, Les Echos Executives, 31/03/2014, https://business.lesechos.fr/directions-generales/strategie/veille-etudes/0203393878712-un-coach-est-un-luxe-justifie-61941.php

La littérature a largement traité la typologie des différents rôles du consultant auprès des organisations avec la contribution de nombreux chercheurs (Gouldner, Schein, Margulies, Raia, G. Lippitt, R. Lippitt, Block, Stryker, Nees, Greiner, Gadrey, Weick, Roberts). Le tableau 3 propose une présentation chronologique montrant l'évolution des rôles donnés au consultant (Perez, 2006).

Selon les approches, le consultant s'intéresse à la résolution du problème technique (expert), au processus (facilitateur), à la personne du dirigeant (coach, thérapeute), joue des rôles multiples, a des degrés d'implication ou de directivité différents, est en position d'exécutant du client ou de partenaire, intervient ou pas dans la mise en œuvre des recommandations.

Dans ce cadre nous présentons (tableau 4) les différents modèles théoriques centrés sur les processus avec les étapes de l'intervention de conseil associées.

Auteur	Schein (1969)	Kubr (1988)	Savall, Zardet (1987)	Bordeleau (1988-1998)	Lescarbeau, Payette, St Amaud (1996)
Étapes du processus d'intervention	Formalisation du problème Élaboration des problèmes et des solutions Prévision des conséquences et test des propositions Planification de l'action Mise en œuvre du plan d'action Évaluation des résultats	Entrée sur le terrain Diagnostic Plan d'action Assistance à la mise en œuvre Clôture de l'intervention	Diagnostic socio-économique Projet d'amélioration socio-économique Mise en œuvre du projet Évaluation de la conduite du changement	Préparation de la mission (contact avec le client, offre, formalisation du contrat) Exécution de la mission (collecte de l'information, analyse, proposition au client, implantation des solutions) Achèvement de la mission (évaluation des résultats, préparation du retrait, clôture de la mission)	Entrée sur le terrain Contact Orientation de l'intervention Planification de l'intervention Réalisation de l'intervention Achèvement de la mission

Tableau 4 : les différents modèles théoriques de l'intervention de conseil (Perez, 2006)

Ainsi : 1) Schein s'appuie sur une relation consultant/client thérapeutique et un mode de raisonnement systémique du consultant ; 2) Kubr pose le changement comme l'objectif du conseil ; 3) Savall et Zardet en s'appuyant sur la recherche-action de l'ISEOR de l'Université Jean-Moulin Lyon 3 identifient les dysfonctionnements et évaluent leurs coûts cachés pour l'organisation ; 4) Bordeleau synthétise les différents rôles du consultant (type de relation client/consultant, contenu de l'intervention, implication des acteurs) ; 5) Lescarbeau et al. adoptent une approche systémique.

Autrement dit le conseil en management apparaît selon les auteurs comme un service indépendant, une relation d'aide, une relation de collaboration, un processus de résolution de problème ou un processus de développement organisationnel.

La théorie des rôles vise à identifier, explorer et décrire les différents rôles des clients et des consultants. Selon Schein (1978) le consultant sert de catalyseur : il n'a pas la solution mais les compétences pour aider le client à trouver sa propre solution ; ou le consultant a un rôle de facilitateur : il a une idée sur les solutions à apporter mais se concentre à créer les conditions favorables pour que le client prenne lui-même sa bonne décision. Dans une autre posture le client achète de l'expertise car il a déjà diagnostiqué le problème, il a identifié le type de compétence dont il a besoin pour le résoudre, il a correctement communiqué le problème et est prêt à assumer toutes les conséquences de l'aide qu'il sollicite. Quant à la « consultation de processus » le client pour s'approprier une solution réalisable se doit d'être impliqué dans le diagnostic, la réflexion et la mise en œuvre de la solution. Cependant, ces concepts de rôle ont été critiqués parce qu'ils conduisent à des modèles idéalisés et simples qui ne permettent pas de saisir la complexité et la dynamique de la relation consultant-client (Pellegrinelli, 2002).

Le conseil sert également d'autres fonctions officielles et non officielles, par exemple la légitimation des décisions impopulaires (Kieser et Wellstein, 2008). En outre, pour Kubr (2002) le conseil en management repose sur cinq piliers : 1) atteindre les buts et les objectifs de l'organisation ; 2) résoudre les problèmes de gestion et commerciaux ; 3) identifier et saisir de nouvelles opportunités ; 4) améliorer l'apprentissage ; 5) la mise en œuvre des changements. Il propose ainsi la définition suivante : « *Management consulting is an independent professional advisory service assisting managers and organizations to achieve organizational purposes and objectives by solving management and business problems, identifying and seizing new opportunities, enhancing learning and implementing changes[17]*. » (Kubr, 2002, p.10)

Chaque consultant peut se reconnaître dans cette définition qui donne un cadre au conseil dans une relation professionnelle entre un consultant et un client. Ce cadre étant posé, nous pourrons analyser dans le sous-chapitre suivant, ce qui va constituer la relation consultant-client.

1.4. La relation consultant-client

Selon Kubr (2002), un gestionnaire peut se tourner vers un consultant s'il perçoit un besoin d'aide par un professionnel indépendant et s'il estime que le consultant sera la bonne ressource. Se pose ainsi la question du choix du consultant et de sa sélection.

Clark (1995) définit quatre critères pour qualifier la prestation de conseil dans la relation consultant-client : l'intangibilité, l'interaction, l'hétérogénéité et la périssabilité (tableau 5).

Caractéristiques du service	Implications pour les consultants en gestion	Implications pour les clients
Intangibilité	Rien n'est à montrer au client au préalable sauf des rapports de tiers, ou le partage d'expériences de prestations antérieures.	La qualité de la prestation est difficile à déterminer au préalable et après l'intervention.

---

[17] « *Le conseil en gestion est un service de conseil professionnel indépendant qui aide les gestionnaires et les organisations à atteindre leurs buts et objectifs organisationnels, en résolvant des problèmes de gestion et d'entreprise, en identifiant et en saisissant de nouvelles opportunités, en améliorant l'apprentissage et en mettant en œuvre des changements.* »

	Il s'agit de créer une réalité qui persuade les clients de la valeur et de la qualité de la prestation à venir.	
Interaction	Le résultat dépend de la qualité de l'interaction avec les clients. La gestion des processus d'interaction offre la possibilité de convaincre les clients de la valeur et de la qualité.	Le résultat dépend de la qualité de l'interaction avec le consultant. L'expérience de l'interaction renseigne sur l'évaluation de la qualité avant et après l'achat.
Hétérogénéité	Discrétion considérable sur le livrable.	Qualité variable.
Périssabilité	Le service est détruit pendant la consommation. Il est donc difficile de reproduire, de détenir des stocks et d'accroître la production pendant les périodes de forte demande.	Incapacité d'acheter le même service.

**Tableau 5 : caractéristiques du conseil en management et
implications pour le couple consultant/client
(Source : Clark, 1995, p.56)**

Pour cet auteur, la qualité de la prestation de conseil est difficile à établir avant l'acte d'achat et difficile à évaluer une fois la prestation délivrée.

Selon Thine (2006), la relation consultant-client est le produit de deux variables : le mode de tarification (forfait ou régie) et la nature de la prestation (remise d'un rapport, dispense de conseils, solution en termes de système d'information…). Pozzebon et al. (2012) analyse la dynamique de cette relation en termes d'enjeux de pouvoir et de connaissance.

La notion d'interaction permet de comprendre le fonctionnement de la prestation de conseil. Alors que les biens sont produits puis vendus et puis consommés, les prestations de conseil sont vendues, puis produites et consommées dans le même temps (Clark, 1995). La production et la distribution du service ont lieu simultanément dans le cadre d'une relation entre les consultants et leurs clients. Construire et maîtriser cette relation devient dès lors un enjeu clef de la mise en valeur de l'activité.

En outre deux images (fondamentale et critique) se distinguent dans la relation du client au consultant (tableau 6).

	Image fonctionnaliste : le client en tant qu'acheteur	Image critique : le client en tant que victime
Pourquoi avoir recours à des consultants ?	Connaissances ou ressources insuffisantes, besoin d'un avis indépendant.	Besoins cognitifs et socio-psychologiques émergeant des caractéristiques de la tâche managériale.
Nature du client	Acheteur compétent qui recrute le consultant et garde un regard critique sur ses conseils.	Naïf, victime angoissée des stratégies persuasives du consultant.
Nature du consultant	Fournisseur d'un service basé sur les connaissances à la demande du client.	Manipulateur de symboles et de concepts afin de créer une impression de valeur de surface.
Nature de la relation consultant-client	Relation contractuelle sans lien de dépendance avec le client en contrôle.	Relation explosive avec le consultant en contrôle.
Limites de la relation consultant-client	La connaissance et l'expertise supérieures du consultant.	La dépendance au consultant (succession de contrats), les connaissances et l'expertise du client insuffisantes.

Tableau 6 : les deux images de la relation client-consultant (Werr et Styhre, 2002, p.46)

Ce tableau synthétise bien les deux tendances que l'on observe dans la littérature sur le conseil en gestion : le client en tant que donneur d'ordre et le client en tant que victime.

1) La perspective fonctionnaliste prend en compte la valeur du conseil en gestion aux clients et se préoccupe de l'amélioration ou de la sécurisation de l'efficacité du conseil. Selon Werr et Styhre (2002),

cette littérature créée par des consultants ou des universitaires fournit des conseils normatifs aux consultants, aux clients et aux autres parties intéressées en ce qui concerne la façon de construire une relation consultant-client « réussie ».

2) L'approche de conseil critique s'est développée en réaction aux lacunes perçues dans la littérature fonctionnelle. L'efficacité du service n'est pas prise pour acquis, mais considérée comme problématique : la principale préoccupation de la recherche critique est donc la stratégie utilisée par les consultants pour convaincre les clients à la fois de leurs connaissances supérieures et de la valeur qu'ils offrent (Werr et Styhre, 2002).

1.5. L'approche spécifique de Luhmann

Afin de compléter les approches précédentes nous allons examiner celle postmoderniste de Luhmann (1995). En effet, la posture de conseil de PMS pourrait faire écho à cette théorie.

Selon l'approche des systèmes sociaux de Luhmann (1995), les clients et les consultants peuvent être conceptualisés comme deux systèmes de communication autopoïétiques fonctionnant selon des logiques idiosyncratiques. Ils sont couplés structurellement par un troisième système, appelé « système de contact ». En raison des différentes logiques de ces systèmes, le transfert de sens entre eux n'est pas possible. Cette position théorique a des implications intéressantes sur la façon de conceptualiser le conseil, remettant en cause de nombreuses hypothèses traditionnelles. Elle met l'accent sur le fait que les entreprises de conseil ne peuvent provoquer que des « **perturbations** » dans les processus du client, incitant le système client à construire sa propre signification (Mohe et Seidl, 2011) au lieu de le soutenir dans la recherche de solutions à ses problèmes (figure 4). Autrement dit le consultant ne transfère pas de la connaissance mais va créer des perturbations (via le système de contact) chez le client, ce qui pourra entraîner des changements positifs dans les structures du client (Luhmann, 2006).

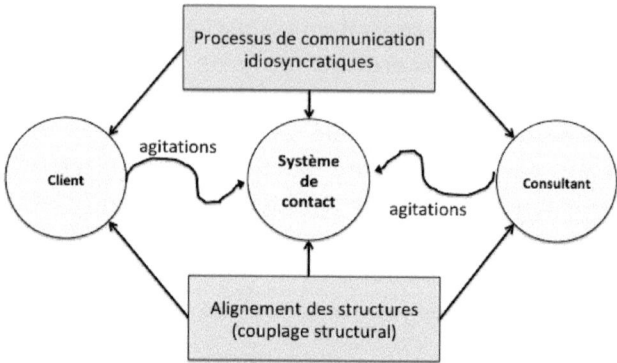

Figure 4 : les trois systèmes impliqués dans l'intervention de conseil selon l'approche de Luhmann (Mohe et Seidl, 2011)

Selon cette théorie, l'entreprise de conseil et la société cliente constituent deux systèmes fonctionnellement fermés. Chacune développe des processus de communication internes et idiosyncrasiques selon lesquels ils communiquent sur eux-mêmes et sur leur monde extérieur. Contrairement aux hypothèses traditionnelles, la « consultation » ne se déroule pas dans l'organisation du client mais exclusivement dans le système de contact, siège où les opérations de consultation sont traitées (Mohe et Seidl, 2011).

1.5.1. L'intervention de conseil comme une perturbation

Si nous percevons la société cliente, la société de conseil et le système de contact comme trois systèmes fermés de manière opérationnelle qui se reproduisent selon des logiques idiosyncratiques, l'intervention de conseil devient une opération très complexe. Il n'est plus possible de la traiter comme une relation directe d'entrée-sortie où la société de consultants fournit ses connaissances ou ses concepts, qui sont ensuite mis en œuvre dans l'organisation du client. Au lieu de cela, chaque intervention constitue des « **irritations** ».

Le concept de couplage structurel se réfère au cas de deux systèmes qui ont ajusté leurs structures respectives de manière à permettre systématiquement des perturbations mutuelles. C'est-à-dire que chaque fois qu'un système produit un événement d'un type particulier, il est très probable que cet événement déclenchera une réaction d'un type particulier dans le système structuré (Mohe et Seidl, 2011).

Ainsi, selon la manière dont le système de contact associe les structures de l'organisation du client et les structures de l'organisation des consultants, les opérations dans un seul système entraînent des opérations non entièrement arbitraires dans l'autre système. Cependant reste un point crucial, celui qui fait que le système de contact aligne les structures du consultant et du client sur la base de sa propre logique. La description du problème du client et les méthodes du consultant pour le résoudre sont des constructions du système de contact : elles sont elles-mêmes fondées nécessairement sur des « malentendus productifs ». En d'autres termes, la « **solution** » présentée par le système de contact au système client n'est pas une solution au problème perçue par le système client. Par conséquent, plutôt que de constituer une entrée du système de contact dans le système client, la « solution » constitue une **perturbation** non spécifique que le système client traite selon sa propre logique. Le couplage structurel entre les systèmes garantit simplement que le système client prend une forme d'action à la suite de cette perturbation (Mohe et Seidl, 2011).

1.5.2. L'implication des consultants

Luhmann (2006) doute que les messages fournis par les consultants arrivent aux clients dans la forme sous laquelle ils ont été envoyés, qu'ils prétendent livrer une théorie ou instaurer une pratique. Selon lui les actes de communication des consultants d'une part et des clients d'autre part forment deux systèmes distincts, fermés et autopoïétiques, c'est-à-dire qui ne peuvent se reproduire qu'eux-mêmes selon leur « ADN ». Ainsi, les gestionnaires et les consultants sont incapables de se comprendre : ils vivent dans deux mondes de communication fermés qui ne se croisent jamais. Comme tous les autres acteurs, les consultants ont aussi un **point aveugle** (ou angle mort du rétroviseur) qui touche à leur propre pratique. Or, ces pratiques sont observées par le client qui va sélectionner le consultant sur la base de ses propres points aveugles. Enfin, la communication infructueuse ne signifie pas que le conseil en gestion est inutile puisque selon Luhmann (2006) les tentatives de communication produites par les consultants en gestion sont un **irritant** pour le système du client. Les consultants ne « savent pas mieux » ; ils sont capables d'observer les acteurs et de les voir **sous un autre angle** que les acteurs quand ils essaient de s'observer eux-mêmes. C'est cette différence de points d'observation qui peut devenir « **irritante, stimulante et finalement productive** » (Luhmann, 2006, p.364).

1.6. Praticiens et universitaires : deux approches irréconciliables ?

Le contexte de notre recherche, nous plaçant à la confluence du monde de la recherche privée au sein de PMS et de la recherche académique au sein du laboratoire de recherche en sciences de gestion (LARGEPA) de l'université Paris 2 Panthéon-Assas, une exploration de la littérature sur le fonctionnement de ces deux approches nous est apparue incontournable.

Selon Nicolai et Röbken (2005) la relation entre la recherche en gestion et les concepts des consultants a **favorablement évolué** depuis le milieu des années 90. En effet, Kubr (2002) postule que malgré leurs différences la recherche et la consultation ont beaucoup en commun et peuvent s'enrichir mutuellement :

1) En matière de problèmes de gestion pratique, se pose la question de savoir dans quelle mesure les consultants connaissent les résultats de la recherche pour les utiliser : par exemple, avant de recommander une technique, il peut paraitre préférable de savoir si des recherches ont été faites sur l'utilisation de telle technique dans des conditions similaires à celles expérimentées par le client. Les cabinets de conseil encouragent de plus en plus leurs membres non seulement à se tenir au courant des résultats publiés par la recherche en gestion, mais aussi à rester en contact avec les projets de recherche en cours et les principaux chercheurs.

Parallèlement la recherche peut bénéficier de données recueillies dans les organisations clientes de consultants pouvant servir à des fins de recherche plus larges. Les données d'un certain nombre d'organisations peuvent être utilisées pour tirer des conclusions générales sur les tendances sectorielles ou autres, sans porter atteinte à la confidentialité. En en prenant conscience, des entreprises de conseil ont ouvert un département de recherche. Elles ont leur propre programme, entreprennent des recherches sous contrat, publient des ouvrages en s'appuyant sur leurs résultats et coopèrent à des projets en lien avec des universités et des chercheurs individuels. Ainsi, PMS ayant dès sa création constituée un pôle de recherche, s'appuie sur des doctorants au sein de son équipe. Tout comme certaines entreprises de conseil, elle a acquis une réputation de travail s'appuyant fortement sur la recherche. Les écoles de commerce et les instituts de recherche s'intéressent de plus en plus à tester et diffuser les résultats de leurs découvertes par des missions de conseil.

2) Sur un plan méthodologique, les consultants ont à apprendre des chercheurs notamment par la rigueur scientifique qui permet de fiabiliser la modélisation des méthodes et des outils.

Par ailleurs, la **recherche-intervention** comme à l'ISEOR[18] est un exemple de recherche qui se trouve à la frontière du conseil : elle vise simultanément à résoudre un problème pratique significatif et à apporter de nouvelles connaissances sur le système social à l'étude. La recherche-intervention implique de changer ce qui est en cours d'investigation à l'inverse de la recherche conventionnelle. Ce modèle permet de mieux comprendre notre terrain, en l'occurrence la société PMS. Selon Buono, Savall et Cappelletti (2018) la recherche-intervention rapproche le chercheur et le praticien, leur permettant d'explorer les réalités de la vie organisationnelle de manière à collecter des informations qui ne sont pas enregistrées dans les bases de données des entreprises. Dans ce cas l'entreprise cliente n'est pas seulement un client mais aussi un terrain d'observation scientifique pour la recherche. Ainsi la recherche-intervention permet tant au praticien qu'au chercheur d'obtenir des informations « intimes »

---

[18] ISEOR : Laboratoire de recherche associé à l'Université Jean Moulin Lyon 3 - IAE Lyon est un centre de recherche et d'expertise en management socio-économique au service des entreprises.

auxquelles ni les membres de l'organisation, ni les consultants classiques, ni les chercheurs plus traditionnels ne pourraient accéder sans mener des observations longitudinales minutieuses (Buono et al., 2018).

Le tableau 7 expose les avantages et limites sur la façon de travailler d'un chercheur et d'un consultant (Godelier, 2004).

Facteur	Recherche	Consulting
Problème	Principalement façonné par un chercheur ; plus ouvert, en particulier dans la recherche exploratoire	Principalement façonné par le client, parfois sur une base conjointe
Échelle de temps	Habituellement flexible	Plus serré et plus rigide
Livrable	Nouvelle connaissance et nouvelle théorie, parfois meilleure pratique	Meilleure pratique managériale
Propriété de l'information	Habituellement accessible au public	Souvent confidentielle
Prise de décision	L'attention peut changer à la discrétion du chercheur, selon le plan	Discrétion limitée à la tâche principale seulement
Rigueur académique	Méthodologie formalisée	Niveau minimum approprié au problème
Évaluation	Externe, par des pairs dans la communauté scientifique, les décideurs politiques	Interne, par l'entreprise

Tableau 7 : l'évolution des relations entre les sciences de gestion et les praticiens (Godelier, 2004)

Des personnalités ont permis de rapprocher le monde des praticiens et le monde académique, certains en étant à la fois chercheur et consultant. Citons Edgar H. Schein et sa contribution à la culture organisationnelle notamment ; Bruce Henderson[19], reconnu comme le fondateur du conseil en stratégie destiné aux hauts dirigeants (Le Roy et Pellegrin-Boucher, 2005) qu'il a légitimé au travers des missions de

---

[19] Fondateur du Boston Consulting Group (BCG)

conseil, d'articles, d'ouvrages et des outils ; Chester I. Barnard, praticien qui a théorisé son expérience et son ouvrage « The Functions of the Executive » a eu un impact tant chez les praticiens que les théoriciens.

En outre, dans la lignée du rapprochement entre le monde de la recherche et de l'entreprise, Drucker-Godard (2013) postule que le dirigeant peut trouver dans la pratique du chercheur un accompagnement dans le sens où ce dernier par une analyse approfondie du comportement du dirigeant peut éclairer la direction à prendre.

Enfin, pour Thévenet (2016) il n'y a plus vraiment de frontières entre les théories et la pratique quand la pédagogie de formation des cadres et dirigeants se réalise dans une réciprocité : certes dans une transmission des théories aux cadres et dirigeants mais aussi en partant de leurs besoins pour que les théories permettent de répondre à leurs préoccupations.

1.7. Comment se positionne la société PMS dans le marché du conseil ?

1.7.1. L'activité de conseil

Examinons tout d'abord les interventions de conseil de PMS. Elles consistent à retracer l'intangibilité de « l'esprit » des organisations et de détacher deux plans identité/singularité pour choisir seulement ce qui assoie la stabilité et l'invariance d'une organisation. Trois des plus importantes missions historiques de PMS ont été commandées par des entreprises qui souhaitaient s'inscrire dans une logique de développement durable c'est-à-dire réfléchir à des **perspectives de long terme**. Il s'agissait de trois entreprises familiales de niveau mondial avec pour point commun un questionnement quant à leur **transmission** et à leur **pérennité**. Leur vision du long terme ne s'inscrivait pas dans une transmission à l'identique de l'entreprise, mais s'inspirant de « **l'esprit** » des dirigeants créateurs pour permettre à la société de s'adapter à de nouvelles activités. Par exemple la maison « Hermès », l'une des trois entreprises évoquées ci-dessus, PMS a reconstitué les véritables inflexions et choix historiques pour comprendre quelles avaient été les étapes où l'entreprise avait connu des inflexions majeures et celles où « l'esprit » avait été conservé quand bien même l'offre avait changé.

PMS accompagne son client afin qu'il comprenne ce qui est important d'être maintenu, c'est-à-dire ce qui reste stable au sein de son entreprise, afin qu'elle puisse évoluer voire survivre à une prochaine inflexion. A partir du moment où la singularité de l'organisation est identifiée et qualifiée, elle devient un fil conducteur durable.

Cette démarche s'inscrit à contre-courant d'une analyse hypothético-déductive : projeter l'entreprise dans ce qu'elle va faire dans le futur à partir de ce qu'elle a fait dans le passé. Des entreprises ont périclité de cette déduction comme « Kodak ». L'ex-géant de la photo, restructuré en 2013, dont les boîtes de pellicule jaune et rouge étaient reconnaissables dans le monde entier, a raté le virage du numérique et ne s'en est jamais remise.

D'une part, la pérennité de l'organisation ne réside pas dans une projection déductive des activités qu'elle a pu avoir dans le passé (Mignon, 2011). D'autre part, les inflexions majeures dans la vie d'une entreprise ne peuvent pas toujours être déduites car il s'agit parfois de sauts quantiques. Autrement dit, pour parvenir à projeter son entreprise dans le futur, le dirigeant peut adopter un autre principe de raisonnement : celui de continuité. Si cet axe est attaqué par des perversions du modèle, il peut être létal (exemple : le cabinet Arthur Andersen, partisan de hauts standards de qualité dans le secteur de la comptabilité et de réputation intraitable avec l'honnêteté avait fermé les yeux sur la « comptabilité créative » d'Enron et détruit des documents comptables lors d'une enquête fédérale. A la suite de ce scandale, cette entreprise de plus de 9 milliards de dollars de chiffre d'affaires a été démantelée en 2002). Dans les entreprises où la gestion est à court terme (inférieure à trois mois), la logique de répétition est favorisée et donc génératrice de risques. Cela ne permet pas de penser en matière de stratégie. Le champ de réflexion de PMS se situe dans la dimension de long terme : la singularité comme invariant ne peut que s'inscrire dans la durée.

1.7.2. L'activité de recherche

PMS a accumulé des données issues de l'observation à travers ses missions de conseil) : elle utilise ce matériau pour la recherche et en applique les résultats auprès de ses clients.

Les problématiques portées par les clients : « que deviendra ma marque dans les 50 prochaines années ? » ont incité PMS à analyser les invariants « génétiques » qui fondent la singularité d'une organisation. PMS définit ainsi la singularité : *« tout système comporte une dimension immuable et en partant du principe que des éléments sont invariants, le dirigeant peut penser la durée en s'appuyant sur des données durables, structurelles qui ont un impact à la fois sur l'économie et l'identité de l'entreprise. »*

Fort de ce constat, PMS a recherché des méthodes pour caractériser ce qui est stable dans une organisation. Ses travaux ont abouti au développement de méthodologies et notamment à la modélisation de six « noyaux de singularité » lesquels décomposent en différentes étapes le fonctionnement structurel et invariant d'une entreprise et du dirigeant. Il s'agit d'un programme de recherche fondamentale innovant qui fait appel à des compétences aussi bien universitaires que du monde de l'entreprise.

1.7.3. La place de PMS dans le monde du conseil

Le marché du conseil en leadership qui s'adresse principalement aux hauts dirigeants de grandes entreprises bouge très vite : la taille du « gâteau » ayant connu une très forte croissance, chacun essaie de s'offrir la plus belle part possible. Les fusions, créations mais aussi disparitions de cabinets n'ont jamais été aussi manifestes. Les excès de cette situation (arrogance, explosion des honoraires de conseil) ajoutées à des reproches formulés par les entreprises aux cabinets de conseil, d'un manque d'innovation dans un monde devenu très complexe, a donné lieu à l'émergence de modèles alternatifs[20]. Des sociétés de conseil

---

[20] Muriel Jasor, Les Echos, 22/02/2011,
https://www.lesechos.fr/22/02/2011/LesEchos/20875-058-ECH_les-consultants-confrontes-a-la-montee-des-critiques.htm

ont repensé leur façon de travailler avec une clientèle de plus en plus avertie : de fait les entreprises recrutent beaucoup d'anciens consultants. Leur objectif est de proposer une alternative au modèle anglo-américain et de faire la démonstration de la réalité de leur valeur ajoutée via la réhabilitation de la créativité, de l'ouverture d'esprit, du facteur humain. Citons par exemple le cabinet en stratégie opérationnelle Weave qui fait intervenir, en marge des missions une romancière ou un général spécialiste des stratégies militaires, pour cultiver l'esprit d'ouverture. D'autres cabinets pressent leurs consultants de se détacher du benchmarking, marque de fabrique de nombreux cabinets, c'est-à-dire de ne plus se contenter de regarder ce que font les meilleurs pour ensuite les copier.

Aussi, une façon d'établir une cartographie (figure 5) des cabinets en management consiste à différencier les cabinets conventionnels dans lesquels se trouvent les « pure players » dans un champ de compétence (RH, stratégie, informatique) et les généralistes (McKinsey, BCG, EY, PwC, Deloitte), des « modèles alternatifs » dont fait partie PMS.

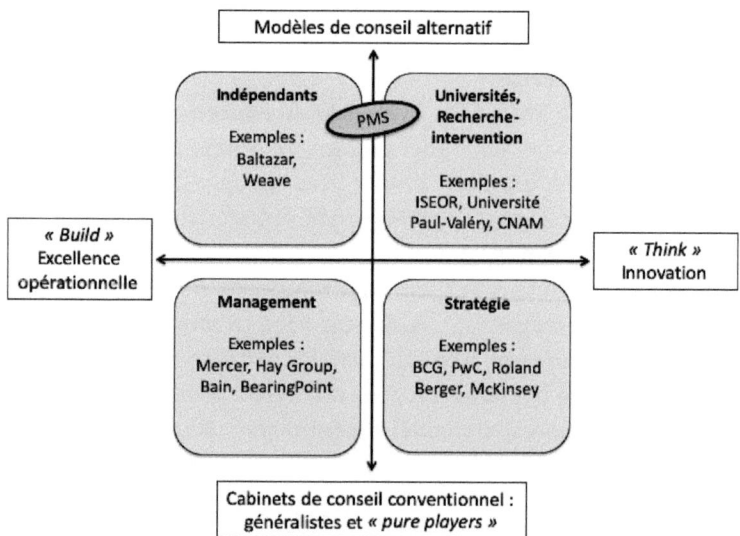

Figure 5 : la place de PMS dans l'environnement du conseil

La société PMS se situe dans le modèle du conseil alternatif au sein duquel elle combine à la fois le principe de la recherche-intervention et la mise œuvre opérationnelle de solutions avec le client. Sur le volet de la recherche PMS collabore avec des laboratoires universitaires dans le cadre de doctorants qu'elle accueille. Sur le volet opérationnel, PMS s'appuie sur des cabinets qui ont une expertise dans le « *Project Management Office* » (PMO ou cellule de management de projet).

A ce stade de la réflexion, nous situons le positionnement de PMS dans un espace entre « expert » de la singularité dans son activité de recherche et « facilitateur » auprès du dirigeant dans son activité de conseil selon la conceptualisation de Schein (1988) de la relation client-consultant : le client sait que quelque chose ne va pas mais ne peut pas lui-même en déterminer la cause et il va déléguer le diagnostic et la prescription de la solution à un consultant. Par ailleurs, les effets produits par les interventions de PMS chez les clients s'apparentent à des « irritations » décrites par Luhmann (2006). La suite de notre recherche va permettre d'affiner cette première approche.

1.8. Synthèse du chapitre 1

Nous avons vu dans ce chapitre que les postures du conseil sont extrêmement larges, allant d'expert à facilitateur ou thérapeute voire médecin. Ces postures ont toutes un même objectif, celui d'accompagner le client dans sa problématique qu'il soit un expert (se concentrant sur le contenu) ou un facilitateur (se concentrant sur le processus). Se construit alors une relation de confiance entre le consultant et le client : elle aura besoin de devenir intime pour installer un processus continu et plus en profondeur (Don Chrusciel, 2004). La littérature qui analyse ce lien entre consultant et client est partagée en deux perspectives : fonctionnaliste qui a une position positive envers les consultants et le paradigme critique qui est davantage sceptique vis-à-vis de cette communauté d'acteurs. Quant à Luhmann (2006), il a développé une approche plus spécifique s'appuyant sur des entités fermées : les actes de communication des consultants sont fondés sur des « malentendus productifs », d'irritants : ils pourront devenir stimulants et finalement productifs.

En réponse à la sous-question de recherche de ce chapitre : l'accompagnement **est contingent** à la relation consultant-client.

La confrontation de deux approches : celles du consultant et du chercheur, en apparence irréconciliables a permis de montrer que certaines méthodes de travail peuvent être complémentaires et la littérature récente sur ce sujet tend à ouvrir des perspectives intéressantes sur ces liens qui se tissent. L'évolution du leadership fait appel aux qualités de facilitateur des consultants qui s'adressent à la subjectivité des acteurs, à la représentation qu'ils se font de la réalité et non de la réalité elle-même (Perron, 2009). Mais aussi facilitateur que serait le consultant, le choix de ses outils n'en est pas moins un élément capital. Ce second chapitre va nous permettre de classifier ces outils, afin de se repérer et d'établir une grille de lecture permettant de mieux percevoir leur champ d'application.

Chapitre 2. Les outils d'accompagnement au leadership

2.1. Introduction

Catégoriser le comportement humain est une activité qui semble ne pas avoir d'âge : Hippocrate, au 4ème siècle av J-C caractérisait déjà les humeurs et les tempéraments, nous retrouvons cette idée chez Hildegarde de Bingen au 11ème siècle apr. J.-C. à travers les flegmes et les humeurs. Au 20ème siècle, Jung et ses successeurs se sont intéressés à caractériser les préférences qui guident notre comportement et à définir des types de personnalité avec les types psychologiques. Aujourd'hui, de nombreux outils sont utilisés par les consultants dans le cadre de prestations de conseil aux organisations (Chandler, 1977). Prolongement de la main depuis la préhistoire, l'outil est devenu le propre de l'Homme qualifié par Benjamin Franklin de « tool-making animal ».

Leurs apports ne sont toutefois pas toujours lisibles car ils ne se situent pas au même niveau d'ambition ou d'analyse (organisation, personne, équipe) et ont des objets différents (mieux se connaître, améliorer sa relation à l'autre, manager et motiver les personnes, accompagner le changement, résoudre les conflits, favoriser la cohésion, améliorer le leadership et la performance, contribuer à la transformation). Ces outils sont à distinguer des tableaux de bord de gestion ou prospectifs et de ceux de la gestion des ressources humaines comme le référentiel des emplois et des compétences.

L'objet de ce chapitre est de présenter un positionnement des outils d'accompagnement au leadership, utilisés par les consultants et les coachs. Pour accomplir ce travail de repérage, notre sélection est établie selon plusieurs critères :

- leur audience : ils sont largement utilisés par les praticiens,
- leur base scientifique : ils sont liés à la recherche,
- leur orientation en termes de leadership,
- leur contrôle : ils font l'objet de formation et de certification,

permettant d'assurer une utilisation et une mise en œuvre adéquates.

A partir de cette sélection, notre objectif est d'élaborer une grille de lecture permettant de différencier ces outils. Nous procéderons par comparaison de leurs fondements, leur utilité et leur impact dans le processus de transformation du leadership des individus et par conséquent des organisations.

Ce chapitre est destiné à apporter une contribution à la sous-question de recherche :

> **Où se situe l'outil de la singularité par rapport aux outils du leadership ?**

2.2. Présentation des outils

Les outils de gestion peuvent être classés selon leur domaine d'intervention (gestion des ressources humaines, stratégie) ou selon leur intention (prévoir, organiser, contrôler) (Fayol, 2016)[21]. De Vaujany (2006) définit les outils de gestion selon leur nature : 1) perspective rationnelle : outil de travail ; 2) perspective socio-politique : outil de valorisation, de rhétorique ou d'influence ; 3) perspective psycho-cognitive : un support d'apprentissage, un objet affectif ou un objet de traitement de l'information.

Pour Chiapello et Gilbert (2013), les outils de gestion structurent l'activité (les tableaux de bord pour le contrôleur de gestion, les outils de communication pour le spécialiste de marketing, les supports d'entretien professionnel pour le responsable de ressources humaines). Pour Autissier, Giraud et Johnson (2015) les outils du consultant peuvent être classés en cinq grands thèmes de la gestion : stratégie, organisation, management, changement, développement personnel.

Selon Moisdon (1997), il existe quatre grands types d'outils de gestion :

- les outils de mise à niveau de l'entreprise dans un domaine : qualité, gestion de production,
- les outils d'investigation : audit, diagnostic,
- les outils d'exploration du nouveau : expérimentation de nouvelles pratiques,

---

[21] Ouvrage original publié en 1916 par Henri Fayol

- les outils d'accompagnement du changement : ils aident les managers à prendre des décisions dans le cadre de situations complexes où une solution évidente ne s'impose pas.

Dans cette taxinomie, les outils de développement du leadership, objet de notre question de recherche, peuvent caractériser ces différents volets. Mais il est à préciser que les outils du leadership s'éloignent des définitions très centrées sur l'activité car leurs effets ne sont pas seulement axés sur l'activité professionnelle mais ont une visée plus ample. Ils sont en effet porteurs de changements et favorisent l'exercice de la réflexivité en questionnant les cadres de référence dominants de l'organisation.

Les outils de leadership ont une dimension symbolique qui dépasse leur propriété intrinsèque. Cela signifie que la description de leurs propriétés est insuffisante pour évaluer leur portée réelle conditionnée à la fois par la valeur ajoutée du facilitateur et la réceptivité de l'utilisateur. Au-delà de sa dimension structurelle, la dimension processuelle répond à la modalité « de la manière de s'en servir ». L'usage peut résulter d'une tradition avec une transmission. C'est dans cette dimension qu'interviennent les formations et certifications avec des coûts et une durée d'appropriation variables.

Nous allons analyser les outils qui accompagnent plus spécifiquement le développement du leadership dans les organisations et qui font l'objet d'une formation et/ou d'une certification auprès des facilitateurs chargés de les employer.

Les outils qui accompagnent le leadership peuvent être catégorisés en trois approches : organisationnelle, individuelle et interindividuelle (figure 6). Pour chacune de ces catégories, des outils sélectionnés sur la base d'un échantillon de convenance sont présentés dans leurs fondements, leurs objets, leurs particularités. Une comparaison sera ensuite produite, catégorisée en quatre thèmes : l'ouverture, l'évolution, l'ergonomie et l'utilité. Ce sont des outils connus et utilisés dans nos enseignements en vue de préparer les futurs managers et d'accompagner ceux déjà en poste.

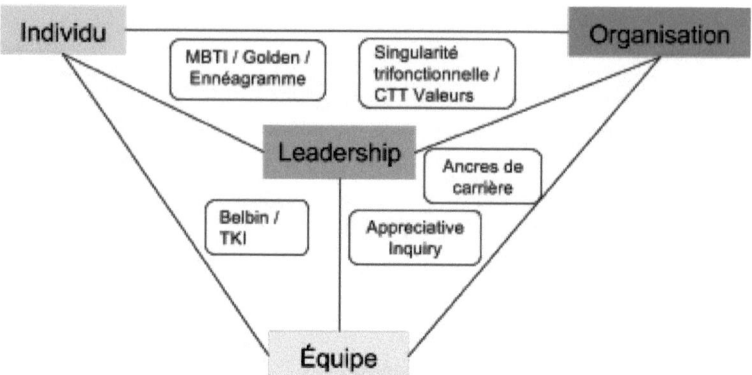

Figure 6 : Les outils qui accompagnent le leadership peuvent être catégorisés en trois approches : organisationnelle, individuelle et interindividuelle

2.2.1. Les outils à visée organisationnelle

Trois outils sont retenus dans cette catégorie : si leur clé d'entrée est organisationnelle, les applications qui en dérivent sont en revanche clairement orientées vers le leadership.

→ *Cultural Transformation Tool (CTT)*

L'outil de transformation culturelle (Barrett, 1998) est un modèle qui décrit sept « niveaux de conscience » pour les organisations, les personnes et les dirigeants. Il est inspiré de la hiérarchie des besoins d'Abraham Maslow. En catégorisant les valeurs, Richard Barrett concepteur du CTT, a ajouté trois niveaux spirituels de conscience (Cacioppe et Edwards, 2005). Cet outil partage ainsi avec la théorie intégrale de Wilber (2015) un domaine non couvert par de nombreux autres modèles éprouvés de développement organisationnel.

Depuis la création de ce modèle de base du développement de la conscience dont la visée était de mesurer les valeurs d'une organisation, plusieurs applications ont été déclinées : en macro par l'évaluation des valeurs d'une nation, en micro par l'évaluation d'un individu, d'un leader.

Tous ces outils sont utilisés pour identifier les caractéristiques des valeurs d'une entité dans une optique de compréhension, d'évolution et donc d'accompagnement. Il est aussi possible de relever les domaines de dissonance potentielle, entre les valeurs de l'individu (ou des individus) et celles de l'organisation (réelles ou désirables). Ces mesures visent à identifier des « signes vitaux » de l'organisation ou de l'individu.

→ *Outil de la singularité*

L'outil a pour objectif de saisir la singularité des organisations, des dirigeants et des équipes et en classifiant en six noyaux. L'outil permet une révélation de la singularité identitaire au sens de ce qui est « central, durable et distinctif au sein de l'organisation » (Albert et Whetten, 1985). La singularité est donnée à l'entreprise par son fondateur en écho au modèle de (Schein, 1983) et est invariable tout au long de son histoire (Mathieu et al., 2015). Patrick Mathieu concepteur de l'outil a vérifié le positionnement d'entreprises d'une centaine de marchés dans ce modèle, tout secteur confondu. Cet outil est utilisé pour manager les équipes : chacun à partir de la connaissance de sa propre singularité peut mieux interagir avec celle de son organisation.

En intégrant cette mécanique identitaire, l'outil met l'accent sur l'alignement des choix stratégiques et ouvre la voie de l'élucidation des dysfonctionnements managériaux et stratégiques qui ne sont pas liées à des erreurs techniques mais explicables par des erreurs d'ajustement à la singularité.

La singularité est établie par l'analyse du vocabulaire des discours des managers et des messages de communication de l'organisation à l'aide d'une base de données constamment enrichie de mots et expressions. Parmi les applications, l'outil est utilisé pour analyser la singularité des états, des villes et de leurs dirigeants. Il fait l'objet d'un développement au chapitre 3.

→ *Les ancres de carrière*

L'ancre de carrière émane des travaux de recherche d'Edgar H. Schein dans les années 1970. Il caractérise les valeurs essentielles qui fondent les choix d'évolution d'un individu au cours de sa carrière professionnelle. L'utilité en leadership est centré sur la carrière et les motivations. L'identification des ancres de carrières donne le moyen aux personnes d'orienter leurs choix et de s'assurer qu'ils sont compatibles avec leurs besoins. Des travaux complémentaires (DeLong, 1982) ont produit un instrument de mesure de huit ancres. La recherche a permis de dégager deux ancres supplémentaires (Wils, Wils et Tremblay, 2010).

2.2.2. Les outils à visée individuelle

Les approches liées à la personnalité des leaders sont nombreuses et très répandues. Nous avons retenu les inventaires de personnalités ainsi que l'Ennéagramme.

→ *Les inventaires de personnalités : mbti / golden / disc / insights*

La catégorisation des types de personnalité sont la base des travaux du psychologue suisse Carl Jung (1921) et l'outil MBTI[22] est le premier questionnaire opérationnalisant cette théorie. Jung, psychanalyste, disciple de Freud à l'origine, a catégorisé le comportement selon les attitudes préférentielles des personnes (Suman, 2009). À partir des années 1940, C. Briggs et I. Briggs Myers ont commencé à développer le MBTI. Un questionnaire détaillé a été établi pour mesurer les types psychologiques : il a été affiné et amélioré au fil des ans. Pour quatre dimensions (énergie, perception, jugement et style de vie) il existe seize types différents de personnalité. D'autres questionnaires ont été mis en œuvre dont celui de E. Golden donnant lieu lui aussi à une approche certifiante et intégrant une cinquième dimension liée au stress. Les outils utilisant la théorie des types psychologiques même partiellement sont nombreux (DISC, Insights). Ils permettent d'identifier facilement quatre à cinq dimensions de la personnalité, de comprendre les différences (de comportements, de réflexion sur soi, de travail sur son comportement en évaluant ses forces et faiblesses, son style personnel), d'envisager son évolution, de comprendre les mécanismes interpersonnels et les modèles de rôle de l'entourage, d'interpréter les processus d'influence. Cet outil sert de base aux démarches de développement personnel et de coaching et peut être utilisé aussi dans l'accompagnement d'équipe.

---

[22] Myers et Briggs Type Indicator

→ L'Ennéagramme

Dans la typologie de l'ennéagramme, les individus s'identifient dans l'un des neufs moyens préférés ou habituels d'interagir avec le monde (Sutton, Allinson et William, 2013). A chaque moyen est associé un nombre disposé dans un circumplex qui illustre la dynamique du système. Il s'agit d'un outil de connaissance de soi qui permet de comprendre les motivations à la base des comportements.

2.2.3. Les outils à visée interindividuelle

Dans ce registre se situent les outils permettant d'améliorer les interactions comme le TKI ou de mieux comprendre les rôles en équipe comme le Belbin.

→ Le TKI (Thomas-Kilmann Conflict Mode Instrument)

Cet outil de gestion des comportements dans les conflits a été mis au point en 1974 sur une population de 339 cadres supérieurs et moyens américains, par deux chercheurs de UCLA[23], Ralph Kilmann et Kenneth Thomas. Il s'avère que les cinq comportements identifiés dans les conflits (évitement, accommodation, rivalité, collaboration, compromis) sont liés à deux dimensions Jungiennes : l'orientation de l'énergie (extraversion/introversion) et le jugement (pensée/sentiment) (Brown, 2012). Ces chercheurs ont longtemps hésité et choisi de ne pas divulguer leur questionnaire dans leur premier papier de recherche afin de le réserver comme un outil de formation managériale. Cet outil a été traduit en plusieurs langues, adapté à la féminisation dans les années 80 et utilisé par plus de 60.000 personnes. Des stratifications par ethnicité, âge, niveau organisationnel, région complètent l'outil. Une extension a vu le jour en Europe pour vérifier la stabilité cross culturelle de l'outil. Il est utile pour améliorer la communication, la capacité de persuasion et d'influence, accroître l'efficacité des équipes et l'engagement des personnes.

→ Le Belbin

---

[23] The University of California, Los Angeles

L'approche Belbin (Belbin Team Role) repose sur un questionnaire permettant de repérer l'un des neuf rôles que l'on joue en équipe (Suman, 2009). Un rôle d'équipe décrit un modèle de comportement caractéristique de la manière dont un membre de l'équipe interagit avec les autres pour faciliter les progrès du collectif. Belbin reconnaît la division entre les rôles fonctionnels et les rôles d'équipier. Les rôles fonctionnels assurent la légitimité de statut, tandis que les rôles d'équipiers permettent d'assurer l'efficacité. Cette catégorisation permet d'évaluer l'équilibre de composition des équipes, de repérer si des rôles sont manquants ou surreprésentés et anticiper les points forts et faibles du fonctionnement de l'équipe. Chaque rôle peut aussi amener chacun à réfléchir sur les faiblesses tolérables ou peu acceptables.

→ *Appreciative Inquiry*

Le questionnement valorisant est l'un des premiers outils de développement organisationnel succédant aux approches de Lewin. Il s'intègre dans les théories du constructionnisme social visant à rendre les théories fondées (*Grounded Theory*) plus génératives (afin de fournir des alternatives nouvelles pour les actions sociales) (Gergen, 1978). Également, les théories du discours et du storytelling sont appliquées aux changements organisationnels. En effet la narration permet un impact positif sur les relations et conduit à révéler les valeurs profondes. L'image positive que les membres de l'organisation détiennent, constitue un chemin pour le développement organisationnel (Barge et Oliver, 2003). David Cooperrider est le créateur du questionnement valorisant. La méthode originale comporte un processus de découverte collectif en quatre étapes qui passe par : 1) une observation de ce qui marche bien (Découverte) ; 2) une vision pour identifier ce qui pourrait être (Rêve-*Dream*) ; 3) un dialogue collaboratif et des choix en vue d'obtenir le consentement à propos de ce qui devrait être (Design) ; 4) une expérimentation collective pour découvrir ce qui peut être (Destinée). Le questionnaire valorisant peut être considéré comme une pratique spirituelle : il repose sur l'idée que les systèmes sociaux contiennent un ensemble de propriétés, processus et caractéristiques qui leur donnent vie, vitalité et capacité (Bushe, 2011).

2.2.4. Comparaison des outils
La difficile ouverture des outils

Les outils se distinguent sur la façon dont ils sont ancrés à une base scientifique ouverte ou une base empirique plus circonscrite et protégée qui résulte de la volonté des consultants inventeurs de modèles de préserver leur source. En effet lorsque les outils sont développés par des consultants, ceux-ci protègent leur création. Dans ces conditions la vérification et la diffusion scientifique des outils sont limitées. Objet de critiques par les scientifiques (MBTI, Belbin), ces réactions contrastent avec celles des utilisateurs.

Certains consultants ont été des universitaires (centrés leadership) et ont développé leurs outils (Cooperrider, Thomas & Kilmann, Belbin, Schein) d'autres ont un profil de praticiens (Barrett, Golden, Mathieu, Myers & Briggs). Si la diffusion scientifique est limitée par souci de protection, cela n'empêche pas une diffusion auprès d'un réseau de relais par le biais de la **certification** et des communautés de pratiques.

La certification n'a de cesse de se développer avec des formules à plusieurs niveaux permettant une appropriation et une maîtrise croissante de l'outil par les consultants utilisateurs. Des formations se développent aussi à distance (Golden, CTT), les plateformes permettent la passation des questionnaires (TKI, Belbin avec Interplace, CTT) ou sont confiés à des éditeurs (Pearson, ECPA pour l'inventaire Golden). L'investissement financier et l'engagement temporel de la formation sont des critères significatifs pour le consultant utilisateur de l'outil : choisir un outil signifie parfois renoncer à d'autres. La communauté de praticiens renforce la valorisation de l'outil grâce aux partages de pratiques entre utilisateurs et experts (Belbin). Des groupes de discussion initiés lors des formations peuvent se poursuivre sur les plateformes de réseaux sociaux (MBTI) contribuant à en maintenir une proximité.

L'évolution des outils

Les outils ne sont pas apparus en même temps : MBTI (1947), TKI (1974), Ancres de carrière (1985), Golden (1990), CTT (1997),

51

Singularité (2000). Le temps a un impact bénéfique car ils ont souvent évolué côté concepteur mais aussi dans leur usage côté utilisateurs. On observe par exemple le recours à des évaluations type 360° qui permettent d'aller plus loin que les questionnaires auto-déclaratifs et d'intégrer les perceptions de l'entourage des utilisateurs (hiérarchie, collaborateurs, collègues) (Belbin et CTT).

Les outils évoluent également en réaction à des critiques : TKI adapte le questionnaire à la féminisation des cadres d'entreprise, MBTI conçoit un questionnaire avec des échelles plus fines. Une densification des bases de données est observée pour les outils les plus récents (singularité).

L'évolution la plus notable ne tient pas tant dans le contenu de l'outil que dans la manière de le commercialiser et surtout dans l'accompagnement de son usage. Les outils peuvent inspirer d'autres outils comme WAVE qui cherche à répondre à de nombreuses attentes professionnelles et emprunte des fonctionnalités aux inventaires de personnalité et aux rôles en équipe.

Pour répondre aussi à l'évolution du leadership vers plus d'intégration de la dimension spirituelle on note une différenciation des outils dans ce domaine. Des tentatives de rapprochements d'outils répondant à la théorie intégrale montrent la proximité de la Spiral dynamics, du CTT et de l'Action inquiry (Cacioppe et Edwards, 2005) dans le domaine de la spiritualité. Certains outils trouvent leur fondement dans ce domaine comme l'ennéagramme ou les inventaires de personnalité. Cependant l'usage qu'en fera le facilitateur peut être assez éloigné des visées originelles du concepteur de l'outil ou des théories à la base de l'outil. Pour d'autres, leur conception semble éloignée de la dimension spirituelle tels les ancres de carrière et le Belbin. Le Belbin peut cependant être adapté à cette dimension : les défauts d'alignement des rôles, peuvent par exemple servir à observer certains défauts à la source d'épreuves dont la résolution évoque une maturation de l'esprit (cheminement spirituel).

Ergonomie des outils : catégorisation et forme

La plupart des outils repose sur des catégorisations : des représentations capables de capturer un ensemble vaste et riche compartimenté en catégories auxquelles les personnes vont pouvoir s'identifier. C'est en quelque sorte un support, un médium permettant aux personnes d'opérer des distinctions dans l'environnement observé. La manière de catégoriser implique un nombre variable de catégories : 16 types de personnalités dont 4 tempéraments (MBTI), 9 choix possibles (aussi bien pour l'ennéagramme, les rôles pour le Belbin et les ancres de carrière), 7 niveaux de valeurs (CTT), 6 noyaux identitaires pour l'outil de la singularité. Le nombre de catégories à retenir peut faire sens car il doit répondre à un besoin de discrimination mais aussi une capacité à mémoriser les catégories. Par discrimination il s'agit de trouver sa différence par rapport aux autres et son arrimage à une catégorie tout en ayant l'accès à l'ensemble des catégories et des signifiants.

Seule l'Appreciative Inquiry échappe à cette catégorisation de caractéristiques, en revanche, elle fait état d'une catégorisation de processus. Derrière chaque catégorie on trouve des « portraits types » rédigés de façon plus ou moins extensive et qui permettent à la personne accompagnée de se reconnaître le plus souvent en complément des approches par un questionnaire. Cette possibilité de recourir à des perspectives multiples s'inscrit dans un accompagnement ouvrant sur un dialogue et une souplesse dans l'identification à une catégorie.

Sur la forme, l'emploi des couleurs dans certains outils comme DISC, Insights, Structogramme, Singularité est un moyen infraverbal de substitution des concepts. Pour les utilisateurs finaux, les couleurs ersatz de la conceptualisation facilitent le repérage. Dans cette veine, les approches en niveau superposent les couleurs à des concepts, par exemple le CTT permet d'identifier les 4 classes matérielles, émotionnelles, mentales et spirituelles. Dans le Belbin, l'iconographie est une marque de fabrique différenciant les utilisateurs de langue anglaise et française. Le même sens attribué à un rôle peut nécessiter l'emploi d'icônes différentes dans les deux langues par exemple pour le « shaper »/le fonceur.

Les concepteurs s'efforcent de clarifier l'iconographie, de constituer des supports variés de présentation remis pendant les formations ou accessibles en ligne.

La catégorisation, la mise en forme et donc l'ergonomie de l'outil vont permettre aux utilisateurs d'accélérer l'appropriation de concepts relativement complexes au cours de séances d'accompagnement qui sont de plus en plus écourtées. Mais elles vont surtout faire naître une forme d'attachement à l'outil : un outil qui séduit permet de faire une différence auprès des responsables de formation et de programme qui auront tendance à vouloir le diffuser largement auprès de leurs équipes.

Le coût et le temps représentent aussi un critère de choix pour le consultant. Lorsque celui-ci choisit un outil, cet investissement peut exclure l'emploi d'autres outils. La réputation de l'outil et ses fonctionnalités entrent bien-sûr en ligne de compte dans la sélection.

L'accompagnement proposé par le concepteur joue donc un rôle de plus en plus important. Il répond au besoin de clarification et de proximité avec l'outil et les concepteurs.

2.2.5. Des outils requérant la facilitation

Les outils décrits disposent généralement d'une utilisation principale qui les amène à être opérationnels au travers d'applications différentes. Par exemple l'outil Golden est centré sur la connaissance de soi et donc sur une approche à l'origine individuelle, portant ses effets en matière de transformation individuelle. Pour autant, la connaissance de soi va permettre : 1) de situer ses comportements et de faire appel à des comportements plus appropriés selon les situations ; 2) d'anticiper les comportements qui sont prévisibles au regard du modèle de développement jungien ; 3) l'outil peut aussi être utilisé en séance de groupe avec pour objectif d'améliorer les systèmes d'interaction.

Si l'on considère l'outil CTT, celui-ci a été conçu pour saisir les valeurs d'une organisation au travers des représentations que s'en font ses membres. Mais il inclut également un repérage des valeurs personnelles, qui a donné lieu à une application dans le domaine du leadership. On oscille donc **entre le registre organisationnel et le**

registre individuel. Les consultants seront peut-être plus habiles à utiliser un registre plutôt qu'un autre.

Avec l'outil de la singularité les registres de l'organisation et des équipes sont intimement liés dans la mesure où il y a **interaction entre l'identité de l'entreprise et celle des managers**.

L'Appreciative Inquiry est une application de la psychologie positive, cette démarche suppose donc l'adoption d'une posture généraliste. Les applications sont alors multiples (Bushe, 2011).

Selon l'usage, l'outil répond à un besoin, il s'inscrit dans une démarche plus complexe. Dans le cas des Assessments par exemple on peut employer un outil (Wave/Golden/MBTI) comme base de départ de la connaissance d'une personne et poursuivre le travail en ayant recours à d'autres outils, à des simulations, à des entretiens de groupe. Sur le plan de la complémentarité, la combinaison de trois outils (Extended Disc instrument, MBTI, Belbin) pour comprendre une problématique d'équipe, permet de trianguler les découvertes et de construire une équipe plus efficace tant sur le plan comportemental, culturel, que de la personnalité (Suman, 2009).

Bien souvent ces outils constituent un point de départ qui permet d'élaborer progressivement un profil. Cette progression s'effectue dans le dialogue entre le facilitateur et la personne concernée. L'outil peut alors servir de base de réflexion, d'exploration, et être relié à des situations. La qualité du débriefing est alors essentielle et extrêmement liée à l'accompagnateur, au temps qu'il pourra consacrer aux échanges avec la personne. C'est pourquoi la certification joue un rôle important en permettant d'enrichir la capacité du facilitateur.

La frontière entre le conseil et le coaching peut apparaître flou, le coaching pouvant être une partie du processus de conseil (Kakabadse et al., 2006). Avec un outil de transformation directe comme la Singularité, un coaching, est souvent nécessaire pour permettre aux personnes d'accepter le changement.

Les outils font l'objet d'une variation des usages avec de multiples adaptations, traductions, détournements, « bricolages » (De Certeau, 1980). Cet écart possible peut être évalué par le concepteur comme une forme de transgression. Cela peut expliquer les efforts en matière de certification, visant à s'assurer que les outils de leadership soient correctement employés. On constate là un point de différence possible avec les outils de gestion classiques qui ne font pas l'objet d'un cadrage par la certification.

Une autre façon de classifier les outils (tableau 7) en relation avec notre question principale de recherche est de les analyser au regard des interactions de Schein (1984).

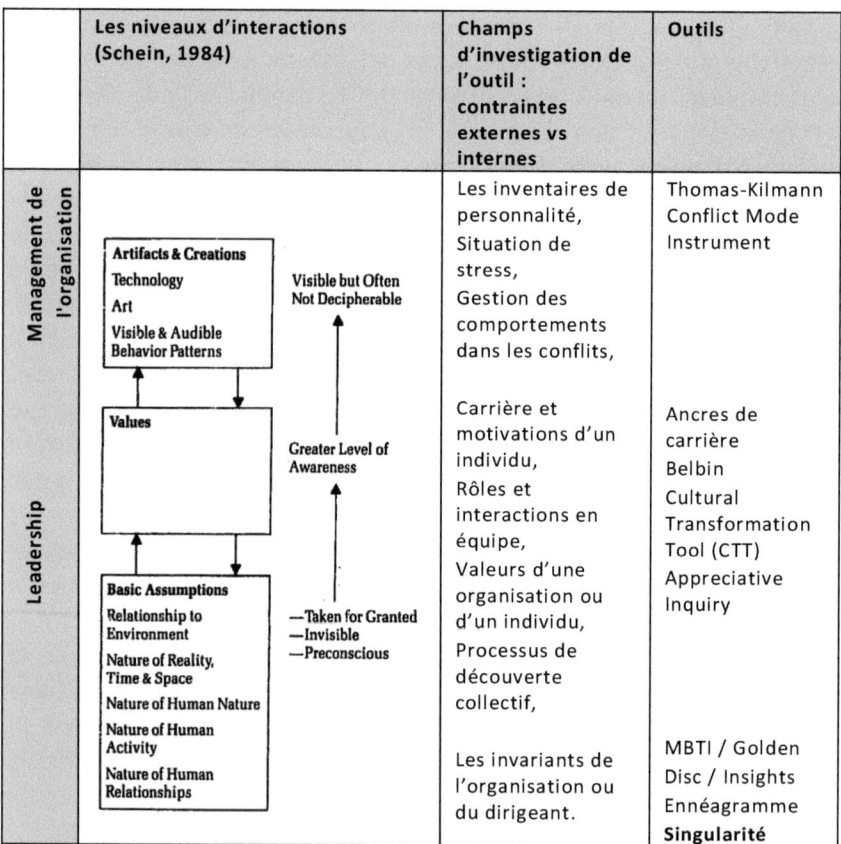

	Les niveaux d'interactions (Schein, 1984)		Champs d'investigation de l'outil : contraintes externes vs internes	Outils
Management de l'organisation	**Artifacts & Creations** Technology Art Visible & Audible Behavior Patterns	Visible but Often Not Decipherable	Les inventaires de personnalité, Situation de stress, Gestion des comportements dans les conflits,	Thomas-Kilmann Conflict Mode Instrument
Leadership	**Values**	Greater Level of Awareness	Carrière et motivations d'un individu, Rôles et interactions en équipe, Valeurs d'une organisation ou d'un individu, Processus de découverte collectif,	Ancres de carrière Belbin Cultural Transformation Tool (CTT) Appreciative Inquiry
	Basic Assumptions Relationship to Environment Nature of Reality, Time & Space Nature of Human Nature Nature of Human Activity Nature of Human Relationships	—Taken for Granted —Invisible —Preconscious	Les invariants de l'organisation ou du dirigeant.	MBTI / Golden Disc / Insights Ennéagramme **Singularité**

Tableau 7 : classification des outils en écho aux niveaux de Schein (1984)

Dans cette classification, il est à noter que les **outils du leadership** ont tendance à explorer **l'inconscient**, les **zones aveugles**, des **zones profondes** contrairement à ceux du management de l'organisation, qui s'intéressent davantage à la **surface**. Cette distinction est adaptée à notre recherche en lien avec l'identité organisationnelle qui touche à la **profondeur** de l'entreprise.

2.3. Synthèse du chapitre 2

Outil	Champ d'intervention
LES OUTILS A VISÉE ORGANISATIONNELLE	
CTT	Valeurs d'une organisation ou d'un individu
La singularité	Singularité d'une organisation ou d'un individu
Les ancres de carrière	Carrière et motivations d'un individu
LES OUTILS A VISÉE INDIVIDUELLE	
MBTI / GOLDEN / DISC / INSIGHTS	Les inventaires de personnalité
L'ennéagramme	Motivations, situation de stress
LES OUTILS A VISÉE INTERINDIVIDUELLE	
Le TKI	Gestion des comportements dans les conflits
Le BELBIN	Rôles et interactions en équipe
Appreciative Inquiry	Processus de découverte collectif

Tableau 8 : grille de lecture des outils

Nous pouvons dire que le repérage des outils d'accompagnement au leadership peut s'effectuer selon une lecture à plusieurs niveaux : 1) la visée : organisationnelle, individuelle, interindividuelle (tableau 8) ; 2) le champ d'investigation : identitaire, spirituel, personnalité ; 3) l'ergonomie ; 4) la complémentarité avec les outils déjà maîtrisés ; 5) la certification et la qualité d'accompagnement ; 6) la stratégie du consultant.

En réponse à notre sous-question de recherche, **l'outil de la singularité a une visée organisationnelle et individuelle et permet d'explorer les zones profondes de l'organisation** au sens de Schein (1984). Examinons maintenant les fondements de cet outil.

Chapitre 3. L'outil de la singularité

L'outil de la singularité conçu par PMS (Mathieu et al., 2015) cherche à discerner la part stable de l'identité d'une organisation ou d'un individu.

L'objectif est ici d'expliciter cet outil utilisé pour explorer l'identité organisationnelle afin d'apporter des éléments de réponse à la sous-question de recherche :

Quel est le fondement de l'outil de la singularité ?

3.1. Description de l'outil de la singularité

L'outil a pour objectif de saisir la singularité des organisations, des dirigeants et des équipes et de la classifier en six noyaux. Il permet une révélation dans l'identité organisationnelle de ce qui est « central, durable et distinctif au sein de l'organisation » (Albert et Whetten, 1985). Tout comme la culture organisationnelle (Schein, 1983), la singularité est donnée à l'entreprise par son fondateur et reste stable tout au long de son histoire (Mathieu et al, 2015) indépendamment des changements de dirigeants.

La singularité est catégorisée par six noyaux (tableau 9) résultant de la combinatoire de trois **fonctions** « Guerrier, Producteur, Souverain » en partie étudiées par Dumézil (1968)[24] et de trois **niveaux** fondés sur les trois questions fondamentales de la connaissance (Le Moigne, 2012 ; Larçon et Reitter, 1979) : « pourquoi ? » (Finalité) « comment ? » (Modalité) « quoi ? » (Matérialité).

La combinatoire repérée sur le terrain par PMS (Mathieu et al., 2015) forme six noyaux de singularité possibles. Dumézil (1968) avait exprimé un schéma trifonctionnel. Ayant observé puis prouvé l'existence de constantes dans les mythologies indo-européennes, il a pu montrer que ces récits étaient organisés selon des structures traduisant une conception de la société selon trois fonctions incontournables : le sacré, le guerrier, la production ou reproduction.

---

[24] Les trois fonctions SOUVERAIN - GUERRIER – PRODUCTEUR sont identifiées par Georges Dumézil dans les grandes mythologies indo-européennes.

La « trifonctionnalité » a inspiré des historiens comme Georges Duby et trouvé le soutien de Jacques Le Goff ou de Claude Lévi-Strauss. La trifonctionnalité de Georges Dumézil cherche à caractériser une structure profonde, comme la singularité telle que nous venons de la définir (Mathieu et al., 2015). C'est à ce titre que les travaux de PMS, commencés dans les années 1990, ont croisé ceux de Dumézil à partir de 2007 sur le postulat que les structures stables de la singularité relèvent d'une logique abstraite et universelle. L'apport de PMS constitue une nouvelle perspective de lecture des trois fonctions de Dumézil (1968) à la lumière des « six noyaux de singularité » décrits tableau 9.

NOYAUX	Pourquoi ? (Finalité)	Comment ? (Modalité)	Quoi ? (Matérialité)	Repère pour le client
Guerrier Cosmique (GSP)	Guerrier	Souverain	Producteur	*Prendre en main son destin*
Guerrier Humain (GPS)	Guerrier	Producteur	Souverain	*Dépasser les contraintes matérielles*
Producteur Séducteur (PGS)	Producteur	Guerrier	Souverain	*Révéler le potentiel et la valeur*
Producteur Réinventeur (PSG)	Producteur	Souverain	Guerrier	*Préparer une vie meilleure*
Souverain Juriste (SPG)	Souverain	Producteur	Guerrier	*Organiser la durée et protéger la vie*
Souverain Magicien (SGP)	Souverain	Guerrier	Producteur	*Être la référence et occuper pleinement sa place*

Tableau 9 : les six noyaux comme le résultat de la combinatoire des fonctions et des niveaux

La division de l'unité en trois fonctions constitue un élément fondateur des travaux de Dumézil (1968). Elle repose sur un présupposé de complémentarité parfaite, telle que la somme des trois fonctions soit égale à l'unité que certains dieux suprêmes seraient censés incarner. D'autres travaux, menés par Gilles Deleuze, font échos aux trois fonctions de Georges Dumézil, à travers l'équivalence des trois concepts d'identité, de différence et de répétition. L'identité renvoie par sa dimension unique, absolue, à la *Souveraineté*. La différence, qui amène à trancher, à séparer, renvoie à la fonction *Guerrière*. Et enfin, de manière évidente, la répétition renvoie à la fonction de *Production* et sa puissance de fécondité.

3.1.1. Une combinatoire « Pourquoi ? Comment ? Quoi ? »

La singularité s'exprime de manière combinatoire sur trois plans, la **Finalité** existentielle, la **Modalité** et la **Matérialité**, en écho aux trois plans de Max Weber : fins, moyens et conséquences (Mathieu et al., 2015). La *Finalité* répond à la question du « Pourquoi », la *Modalité* à celle du « Comment » et la *Matérialité* à celle du « Quoi » (figure 8). Le Moigne (2012, p.14) revoit le statut de la connaissance en revenant aux mêmes trois questions fondamentales : Quoi ? Comment ? Pourquoi ? *« Un même discours prétend assumer de façon parfaitement cohérente trois familles de questions à priori indépendantes, chacune répondant aux trois questions fondatrices du* **quoi**, *du* **comment** *et du* **pourquoi** *de la connaissance de telle façon que le choix d'une réponse à l'une d'entre elles entraîne ipso facto et de façon stable, le choix des réponses aux deux autres »*. Ainsi, aucune des fonctions n'est présente deux ou trois fois, les trois coexistant pour former l'unité évoquée plus haut.

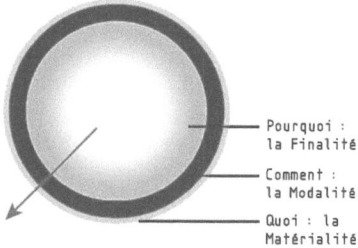

Figure 8 : les trois plans qui distribuent les trois fonctions

Cette combinatoire forme six possibilités d'assemblage des *trois fonctions* sur les trois plans, les « noyaux de singularité » (tableau 9), paradigme d'analyse de PMS pour distinguer les familles de singularités.

Après avoir analysé des centaines de parcours de dirigeants, PMS a formalisé six typologies de motivations chez les entrepreneurs, présentes dans chaque noyau (Mathieu et al., 2015). En voici une illustration (figure 9).

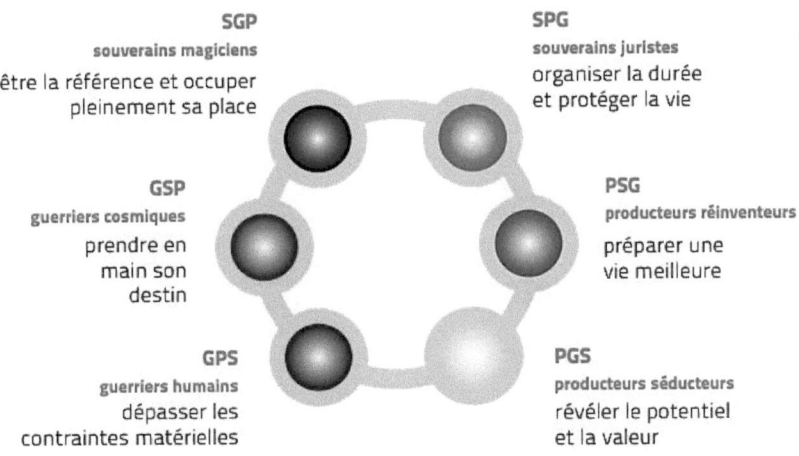

Figure 9 : les « six noyaux de singularité » et leurs principales motivations

3.1.2. Les caractéristiques des profils

PMS (Mathieu et al., 2015) a défini les motivations fondamentales et les grandes caractéristiques récurrentes de chacun des six « noyaux de singularité » (tableau 10) à la lumière de ses travaux de recherche sur les organisations et leurs dirigeants et à l'appui des travaux de Dumézil (1968).

Noyau de Singularité Guerrier Cosmique (GSP)

La motivation principale des Guerriers Cosmiques est de prendre son destin en main.

De *Finalité Guerrière*, ils remettent en cause les croyances établies, l'héritage pesant du passé. Mus par une volonté intérieure très forte, ils se lancent dans une quête supérieure qui les amène à se détacher du passé et explorer de nouvelles voies. De *Modalité Souveraine*, ils se fient à une expertise ultime, qui fait référence de bout en bout. Dans leur quête du Graal, ils recherchent l'absolu, l'essentiel, en se débarrassant du superflu. Ils transcendent notre condition habituelle. Avec leur *Matérialité Productrice*, ils produisent un art de vivre, et invitent à l'échange.	Exemples de personnages duméziliens *Guerriers Cosmiques* : Indra, Thor, Athéna / Minerve, Héphaïstos / Vulcain, Nikê, Arjuna. Exemples de *Guerriers Cosmiques* célèbres identifiées dans les recherches de PMS : Mohandas Karamchand Gandhi, Thomas Edison, Édouard Leclerc, Miguel de Cervantès, Molière, Voltaire, Ludwig Wittgenstein, Coluche, Brad Pitt, Emmanuel Macron, Michel Houellebecq, Fernando Pessoa, Vaclav Havel, Valéry Giscard d'Estaing, Simone de Beauvoir, Jean-Louis Aubert.

Noyau de Singularité Guerrier Humain (GPS)

La motivation principale des Guerriers Humains est de dépasser les contraintes matérielles.

De *Finalité Guerrière*, ils sont dynamiques, entreprenants, et cherchent en permanence à dépasser leurs limites. Ils progressent par l'action et dépassent les obstacles et les frontières par leur sens de l'effort. Ils sont des compétiteurs acharnés. De *Modalité Productrice*, ils apportent dans leur fonctionnement beaucoup d'attention à l'humain, et valorisent l'équipe, la loyauté, l'harmonie interne. Ils sont pragmatiques. Avec leur *Matérialité Souveraine*, ils se concentrent sur la qualité du résultat, veulent marquer le temps et représenter l'excellence apportée par leur génération.	Exemples de personnages duméziliens *Guerriers Humains* : Bhîma, Arès, Héraklès, Hécate. Exemples de *Guerriers Humains* célèbres identifiées dans les recherches de PMS : Elon Musk, Nelson Mandela, Nicolas Sarkozy, Manuel Valls, Daniel Balavoine, Damien Hirst, Coco Chanel, Jeff Koons, Andy Warhol, Quentin Tarantino, Mick Jagger, J.K. Rowling, Ludwig van Beethoven, Steven Spielberg.

Noyau de Singularité Producteur Séducteur (PGS)

La motivation principale des Producteurs Séducteurs est de révéler le potentiel et la valeur authentique de l'autre.

De *Finalité Productrice*, ils accordent beaucoup d'importance à la personne. Ils	Exemples de personnages duméziliens *Producteurs Séducteurs* :

se focalisent sur le potentiel, perçu très tôt à partir de signaux faibles. Ils n'hésitent pas à partir de peu, car ils croient que l'impossible peut devenir possible. Ils donnent de l'importance au plaisir et à la sensualité.

De *Modalité Guerrière*, ils sont doués d'initiative, ambitieux, énergiques. Centrés sur le présent et l'efficacité, ils créent ou saisissent une urgence pour agir, ils privilégient les résultats à court terme et cherchent la satisfaction la plus immédiate possible. Ils sont particulièrement attachés à la nouveauté et fuient l'ennui.

Avec leur *Matérialité Souveraine*, ils développent le potentiel de chacun pour lui offrir une position de premier plan et reconnue.

Aphrodite, Eros, Freyja, Nakula, Baldr.

Exemples de *Producteurs Séducteurs* célèbres identifiées dans les recherches de PMS :
Francis Ford Coppola, la reine Marie-Antoinette, Wolfgang Amadeus Mozart, Henri Matisse, Lady Gaga, Umberto Eco, Antonio Vivaldi, Ennio Morricone, Donald J. Trump, Milos Forman, Édith Piaf, Henri Matisse, Ralph Lauren, Salvador Dali, Carla Bruni, Stendhal, Henri Nestlé.

Noyau de Singularité Producteur Réinventeur (PSG)
La motivation principale des Producteurs Réinventeurs est de rendre la vie meilleure.

De *Finalité Productrice*, ils privilégient le désir. Ils améliorent, régénèrent, réinventent, ressourcent. Ils ré-enchantent et enrichissent la vie par une forte sensorialité, et mettent leur apport au service du plus grand nombre.

De *Modalité Souveraine*, ils travaillent avec des règles et une éthique forte qui permettent de valoriser l'intelligence et le savoir. Ils se reposent sur de vastes connaissances, à grande échelle et résolvent les problèmes par une perspective globale.

Avec leur *Matérialité Guerrière*, ils valorisent avant tout l'ergonomie, le pratique, le naturel. Ils apportent du progrès au quotidien, auquel ils donnent un nouvel élan vital et joyeux.

Exemples de personnages duméziliens *Producteurs Réinventeurs* :
Dionysos, Freyr, Hadès / Pluton, Orphée, Déméter, Europe.

Exemples de *Producteurs Réinventeurs* célèbres identifiées dans les recherches de PMS :
Steve Jobs, Richard Wagner, Pablo Picasso, Albert Einstein, Georges Pompidou, Serge Gainsbourg, Arthur Rimbaud, Frederick Nietzsche, Michel Onfray, Marcel Proust, Sœur Emmanuelle, Boris Vian, Rainer Maria Rilke, Jean-Paul Sartre, le père Teilhard de Chardin.

Noyau de Singularité Souverain Juriste (SPG)
La motivation principale des Souverains Juristes est d'organiser la durée et protéger la vie.

De *Finalité Souveraine*, ils sont porteurs d'une investiture, grands organisateurs, ils

Exemples de personnages duméziliens *Souverains Juristes* :

se préoccupent principalement de la question du temps, de la durée, de l'anticipation. Férus de savoir, ils cultivent la fidélité et la transmission, avec le sens du rituel. De *Modalité Productrice*, ils travaillent dans l'harmonie et n'acceptent que le consensus. Ils ont une forte dimension affective et empathique. Avec leur *Matérialité Guerrière*, ils apportent de la vitalité à la vie dont ils sont les gardiens actifs. Ils proposent une offre sobre, en innovant seulement quand c'est nécessaire et important.	Héra / Junon, Mitra, Frigg, Numa Pompilius, Tyr, Yudishtira. Exemples de *Souverains Juristes* célèbres identifiées dans nos recherches : Frédéric Chopin, Franz Liszt, François Hollande, Jacques Prévert, Marion Cotillard, Ingmar Bergman, Angela Merkel, Barack Obama, Francis Cabrel, Roman Opalka, Paul Bocuse, Marie-Agnès Gillot, Étienne Klein, Anselm Kiefer, Amadou Hampâté Ba, Paul Auster, Eddy Mitchell, Estée Lauder.

Noyau de Singularité Souverain Magicien (SGP) La motivation principale des Souverains Magiciens est d'être la référence et occuper leur juste place.	
De *Finalité Souveraine*, ils sont puissants, dotés d'une vision puissante et globale, et ont une visée unificatrice. Ils ouvrent de nouvelles perspectives et cherchent à éclairer le monde. Ils aiment initier de très grands projets. De *Modalité Guerrière*, ils apportent une révélation et le changement, et exercent leur action avec force et autorité. Avec leur *Matérialité Productrice*, ils créent un fort lien entre les personnes. S'appropriant les ressources et les redistribuant après amélioration, ils génèrent de la richesse partagée.	Exemples de personnages duméziliens Souverains Magiciens : Odin, Ouranos, Cronos, Zeus / Jupiter, Poséidon / Neptune, Hestia / Vesta. Exemples de Souverains Magiciens célèbres identifiées dans nos recherches : Hésiode, René Descartes, Marco Polo, Charles Darwin, James Cameron, Jacques-Yves Cousteau, Walt Disney, Charles de Gaulle, François Mitterrand, Jean-Sébastien Bach, Jean-Jacques Goldman, Christo, Christian Dior, François 1er, Louis XIV, Stanley Kubrick.

Tableau 10 : synthèse des motivations des noyaux de singularité (source PMS)

À partir de ces six « noyaux de singularité », PMS est en mesure d'effectuer de nombreuses analyses, sur des sujets extrêmement variés. A titre d'illustration dans le domaine de la téléphonie, l'outil de la singularité permet de différencier deux entreprises « Guerrières » sur un même marché : l'opérateur « SFR » s'inscrit dans les *Guerriers Humains*, forts de l'effort collectif et de l'engagement à dépasser des contraintes identifiées. L'opérateur « FREE » s'inscrit pour sa part dans les *Guerriers Cosmiques*, qui activent la transformation en modifiant les règles du jeu.

L'analyse s'applique également aux collectivités, telles que villes, régions, et pays. Ainsi la France, pays des lumières, fière de sa grandeur gaullienne, s'inscrit-elle dans les *Souverains Magiciens*, comme le Royaume-Uni. L'Allemagne, la Russie ou la Chine, pays exposés historiquement à un très fort risque de division, soucieux de leur unité, sont des *Souverains Juristes*. Le Japon, pays des samouraïs et du zen, est *Guerrier Cosmique*. Les USA, l'Espagne, Israël, la Pologne sont des *Guerriers Humains*. L'Italie, l'Inde et le Brésil sont des *Producteurs Séducteurs* et la Communauté Européenne représente les *Producteurs Réinventeurs*, avec leur fonctionnement affinitaire en réseau, ayant une aversion au conflit et visionnaires.

Enfin ces recherches permettent une analyse en profondeur de personnalités et font apparaître des relations signifiantes entre entités de nature différente. Ainsi le cinéaste Georges Lucas, un *Guerrier Cosmique*, auteur de la célèbre saga Star Wars, reconnaît-il l'influence du Japon (*Guerriers Cosmique*) et des films de samouraï, eux-mêmes *Guerriers Cosmiques*.

Chez les grandes maisons de Haute Couture françaises, Dior, marque des reines, qui théâtralise la femme, est *Souverain Magicien* ; Chanel, qui a libéré le corps des femmes du corset, est une marque *Guerrier Humain* ; et Yves Saint Laurent, qui démocratise la culture artistique et explore les ambiguïtés du genre, est une marque *Producteur Réinventeur* (Mathieu et al., 2015).

Pour illustrer le fonctionnement de l'outil, prenons l'exemple de la singularité de l'enseigne E. Leclerc (tableau 11) exprimée au moyen des **trois niveaux** : finalité (pourquoi ?), modalité (comment ?), matérialité (quoi ?).

Niveau (Le Moigne, 2012), (Larçon, Reitter, 1979)	Description du noyau de singularité de l'enseigne E. Leclerc	Fonction (Dumézil, 1968)
Finalité (Pourquoi ?)	Sa raison d'être est de modifier les règles du jeu pour démocratiser la consommation et proposer au plus grand nombre, d'accéder à de nouveaux marchés : la parapharmacie, la bijouterie ou encore la culture. L'enseigne a dû mener des combats, lutter contre des lois obsolètes, briser des monopoles et développer de nouveaux savoir-faire.	Renvoi à une fonction **Guerrière**
Modalité (Comment ?)	Sa manière de faire se structure autour de règles simples : acheter directement aux producteurs en évitant de passer par des intermédiaires et pratiquer ainsi des marges réduites. Une société coopérative de groupements d'achats permet à ses magasins adhérents de profiter de meilleures conditions d'achat pour proposer des prix plancher.	Renvoi à une fonction **Souveraine**
Matérialité (Quoi ?)	Le bénéfice pour le client est d'accéder à un ensemble de produits et de services de qualité aux prix les plus bas et de s'offrir ainsi ce dont il a besoin au quotidien.	Renvoi à une fonction **Productrice**
Résultat	**Modifier les règles du jeu en place. La motivation se base sur la conviction profonde qu'il y a une autre possibilité.**	**GSP Guerrier Cosmique**

Tableau 11 : exemple du noyau de singularité de l'enseigne E. Leclerc

Ainsi les Centres E. Leclerc, *Guerriers Cosmiques,* créateurs de la grande distribution en France, ont su imposer des modifications de lois nationales pour faire progresser leur enseigne : circulaire « Fontanet » interdisant le refus de vente, autorisation de vente par les grandes surfaces de l'essence, de la parapharmacie, de la bijouterie, domaines autrefois réservés.

3.2. L'analyse du vocabulaire permet d'établir la singularité

La singularité est établie par l'analyse du vocabulaire des discours des managers, des textes fondateurs et des messages de communication des sociétés à l'aide d'une base de données constamment enrichie de mots et expressions.

Le tableau 12 donne des exemples de représentation du vocabulaire des trois fonctions Souverain / Guerrier / Producteur.

Souverain	Guerrier	Producteur
Espace et temps, Saisons	Action	Corps, Sensations
Pouvoir	Mouvement	Matière, Objets
Concepts	Déplacement	Quantité
Vision, regard	Énergie	Personnes, Relations
Religion	Jeunesse	Plaisir, Désir
	Véhicules	Argent, Transactions

Tableau 12 : expression du vocabulaire utilisé dans les trois fonctions

Exemples de mots et expressions pour chaque noyau de singularité (GSP, GPS, PGS, PSG, SPG, SGP) classés par niveau (Finalité : Pourquoi ? Modalité : Comment ? Matérialité : Quoi ?) (Source : PMS)

Mots et expressions caractéristiques des GSP (guerrier cosmique)		
FINALITÉ (Pourquoi ?)	MODALITÉ (Comment ?)	MATÉRIALITÉ (Quoi ?)
Faire bouger les choses	Amener un débat	Partage
Découverte	Prendre du recul	Réconfort
Aller de l'avant	Fédérer	Plaisir
Indépendance	Faire les bons choix	Apaisement
Être libre	Accepter la différence	Créer du dialogue
Changer la donne	Réfléchir	Redonner goût à la vie
Autonomie	Se renseigner	Un monde meilleur
Franc-parler	Préparation	Aider les autres
Jeunesse d'esprit	Voir juste	En accord avec soi-même
Dérision	Quête	Panache
	Penser au futur	Élan d'inventivité
	Discipline	Émotions

Mots et expressions caractéristiques des GPS (guerrier humain)		
FINALITÉ (Pourquoi ?)	MODALITÉ (Comment ?)	MATÉRIALITÉ (Quoi ?)
Challenge	Beaucoup de travail	Apprendre les choses de la vie
Atteindre son but	Solidarité	Se voir grandir
Mouvement	Expérience	Fierté

Repousser les limites	Échange	Sens
Se libérer	Esprit d'équipe	Réussite
Énergie	Concrétiser	Graver les mémoires
Innover	Donner	Honneurs
Action	Efficacité	Exaltation
Aventure	Mettre tous les moyens	Inspirer les autres
Construire son futur	Opportunités	Mener
Avoir du flair	Courage	Atteindre un résultat optimal
Avoir un mental d'acier	Faire ce qui est nécessaire	Voir loin dans l'avenir

Mots et expressions caractéristiques des PGS (producteur séducteur)		
FINALITÉ (Pourquoi ?)	MODALITÉ (Comment ?)	MATÉRIALITÉ (Quoi ?)
Amour	Faire des efforts	Bien-être
Famille	Prendre des risques	Envie de créer
Beau	Être actif	Reconnaissance
Donner	Se dépasser	Être heureux
Aider les autres	Stimuler l'autre	Se sentir utile
Relations humaines	S'affirmer	Sa propre vérité
Avoir une belle vie	Avoir des attentions	S'épanouir
Vivre avec les autres	Instantané	Être proche de l'autre
Plaisir	Se renouveler	Appartenir à un groupe
Jouissance	Se motiver	Faire grandir les autres
Vivre plein de choses	Se pousser vers le haut	Se donner un sens
Élégance	Flatter	Influence

Mots et expressions caractéristiques des PSG (producteur réinventeur)		
FINALITÉ (Pourquoi ?)	MODALITÉ (Comment ?)	MATÉRIALITÉ (Quoi ?)
Amitiés	Écouter	Un pas en avant
Profiter de la vie	Chercher	Se découvrir soi-même
Nature	Méditer	Optimisme
Se sentir bien dans son corps	Apprendre	Grandir
Vivre sa vie	Étudier	Être détendu
Santé	Socialiser	Changement
Faire des rencontres	S'inspirer	Joie
Enrichissement	Assembler des choses	Amélioration
S'intéresser	Se connecter aux autres	Simplification
Originalité	Pensées complexes	Faire autrement
Art	Initiation	Monde nouveau
Écouter son cœur	Questionnement	Progrès

Mots et expressions caractéristiques des SPG (souverain juriste)		
FINALITÉ (Pourquoi ?)	MODALITÉ (Comment ?)	MATÉRIALITÉ (Quoi ?)
La Vie	Relation avec les autres	Joie de vivre
Liens familiaux	Entraide	Envie de tout défier
Valeurs	Prendre soin	Être acteur de sa vie
Traditions	S'adapter	Dynamisme
Transmettre	Soutien	Se sentir vivant
Éducation	Partager du temps	Exigence
Connaissance	Communion	Impact positif
Apprendre	S'investir	Amusement
Bonheur	Être entouré	Prendre des forces
Organiser	Préserver	Avancer
Souvenirs	Remercier	Éprouver
Justice	Habitude	Devoir d'agir

Mots et expressions caractéristiques des SGP (souverain magicien)		
FINALITÉ (Pourquoi ?)	MODALITÉ (Comment ?)	MATÉRIALITÉ (Quoi ?)
Réaliser ses rêves	Innover	Harmonie
Comprendre	Secouer le système	Laisser une trace
Créer	Remettre en question	Fraternité
Avoir une vision générale	Transformer	Équilibre
S'ouvrir au Monde	Créer de l'adhésion	Contribuer
Être à sa place	Humour	Aimer
Conscience	Libérer du sens	Génération
Être complet	Éveiller	Partage
Penser	Résolution	Extase
Esprit	Mise à jour	
Grandeur	Révéler les secrets	
Prendre son pouvoir	Démonstration	

Enfin, l'usage de la singularité **au niveau de l'organisation et au niveau des équipes** est intimement lié dans la mesure où tout comme pour l'identité organisationnelle il y a une interaction entre la singularité de l'entreprise et celle des dirigeants. Ainsi, la logique de l'outil est applicable au management des équipes : dans cette représentation, chacun en repérant sa propre singularité peut mieux interagir avec celle de son organisation.

3.3. Un prototypage pour accéder à la singularité

L'outil de la singularité fonctionne selon le principe du prototypage de la théorie de la catégorisation sociale « *Self-Catégorisation Theory* » (SCT) (Turner, 1987 ; Turner, Oakes, Haslam et McGarty, 1994). Celle-ci explore la façon dont les individus s'identifient en tant que membres de groupes sociaux. Elle met aussi l'accent sur la façon dont les cognitions et les interactions de groupe affectent la formation et l'utilisation de catégories sociales. Selon Hogg et Terry (2000) la théorie de l'auto-catégorisation spécifie l'opération du processus de catégorisation sociale comme base cognitive du comportement de groupe. La catégorisation sociale pour soi-même ou les autres personnes du groupe ou hors groupe accentue la similitude perçue de la cible avec le prototype du groupe ou en dehors du groupe pertinent (représentation cognitive des caractéristiques qui décrivent et prescrivent les attributs du groupe). Les cibles ne sont plus représentées comme des individus uniques, mais plutôt comme modes de réalisation du prototype concerné : un processus de dépersonnalisation. La catégorisation sociale de soi (auto-catégorisation) s'associe cognitivement au **prototype** du groupe et, par conséquent, dépersonnalise l'auto-conception. Cette transformation de soi est le processus qui sous-tend les phénomènes de groupe, car il apporte une perception de soi et un comportement conforme au protocole contextuellement pertinent d'un groupe. Il produit, par exemple, un comportement normatif, des stéréotypes, l'ethnocentrisme, des attitudes positives en groupe, la cohésion, la coopération et l'altruisme, la contagion émotionnelle, l'empathie, le comportement collectif, les normes partagées et l'influence mutuelle. La dépersonnalisation se réfère simplement à un changement dans l'auto-conceptualisation et la base de la perception des autres ; il n'a pas les connotations négatives de termes tels que la désindividualisation ou la déshumanisation.

La notion de prototype est centrale dans la théorie de l'auto-catégorisation. Les personnes représentent cognitivement les définitions et les attributs stéréotypés des groupes sous la forme de prototypes. Les prototypes ne sont généralement pas des listes de vérification des attributs, mais plutôt des ensembles flous qui capturent les caractéristiques dépendantes du contexte de l'appartenance à un groupe, souvent sous la forme de représentants de membres exemplaires (membres réels du groupe qui représentent le mieux le groupe) ou des types idéaux (abstraction des caractéristiques du groupe). Les prototypes comportent tous les attributs qui caractérisent les groupes et les distinguent d'autres groupes, y compris les croyances, les attitudes, les sentiments et les comportements. Une caractéristique essentielle des prototypes est la maximisation des similitudes et les différences entre les groupes, définissant ainsi les groupes en tant qu'entités distinctes. Les prototypes se forment selon le principe du « métacontrat » c'est-à-dire la maximisation du rapport des différences intergroupes aux différences intragroupes. Étant donné que les membres du même groupe sont exposés à des informations sociales similaires, leurs prototypes seront habituellement similaires et, par conséquent partagés. A ce titre, le tableau 10 ci-avant donne des exemples de personnes exemplaires.

> **Les six noyaux de singularité constituent ainsi des prototypes.**

3.4. Un outil d'extrospection

Contrairement aux tests de personnalités (psychométrie), l'orientation de l'outil de la singularité est tournée vers l'extrospection. A l'inverse de l'introspection qui est un mouvement centripète vers la connaissance intérieure de soi, l'extrospection est un mouvement centrifuge : il s'agit de comprendre la société et ses propres marges d'action et d'initiative. L'extrospection a un rapport au temps différent de l'introspection. Si cette dernière vise à libérer l'individu des évènements traumatiques ou des habitudes du passé pour vivre pleinement le présent et penser l'avenir, elle a pour objectif de comprendre le présent pour ouvrir le futur. En se libérant du fatalisme, de la peur de l'avenir, en comprenant mieux le monde dans lequel ils vivent, les dirigeants peuvent penser le futur (Martuccelli,

71

2010). Le tableau 13 présente une synthèse des différences entre l'introspection et l'extrospection.

Introspection	Extrospection
Se connaître soi-même	Comprendre la société dans laquelle on vit et les marges d'action qu'elle nous offre
Lieu de la connaissance au niveau du sujet	Lieu de la connaissance à l'extérieur de soi
Mouvement centripète (intériorité)	Mouvement centrifuge (vers la société)
Production de connaissance en référence au passé personnel	Production de connaissance à partir de la signification des problèmes ou évènements biographiques
On fait des liens entre la société et l'individu : l'introspection est inséparable d'une compréhension par l'intériorisation du social	Cerner les possibilités et les difficultés d'action dont un individu est maître. L'extrospection est indissociable d'une intelligence par décentration de soi
Rapport au temps : se libérer du poids du passé	Se libérer de l'opacité du futur en l'éclairant sur son présent
L'individu est le lieu central de la connaissance	Le regard se porte vers l'extérieur. L'intelligence de soi exige le détour par la société
L'individu s'engage dans une démarche d'analyse sur soi à partir d'un monde posé comme une altérité intangible (principe de réalité)	L'individu fait face à une réalité sociale élastique. Il fait la part des choses entre les contraintes qui sont de l'ordre de son niveau et ce qui est et reste possible à son horizon. La possibilité d'action est davantage à chercher dans le monde qu'en soi-même

Tableau 13 : les apports de l'extrospection par la singularité inspirés de Martuccelli (2010)

A l'inverse des travaux sur la psychanalyse des organisations d'Enriquez (2003) basés sur l'introspection, la logique de la démarche par la singularité fait écho au principe de l'extrospection.

3.5. L'expression de la singularité par l'intelligence collective

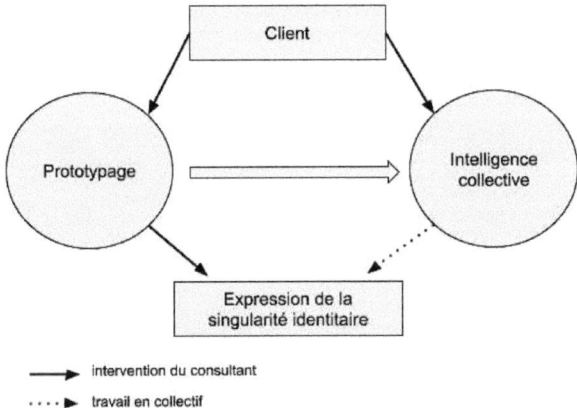

Figure 10 : du prototypage à l'intelligence collective pour accéder à la singularité

Pour Mathieu et al. (2015) le type de vocabulaire qu'une personne utilise à propos de l'organisation permet de détecter un prototype de singularité propre à l'organisation. Pour compléter cette première approche, le consultant peut avoir recours à une démarche suscitant l'intelligence collective des participants (Weick et Roberts, 1993) qui requiert des compétences relationnelles et émotionnelles. Elle permet le passage du prototype à l'expression unique de la singularité identitaire de l'organisation (figure 10).

Weick et Roberts (1993) postulent que l'intelligence collective ouvre à de nouvelles solutions pour faire face à un environnement en mouvement. L'individu est au centre d'un système et construit ses actions (contributions) en analysant les actions des autres (représentations) et les relie avec le système (subordinations). C'est donc sur le plan de l'étude des interactions que se situe la problématique de l'intelligence collective. Pour mobiliser cette dernière au sens de la capacité d'un groupe à traiter, interpréter, coder, manœuvrer et accéder à l'information d'une façon utile et dans un but précis (Glynn, 1996), il existe de nombreuses possibilités. Celle mise au point par PMS consiste à un atelier d'écriture collectif à partir du vocabulaire utilisé : 1) par le dirigeant dans les discours : définition de sa vision, des objectifs, des valeurs ; 2) dans les textes fondateurs ainsi que dans la communication institutionnelle de l'organisation.

Figure 11 : les participants composent des phrases caractéristiques de leur organisation à partir de mots

Un corpus de 210 mots est sélectionné par le consultant et composé à proportion égale de mots guerrier / souverain / producteur. Les participants (20 personnes) de niveau Comex / N-1 / N-2 / N-3 sont répartis en 5 sous-groupes de 4 personnes. Ils constituent des groupes « intelligents » selon les deux critères de Wolley et al., (2010) : 1) le niveau de participation de chacun des membres est équivalent ; 2) les membres du groupe ont une capacité à percevoir les émotions des uns et des autres. Ces deux facteurs cumulés permettent d'expliquer pourquoi les capacités cognitives du groupe peuvent dépasser la somme de celle de chacun des membres. Autrement dit l'ensemble est plus performant que la somme et le quotient intellectuel du groupe dépasse le quotient intellectuel individuel. Dans cet exercice les participants rédigent un ensemble de phrases de trois mots (figure 11), conduisant par assemblage à la formulation d'un texte qui exprime la singularité identitaire de l'organisation.

Le tableau 14 décrit les étapes clés de l'atelier.

Étape	Protocole
Découverte	Prise de connaissance par chacun des sous-groupes des 210 mots proposés par le consultant : 70 mots "guerriers", 70 mots "producteurs", 70 mots "souverains".
Description de l'organisation	Chaque sous-groupe forme collectivement 20 phrases décrivant l'organisation. Elles se composent de 3 mots en séquence guerrier / producteur / souverain (l'ordre est fonction du noyau de singularité de l'organisation).
Sélection	A partir de thèmes proposés par le consultant correspondant aux centres d'intérêt de l'organisation (identité, culture, fierté du métier, la valeur, le futur, etc.) chaque groupe sélectionne des phrases parmi les 20 qu'il a écrites, correspondant le mieux à ces thèmes. Aucune nouvelle phrase ne peut être créée.
Vote individuel	Après avoir rassemblé l'ensemble des phrases des sous-groupes autour des thèmes, chaque participant vote individuellement pour une phrase par thème. Pour ce faire, utilisation de gommettes remises aux participants.
Assemblage final	Chaque sous-groupe, à partir des phrases élues démocratiquement (une par thème), va construire un texte à trois niveaux comme suit : Pourquoi (l'intention) / Comment (la méthode) / Quoi (le bénéfice, la matérialité). Les phrases les plus utilisées dans chaque niveau constituent le texte final.

Tableau 14 : les étapes d'un atelier en intelligence collective pour exprimer la singularité de l'organisation

Dans la partie empirique nous illustrerons à partir d'un cas concret le fonctionnement de cet atelier en intelligence collective ainsi que l'usage des résultats.

3.6. Synthèse du chapitre 3

Après avoir traité de la relation de conseil et analysé par une grille de lecture les outils les plus utilisés sur le marché du conseil en leadership, nous avons pu nous pencher plus précisément sur l'outil de la singularité, en partie sujet de notre recherche. En réponse à la sous-question de recherche, l'outil de la singularité trouve son origine dans les travaux de Dumézil (1968) complétés par Mathieu et al. (2015). Les noyaux de singularité de PMS constituent des prototypes. Pour compléter, un modèle d'atelier en intelligence collective facilite l'expression de la singularité d'une organisation. Cet outil de la singularité touche à un questionnement **profond** de l'entreprise : sa mission, sa vocation, sa **raison d'être**. Nous allons donc maintenant mobiliser la théorie de l'identité organisationnelle pour étudier le phénomène de la singularité.

Illustration de l'outil de la singularité avec des noyaux de singularité d'entreprises et de personnalités (source PMS).

Guerriers Cosmiques (GSP)	
Exemples d'organisations	**Exemples de fondateurs et dirigeants**
Danone, Free, Nike, Ikea, MAIF, E. Leclerc, Roland Berger Strategy consultant, Michelin, Rolex, Lavazza, ING	Ariane de Rothschild (Edmond de Rothschild), Phil Knight (Nike), Xavier Niel (Free), Roland Berger (RBSC), Charles-Edouard Bouée (RBSC), Stéphane Monceaux (Spie Batignolles)
Motivation : oser changer les règles du jeu	

Guerriers Humain (GPS)	
Exemples d'organisations	**Exemples de fondateurs et dirigeants**
Cardin, Porsche, SFR, Carrefour, Lacoste, Heineken, Avis, SNCF, Facebook, Red Bull, Caisse d'épargne, Cartier, Nasa, KMPG, McKinsey, Ford, Chanel	François Pinault (PPR), François-Henri Pinault (PPR), Pierre Bergé (YSL), Patrick Drahi (Numéricâble), Emile Hermès (Hermès), Richard Branson (Virgin), Elon Musk (Tesla), Jerry Zuckerberg (Facebook), Johann Rupert (Richemont)
Motivation : des organisations qui revendiques l'action, l'énergie, la libération	

Producteurs Séducteurs (PGS)	
Exemples d'organisations	**Exemples de fondateurs et dirigeants**
Versace, Nestlé, Audi, L'Oréal, Sony, Accor, Société Générale, Nespresso, Europcar, Club Med, Renault, Volkswagen, Banque populaire, Galeries Lafayette	Bruno Maisonnier (Aldebaran robotics, AnotherBrain), Henry Nestlé (Nestlé), Ferdinand Piëch (Volkswagen), Philippe Oddo (Oddo & Cie), Margareta Louis-Dreyfus (Louis-Drefus), Lindsay Owen-Jones (L'Oréal)
Motivation : savoir plaire et valoriser le client avant tout	

Producteurs Séducteurs (PGS)	
Exemples d'organisations	**Exemples de fondateurs et dirigeants**
Apple, McDonald's, Google, Gap, BCG, Microsoft, Crédit Agricole, Western Union, Lafarge, Johnson-Johnson	Pierre-Noël Luiggi (Oscaro), Martin Bouygues (Bouygues), Jean-Pierre Séguret (DDB), Steve Jobs (Apple), Bill Gates (Microsoft), Larry Page (Google), Bruce Henderson (BCG)
Motivation : des entreprises qui libèrent notre expression	

Souverains Juriste (SPG)	
Exemples d'organisations	**Exemples de fondateurs et dirigeants**
Boucheron, Estée Lauder, Lanvin, Mercedes-Benz, Patek Philippe, GMF, Nivea, Decathlon, Philips, American Express, Auchan, Narauto, Cyrillus	Thierry Mulliez (Mulliez), Oskar Troplowitz (Beiersdorf)
Motivation : des entreprises aux valeurs fortes, inscrites dans la durée	

Souverains Magiciens (SGP)	
Exemples d'organisations	**Exemples de fondateurs et dirigeants**
Dior, Guerlain, Lexus, Thierry Mugler, Louis Vuitton, Disney, Coca-Cola, Samsung, HSBC, DHL, Unilever, Orange, CNES	Bernard Arnault (LVMH), Pascal Demurger (MAIF), Daniel Havis (Matmut), Martin Wittig (RBSC), Emmanuel Faber (Danone)
Motivation : des entreprises de pouvoir, qui revendiquent un vaste territoire	

"Le thème de l'identité se situe non pas seulement à un carrefour, mais à plusieurs. Il intéresse pratiquement toutes les disciplines, et il intéresse aussi toutes les sociétés qu'étudient les ethnologues ; il intéresse enfin l'anthropologie de façon très spéciale, puisque c'est en imputant à celle-ci une obsession de l'identique que d'aucuns font son procès."
Lévi-Strauss (1983), L'identité

SOUS-PARTIE 2. DE L'IDENTITE A LA SINGULARITE IDENTITAIRE

Les outils du consultant d'accompagnement au leadership et en particulier celui de la singularité nous invitent à un voyage dans les profondeurs de l'organisation. Pour ce faire, nous avons mobilisé dans cette sous-partie 2 la théorie de l'identité organisationnelle qui revêt de multiples enjeux. Pratt et al. (2016) considèrent l'identité organisationnelle comme intrinsèquement utile tant ses implications sont nombreuses (figure 12).

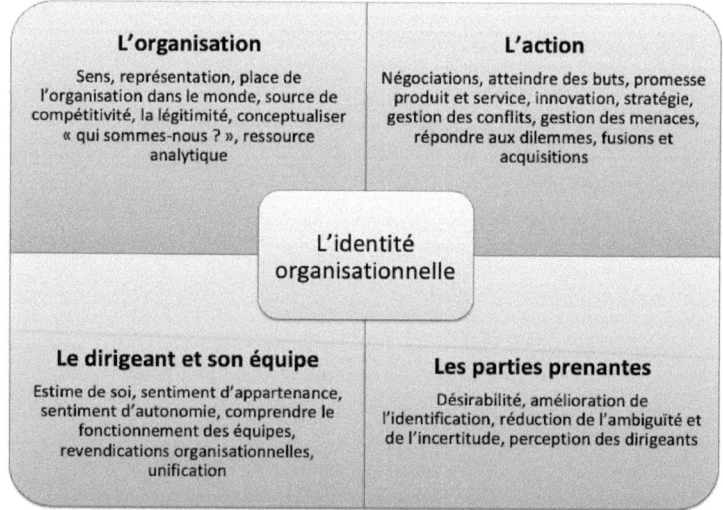

Figure 12 : les enjeux de l'identité organisationnelle

L'identité organisationnelle est à la croisée de la mission de l'organisation, de sa perception, de ses liens avec les membres de l'entreprise et de la stratégie. La clarification de l'identité organisationnelle dans la situation particulière d'un accompagnement effectué par un consultant nécessite de positionner le type d'intervention du consultant par rapport au débat scientifique à propos de l'identité. Aussi, dans cette sous-partie 2, le chapitre 4 permet tout d'abord de présenter les théories de l'identité individuelle et organisationnelle, de même que l'interaction entre les deux niveaux. Ensuite, le chapitre 5 aborde la relation entre l'identité et la singularité. Enfin, le chapitre 6 traite du concept de « révélation » dans le processus de la « singularité identitaire révélée ».

Chapitre 4. L'identité organisationnelle

4.1. Introduction

L'objectif de ce chapitre est de faire un cadrage théorique du concept de la singularité dans l'abondante littérature sur l'identité. En effet, la notion d'identité peut apparaitre comme un « mot-valise » (Lévi-Strauss, 1983, p.111). Nous préciserons d'abord les enjeux de l'organisation : l'art de décrypter l'entreprise a donné lieu à plusieurs travaux dont ceux de Morgan (1989) où la métaphore donne accès à la compréhension de la complexité d'une organisation et de ses problèmatiques. Nous aborderons ensuite l'identité dans ses différentes facettes (individuelle, organisationnelle, stable, instable, narrative) et leurs interactions ainsi que son lien avec la culture d'entreprise. Enfin, nous situerons la place qu'occupe notre recherche dans ce vaste champ de l'identité.

Nous allons apporter des éléments de réponse à la sous-question de recherche :

> **Comment situer la singularité dans le champ de l'identité organisationnelle ?**

L'identité organisationnelle est un terme polysémique et la littérature est d'autant plus volumineuse que plusieurs notions y sont fréquemment associées : la culture, l'image, la réputation, le logo. Nous évoquerons les liens avec ces termes depuis notre champ de recherche, l'identité organisationnelle en théorie des organisations et gestion des ressources humaines, thèmes centraux de nos travaux. Pour mener nos recherches dans les bases de données bibliographiques (ex : EBSCO) nous avons utilisé les expressions identité organisationnelle ou « organizational identity ».

4.2. L'organisation et la double boucle

Morgan (1989) a utilisé sept métaphores pour penser l'organisation. La notion d'organisation ne se limite pas uniquement à l'acte de gérer une entreprise en tant que structure ou contenant : elle fait aussi appel à une méthode qui régule et une action collective au sens de faire agir ensemble des personnes. Autrement dit des processus sont mis en œuvre et des moyens sont mobilisés pour s'organiser collectivement. Bien penser l'entreprise passe par sa compréhension d'autant que le phénomène de l'organisation est évolutif au sens de Weick (1979) : l'organisation se construit dans l'interaction d'un processus organisant (*organizing*).

La métaphore permet le « décodage des organisations » (Morgan, 1989) dans la lignée de Kuhn (1970) et ses paradigmes que nous développerons au chapitre 14. En nous intéressant aux « profondeurs de l'organisation » et en particulier aux questions identitaires, parmi les métaphores de Morgan nous retenons celle du cerveau qui rassemble et traite l'information et commande les organes. Selon Morgan (1989), qui s'inscrit dans un courant constructiviste, de manière générale les gestionnaires ne regardent le cerveau de l'organisation que comme un service de planification, de recherche et de décision pour le restant de l'entreprise. Or le cerveau est aussi le siège des pensées les plus profondes, des réalisations les plus importantes, des émotions, de la mémoire de l'entreprise avec sa création, son histoire et son évolution. En relation avec cette métaphore, la cybernétique de Norbert Weiner[25] consiste en l'étude de l'information, de la communication et du contrôle dans un but de créer des machines qui auraient les mêmes capacités d'adaptation et de régulation que le cerveau humain. Il s'agit de concevoir des systèmes d'autorégulation par un apprentissage « apprendre à apprendre » sujet de réflexion pour les chercheurs en intelligence artificielle. Selon Morgan (1989) quatre principes clés émergent de la cybernétique : 1) détecter les évolutions de l'environnement, les prévoir, les

---

[25] Norbert Weiner (1894-1964) est un mathématicien américain, théoricien et chercheur en mathématiques appliquées, surtout connu comme le père fondateur de la cybernétique. En fondant la cybernétique, Wiener introduit en science la notion de feedback (rétroaction), notion qui a des implications dans les domaines de l'ingénierie, des contrôles de système, l'informatique, la biologie, la psychologie, la philosophie et l'organisation de la société.

comprendre, les analyser ; 2) exploiter les informations obtenues en faisant le lien avec des normes de fonctionnement internes qui guident le comportement du système ; 3) détecter les éventuels écarts par rapport à ces normes ; 4) mener les actions correctives en vue de s'adapter. Ceci engage un échange d'informations en continu entre le système et son environnement.

Cet apprentissage en boucle simple permet à l'organisation de « garder son cap » par exemple en mettant en place des indicateurs (suivi des ventes, contrôle de gestion) et en corrigeant les variations par rapport à des normes. De la même manière les cercles de qualité ou le « Kaizen » japonais sont utilisés comme des processus graduels d'amélioration en continue. Un effet pervers de ce système peut apparaître lorsque ces **normes** deviennent **inadaptées** à la réalité : le système peut faire perdurer un modèle pourtant devenu **caduque**. D'où la distinction entre « apprendre » et « **apprendre à apprendre** » introduite par les cybernéticiens ou autrement dit la différence entre l'apprentissage « en boucle simple » et l'apprentissage en « **boucle double** ». Ce dernier permet un **double regard** en écho à la théorie de Luhmann (2006, 2011) sur l'auto-observation d'une situation pour remettre en question le cas échéant le bien-fondé de la norme. Si les organisations maîtrisent l'apprentissage en boucle simple, le savoir-faire de l'apprentissage en double boucle s'avère plus difficile à acquérir parce que : 1) les structures bureaucratiques (Mintzberg, 1982) avec une normalisation du travail et des compétences, ainsi qu'une forte spécialisation des tâches avec des modèles précis de responsabilité ne favorisent pas la remise en question par le personnel ; 2) les salariés devant rendre compte de leurs résultats à l'intérieur d'un système qui le sanctionne restent sur la défensive. De même, les gestionnaires préfèrent éviter de traiter les problèmes complexes à résoudre, limitant ainsi toute remise en cause des modèles de fonctionnement ; 3) les gestionnaires et employés ont tendance à faire diversion devant les difficultés pour maintenir un système plutôt que d'affronter une situation difficile et trouver les moyens de la résoudre (Morgan, 1989).

Une façon pour l'organisation d'encourager l'apprentissage en double boucle, est selon Morgan (1989) de : 1) faire face à la complexité des situations qu'elle rencontre en encourageant ses équipes et entrer dans un processus de résolution, quitte à accepter « l'erreur légitime » qui fait écho aux théories du **leadership transformationnel et spirituel** (Beazley, 2002 ; Voynnet-Fourboul, 2011) ; 2) explorer les différents points de vue, sans à priori, devant un problème difficile à régler, en acceptant un questionnement en **profondeur** du modèle de l'organisation pour lui permettre d'évoluer ; 3) développer **l'intelligence collective** (Weick et Roberts, 1993) pour chercher de nouvelles solutions plutôt que d'appliquer un protocole prédéterminé qui va mettre en danger l'entreprise quand l'environnement est en plein changement.

Dans une période de crise, la seule utilisation de l'apprentissage en boucle simple qui traite du conjoncturel, de la technique et des ajustements, ne permet pas une résolution sur le long terme. L'apprentissage en double boucle **favorise le questionnement en profondeur** pour s'interroger sur la validité des normes en vigueur et favoriser ainsi un travail de fond. De manière isomorphe, Albert et Whetten (1985) posent ainsi la problématique de la crise : quand les considérations liées à ses produits, budgets, marchés ne sont plus suffisantes pour régler les problèmes de l'organisation, elles sont remplacées par des problématiques d'objectifs et de valeurs. Quand les désagréments deviennent **profonds** et **durables**, des questions comme « qui sommes-nous ? » ; « quel genre d'entreprise sommes-nous ? » ; « que voulons-nous devenir ? » sont soulevées. Autrement dit, des questions sur **l'identité** de l'organisation apparaissent quand des solutions plus immédiates, spécifiques, quantifiables ont échoué.

4.3. L'identité individuelle

Dans la société PMS, la mission consiste à faire en sorte que les membres d'une organisation cliente puissent découvrir l'identité de leur organisation au sens de groupe humain. Cela passe bien souvent par une étape qui porte sur la clarification de l'identité individuelle du dirigeant. En d'autres termes l'identité de l'individu par un effet de débordement présente un intérêt du fait du lien qui s'établit entre individu et organisation dans le rapport avec le soi collectif.

En ce qui concerne la définition, Costalat-Foneau et Lipianski (2008) postulent que l'identité a deux sens majeurs s'exprimant en même temps : 1) objectif : être un individu et reconnu pour tel avec une structure, une mémoire, une réalité : l'identité est personnelle et substantielle ; 2) subjectif : le rapport aux autres, avoir conscience d'être unique, de rester la même personne dans l'espace et dans le temps. Autrement dit « être soi » entraîne le concept de soi (self-concept) et de connaissance de soi (qui je suis ?). L'individu recherche une cohérence interne de manière « à coïncider avec ce qu'il voudrait être ou devenir » (Costalat-Foneau et Lipianski, 2008).

Dans la distinction apportée par Ricœur (1990) l'identité est comprise au sens d'un même (idem) et d'un soi-même (ipse), les deux étant complémentaires (figure 13) : 1) c'est ce qui demeure fixe malgré les changements, car l'individu reste la même personne avec une permanence dans le temps qui répond à la question « que suis-je ? » (l'idem ou mêmeté) ; 2) le maintien volontaire de soi devant autrui : l'individu engage « qui je suis » auprès de l'autre au-delà de ce que « je suis » (l'ipséité). L'identité narrative mise en avant par Ricœur (1990) assure la permanence dans le temps du caractère et le maintien de soi. Tout individu se constitue une narration de soi sans cesse renouvelée : « je me raconte sur moi-même ».

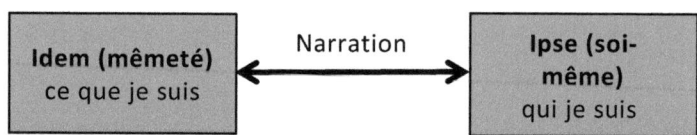

Figure 13 : la narration dans l'identité selon Ricœur (1990)

L'identité personnelle se constitue ainsi au fil des narrations qu'elle produit et de celles qu'elle intègre continuellement. Le « je » se transforme ainsi à travers ses propres récits mais aussi à travers ceux qui sont transmis par la tradition ou la littérature qui s'y greffe, ne cessant de restructurer l'ensemble de l'histoire personnelle. « *En narrativisant la visée de la vraie vie, il lui donne les traits reconnaissables de personnages aimés ou respectés. L'identité narrative fait tenir ensemble les deux bouts de la chaîne : la permanence dans le temps du caractère et le maintien de soi »* (Ricœur, 1990, p.196). L'identité marque également l'appartenance à des catégories sociales (Tajfel et Turner, 1985) dont elle emprunte des traits identitaires : il se produit alors un mouvement réflexif. L'identité est comme un processus psychique et renvoie à la notion de changement.

Cependant il existe des menaces quant à la stabilité de la conscience qu'un individu détient à propos de son identité. La perte d'identité, au sens de la continuité dans le temps, peut menacer la santé d'un individu (Erikson, 1968) notamment en **situation de changement** quand il y a une perte (deuil, chagrin, rituels, perte d'emploi). Pour Brewer et Gardner (1996), le soi collectif devient une nécessité lors de la perte de valeurs durant une crise ou une incertitude (fusion-acquisition par exemple). De fait, il rend possible une réorientation et un nouveau cheminement de pensée et de pratique en incluant la transformation par des réinterprétations continuelles. Cette expérience vivante s'appuie sur l'expression du « nous » telle une catégorisation du bien commun, du collectif, du passage de l'individu au groupe, indiquant que l'individu existe en tant que soi dans l'espace moral et spirituel de l'organisation.

Tout individu a également de multiples identités (Mead, 1934) qui voient le jour selon les rôles attribués et les contextes (Ashforth et Johnson, 2001).

Le tableau 15 propose une synthèse des approches en sociologie et psychologie sociale.

Date	Auteur et titre de l'article de référence	Approche
1902	Charles Horton Cooley : « society, the individual and the social self »	Développe les aspects sociaux de soi et intègre les niveaux d'analyse individuelle et sociale. Elle présente la notion de soi-même (looking-glass self) et comprend des idées sur le moi social et les relations entre soi et l'image.

1934	George Herbert Mead : « The self »	Élabore sur le sens et la construction de soi en distinguant le soi d'autres types d'organismes sociaux. Elle présente la distinction entre le « je » et le « moi » qui sert à la théorie de l'identité sociale.
1959	Erwing Goffman : « the arts of impression management »	Présente la notion de gestion des impressions à un niveau d'analyse collectif et le rôle du public dans le contexte de l'auto-présentation.
1979	Henri Tajfel, John C. Turner : « an integrative theory of intergroup conflict »	Est connue avec le développement de la théorie de l'identité sociale dans le domaine de la psychologie.
1996	Marilyn B. Brever, Wendi Gardner : « who is this 'we' ?: levels of collective identity and self-representations »	Présente trois niveaux d'analyse du soi : le concept de soi au niveau individuel, au niveau interpersonnel et au niveau du groupe.

Tableau 15 : synthèse des définitions de l'identité en sociologie et psychologie sociale

Le terme « identité » renvoie à plusieurs acceptions selon le contexte scientifique dans lequel il est utilisé : selon les sciences sociales, il n'apporte pas les mêmes nuances qu'en psychologie ou en philosophie. En psychologie, l'identité est un concept complexe construit de plusieurs dimensions. Nous aurons besoin de cet apport théorique au chapitre 5 pour situer la singularité identitaire dans le champ de l'identité. Il s'agit d'un long processus qui prend cours pendant l'adolescence : l'identité se développe à travers des étapes qui jalonnent toute la vie de l'individu. De nombreux psychologues l'ont étudiée afin d'en comprendre les mécanismes. Erikson (1968) la conçoit comme une sorte de sentiment d'harmonie entre une unité personnelle et une continuité temporelle. Ainsi, il s'agit d'une construction diachronique en réaction à des tensions extérieures, autrement dit, les expériences de la vie. L'identité est épigénétique car elle peut prendre plusieurs formes au cours du temps et est donc variable. Elle est multidimensionnelle car elle varie selon le contexte socioculturel, les situations d'interaction et elle a une forte composante relationnelle.

Le champ de la psychologie a donc beaucoup étudié la question de l'identité. En tant que telle, l'identité individuelle est composée de deux aspects : le rapport à soi -caractéristiques personnelles- et le rapport aux autres -l'appartenance des membres à des catégories sociales- (Tajfel et Turner, 1985). Entrons maintenant dans l'identité des organisations pour aller plus en avant dans son analyse après avoir posé les jalons de ce qui définit l'identité individuelle. A la racine de toute organisation existe le **sens partagé** d'une vocation, d'un appel commun. Les conséquences impliquent le sens de l'identité et d'une loyauté unifiante à un ensemble de finalités. Si le sens enraciné de la mission s'érode et se désagrège, l'organisation en sera affectée et si elle renaît, cela sera sur la base d'un engagement profond à sa vocation (Conger, 1994, p.91-92).

4.4. L'identité organisationnelle

Selon Albert et Whetten (1985) les caractéristiques centrales, distinctives et stables de l'organisation permettent de répondre à des questions identitaires « Qui sommes-nous ? Dans quel genre d'entreprise sommes-nous ? Que voulons-nous devenir ? ». L'identité organisationnelle fait émerger du sens (Weick, 1995). Elle est aussi un schéma d'interprétation et d'action de l'organisation (Gioia et Thomas, 1996) et crée des référents utilisables par le management, des contraintes dans un but de congruence et de légitimité (Dutton et Penner, 1993 ; Ashforth et Mael, 1996).

L'identité de l'organisation en tant que groupe humain a un lien avec l'identité individuelle et groupale. Selon Erikson (1968) la formation de l'identité relève d'une interaction entre le psychologique et le social. Dans le champ de l'identité sociale Mead (1934), Tajfel et Turner (1985) démontrent que l'identité se construit dans l'interaction avec les autres. Par conséquent, l'appartenance au groupe, les relations intergroupes et les identifications qui en résultent participent à la construction de l'identité organisationnelle (Gioia, 1998). Whetten et Godfrey (1998) mettent en relief l'importance du mécanisme d'identification dans l'élaboration de l'identité organisationnelle. En outre, selon Pratt (1998) le processus d'identification consiste pour un individu à intégrer la perception de son identité propre et la perception de l'identité de l'organisation. Cette dernière est largement reliée à sa **mission** et à ce qu'elle fait pour l'accomplir (McMillan, 1987). Elle se focalise sur les caractéristiques qui définissent pour les acteurs **le cœur, l'essence de l'organisation** tout comme l'identité d'un individu dans un contexte social donné est largement reliée à son rôle dans ce contexte.

A contre-courant des théories précédentes, l'identité selon Luhmann (1995) n'est rien de moins que la détermination et la localisation d'une réduction de la complexité. Dans sa théorisation, l'identité est construite comme une forme temporelle sans signification substantielle. L'exigence d'une communication liée à l'identité provient de l'expérience que les systèmes sociaux et psychiques des sociétés modernes sont observés par les autres et par eux-mêmes ; ces observations ne déterminant pas le lieu, la substance ou la forme de ces systèmes. Au-delà de l'auto-observation des systèmes organisationnels, Luhmann (2011) aborde dans l'identité, le concept **d'autodescription** qui s'entend comme la production d'un texte ou de l'équivalent fonctionnel d'un texte. Il s'agit d'une prise de conscience des variables qui contrôlent son propre fonctionnement. Une autodescription ne peut pas en soi éliminer l'intransparence du système pour lui-même. Elle la remplace et la supplante, comme un substitut, c'est-à-dire un **cryptage**. Cela explique le recours à des **observations externes** au système par les **consultants**, par exemple, afin d'améliorer et suppléer aux **points aveugles** de l'auto-observation.

Afin de mieux situer l'apport de l'identité organisationnelle, nous avons mené une exploration chronologique depuis les racines de la recherche dans le champ de l'identité organisationnelle dans la littérature anglo-saxonne (Hatch et Schultz, 2004).

Le tableau 16 présente les premiers développements de la théorie de l'identité organisationnelle.

Date	Auteur et titre de l'article de référence	Approche
1985	Stuart Albert, David A. Whetten : « organizational identity »	Premier énoncé de la théorie de l'identité organisationnelle, y compris la définition du concept et la discussion des organisations à double identité.
1987	Howard S. Schwartz : « anti-social actions of committed organizational participants: an existential psychoanalytic perspective »	Fournit un cadre psychanalytique pour la recherche sur l'identité organisationnelle. Présente l'affaire Silkwood en tant qu'application empirique du cadre.
1989	Blake E. Ashforth, Fred Mael: « social identity theory and the organization »	Présente le concept d'identification organisationnelle.
1990	Mats Alvesson : « organization: from substance to image »	Présente le concept d'image organisationnelle aux études d'identité organisationnelle.
1991	Jane Dutton, Janet Dukerich : « keeping an eye on the mirror: image and identity in organizational adaptation »	Associe l'identité et l'image organisationnelle à une théorie fondée sur la manière dont les problèmes stratégiques sont liés à l'action organisationnelle par le souci d'identité organisationnelle. Présentent le cas de « New York » et « New Jersey Port Authority » sur lequel la théorie est construite.
1993	Linda E. Ginzel, Roderick M. Kramer, Robert I. Sutton : « organizational impression management as a reciprocal influence process: the neglected role of the organizational audience »	Examine la contribution de la gestion des impressions au concept d'image organisationnelle et introduit les interrelations. Fournit un lien entre Goffman, le domaine de la gestion des impressions et les études organisationnelles.

Tableau 16 : prémisses de la théorie de l'identité organisationnelle

Nous nous arrêtons ici sur la première définition de l'identité organisationnelle par Albert et Whetten (1985) largement utilisée par les chercheurs. Ils utilisent trois critères qu'ils considèrent comme nécessaires et suffisants pour définir l'identité en tant que concept scientifique :

- ce qui fait **l'essence** de l'organisation : revendiquer un caractère central,

- ce qui **distingue** l'organisation d'une autre : revendiquer un caractère distinctif,
- ce qui présente un certain degré de **similitude et de continuité dans le temps** : revendiquer une continuité temporelle.

Le tableau 17 présente des approches plus récentes de la théorie de l'identité organisationnelle avec un autre point de vue : les identités multiples.

Date	Auteur et titre de l'article de référence	Approche
1997	Michael G. Pratt, Anat Rafaeli : « organizational dress as a symbol of multilayered social identity »	L'étude d'une unité de rééducation d'un grand hôpital révèle comment les membres de l'organisation ont utilisé le symbole de la robe pour représenter et négocier l'identité de leur unité de travail et la profession d'infirmière.
1997	Karen Golden-Biddle, Hayagreeva Rao : « breaches in the boardroom: organizational identity and conflicts of commitment in a nonprofit organization »	Relie l'identité individuelle et organisationnelle avec la gouvernance d'entreprise. Élabore le concept d'identité hybride et de conflits d'identité.

Tableau 17 : les développements récents sur les identités multiples

Ces auteurs intègrent l'évolution de l'identité de l'organisation au fil de son développement et des crises qu'elle traverse.

Le tableau 18 présente les approches sur la **stabilité** et le **changement** dans l'identité organisationnelle.

Date	Auteur et titre de l'article de référence	Approche
2000	Dennis A. Gioia, Majken Schultz, Kevin G. Corley : « organizational identity, image and adaptative instability »	Conteste la définition de l'identité d'Albert et Whetten et la définition de l'image de Dutton et Dukerich et introduit le concept de l'instabilité adaptative.

| 2002 | Mary Jo Hatch et Majken Schultz : « the dynamics of organizational identity » | Présente un modèle dynamique de quatre processus par lesquels l'identité organisationnelle se forme, se maintient et se transforme. Discute les liens entre les concepts d'identité organisationnelle, de culture et d'image de l'organisation. |

Tableau 18 : stabilité et changement dans l'identité organisationnelle

Les questions sur la **variabilité** de l'identité organisationnelle dans le temps sont au cœur de notre questionnement auquel nous répondrons au chapitre 5.

Une autre acception (tableau 19) admet que l'identité est également un dispositif constructible mettant en scène la propre vision de soi-même. En fonction des expériences de la vie, l'individu va créer son identité en construisant son discours sur ses interactions avec son environnement : il va écrire un récit d'identité. Le même raisonnement s'applique à l'organisation.

Date	Auteur et titre de l'article de référence	Approche
1997	Barbara Czarniawska-Joerges : « narratives of individual and organizational identities »	Présente une perspective narrative sur l'identité organisationnelle utilisant la théorie institutionnelle comme dispositif d'encadrement. Présente les données d'une étude longitudinale d'une organisation du secteur public suédois.
2002	Mats Alvesson et Hugh Willmott : « organizational control producing the 'appropriate individual' »	Fournit un cadre de théorie critique pour les études de l'identité organisationnelle. Critique la régulation de l'identité dans les organisations comme une forme de contrôle qui doit être reconnue afin d'encourager l'émancipation des travailleurs.

Tableau 19 : l'identité comme un récit et un discours

Enfin deux autres développements (tableau 20) concernent les menaces de l'identité et la gestion des problèmes identitaires par exemple lors des opérations de fusion-acquisition.

Date	Auteur et titre de l'article de référence	Approche
1996	Kimberly D. Elsbach : « members' responses to organizational identity treats: encountering and countering the business week ranking »	Étudie comment les membres de l'organisation répondent aux événements qui menacent l'identité de leur organisation.
2001	George Cheney et Lars Thoger Christensen : « organizational identity: linkages between internal and external communication »	Basée dans le domaine de la communication organisationnelle, présente les contributions à la gestion des problèmes de l'identité organisationnelle.

Tableau 20 : développements concernant la menace de l'identité

La littérature sur l'identité organisationnelle continue d'être alimentée par de récents travaux de recherches notamment Pratt, Schultz, Ashforth et Ravasi (2016) avec leur ouvrage « The Oxford Handbook of Organizational Identity » qui nous a inspiré dans notre recherche. De même, l'« Academy Of Management » (AOM) publie régulièrement des papiers comme Powel et Baker (2017) à propos du processus d'identité dans la création d'entreprise par plusieurs fondateurs. D'autres travaux récents seront également cités dans les prochains chapitres.

D'après Dutton et al. (1994), c'est précisément dans les situations de changement, lorsque l'organisation est soumise à plus de défis, que les membres de l'organisation ont tendance à devenir plus attentifs à l'identité. Le concept d'identité organisationnelle est défini par Dutton et al. (1994) et Gioia, Schultz et Corley (2000) comme : « la perspective d'une notion socialement construite par les membres de l'organisation » ou encore comme « un ensemble d'affirmations catégoriques d'identité, en référence à une série de catégories sociales (cf. psychologie sociale ci-dessus avec de nombreux travaux) institutionnellement standardisées » (Whetten et Mackey, 2002).

En synthèse, l'identité organisationnelle est : 1) définie différemment, parfois de manière contradictoire ; 2) est étudiée par plusieurs disciplines : psychologie, psychanalyse, sociologie et anthropologie ; 3) en sciences gestion, elle est utilisée dans plusieurs domaines : marketing, théorie des organisations, ressources humaines, stratégie. L'identité organisationnelle, notion complexe, est à la croisée de plusieurs champs et en cela, il est nécessaire de la différencier de termes proches, tels que la culture d'entreprise.

4.5. Culture et identité organisationnelle

On peut se poser la question de l'intérêt différentiel de l'identité et de la culture. Nous pourrions utiliser la métaphore de Morgan (1989) : l'organisation vue comme une culture. La culture est conçue comme un ensemble de codes et de règles non écrits qui favorise et assure la cohésion et la coordination des individus, des valeurs partagées qui forment le ciment de l'entreprise. Cet ensemble intervient dans l'identité de l'organisation et a un impact dans la motivation de ses membres.

En outre, la culture est « un contenu, descriptible, spécifique à l'entreprise et qui la distingue des autres » (Thévenet, 2014, p 45) c'est-à-dire des références partagées par les membres de l'organisation et issues de son histoire et de son processus d'apprentissage au travers des étapes de son développement et des crises.

Par ailleurs, Schein (2010), définit la culture organisationnelle de manière holistique comme un modèle d'hypothèses de base partagées que le groupe a apprises en résolvant ses problèmes d'adaptation externe et d'intégration interne. Le modèle a suffisamment bien fonctionné pour être considéré comme valide. Les postulats sur l'action collective, reconnus comme communs peuvent être exprimés par des symboles, mythes, tabous, rites en renvoyant à des valeurs auxquelles les membres d'une entreprise croient ou feignent de croire. Si l'identité est un système de caractéristiques développées par l'entreprise qui en donne une représentation spécifique, stable et cohérente, elle constitue alors le signifié profond de la culture. Le noyau de l'identité est constitué par les représentations conscientes et inconscientes que les collaborateurs forment de leur entreprise. La notion d'identité fournit donc un substrat aux phénomènes culturels et prend en compte les dimensions idéologiques et psychiques à l'œuvre au sein de l'entreprise (Strategor, 1993).

Le tableau 21 présente une synthèse de la relation entre culture et identité à partir d'une revue de littérature anglo-saxonne.

Auteur	Approche de la relation entre l'identité et la culture
Whetten (2003)	Niveau conceptuel : dans le passé, les relations entre l'identité organisationnelle et la culture ont été examinées principalement au niveau conceptuel. Les défenseurs du point de vue des acteurs sociaux ont observé comment la culture organisationnelle peut servir de source importante de distinction autonome et agir comme un « signifiant » de l'identité organisationnelle.
Albert (1998) Albert et Whetten (1985)	Pour ces chercheurs, des valeurs uniques, des croyances, des rituels et des artefacts peuvent aider les membres de l'organisation à justifier leurs revendications d'identité et à exprimer leur caractère unique perçu.
Fiol (1991) ; Fiol et al. (1998) ; Hatch et Schultz (1997)	A l'inverse, ces travaux théoriques, ont mis l'accent sur la nature commune de ces constructions et sur leur influence réciproque en affectant le sens dans les organisations. Les partisans de cette perspective constructiviste considèrent à la fois la culture et l'identité de l'organisation comme des programmes d'interprétation collectivement partagés.
Fiol et al. (1998) ; Hatch et Schultz (2000), (2002) ; Pratt (2003)	Alors que la culture tend à être principalement tacite et autonome et enracinée dans les pratiques partagées, l'identité organisationnelle est intrinsèquement relationnelle (en ce sens elle nécessite des termes de comparaison externes) et consciemment auto-réfléchie.
Fiol (1991)	Les identités organisationnelles aident les membres à comprendre ce qu'ils font, tel que défini par les normes culturelles tacites et manifestées dans des objets visibles et tangibles, par rapport à leur compréhension de ce qu'est leur organisation. Les identités organisationnelles fournissent alors le contexte dans lequel les membres interprètent et attribuent un sens profond du comportement de surface.

Hatch et Schultz (2002)	Prenant au sérieux l'idée que la culture organisationnelle agit comme un contexte pour les efforts de sensemaking, les contributions ultérieures ont souligné comment ces efforts incluent également des tentatives d'autodéfinitions internes. « L'identité implique la façon dont nous nous définissons et nous expérimentons, et cela est au moins partiellement influencé par nos activités et nos croyances, qui sont fondées et interprétées en utilisant des hypothèses et des valeurs culturelles » (Hatch et Schultz, 2000, p.25).
Fiol et al. (1998) ; Hatch et Schultz (2002)	Ces contributions ont mis l'accent sur l'interdépendance de l'identité organisationnelle et de la culture. Les membres de l'organisation s'appuient sur la culture organisationnelle, ainsi que sur d'autres systèmes de création de sens (culture professionnelle, culture nationale, etc.) pour définir « qui sommes-nous en tant qu'organisation ». Ces chercheurs ont convergé avec les partisans du point de vue de l'acteur social pour faire avancer l'idée que la culture organisationnelle fournit aux membres des indices permettant de comprendre ce qu'est leur organisation et de donner un sens à cela.

Tableau 21 : les différentes approches des liens entre identité et culture organisationnelle

A l'image de l'identité, la culture peut apparaître comme un concept fluctuant du fait de ses nombreuses définitions qui ont trait soit à son influence sur les individus (motivation), soit aux valeurs de l'organisation (adhésion et fidélisation) (Bernoux, 2009). Toutefois, la culture d'entreprise est un fait réel : deux entreprises de même taille, faisant le même métier, fabriquant un produit identique dans un même pays et rencontrant les mêmes problématiques économiques peuvent avoir néanmoins des « mentalités » très différentes car elles n'ont pas les mêmes normes culturelles (traditions, style d'action, mode de relation par exemple) (Bernoux, 2009). La littérature nous montre que culture et identité, bien que proches et imbriquées sont distinguables. Sur quels éléments peut-on s'appuyer pour différencier ces deux concepts ?

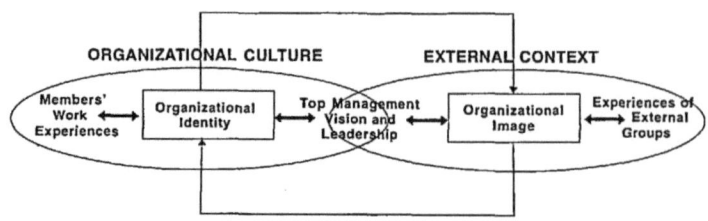

Figure 14 : modèle de la relation entre identité, culture et image organisationnelle (Hatch et Schultz, 1997)

Pour Hatch et Schultz (1997) il y a une relation entre culture et identité (figure 14). Les deux concepts ne sont pas séparés : ils sont à la fois reliés entre eux et distinguables. L'identité exprime des compréhensions culturelles. Pour aller plus loin ces auteurs considèrent qu'il est nécessaire que l'identité organisationnelle soit appréhendée en tenant compte de la culture et de l'image de l'entreprise de manière à en comprendre les influences internes et externes.

Dans cette perspective l'identité organisationnelle est un produit auto-réfléchi des processus dynamiques de la culture organisationnelle. L'identité organisationnelle intégrée sur le plan culturel fournit le matériel symbolique à partir duquel des images d'organisation sont construites et avec lesquelles elles peuvent être communiquées. Les images organisationnelles sont ensuite projetées vers l'extérieur et absorbées dans la signification du système culturel en étant prises comme des artefacts culturels et utilisées symboliquement pour inférer l'identité : « qui nous sommes ? » et se reflètent dans ce que nous faisons et comment les autres interprètent qui nous sommes et ce que nous faisons. Dans le champ de l'identité organisationnelle, nous retiendrons que **la culture constitue le contexte à l'intérieur duquel l'identité se forme, se maintient et se modifie** (Hatch et Schultz, 1997). Nous n'étudierons pas le domaine de l'image ou de la réputation de l'entreprise qui appartient davantage au domaine du marketing. Selon Hatch (2000), si l'identité organisationnelle concerne la manière dont les membres vivent l'expérience d'une organisation et se considèrent comme tels, l'image de l'entreprise rend compte des impressions que d'autres ont de l'organisation en fonction des impressions qu'elle produit.

Selon Fiol, Hatch et Golden-Biddle (1998) la différence entre l'identité et la culture est une question **de point de vue**, pas de niveau d'analyse. La culture organisationnelle constitue un système de règles en lien avec les significations de l'organisation. Ces schémas se sont développés au cours de l'histoire de l'organisation et ont été socialement maintenus (Geertz, 1973). Ils sont utilisés pour créer du sens et structurer les projets. La culture est définie par la compréhension que les personnes ont du système social à l'intérieur duquel ils évoluent ainsi que de ses pratiques, ses productions, ses savoir-faire qui ont pour eux de la valeur. Cela créé un champ symbolique, constitué par des interprétations, qui va donner du sens et affecter l'identité organisationnelle. Cette dernière fournit la compréhension contextuelle de ces règles qui dirigent la façon dont les personnes se comprennent individuellement dans un système social plus vaste (Fiol, Hatch et Golden-Biddle, 1998). L'identité peut être définie par rapport aux cultures existantes ou au sens fourni par les systèmes sociaux qui l'entourent.

Enfin, nous retiendrons que l'identité répond à la question « qui sommes-nous ? » alors que la culture répond à la question « à quel type d'entreprise j'appartiens, quelles sont ses valeurs ? ».

Après avoir caractérisé les identités individuelle et organisationnelle et pouvons maintenant analyser leurs interactions.

4.6. Interaction entre identité individuelle et organisationnelle

Regardons du côté des juristes et de l'analyse qu'ils font de la personnalité de l'entreprise. Cet aphorisme attribué à un juriste[26] : « je n'ai jamais déjeuné avec une personne morale », auquel un professeur

---

[26] Léon Duguit (1859 – 1928), juriste français spécialiste de droit public.

de droit répondait[27] : « moi non plus, mais je l'ai souvent vue payer l'addition. », traduit remarquablement les difficultés de l'appréhension du concept de personne morale en droit français. Pour les juristes une personne morale se définit comme un groupement de personnes physiques poursuivant un objectif commun et doté d'une personnalité juridique propre, distincte de celle de chacun des membres qui la composent. **Dans cette perspective, l'organisation est titulaire de droits et obligations, au même titre qu'une personne physique.** Elle peut posséder des biens, conclure des contrats, ester en justice et même faire l'objet de poursuites judiciaires à l'instar des personnes physiques.

Du côté des sciences de gestion, Larçon et Reitter (1979) ont démontré que le principe d'identité s'applique tant pour les organisations que pour les individus. Pour ce faire, ils ont défini trois critères concernant l'entreprise :

- Elle a une spécificité, une cohérence et une stabilité qui la différencient de ses concurrents.
- Elle a un processus de structuration de cette identité avec une intégration des comportements tout comme des individus différents forment une identité collective.
- Il y a l'existence d'un lien entre l'identité individuelle et collective.

Examinons chacun des trois critères :

1) La spécificité

Jusqu'aux années soixante la spécificité n'est pas reconnue. Taylor et Fayol de l'école classique édictent des règles concernant l'organisation du travail qu'ils tiennent pour valables à toutes les entreprises sans distinction (Larçon et Reitter, 1979).

Argyris (1964), Bennis (1966), Herzberg (1966), Lewin (1967) de l'école des relations humaines promeuvent le rôle de l'individu et s'attachent à étudier son niveau de satisfaction au travail. Ils développent des approches « universelles » telles que la participation

---

[27] Jean-Claude Soyer (1929 – 2016) juriste et universitaire français.

aux décisions, la franchise, l'ouverture sur les autres sans tenir compte de la spécificité de chaque entreprise.

L'école systémique (Katz, Kahn, 1966) s'appuie sur l'analogie avec les systèmes vivants pour décrire l'organisation, intégrant ainsi aux mécanismes internes, une analyse de ses liens avec l'environnement. L'ensemble forme ainsi un système en équilibre dynamique, cohérent, avec ses lois propres, uniques pour chaque organisation.

Pour Woodward (1965) chaque entreprise a ses propres besoins de production (à l'unité, de masse, en continu) avec ses exigences, ce qui engendre plusieurs types de structures : souples, décentralisées ou bureaucratiques selon les cas, conférant une spécificité à chaque organisation.

Le côté spécifique de l'entreprise est renforcé par les travaux de :

a) Burns et Stalker (1961) qui montrent que les organisations peuvent adopter deux modèles types de gestion : mécaniste (spécialisation du travail, hiérarchie et communication verticale) ou organique (décentralisation, hiérarchie souple),

b) Miller et Rice (1967) qui se focalisent sur la tâche principale que chaque entreprise doit accomplir (système de tâches) impliquant la coopération des employés pour y parvenir.

Sur le plan stratégique, Chandler (1972) démontre que la structure suit l'évolution de la stratégie. De même pour Larçon et Reitter (1979) les entreprises sont amenées à se diversifier par nécessité ou par calcul au niveau des marchés, des produits, des réseaux de distribution. Ainsi la structure s'adapte aux nouvelles stratégies.

Au travers de cette approche diachronique, nous montrons que chaque organisation est **spécifique** de par la **mission** qu'elle s'est donnée (la finalité), la **technologie** qu'elle utilise (la modalité), ce qu'elle **produit** (la matérialité) (Larçon et Reitter, 1979).

2) Structuration de l'identité

Pour Barnard (1966), les organisations sont des systèmes de coopération qui développent une personnalité propre **dont il incombe aux dirigeants de la protéger.** Cela implique de la part des cadres, à la fois de **respecter** la personnalité de l'entreprise qu'ils dirigent et de **l'incarner** dans leurs comportements et leurs discours. Le courant porté par l'école des relations humaines argumente également en faveur de ce principe de coopération. Pour McGregor (1971), en toute circonstance le dirigeant « organise les conditions et les méthodes de travail pour que le personnel puisse mieux atteindre ses propres buts en tournant ses propres efforts vers les objectifs de l'organisation ». Pour Likert (1961), cela permet le développement « des attitudes d'identification avec l'organisation et ses objectifs et un fort sentiment d'implication dans leur réalisation ».

En 1957, Selznik avait introduit la dimension historique de l'organisation auquel il préfère le terme « d'institution » qui se développe au fil du temps grâce à un système de valeurs, un avantage concurrentiel, un contrôle des structures sociales internes par le dirigeant et des mythes organisationnels. Ainsi pour cet auteur **il est important que les dirigeants n'engagent pas des changements à l'encontre de la spécificité fondatrice de leur institution au risque d'être contreproductifs et que le dirigeant mette sa personnalité au service de l'identité profonde de l'organisation pour éviter d'en dénaturer sa spécificité.** Ce qui rejoint le fondement du principe de la singularité.

Sur le plan anthropologique Kardiner (1969) développe le concept de « personnalité de base » que Dufrenne (1953, p.128) défini comme *« une configuration psychologique particulière aux membres d'une société donnée, et qui se manifeste par un certain style de vie sur lequel les individus brodent leurs variantes singulières : l'ensemble des traits qui composent cette configuration mérite d'être appelé personnalité de base, non parce qu'il constitue exactement une personnalité, mais parce qu'il constitue **la base** de la personnalité des membres du groupe ».* La personnalité de base exprime ce qu'est l'homme idéal résultant du choix existentiel que fait l'organisation pour elle-même (Larçon et Reitter, 1979). Cette personnalité est le dénominateur commun de l'éducation de l'individu et du modèle qu'il observe chez les autres. Elle a une fonction de norme. Elle a également une dimension historique : *« Elle change avec la culture ; mais en tant que norme, elle représente aussi une certaine **permanence** par rapport* *aux éléments les plus mobiles de la culture »* (Larçon et Reitter, 1979, p.33).

Les représentations symboliques comme les rites, les croyances, le style de vie sont les signes visibles d'une représentation abstraite, profonde et invisible. Selon (Larçon et Reitter, 1979) elles véhiculent les tensions issues des choix fondamentaux de la culture, affirment l'unité du groupe et sa continuité par les normes de comportement qu'elles définissent. En ce qui concerne les mythes, Dumézil (1968) a montré que dans les sociétés indo-européennes le monde divin était représenté en trois ordres (loi, force, fécondité) correspondant à la division sociale en trois classes : prêtres (fonction souveraine), guerriers (fonction guerrière), producteurs (fonction productrice). Les rapports sociaux sont ainsi impactés d'une histoire collective partagée par toutes les classes (Larçon et Reitter, 1979).

Nous avons exposé au chapitre 3 comment ces trois fonctions, « souveraine », « guerrière », « productrice » permettent d'accéder à la singularité identitaire d'une organisation.

3) L'acteur et le système

Pour Crozier et Friedberg (1977) la compréhension du fonctionnement d'une organisation passe par la compréhension de son système et du rôle de ses individus comme acteurs avec leurs motivations et leurs stratégies. S'en suit un jeu entre le système et les acteurs, mécanisme social qui coordonne et régule les systèmes de pouvoir, les stratégies opposées. Les acteurs vont utiliser les marges de manœuvre laissées par le système pour exercer une influence au sein du même système (Plane, 2013). En outre une dimension psychologique est à prendre en compte. La personnalité des individus intervient dans leurs rôles au sein de l'organisation qui elle-même transmet ses affects aux acteurs : l'individu ne laisse pas sa personnalité à la porte lorsqu'il entre dans l'organisation (Zaleznik, 1966).

Ainsi la spécificité, la structuration de l'identité et le jeu des acteurs montrent les interactions possibles entre identité individuelle et organisationnelle.

4.7. Paradigmes de l'identité organisationnelle

La discussion à propos de l'identité organisationnelle tient au fait qu'elle peut être considérée selon : 1) des **approches** (marketing, stratégie, théorie des organisations) ; 2) des **perspectives** différentes (fonctionnaliste, constructiviste, postmodernisme) (Gioia, 1998).

1) **L'approche** sur laquelle se focalise notre recherche a été tranchée au cours de ce chapitre : nous considérons l'identité organisationnelle sous l'angle de la **théorie des organisations.**

Approche	Fonctionnaliste	Constructiviste et interprétativiste
Définition de l'identité	L'identité organisationnelle réside dans les revendications institutionnelles, disponibles pour les membres, sur les propriétés centrales, durables et distinctives de leur organisation (e.g., Whetten, 2003).	L'identité organisationnelle réside dans les croyances et les compréhensions collectivement partagées sur les caractéristiques centrales et relativement permanentes d'une organisation (e.g., Gioia et al., 2000).
L'accent sur les processus cognitifs	Sensegiving : les revendications d'identité sont des autodéfinitions organisationnelles proposées par les leaders de l'organisation, fournissant aux membres un récit cohérent et légitime pour construire un sens collectif de soi.	Sensemaking : les compréhensions partagées sont les résultats du sens donné par les membres lorsqu'ils s'interrogent sur les caractéristiques centrales et distinctives de leur organisation.
L'accent sur l'endurance ou le changement	Les revendications d'identité sont, par leur nature, durables et résistantes au changement ; Les étiquettes ont tendance à changer rarement et jamais facilement.	Les compréhensions partagées sont périodiquement renégociées parmi les membres.
Travail fondamental	Czarniawska (1997) Whetten & Mackey (2002) Whetten (2003)	Dutton & Dukerich (1991) Fiol (1991, 2002) Gioia & Thomas (1996) Gioia, Schultz, & Corley (2000) Corley & Gioia (2004)

Tableau 22 : points de vue sur l'identité organisationnelle selon Ravasi et Schultz (2006)

2) Les deux **perspectives** principales qui animent notre revue de littérature sont la perspective **fonctionnaliste** où l'identité est assimilée à un objet, un fait social qui peut être décrit et mesuré et la perspective **constructiviste/interprétativiste** où l'identité est une expérience subjective, vécue par les membres de l'organisation.

Il existe une troisième approche, postmoderniste qui postule que l'identité organisationnelle n'existe pas : elle peut être considérée comme une illusion créée par les dirigeants et peut être déconstruite. Nous écartons cette perspective, d'autant qu'il n'existe à ce sujet que peu de littérature et que notre recherche se situe dans une approche classique de l'identité organisationnelle. Il nous reste donc à apprécier les approches, fonctionnaliste et constructiviste/interprétativiste décrites par Ravasi et Schultz (2006) dans le tableau 22.

Cette double perspective fonctionnaliste et constructiviste / interprétativiste apparaît comme fondamentale dans la compréhension de l'identité organisationnelle.

4.8. Synthèse du chapitre 4

La réponse à la question de recherche « comment situer la singularité dans le champ de l'identité organisationnelle ? » fait ressortir une **double perspective** de l'identité. Dans l'approche fonctionnaliste, l'identité est un *« fait social objectif qui peut être découvert, mesuré, et également géré »* (Oliver et Roos, 2006). Il s'agit d'une **dimension instrumentale** de l'identité. Dans l'approche constructiviste, l'identité organisationnelle apparaît comme un **phénomène plus complexe** qui nécessite une méthode adaptée pour l'étudier d'autant que les chercheurs adoptent une conception dynamique de l'organisation (Langley et Tsoukas, 2010) considérée comme un processus d'organisation en continu ou d'« organizing » (Weick, 1979).

Cependant à ce stade, vis-à-vis de notre question principale de recherche (Quelle valeur ajoutée peuvent apporter les interventions conduites par un consultant auprès de dirigeants, visant à clarifier l'identité de l'organisation ?), nous savons peu de chose sur :

1) la manière dont les dirigeants accèdent au sens de l'identité de leur organisation avec l'aide d'un consultant,
2) la portée de cette clarification dans leur conduite managériale.

Pour avancer dans notre réflexion examinons plus attentivement au chapitre suivant la dimension stable de l'identité.

Chapitre 5. La singularité identitaire

5.1. Introduction

Au-delà du chiffre d'affaires, de la valeur ajoutée, des parts de marché, le dirigeant peut être amenée à s'interroger pour la pérennité de son entreprise, sur ce qui explique, structurellement, sa performance et ce qui la différencie. L'identité peut apparaitre comme une **clef de voûte** car elle repose à la fois sur son histoire, ses projets, sa culture et sur son image. A ce titre, elle reflète son mode de pensée, sa manière de fonctionner, en concordance avec le marché sur lequel elle opère. Toutefois, la revue de littérature sur l'identité organisationnelle fait apparaitre une **ambivalence non résolue** sur sa stabilité dans le temps. Si les auteurs s'accordent pour situer l'identité dans les profondeurs de l'organisation avec un impact sur la culture, l'image et la réputation de l'entreprise et inversement, elle apparaît, prise globalement, comme peu accessible pour l'étudier. Elle est essentiellement fonction de la posture épistémologique des auteurs : fonctionnaliste ou constructiviste / interprétativiste. L'objectif de ce chapitre est d'explorer la littérature affairant au pôle invariant de l'identité afin de tenter d'apporter un éclairage sur la relation entre la partie stable et la partie en mouvement de l'identité organisationnelle et de répondre à la sous-question de recherche :

Comment accéder à l'identité ?

5.2. Comment situer la singularité identitaire ?

Pour Albert et Whetten (1985, p.292) l'identité est définie comme *« une question particulière. La question 'Quel type d'organisation est-ce ?' renvoie aux caractéristiques de l'entreprise qui sont légitimement centrales, distinctives et stables dans le temps »*. Dans ce chapitre nous nous focaliserons sur la notion de stabilité que nous retrouvons dans d'autres définitions de l'identité.

Sous cet l'angle, l'identité organisationnelle est généralement abordée avec des caractéristiques présumées être centrales et relativement permanentes et cela distingue une organisation d'une autre. Les caractéristiques fondamentales de l'identité sont ainsi résistantes aux tentatives de changement éphémère ou de mode en raison de leur lien avec l'histoire de l'organisation. Gagliardi (1986) fait valoir que la principale stratégie d'une organisation est habituellement axée sur le maintien de son identité, notamment dans les conditions de changement menaçantes bien qu'il note aussi que les organisations « *changent habituellement pour rester ce qu'elles ont toujours été* » : elles changent dans le but de **préserver** leur identité. Cette affirmation paradoxale laisse toutefois à penser que l'identité n'est pas et ne peut pas être durable au sens strict, même si elle conserve apparemment une **continuité** de ses caractéristiques essentielles. Cela entraine une **fluidité** dans la notion de permanence ; sinon l'organisation stagnerait face à un environnement inévitablement changeant. Pour éclairer ce que nous venons d'énoncer, nous utiliserons la métaphore d'un fleuve : la Seine reste la Seine, en ce sens elle est stable mais pour autant elle s'écoule et lorsque nous la regardons elle n'est jamais parfaitement identique. Les reflets du soleil, des nuages, le courant, etc. font qu'il existe une forme de fluidité dans sa permanence.

En examinant la nature fluide de l'identité, il est utile de faire la différence entre une identité **durable** et une identité ayant une **continuité**. Considérant que Ashforth et Mael (1996) voient les deux concepts comme synonymes, Gioia et al. (2000) affirment que **la différence est subtile mais théoriquement importante**. D'une part, la notion d'une identité qui est **durable** implique que l'identité **reste la même au fil du temps**, qu'il y a une certaine permanence. D'autre part, une identité avec un sens de la **continuité** est telle que **son interprétation et son sens évoluent** tout en conservant des étiquettes « principales », des croyances et des valeurs qui se déploient au fil du temps et du contexte.

Des valeurs sont attribuées à l'identité d'une organisation, mais leur interprétation n'est pas nécessairement fixe ou stable. **Les interprétations changent**, ainsi les invocations comme : « notre vocation est le service » ou « nous sommes une société innovante » ne signifieront pas la même chose en fonction des groupes et des moments où elles sont énoncées : le contexte influencera leur signification. Autrement dit, affirmer que leurs missions ou valeurs centrales restent les mêmes présente une continuité rassurante, pourtant leurs représentations et traductions dans l'action prendront différentes formes au fil du temps. Comme Fiol (1998) l'affirme dans son exemple anthropomorphique d'un hôpital universitaire de soins intensifs subissant un changement de son identité, « *vous ne pouvez pas seulement me demander ou regarder à l'intérieur de moi pour comprendre mon identité. Vous ne pouvez pas non plus prendre un seul cliché de moi à un moment dans le temps et croire que vous avez capturé mon identité* ».

En nous appuyant donc sur la littérature précédente, nous pouvons affirmer que l'identité présente deux problématiques quant à son analyse : la complexité intrinsèque que nous rencontrons à la définir et la nécessité de prendre en considération le contexte dans lequel elle s'inscrit.

Le tableau 23 présente la distinction variable/invariable de l'identité organisationnelle en fonction des courants et des auteurs étudiés au chapitre 4.

Paradigme de l'identité organisationnelle		
Distinction	**Invariable (ou stable dans le temps)**	**Variable (en mouvement)**
Auteurs / approche	**Courant fonctionnaliste**	**Courant constructiviste et interprétativiste**
	Jean-Paul Larçon et Rolland Reitter, Stuart Albert, David A. Whetten	Dennis A. Gioia, Majken Schultz, Kevin G. Corley, Mary Jo Hatch et Majken Schultz

Tableau 23 : les deux approches de l'identité organisationnelle en fonction des auteurs

Dès 1979, Larçon et Reitter dans leur ouvrage « structures de pouvoir et identité de l'entreprise », ont cherché à démontrer comment une organisation peut se forger une identité stable et par quel processus, à l'instar de l'individu, celle-ci se construit et évolue dans le temps. Ils ont ainsi posé d'emblée l'identité organisationnelle dans un paradoxe de stabilité et de dynamique.

Par ailleurs, la **persistance identitaire** est un concept souvent considéré comme **problématique** en tant que **résistance au changement**, et sous-exploré par les chercheurs (Olivier et Roos, 2006) : en tout cas problématique pour les approches (cf. tableau 1 en introduction) qui s'intéressent aux façons de transformer l'organisation par le changement de la culture ou des valeurs. Or notre recherche se concentre au contraire sur ce qui ne change pas au sein de l'organisation pour en faire le **pivot** de la transformation. Ainsi, certaines organisations ont une identité « forte » qui perdure dans le temps malgré les menaces de l'environnement. Nous appelons ce phénomène la « singularité identitaire », objet de notre recherche. La singularité est ainsi à cette étape de la recherche, une version de l'identité, qui se focalise sur sa partie stable (figure 15).

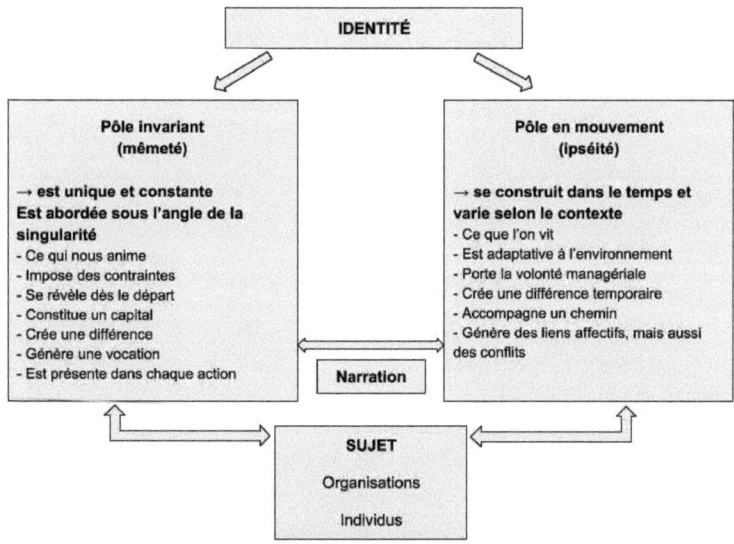

Figure 15 : l'identité est constituée d'une singularité et d'un pôle en mouvement (source PMS)
(Gagliardi, 1986 ; Gioia et al., 2000 ; Gioia, 1998 ; Ricœur, 1990)

La singularité est une façon d'accéder au pôle invariant, car elle sert de point d'ancrage stable à une structure quel qu'en soit l'environnement, et ce, même si le système n'est pas identique à lui-même dans la durée ; il y a des états qui marquent et définissent son identité : histoire, procédures et objectifs (Beacker, 2006).

Un invariant se définit comme constant, ou comme le fait d'être identique à soi-même dans une structure, un système. Invariant se dit également d'un système chimique en équilibre dont la variance est nulle ; d'un point (ou d'une figure) qui est égal à sa propre image par une transformation affine ; d'une mesure ou d'une propriété d'une figure, que l'on retrouve dans l'image de celle-ci par une transformation donnée. Ainsi, la grandeur, d'une fonction, d'une relation, d'une propriété se conserve au cours d'une transformation. Ramenée au contexte de l'analyse de l'identité organisationnelle, la notion d'invariant peut être utilisée pour caractériser la partie stable de l'identité, celle qui demeure constante au cours du temps malgré les processus de changement qui affecte l'organisation.

Sur un plan philosophique, pour Heinz Wismann[28] qui considère que la science est d'inspiration chrétienne, les premiers scientifiques partaient à la recherche des invariants dans la variation, de l'immuable dans l'éphémère. Ce que Galilée[29] appelle l'encodage divin de la

---

[28] Heinz Wismann est philosophe, helléniste, directeur d'études émérite à l'Ecole des hautes études en sciences sociales.

[29] Galilée était un astronome, mathématicien, philosophe, et physicien italien (1564 – 1642). Il est célèbre pour avoir montré plusieurs lois de physique, comme la « relativité du mouvement » (si on est dans une voiture qui roule sur une route, alors c'est la même chose de dire que la voiture se déplace par rapport au paysage, ou que le paysage se déplace par rapport à la voiture), ou bien la loi qui fait dépendre la durée d'oscillation d'un pendule de sa longueur (ce qui sera plus tard utilisé dans les horloges). Il a défendu la conception du monde mise au point par Copernic, qui dit que la Terre tourne autour du Soleil et n'est qu'une planète parmi les autres du système solaire. La théorie officielle à cette époque mettait la Terre était au centre de l'univers. Vers la fin de sa vie, il a été attaqué pour ses théories par l'Église catholique, qui les jugeait non conformes à la foi chrétienne. Il a été jugé par l'inquisition qui l'a forcé à renier ses convictions scientifiques, ce qu'il a fait pour éviter la mort. La légende veut qu'à la fin de sa vie il ait prononcé ces mots : « Et pourtant, elle tourne ». Ce n'est qu'en 1992 que l'Église catholique le réhabilite.

création en référence à la conception duale de la nature de Dieu, à la fois transcendant et immanent.

Par ailleurs, la théorie de l'autopoïèse de Maturana et al. (1974) a évolué de l'exploration de ce qui distingue des systèmes vivants et non vivants à la manière dont les systèmes vivants persistent malgré les changements de structure et de composants. Cette persistance des systèmes équivaut au maintien d'une partie de l'identité. Certes la construction des identités en tant que pratique sociale empiriquement observable dans le contexte des organisations suppose la commodité de prendre en compte une stabilisation de l'identité. Cependant, en se référant à des attentes différentes de l'environnement, l'organisation construit une identité reliée à un contexte porteur d'attentes spécifiques. De son côté, Luhmann (2011) montre que les autodescriptions qui sont plausibles dans un contexte spécifique sont toujours le produit de différentes formes existantes possibles de description (Siri et al., 2012). **Cela signifie qu'il est très improbable de révéler une identité totale, en revanche, une représentation de la partie stable de l'identité, peut être communiquée.** Selon Selznick (1957) de nombreuses situations, occasions, événements propagent et unissent l'identité de la référence caractérisant toujours de façon permanente « la mêmeté » (qui est de l'ordre de la singularité) et restent flexibles en ce qui concerne le sens (qui est de l'ordre du mouvement). La singularité s'apparente à une part de l'identité dominante et persistante. La logique identitaire dominante peut s'apprécier par des affirmations institutionnelles (Ravasi et Schultz, 2006) et suppose un cadre identitaire collectif à l'intérieur duquel les membres de l'organisation peuvent avoir leurs propres perceptions de l'identité de l'organisation.

5.3. Le lien entre le fondateur et la singularité identitaire

Pour Schein (1983, 1984) se trouvent dans les profondeurs de l'organisation des « postulats » de base ou sous-jacents qui sont inconscients, invisibles considérés comme acquis et stables, **transmis par le fondateur**, traduisant les attitudes adoptées à l'intérieur de l'organisation ainsi que le comportement de celle-ci vis-à-vis de l'extérieur. A ce sujet, reprenons l'exemple de l'organisation E. Leclerc (cf. chapitre 3) qui bénéficie d'une image forte liée à l'impulsion de son fondateur Édouard Leclerc, décédé en 2012. Après son départ, l'enseigne a été pérennisée par son successeur Michel Édouard Leclerc qui poursuit un développement dans la continuité de la structure initiale tout en adaptant la stratégie aux nouveaux contextes (*drive*, bio, etc.). Schein (1983, 1984) qui a beaucoup écrit sur la culture organisationnelle, estime que l'organisation a été influencée et imprimée à sa création par la personnalité de son fondateur qui lui a donné « l'esprit ». Sans pour autant nommer les notions d'identité et de singularité (cf. l'interaction entre identité et culture au chapitre 4), Schein (1984, 2010) décompose cette spécificité organisationnelle en trois niveaux :

1- **les artefacts** et créations qui sont le niveau de culture le plus visible car ils constituent l'environnement physique et social. Ce sont les comportements qui expriment les valeurs quotidiennes. Mais ils ne sont pas souvent décryptés,

2- **les valeurs** qui guident le groupe lorsqu'il doit traiter un dysfonctionnement et deviennent par la suite des croyances. C'est un haut niveau de conscience,

3- **les « postulats » de base** ou sous-jacents qui se trouvent dans les profondeurs de l'organisation. Ils sont inconscients, invisibles et font référence à la nature de la réalité, à la nature de l'homme, à ses activités et ses relations. Ils traduisent les attitudes adoptées à l'intérieur de l'organisation ainsi que le comportement de celle-ci vis-à-vis de l'extérieur. **Les postulats sont considérés comme acquis et stables alors que les valeurs peuvent être expliquées et remises en cause.** Quand une solution à un problème fonctionne à plusieurs reprises, elle devient une « donnée », un postulat. Le postulat apparaît par exemple lorsque l'interviewé refuse de discuter un point de vue car considéré comme une chose établie. Par exemples « une entreprise doit être rentable », « l'école permet d'éduquer », « la médecine permet de prolonger la vie » sont des postulats (Schein, 1984).

Sur un autre versant, Zaleznik (1989), estime que qui détient le pouvoir incarne l'identité de l'entreprise, son essence. Pour Fauchart et Gruber (2011), une identité constitue un cadre de référence pour l'interprétation des situations sociales, des comportements et des actions. Cela permet d'analyser la relation entre l'identité du fondateur et ses décisions en termes de : 1) segment de marché desservi ; 2) besoins des clients ; 3) ressources, capacités déployées, car ces décisions sont prises en compte pour définir stratégiquement une nouvelle entreprise (Abell, 1980).

Enfin, plus récemment Powell et Baker (2017) postulent que dans les entreprises avec plusieurs fondateurs, leur identité collective, façonne les premières décisions sur la structure, lesquelles auront des conséquences durables : les résultats de ces décisions créent un prototype d'identité collective avec des valeurs, autour duquel se formeront plus tard les groupes.

5.4. L'imprinting comme un marqueur de la singularité identitaire

Plus récemment, Judge et al. (2015) postulent que les entreprises sont « estampillées » à leur création par différents éléments qui résistent au changement. Elles sont soumises à un processus d'empreinte organisationnelle au cours de leur période de fondation dans le sens où la structure organisationnelle tend à refléter des éléments puissants de l'environnement au sein duquel elle a été fondée (Dobrev et Gotsopoulos, 2010 ; Boeker, 1989). L'empreinte peut ainsi avoir de fortes influences sur les entreprises qui durent bien au-delà de leur stade fondateur. Marquis et Tilcsik (2013) mettent en évidence trois sources d'empreintes : économiques et technologiques, institutionnelles, individuelles. Ils ont également décrit trois caractéristiques essentielles de l'empreinte organisationnelle : 1) l'existence d'une période sensible temporairement restreinte caractérisée par une grande susceptibilité à l'influence de l'environnement ; 2) le puissant impact de l'environnement au cours de la période sensible de sorte que l'entité de focalisation vienne refléter des éléments de l'environnement à ce moment ; 3) la persistance des caractéristiques développées au cours de la période sensible même en présence de changements environnementaux ultérieurs.

Cependant, les mêmes auteurs suggèrent qu'il pourrait y avoir plusieurs périodes sensibles dans la vie d'une organisation. Une introduction en bourse représente par exemple une nouvelle période potentiellement sensible où les organisations peuvent sortir de leur parcours initial car « l'incertitude de ces transitions dramatiques crée de nouvelles exigences environnementales » (Marquis et Tilcsik, 2013, p.208).

En revanche, la théorie des choix stratégiques (Child, 1972) suggère que l'entreprise peut surmonter l'inertie organisationnelle et choisir délibérément son avenir : elle est capable d'apprendre et de s'adapter aux situations. Pour Child (1972), Hrebiniak et Joyce (1985), Stinchcombe (1965) la survie et le succès d'une entreprise dépendent à la fois de facteurs environnementaux et de facteurs stratégiques.

Enfin, Greiner (1972) estime que la transition entre le fondateur et le gestionnaire lui succédant est une étape fondamentale de l'entreprise qui nécessite d'évaluer les forces combinées de l'empreinte et les facteurs de choix stratégiques sur l'adaptation organisationnelle.

5.5. Le cas des fusions-acquisitions

Compte tenu de l'enjeu de l'identité dans les fusions-acquisitions qui sont loin d'être un effet de mode, voici un état des lieux de la littérature. Les transactions[30] de fusion-acquisition ont atteint en Europe 245,8 milliards de dollars en 2017 et signent ainsi le meilleur millésime des dix dernières années. Il n'en reste pas moins que ces opérations se soldent à plus de 60% par des échecs (Meier et Schier, 2012) se traduisant par des licenciements salariaux et des restructurations d'activités. Les fusions impliquent un transfert d'actifs de deux sociétés ou plus vers une nouvelle. Les acquisitions impliquent la reprise d'une ou plusieurs entreprises par une autre. En outre, le regroupement **d'entités** juridiques aux **identités** différentes est source d'interrogations pour les acteurs salariés sur le devenir de leurs

---

[30] D'après les données de Thomson Reuters

responsabilités, de l'existence de leur entreprise intégrée dans l'opération de fusion. Les symboles et valeurs identitaires associées à l'entreprise peuvent se trouver brusquer et confrontés à une adaptation contrainte. Ghadiri (2014) met en avant que tout changement qui menace l'identité provoque : 1) une perte de sens ; 2) une perte d'estime de soi ; 3) une dégradation des liens. Ces insécurités qui se manifestent lors d'une fusion se traduisent par une **confusion par rapport aux caractéristiques centrales de l'identité** à savoir l'ensemble des représentations individuelles de la mission de l'organisation et à toutes les valeurs qui y sont rattachées (Millward et Kyriakidou, 2004). Ceci peut être dû à plusieurs raisons (Kansal et Chandani, 2014) : manque de communication, confusion et frustration, la force de l'habitude, peur de l'inconnu, manque de soutien. Tous ces facteurs conduisent à un échec d'appropriation identitaire. Les « questions liées aux personnes » telles que la culture et l'identité sont souvent citées comme des raisons de ces déceptions (Teerikangas et al., 2006). Par ailleurs, des auteurs tels Haspeslagh et Jemison (1991) considèrent l'intégration post-fusion comme : « *un processus d'apprentissage permettant d'acquérir de nouvelles compétences et des logiques de management différentes* » permettant la reconstruction de l'identité par le travail et l'appropriation.

Selon (Tienari et Vaara, 2012) les fusions et les acquisitions se caractérisent par la confrontation et les identités peuvent devenir retranchées et intraitables lorsque les gens sont forcés de chercher un avenir commun. Or le succès final d'une fusion-acquisition dépend de **l'établissement d'un sentiment de continuité** dans la transition de l'identification avant et après fusion. Pour ce faire Tienari et Vaara (2012) proposent une perspective discursive de la construction de sens. Ce concept contribue de manière plus générale à la compréhension des identités dans les changements organisationnels radicaux ou extrêmes. Les ressources discursives sont mobilisées pour construire, transformer et parfois structurer le sens de l'identité organisationnelle. Les fusions et les acquisitions constituent un cadre spécifique dans lequel des ressources telles que les stéréotypes, les tropes, les récits et les narrations sont utilisées pour donner du sens lors de la transition des organisations existantes vers de nouvelles entités organisationnelles combinées. Brown et Humphreys (2003) soutiennent que les récits lorsqu'ils sont partagés et répétés deviennent des moyens essentiels pour construire l'identité dans le contexte de la fusion. Tienari et Vaara (2012) postulent qu'un double processus peut être en jeu dans le contexte des fusions : les membres de l'organisation sont susceptibles de **s'accrocher au passé et en même temps de travailler pour un avenir commun**. Cela confirme l'argument selon lequel les **identités hybrides** (Albert et Whetten, 1985 ; Glynn, 2ooo) prévalent dans les organisations en cours de changement y compris les fusions et acquisitions.

En outre, la **temporalité** qui apparaît comme une clé dans les constructions identitaires organisationnelles suscite peu d'attention de la part de la recherche (Schultz et Hernes, 2013). Or, il serait important d'étudier comment les identités dans les fusions et acquisitions se développent au fil du temps et d'explorer comment le passé est évoqué pour donner un sens au présent et faire des revendications pour l'identité future (cf. l'extrospection au chapitre 3). En effet, bien que l'importance d'établir un **sens de continuité** du passé au présent a été largement citée comme condition préalable au fonctionnement des fusions et acquisitions, l'approche de Tienari et Vaara (2012) suggère que les continuités présumées entre le passé et le futur deviendront floues. Il est alors important d'élaborer une « **continuité projetée** » de l'identité. Pour Ullrich et al. (2005) la continuité projetée est un déterminant de l'identification organisationnelle et répond à la question de savoir « où allons-nous ? » et « que pouvons-nous faire ? ». Communiquer une vision collective est donc le défi pour la gestion des fusions et acquisitions.

Par ailleurs, les considérations de domination et de subordination figurent dans les analyses comme dans les études culturelles des fusions-acquisitions. La domination/subordination et le statut relatif des partenaires de la fusion sont jugés essentiels pour comprendre comment les gens s'identifient ou non à la nouvelle organisation (Terry, Carey et Callan, 2001).

La notion de la **gestion de la continuité** de l'identité apparaît comme centrale en l'état des recherches et la **perspective discursive**

de la construction de sens fait partie des dernières avancées (Tienari et Vaara, 2016). Nous examinerons lors de notre recherche empirique en quoi la singularité identitaire qui traite de la partie stable de l'identité peut contribuer à élaborer une **projection identitaire**.

5.6. Synthèse du chapitre 5

Ce chapitre nous a mené vers un travail approfondi de différenciation au sein de la notion d'identité entre sa partie en mouvement et sa partie stable dans le temps que nous nommons « singularité identitaire ». Dans la langue française, le terme de singularité renvoie au « caractère de ce qui est unique en son genre »[31]. Cette première définition propose l'idée de l'exception. Selon le dictionnaire de l'Académie française de 1932, la singularité désigne également la « *manière d'agir, de penser, de parler, etc. ; hors de l'ordinaire, différente de celle de tous les autres* ». Cette dernière définition pose l'individualité dans le champ de l'« extraordinaire » (au sens premier du terme) et de la différenciation par rapport à une pluralité qui semblerait homogène. Il faut donc noter que la singularité relève de ce qui est propre à une entité et qui la rend unique.

Au terme de ce chapitre, nous posons donc la singularité identitaire comme un pôle invariant de l'identité organisationnelle. Pour distinguer singularité et identité, nous pourrions filer la métaphore suivante : lorsque nous achetons un *Smartphone*, il possède un programme à l'intérieur, son ADN en quelque sorte, qui est appelé système d'exploitation (*Android* ou *iOS* selon le constructeur). Ce programme, tout comme le code génétique ne peut pas être changé, il est invariant (singularité). En revanche il y a par dessus les applications qui peuvent être téléchargée et qui utilisent le système d'exploitation pour des fonctionnalités différentes (identité) : actualités, jeux, banques, musiques, voyage, etc.

En réponse à notre question de recherche, **la singularité peut être un moyen d'accéder à l'identité à partir de sa partie stable.**

---

[31] Définition proposée par le Larousse.

De manière générale les auteurs anglo-saxons se sont intéressés au phénomène de l'identité organisationnelle depuis 1985 et ont débattu de la question à propos de l'identité stable ou en mouvement. Face à la diversité de points de vue, à la fin des années 90, Whetten et Godfrey (1998) ont produit un ouvrage de référence intitulé « Building theory through conversations ». Il présente les travaux d'auteurs reconnus et leurs confrontations sous forme de dialogues. Les résultats de ces conversations structurent les trois paradigmes, fonctionnaliste, constructiviste et postmoderniste. Toutefois, nous constatons que les auteurs ont tendance à puiser dans les différentes perspectives (par exemples Pratt, Fiol et Gioia) en fonction de la problématique envisagée. En effet il est parfois difficile de séparer d'une part la gestion de l'identité d'une organisation et d'autre part les interprétations de ses membres.

Identité	Stable dans le temps	En mouvement
Perspective	Fonctionnaliste	Constructiviste et interprétativiste
Description	Objet, fait objectif	Représentation
Positionnement de nos concepts	Singularité identitaire	Identité prise dans sa globalité

Tableau 24 : les deux approches de l'identité organisationnelle

Sous l'angle de la singularité (tableau 24), l'identité se situe dans une perspective fonctionnaliste. A l'inverse, sous l'angle des acteurs de l'organisation, l'identité se situe dans une perspective constructiviste. Autrement dit l'identité sous l'angle de la singularité est assimilable à un fait objectif pouvant être mesuré et peut demeurer la même dans le temps **mais son interprétation par les membres de l'organisation et le sens qu'ils peuvent en donner peut évoluer.**

Or notre question centrale « quelle valeur ajoutée peuvent apporter les interventions conduites par un consultant auprès de dirigeants, visant à clarifier l'identité de l'organisation ? » nous amène à étudier de manière **globale** l'identité. Nous opèrerons donc un choix méthodologique qui privilégie **l'une et l'autre** de ces approches comme l'observation ethnographique.

Ainsi, à ce stade, la recherche théorique nous amène à faire évoluer la problématique à laquelle nous ne pourrons répondre qu'à l'issue de la recherche empirique : **la « singularité identitaire » est-elle un point de vue ou une réalité ?**

Dans l'immédiat, tant que la « singularité identitaire » n'était pas identifiée en tant que telle, elle n'était pas communiquée sous cette forme aux membres d'une organisation. En ignorant sa conception, les dirigeants fonctionnent par d'autres moyens et avec d'autres outils. En lien avec notre question principale de recherche, la prise de conscience de la singularité identitaire peut passer par la voie d'une **révélation** au dirigeant par un consultant. Processus que nous allons analyser dans le prochain chapitre.

Chapitre 6. De l'identification à la révélation

6.1. Introduction

Si l'identité existe par ses propriétés organisationnelles, en revanche elle n'est ni facilement accessible ni parfaitement partagée de façon égale à la perception des membres de l'organisation. Cela peut expliquer leurs interrogations et le recours à un consultant spécialisé dans le but de les aider à accéder au sens de cette identité pour donner un cadre à l'action managériale et stratégique. En effet, le consultant en tant que tiers dispose d'un positionnement privilégié pour accompagner les personnes en entreprise en quête d'identité. Il est en effet complexe de pouvoir s'auto-observer. Pour rappel, nous recherchons comment des individus affiliés à une organisation accèdent au sens de l'identité dans le processus de la singularité identitaire révélée accompagné par un professionnel du conseil. Le processus de la « singularité révélée » nous amène à explorer dans la littérature l'identification qui désigne le fait de se reconnaître dans une caractéristique, ou une personne extérieure à soi. Dans un deuxième temps nous définirons la révélation. Enfin, l'identité touchant à l'intériorité des personnes, nous examinerons les apports théoriques de la spiritualité. L'objectif de ce chapitre est d'apporter des éléments de réponse à la sous-question de recherche :

> **La spiritualité permet-elle d'accéder à une autre facette de l'identité et au sens ?**

6.2. Accéder à l'identité organisationnelle : une opération délicate

Accéder à l'identité d'une organisation et en saisir le sens relève d'une opération d'une part complexe du fait de la diversité des objets à examiner liés à la stratégie et d'autre part délicate car touchant au cœur de l'entreprise : elle nécessite une coopération parfaite des dirigeants (Strategor, 1993). Sans être vraiment certain d'y accéder !

De plus, poser un diagnostic sur l'identité, c'est déjà agir : le fait de questionner le système sur les processus psychologiques individuels et groupaux mobilisent les individus par rapport à leurs pratiques et leurs actions à venir et peut également générer du rejet. L'audit d'identité va s'intéresser à l'histoire de l'entreprise et l'évolution diachronique des stratégies : en observant une longue période de la société, il est possible de déterminer ce qui marche et qui ne marche pas pour elle (Strategor, 1993). L'entreprise est aussi porteuse d'un savoir accumulé « *knowledge* » qui est un des piliers de son identité. Une constatation semblable peut être faite pour les individus dans l'entreprise concernant l'identification ; le collaborateur n'apprend pas son rôle en un jour : il y a un processus d'acculturation permettant à l'identité personnelle de s'acclimater dans l'entreprise, de découvrir l'identité organisationnelle et d'y trouver sa place. **L'identité organisationnelle est un produit du temps.** La continuité n'est pas la seule caractéristique de l'histoire d'une entreprise, pas plus que de l'histoire de tout autre groupe humain. Les ruptures dans la vie d'une entreprise en rendent la lecture encore plus complexe : disparition d'un dirigeant, fusion avec une autre entreprise, rupture due à un événement du marché ou de la concurrence.

L'audit d'identité peut passer aussi par une enquête ethnographique de l'entreprise. L'intervenant consacre alors un temps important sur le terrain à relever à la fois l'ensemble des politiques et leur mode d'application, le symbolique visible et non visible et cela n'est possible que par une observation minutieuse. Il est nécessaire de s'entretenir en profondeur avec un certain nombre d'acteurs pour comprendre leurs représentations de l'entreprise. Nous développerons cette approche au chapitre 7.

Cela signifie qu'il est très improbable de révéler une identité totale. En revanche l'utilisation d'un outil approprié comme celui de la singularité avec l'accompagnement d'un expert permet d'en communiquer une représentation de la partie stable à l'ensemble des membres de l'organisation.

6.3. L'identification : définition, intérêts et limites

En psychanalyse l'identification est un processus par lequel un sujet emprunte un représentant à l'existence expressive d'un autre sujet (qualifié pour cela d'objet). Ce représentant est le plus souvent un trait unique, isolé, particulier à l'autre personne : vêtement, attitude, geste, pli de personnalité.

En psychologie il s'agit de l'activité d'un sujet qui rapproche une information actuelle avec une information précédente, déjà élaborée sous forme de schème, de schéma ou de perception (l'identification est à la base de la perception).

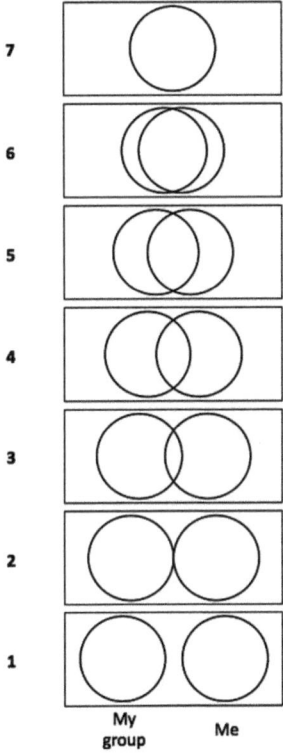

Figure 16 : échelle graphique d'identification

La psychologie psychanalytique est adaptée à l'étude de l'identité des organisations. Strategor (1993) définit l'identification comme l'aspiration à être et se comporter comme un modèle de référence (figure 16). Chez un individu cette identification se fait en trois temps :

1) L'organisation en évaluant l'individu, lui envoie des messages qu'il va décoder en fonction de sa propre identité. La stratégie, la structure, les processus de décision de l'entreprise sont autant de données que l'individu va analyser en relation avec ses ambitions.

2) Par le « mécanisme de la projection » (Strategor, 1993), l'individu en réagissant aux messages conçoit dans son psychisme une image, une idée qu'il se fait de l'entreprise. Il attribue à l'organisation les caractéristiques qu'il a perçues, qui sont certes réelles, mais qu'il va amplifier. Ainsi cette image projetée sur l'entreprise est un peu différente du message initial. L'individu « voit l'entreprise avec ses propres yeux ». L'image qu'il se fait de l'organisation est une « médiation » entre la réalité de l'organisation et son propre « moi », c'est-à-dire ce qu'il est.

3) Il va récupérer en lui l'image qu'il a conçue de l'organisation. Deux mécanismes sont à l'œuvre : l'identification ou l'introjection. On entend par **identification** le fait de vouloir être comme le modèle représenté par l'organisation et par **introjection** le fait d'intégrer les caractéristiques du modèle. Il s'agit d'un processus de communalisation, une relation sociale basée sur un sentiment d'appartenance. En intériorisant cette image, certes déformée par les processus de projection et d'identification ou d'introjection mais en relation avec le message émis par l'organisation, l'individu intègre en lui des éléments de l'entreprise : « l'entreprise est en lui » (Strategor, 1993). Il partage ainsi ses valeurs qu'il va pouvoir communiquer. Lorsqu'il doit faire face à de nouveaux problèmes, il va savoir adopter spontanément un comportement en adéquation avec le fonctionnement de l'entreprise même en l'absence de procédure écrite.

Les travaux de Ashford et Mael (1989), Tajfel et Turner (1985) sur la théorie de l'identité sociale, de Hogg et Terry (2000) sur l'auto-catégorisation et de Tyler et Blader (2003) sur le modèle d'engagement de groupe, permettent d'appréhender la construction de l'identification organisationnelle comme une forme d'identification sociale. Elle est définie comme une perception individuelle de l'unité avec une organisation (Ashford et Mael, 1989). Les aspects clés de l'autodéfinition de l'individu sont tirés des attributs centraux qu'il perçoit de l'organisation (Dutton, Dukerich et Harquail, 1994). L'identification organisationnelle ne se définit pas comme une simple appartenance à l'entreprise, la connexion **émotionnelle** à l'organisation est aussi à prendre en compte (Conroy, Henle, Shore et Stelman, 2017). De plus, l'identification organisationnelle exige que l'individu accorde de l'importance à l'organisation, de sorte que le « moi » soit lié de manière significative à l'organisation (Ashforth et al., 2008).

L'identification revêt plusieurs signification selon les auteurs.

1) Pour Aronson (1992, p. 34) : l'identification est une réponse à l'influence sociale provoquée par le désir d'un individu d'être comme l'influenceur,

2) Pour Ashforth et Mael (1989, p. 21) : l'identification sociale est la perception de l'unité ou de l'appartenance à un agrégat humain,

3) Pour Cheney (1983, p. 342) : l'identification avec des organisations ou toute autre chose, est un processus actif par lequel les individus se lient à des éléments de la scène sociale,

4) Pour Dutton, Dukerich et Harquail (1994, p. 239) : lorsque le concept de soi d'une personne contient les mêmes attributs que ceux de l'identité organisationnelle perçue, nous définissons ce lien cognitif comme une identification organisationnelle,

5) Tajfel (1982) : pour atteindre l'état d'identification, deux composantes sont nécessaires : une cognitive, au sens de la conscience de l'appartenance ; et une évaluative, en ce sens que cette conscience est liée à des connotations de valeur.

L'identification présente des avantages et des inconvénients selon les auteurs (tableau 25).

Avantages Pratt (1998), Barrett (2017)	Inconvénients Conroy, Henle, Shore, Stelman, 2017 Dukerich, et al (1998).
Accomplissement des besoins : Besoin de sécurité Besoin d'affiliation Besoin d'auto-amélioration Besoin holistique	Résultats dégradants du fonctionnement organisationnel : Comportements non éthiques Résistance au changement organisationnel Problèmes de performance Résultats dégradants pour les relations interpersonnelles : Conflit interpersonnel Résultats dégradants pour les individus : Émotion négative Réduction du bien-être

Tableau 25 : avantages et inconvénients de l'identification pour l'individu

Ainsi, selon Conroy et al. (2017) l'identification présente « une face cachée » avec des risques pour l'organisation (comportements non éthiques) et les collaborateurs (réduction du bien-être) avec une idée d'une soumission.

En revanche selon Barrett (2017) la motivation pour l'identification par les individus et les organisations est l'accomplissement des besoins. Les individus cherchent à s'identifier aux groupes sociaux, tels que les organisations, afin de se sentir en sécurité, nourrir des besoins d'appartenance ou d'estime de soi (Maslow, 1968), ou de satisfaire une recherche de sens transcendant (Barrett, 2017).

L'identification est différente de l'harmonie entre l'individu et l'organisation. Chatman (1989) définit l'harmonie individu-organisation *"fit"* comme la congruence entre les normes et les valeurs de l'organisation et les valeurs de la personne.

L'identification étant posée, nous pouvons la différencier de la clarification qui n'est pas une identification au sens d'affiliation (appartenance). Cette clarification peut passer par une révélation que nous définissons au sous-chapitre suivant.

6.4. Peut-on parler de « révélation » et pourquoi ?

L'accès à l'identité n'est ni évident, ni automatique et peut passer par une révélation. La notion de révélation fait écho aux travaux sur la psychanalyse des organisations d'Enriquez (2003) dans la mesure où la connaissance inconsciente de l'identité organisationnelle par le dirigeant devient consciente sous l'action de la présentation de prototypes par les consultants. La révélation constitue également une particularité de l'effet miroir (Krief et Zardet, 2013) produit après présentation d'une image des expressions des acteurs afin d'obtenir une validation, une invalidation, un enrichissement ou un nuancement des résultats.

Également utilisée dans le langage courant, la révélation peut être étudiée selon plusieurs angles. Révéler vient du latin revelare (dévoiler) et de velum (voile). Faire connaître ce qui était caché. « Révéler » est un mot qui appartient au champ lexical de la photographie, de la sémiologie, de la peinture. Du latin « découvrir » et de velum « voile », révéler signifie alors lever le voile sur quelque chose d'existant, manifester par des signes indubitables ce qui n'était pas immédiatement perceptible. C'est une prise de conscience ou une expérience soudaine d'une réalité, qui laisse une trace **durable**. C'est aussi un fait inattendu que l'on apprend soudain, ou qui, une fois connu en explique un grand nombre d'autres.

Dans sa dimension spirituelle, la révélation est comme un flash, un déclic, une découverte intuitive (sérendipité), un don, une vision (suite à une initiation). La révélation est aussi comme un hapax existentiel : événement unique dans ses aspects constituants qui fait naître brusquement et nécessairement un cheminement de vie et de pensée originale et personnelle. Il s'agit d'un moment unique qui partage l'existence en un avant et un après : elle s'en trouve irrémédiablement changée.

Ces approches font écho à la question principale de recherche à propos de la clarification de l'identité organisationnelle par le consultant. **La valeur ajoutée de l'intervention des consultants se situe-t-elle dans la révélation ?** Pour Plane (2000, p.155), le moment de révélation est une partie « *stratégique du processus d'intervention qui consiste à projeter aux acteurs le diagnostic socio-économique, axé* *sur les dysfonctionnement organisationnels ».* Ce qui aura comme effet de déclencher « *un choc culturel, source d'énergie nouvelle de transformation des dysfonctionnements ».*

En considérant la révélation comme ce qui n'avait pas été vu, nous abordons la problématique de l'invisible et de l'insu. En sciences de gestion Luhmann (2006, 2011) s'intéresse aux points aveugles de l'auto-observation : les irritations provoquées par l'intervention de conseil mènent à la prise de conscience.

Pour Schein (1983, 1984) se trouvent dans les profondeurs de l'organisation des « postulats » de base ou sous-jacents qui sont inconscients, invisibles. De leur côté, Savall et Zardet (2010) ont théorisé la méthode des coûts cachés.

Une façon de représenter les différentes zones non-visibles est d'utiliser le modèle de la fenêtre de Johari[32].

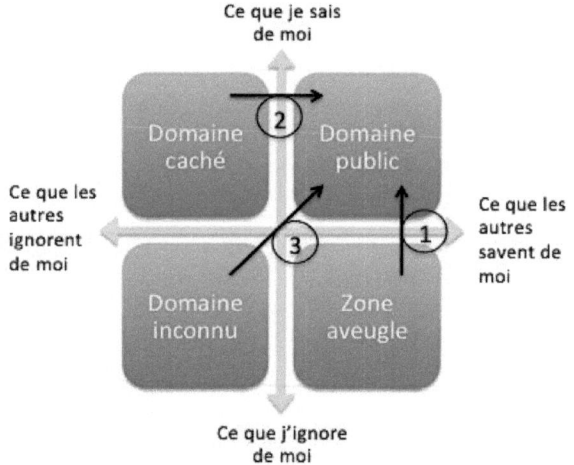

Figure 17 : le modèle de la fenêtre de Johari

---

[32] Le mot Johari est tiré des premières lettres des prénoms de ses inventeurs Joseph Luft et Harrington Ingham en 1955.

La figure 17 indique trois mouvements : 1) passer de la « zone aveugle » (ce que j'ignore et que les autres savent de moi) au « domaine public » (ce que je sais et que les autres savent) ; 2) transformer le « domaine caché » (ce que je sais et que les autres ignorent) en « domaine public » ; 3) transformer le « domaine inconnu » (ce que j'ignore et que les autres ignorent aussi) en « domaine public ». Cela devient alors une **révélation**. L'accompagnement du consultant peut par exemple consister à aider les membres du Comex à clarifier leurs identités respectives pour améliorer leurs relations (Autissier et al., 2015). Transposés à l'organisation les trois mouvements peuvent permettre par l'entremise du consultant une **clarification** de l'identité organisationnelle pour amener à une prise de conscience de ses membres.

Par ailleurs, pour Clair, Beatty et Maclean (2005), la diversité démographique, définie comme toute caractéristique qui sert de base à la catégorisation et à l'auto-identification, se présente sous deux formes : visible et non visible. Les caractéristiques visibles comprennent habituellement le sexe, la race, l'âge, l'appartenance ethnique, l'apparence physique, le langage, les modèles de discours et le dialecte. Les caractéristiques non visibles comportent habituellement des différences comme la religion, la profession, l'origine nationale, les adhésions aux clubs ou aux groupes sociaux, la maladie et l'orientation sexuelle. La plupart des études organisationnelles sur la diversité sur le lieu de travail se sont concentrées sur des identités sociales aussi visibles que l'âge, la race et le genre, mais la relation avec les identités sociales invisibles est restée relativement inexplorée. En termes d'implications managériales, il s'agit de la gestion de l'information sur l'identité sociale invisible.

Révéler présente également différents types de risques. La personne qui choisit de révéler son identité sociale invisible s'expose à être stigmatisée. Elle peut s'inquiéter de la façon dont les autres réagiront à ses révélations et si elles n'auront pas de conséquences personnelles négatives. A l'inverse cette personne peut également bénéficier de la construction de relations sociales plus étroites, en révélant des informations personnelles sur elle-même (Schein, 2015). Cet auteur place la révélation dans le processus d'établissement de relations : « *la plus grande difficulté est de savoir jusqu'où aller dans nos révélations de choses que, normalement, nous cacherions, sachant qu'à moins d'être plus franc, nous ne pourrons pas bâtir de relation* » (Schein, 2015, p.134). Enfin, un individu peut affecter les changements sociaux au sein de l'organisation en déployant stratégiquement sa différence invisible.

Par ailleurs, le temps a un impact sur le mouvement de l'invisible vers le visible : une grossesse passe extrêmement lentement de l'invisible à la visibilité. En l'occurrence ce qui distingue les organisations dépasse les notions de secteur, de produits, de stratégie, de taille, d'ancienneté, de technologie, c'est-à-dire des éléments visibles. Ce qui les rend uniques est aussi le fait d'éléments invisibles qui font la différence, une sorte de **« je ne sais quoi »** difficile à décoder.

Pour De Rosnay (2016), si ce qui est sous nos yeux est invisible, c'est parce que nous raisonnons dans un ancien paradigme.

La révélation est également liée à la question de l'insu, c'est-à-dire à ce qui n'est pas su, pas connu de quelqu'un, sans en avoir conscience. Si le su est ce que l'on sait ou croit savoir, l'insu est ce qui nous échappe, « *hors du su, mais aussi bien en lui. Le su qui nous entoure est notre appui dans l'incertain. Mais il n'est que de surface. Seul l'insu touche à la profondeur. C'est lui que j'interroge au long des jours, en tentant de relever ses traces dans le quotidien le plus banal ou dans ces instants soudains qui ébranlent notre présence au monde. Retrouver cet insu enfoui, le déchiffrer dans le su lui-même, hors du rassurant savoir, me semble être la première, sinon la plus sûre tâche de la littérature* » Munier[33] (2005).

6.5. La révélation est-elle un concept ?

---

[33] Roger Munier (1923- 2010) est un écrivain, traducteur et critique français. Il a été l'un des premiers à traduire en français l'œuvre du philosophe allemand Martin Heidegger.

Deux approches permettent de définir un concept, l'une basée sur l'analyse de sa **signification** (Ogden et Richards, 1923) et l'autre basée sur une construction du concept par **compromis** (Gerring, 1999).

6.5.1. L'approche par la signification

Pour Ogden et Richards (1923) un concept tient à la dénomination, la compréhension et à l'extension. Ils ont présenté leur vision du concept sous la forme d'un triangle (figure 18) que Dumez (2016), pour les besoins de l'analyse du concept a simplifié :

La dénomination

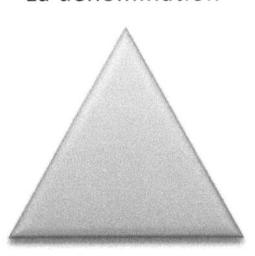

La compréhension   L'extension

Figure 18 : Le triangle conceptuel simple (Dumez, 2016, p.160)

La dénomination du concept appartient au vocabulaire courant. Il peut également s'agir d'une combinaison de mots. Ici, le terme de révélation est issu du langage courant. La compréhension du nom permet la définition du concept. Nous nous situons dans le champ des sciences de gestion et le terme « révélation » est pris au sens de ce qui n'avait pas été vu.

L'extension pose la question du champ d'application du concept. La révélation est utilisée dans un domaine empirique du management des organisations et plus précisément dans le cadre de la relation client-consultant. La dénomination, la compréhension et l'extension (tableau 26) sont en dynamique comme le propose Ogden et Richards (1923). Ici la révélation est définie de manière plus profonde que celle donnée par le dictionnaire et focalisée sur le champ de l'identité organisationnelle, à la fois circonscrit au domaine du management et suffisamment prolifique compte tenu de l'importance de la revue de littérature sur le sujet de l'identité et de ses implications empiriques dans le cadre d'une intervention de conseil.

Révélation		
La dénomination	Issue du langage courant	**On observe une dynamique entre les trois sommets du triangle dans la mesure où tous les éléments du concept sont interdépendants.**
La compréhension	Exprime ce qui n'avait pas été vu	
L'extension	Cadre de l'intervention de conseil	

Tableau 26 : la révélation selon les critères du concept de Ogden et Richards (1923)

6.5.2. L'approche par le compromis

Examinons maintenant le terme de révélation avec l'approche de Gerring (1999) selon laquelle les concepts répondent à des compromis entre huit critères (tableau 27).

Révélation			
1	La familiarité	Terme du langage courant	
2	La résonnance	Pas de doute sur l'interprétation	
3	La parcimonie	Mot court et simple dont la définition est stable	
4	La cohérence	La révélation étant dans tous les cas ce qui n'avait pas été vu	**Le concept de révélation est construit par des compromis entre ces huit critères**
5	La différenciation	Le mot ne peut pas être confondu avec d'autres concepts	
6	La profondeur	Le terme suscite plusieurs propriétés	
7	L'utilité théorique	La révélation sert de socle à la construction de théories	
8	L'utilité pour le champ sémantique	Repositionné au sens de ce qui n'avait pas été vu	

Tableau 27 : la révélation selon les critères du concept de Gerring (1999)

1) La **familiarité**. Dans quelle mesure le concept est-il familier à des spécialistes comme à des non-spécialistes ?

La révélation est un terme du langage courant utilisé dans différents champs qu'ils soient scientifiques, judiciaires, spiritualité, etc. Le terme décrit de manière précise le phénomène que nous étudions : il s'agit de l'action de dévoiler qui consiste à faire connaître quelque chose à quelqu'un ou à un groupe.

2) La **résonnance**. Est-ce que le terme choisi produit un écho ?

Les différentes définitions du dictionnaire convergent, ne laissant aucun doute sur l'interprétation. La révélation est la combinaison d'une action associée à un contenu : l'action prend la forme d'une découverte intuitive, d'un flash, d'un événement, d'une expérience. Le contenu tient de l'information, d'une pensée, d'un fait.

3) La **parcimonie**. De quelle longueur est le mot ? De quelle longueur est la liste des attributs le définissant ?

La révélation est un mot court et simple dont la définition est stable dans les cinq domaines que nous avons identifiés : informatif, judiciaire, expérience, découverte, spiritualité.

4) La **cohérence**. Les attributs sont-ils cohérents sur un plan interne (logiquement reliés) ?

La révélation permet d'identifier des phénomènes dont les propriétés sont reliées entre elles. Il n'y a pas plusieurs sens possibles, la révélation étant dans tous les cas ce qui n'avait pas été vu.

5) La **différenciation**. Les attributs sont-ils suffisamment différenciés de ceux des autres concepts proches ? Le concept est-il homogène, « opérationalisable » ?

Dans la mesure où la révélation exprime à la fois une action et le dévoilement d'un contenu, elle ne peut pas être confondue avec des synonymes qui lui sont attribués par le dictionnaire (aveu, divulgation, confidence, déclaration, découverte).

6) La **profondeur**. Combien de propriétés sont partagées par les instances à définir ?

La révélation peut renvoyer à une prise de conscience, une expérience, un événement inattendu ou soudain, peut aider à comprendre, apporter des faits nouveaux, ouvrir à une découverte, provoquer un avant et un après. Le terme suscite plusieurs attributs partagés par les phénomènes que recouvre le concept.

7) **L'utilité théorique.** En quoi le concept est-il utile dans un champ d'inférence plus large ?

« Les concepts servent à construire des théories, c'est même leur utilité première » (Dumez, 2016, p.168). Pour Gerring (1999), la théorie guide la formation des concepts. La révélation peut servir de socle à la construction de théories comme en économie, la théorie de la préférence révélée. Paul Samuelson[34] a proposé de déduire les préférences des consommateurs en observant leurs choix. Plutôt que de les questionner sur leurs préférences en proposant plusieurs paniers de biens possibles afin d'obtenir des courbes d'indifférence, cette théorie se limite uniquement à l'observation du comportement des consommateurs. En faisant ses achats, le consommateur révèle ses préférences. Dans notre recherche, la **révélation** est un élément de la démonstration de **l'impact** de la singularité identitaire sur les organisations et leurs équipes.

8) **L'utilité pour le champ sémantique.** En quoi le concept est-il utile dans un champ d'instances et d'attributs liés ?

Le terme révélation n'est pas un mot nouveau. Dans notre recherche dans le champ des sciences de gestion sa définition est repositionnée au sens de ce qui n'avait pas été vu. Ce repositionnement aura des conséquences sur la définition de l'identité organisationnelle à laquelle le mot révélation est associé.

Ainsi, les deux méthodes (par la signification et par le compromis) permettent d'établir que la **révélation est un concept**. Nous pourrons ainsi en faire usage pour répondre à notre question centrale de recherche « quelle valeur ajoutée peuvent apporter les interventions conduites par un consultant auprès de dirigeants, visant à clarifier l'identité de l'organisation ? » et plus particulièrement lorsque le consultant **révèle** au dirigeant une partie de cette identité : la singularité.

---

[34] Paul Anthony Samuelson (1915 - 2009) est un économiste américain, prix Nobel d'économie en 1970 et chef de file de l'école « synthèse néo-classique » qui reprend les théories de Keynes en macroéconomie et les enseignements néoclassiques en microéconomie.

6.6. Vers un lien révélation-identité-spiritualité

L'action de révéler en relation avec la quête de sens ou de soi peut appeler en plus de l'identité le recours au plan théorique au champ de la spiritualité au sens anglo-saxon de « *spirituality* » (Giacalone et Jurkiewicz, 2003) et dans une autre mesure à la théorie de la motivation comme celle d'Herzberg (1966) ou de Maslow (1968) mais cette dernière repose également sur l'identité. L'identité et la spiritualité sont des construits ontologiques qui comprennent des perspectives distinctes à propos de la nature de ce qui « est ». L'identité et la spiritualité affectent plusieurs variables communes d'intérêt organisationnel tel que la **loyauté**, **l'engagement**, le **turnover**, le **comportement** citoyen et même la **performance** organisationnelle (Giacalone et Jurkiewicz, 2003 ; Mitroff et Denton, 2000). La revue de ces deux construits suggère également l'importance de les relier à des concepts et théories du comportement organisationnel et du management stratégique. Mais il existe peu d'explications sur la façon de relier ces deux construits. Une tentative a été produite par Sheep et Foreman (2012) qui montrent que : 1) l'identité peut être un sous-ensemble de la spiritualité ; 2) la spiritualité peut être un sous-ensemble de l'identité ; 3) l'identité et la spiritualité en tant que construits séparés peuvent être des sous-ensembles indépendants d'un construit plus large : le soi ou la subjectivité ; 4) l'identité et la spiritualité sont des construits séparés et distincts mais qui peuvent s'affecter réciproquement.

Parmi les définitions de la spiritualité (Duyck et al., 2017) nous retenons celle d'une « *ideopraxis* (Pfeffer et Sutton, 2000) *relationnelle centrée sur une présence spirituelle qui unifie (permet de trouver une harmonie, l'intégration des aspects variés de soi-même), oriente (en permettant de faire sens, de trouver sa place - ce à quoi on est appelé dans la vie - et de se relier à des préoccupations ultimes) et mobilise tous les aspects de la vie* (Rojas, 2002, p.37) *permettant ainsi la réalisation de soi, de ses aspirations et de son potentiel dans l'intensité et dans la joie.* » Cette définition s'appuyant sur une transcendance combine « ideo » et « praxis » pour décrire **un effort délibéré d'unifier**

théorie et pratique. Le fait d'intégrer une certaine vision du monde à des activités quotidiennes, avec un effet désiré et à long terme d'alignement et de transformation profonde, renouvelle les réflexions à propos de l'identité en permettant à la fois une investigation dans l'intériorité mais aussi dans la mise en acte et les différentes connexions précieuses pour observer le phénomène.

Giacalone et Jurkiewicz (2003) constatent un intérêt grandissant pour la spiritualité tant aux États-Unis que dans le monde parce que le sens spirituel résiste au chaos, à l'aléatoire, au changement, à l'imprévisibilité. La recherche de sens spirituel s'est étendue bien au-delà du domaine personnel. Cette évolution se manifeste dans les sciences organisationnelles où le sujet de la spiritualité du lieu de travail est adopté par les chercheurs universitaires (Cavanagh, 1999 ; Sass, 2000) et les praticiens comme Laabs (1996). Certains affirment que des solutions spirituelles ont été cherchées pour faciliter les changements sociaux et commerciaux tumultueux (Cash, Gray et Rood, 2000 ; Mitroff et Denton, 2000), d'autres soutiennent que de profonds changements dans les valeurs ont amené une conscience sociale croissante et une renaissance spirituelle (Inglehart, 1997 ; Neal, 1998). L'intérêt pour la spiritualité sur le lieu de travail a stimulé la curiosité au-delà de la capacité des chercheurs à suivre le rythme théorique ou méthodologique. Les tentatives élémentaires de compréhension de la spiritualité organisationnelle ont commencé au début des années 1990, comme le montrent les livres, articles et revues spécialisées (Journal of Managerial Psychologie, Journal of Management Education, Journal of Organizational Change Management). Certains consultants ont également adopté des notions inspirées de la spiritualité du lieu de travail pour leurs clients (Barrett, 1998) adoptant une approche pragmatique fondée sur les données et d'autres proposant des séminaires de formation et des conseils sur le sujet. A l'Academy of Management (AOM), l'organisation qui rassemble de très nombreux chercheurs en gestion, le groupe d'intérêt « Management, Spirituality and Religion » a émergé, se concentrant sur les questions de spiritualité et de religion dans la vie organisationnelle.

La sous-question de recherche (« la spiritualité permet-elle d'accéder à une autre facette de l'identité et au sens ? »), nous invite à nous intéresser à la notion de transcendance (Piedmont, 1999). L'étymologie de la transcendance renvoie d'une part au dépassement ou au franchissement, d'autre part à ce qui monte, qui s'élève. La transcendance peut également signifier ce qui est au-delà du perceptible. En philosophie, pour Kant, le transcendant est ce qui dépasse toute possibilité de connaissance ; pour Heidegger le transcendant c'est « Être-au-monde » ; pour Marx la transcendance est la capacité humaine de créer son avenir par son travail conscient au présent. Ce travail, pour être conscient, doit être précédé, toujours au présent, d'une réflexion afin d'en déterminer le but. En psychologie, la transcendance fait référence à une vision spirituelle de l'être humain. Abraham Maslow a complété sur le tard ses travaux sur la théorie motivationnelle des besoins humains (pyramide de Maslow) en utilisant la notion de dépassement (ou transcendance) de soi (« self-transcendence ») (Maslow, 1968). Pour Piedmont (1999) il existe un paradigme plus large pour comprendre l'existence qui transcende l'immédiateté de notre propre conscience individuelle et de toutes choses dans une harmonie plus unitive qu'il appelle transcendance spirituelle. Elle renvoie à la capacité des individus à se tenir à l'extérieur de leur sens immédiat du temps et de l'espace pour voir la vie d'un point de vue plus large et plus objectif. Cette perspective transcendante est celle dans laquelle une personne voit un **fondamental** sous-tendant les diverses aspirations unitaires de la nature. Dans cette perspective plus large, plus holistique et interconnectée, les individus reconnaissent une synchronicité avec la vie et développent un sentiment **d'engagement** envers les autres. Ainsi **la quête de sens** du dirigeant pour son organisation peut l'amener à titre individuel à se « dépasser » : Ashforth et Pratt (2003) ont utilisé le terme transcendance pour décrire un lien avec quelque chose de **plus grand que soi**, comme une cause.

6.7. Synthèse du chapitre 6 et de la partie théorique

La révélation est un concept au sens des approches de Ogden et Richards (1923) basée sur la signification et de Gerring (1999) basée sur une construction par compromis. Le concept de révélation est distinct de celui d'identification. De plus, nous subodorons un lien entre la révélation et la théorie de la spiritualité organisationnelle. Parmi les définitions de la spiritualité nous retenons celle d'une « *ideopraxis* » qui combine « ideo » et « praxis » pour décrire un effort délibéré d'unifier théorie et pratique. En réponse à notre sous-question de recherche, **la spiritualité permet d'accéder au sens.**

Synthèse la première partie

La revue de littérature a été construite au fur et à mesure de la recherche en fonction d'aller-retour entre terrain et questionnement. L'observation du terrain a guidé le sens vers lequel les lectures permettant de l'éclairer devaient aller. En effet, de nombreuses lectures d'articles, de revues, de livres ont permis de dessiner le cadre général mais seules les plus pertinentes par rapport à la question de recherche induite par le terrain ont été approfondies.

La connaissance de l'identité organisationnelle et individuelle constitue un compas permettant de guider ensuite les priorités et l'action en entreprise selon les situations. Par ailleurs, les questions identitaires sont liées à une quête de sens.

Depuis les années 2000, l'outil de la singularité conçu par le praticien Patrick Mathieu (Mathieu et al., 2015) permet de se centrer sur la partie stable de l'identité en ayant recours à un prototypage. Saisir la singularité des organisations et des dirigeants revient à déterminer le positionnement dans une catégorisation. Les interventions conduites avec cet outil amènent selon les contextes, les consultants à traiter parallèlement l'identité individuelle des dirigeants (micro) et l'identité des organisations (macro) partant du principe que la quête de sens à propos de l'identité organisationnelle peut faire écho et passer par une compréhension de l'identité individuelle des dirigeants (figure 19).

La communication de cette catégorisation par le consultant permet au client d'accéder à une représentation à propos de son identité personnelle ou de l'identité de l'organisation, qui complète son auto-observation. C'est dans cette communication qu'intervient la capacité du client à trouver et à faire sens.

De nombreux outils établissent une approche en abîme en s'appliquant au niveau individuel, au niveau des équipes, au niveau de l'organisation, au niveau de la nation etc. La justification sous-jacente est que ce que le dirigeant comprend à un certain niveau (niveau individuel dans ce cas) est plus accessible et peut être transférable à un autre niveau (niveau organisationnel).

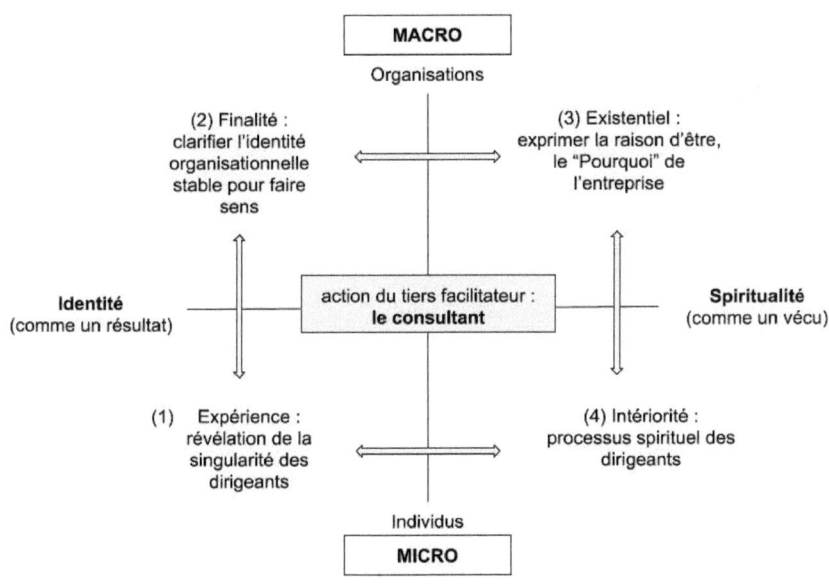

Figure 19 : le cadre de la recherche : acteurs et finalités

Cette mise en perspective de l'outil de la singularité dans le cadre des théories de l'identité, employé dans la démarche d'accompagnement des consultants, permet de préciser l'objectif de la mission de conseil : il s'agit d'aider les dirigeants à clarifier l'identité de leur organisation afin de répondre à leur quête de sens.

Chaque entreprise peut choisir des actions différenciées (figure 19) comme :

(1) un accompagnement au niveau individuel pour comprendre le mode de fonctionnement identitaire du dirigeant ainsi que celui de l'entreprise,

(2) la clarification de l'identité organisationnelle au sein de son marché.

Le consultant opère un travail qui impacte les dirigeants et peut retentir au plan spirituel :

(3) sur le plan existentiel de l'organisation (et suscite une démarche intérieure chez le dirigeant ou son équipe),

(4) sur l'identité du dirigeant qui passe par un cheminement spirituel ; la révélation d'une identité individuelle chez le dirigeant éclairant l'identité organisationnelle.

A partir de ce modèle conceptuel, la 2ième partie empirique de notre recherche va consister à apprécier les effets d'une intervention de conseil par la singularité.

« L'essentiel est invisible pour les yeux. »
Antoine de Saint-Exupéry (1943), Le Petit Prince

PARTIE 2 – L'IMPACT D'UNE INTERVENTION DE CONSEIL PAR LA SINGULARITE

La question centrale « quelle valeur ajoutée peuvent apporter les interventions conduites par un consultant auprès de dirigeants, visant à clarifier l'identité de l'organisation ? », nous invite à ouvrir la « boîte noire » de l'intervention du consultant en repérant et décrivant les étapes et les réactions des clients.

La singularité identitaire révélée suppose elle-même un dispositif d'observation : une approche ethnographique (Christianson, 2016 ; Van Maanen, 2006) est retenue pour étudier ce phénomène, à l'appui d'une étude longitudinale et de deux études de cas.

Dans une première sous-partie, nous exposons notre position épistémologique, la démarche ethnographique et nos choix méthodologiques.

La deuxième sous-partie est consacrée au récit de trois voyages : une étude longitudinale d'une mission de conseil, une monographie de participants à une session de formation et une monographie de dirigeants.

Une troisième sous-partie présente les résultats transversaux, la discussion et les préconisations managériales.

"Les gens peuvent choisir n'importe quelle couleur pour la Ford T,
du moment que c'est noir. "
Henry Ford

SOUS-PARTIE 1. POSITION EPISTEMOLOGIQUE ET METHODOLOGIE

Cette première sous-partie présente le positionnement épistémologique dans lequel s'inscrivent la recherche et la méthodologie retenue (figure 28).

Notre recherche empirique (tableau 28) combine une approche ethnographique avec une étude longitudinale d'une mission de conseil au sein d'une organisation, une observation de participants à une session de formation sur la singularité identitaire suivie d'entretiens semi-directifs, et des entretiens semi-directifs de dirigeants ayant fait appel à des consultants pour traiter des problématiques identitaires.

Cible	Organisation	Participants en individuel à une formation	Dirigeants
Période	Avril 2013 → Septembre 2016	Mars 2016 → Décembre 2016	Septembre 2016 → Juin 2017
Méthodes	Étude longitudinale et Entretiens semi-directifs	Observation participante et Entretiens semi-directifs	Entretiens semi-directifs
	Approche ethnographique : observation des consultants auprès de clients Avril 2013 → Mars 2018		

Tableau 28 : schéma directeur des méthodes employées associées aux cibles et dans le temps

La méthode ethnographique retenue met l'accent : 1) sur un recueil de données avec observation participante et formation à la méthode du consultant ; 2) une analyse vidéo de la singularité révélée moment où les consultants transmettent leurs analyses et où les participants réagissent (Health et al., 2010).

Un ensemble de documents est disponible : prises de notes d'entretiens, enregistrements de réunions avec des clients, d'ateliers, de séminaires, vidéos de séminaires, comptes rendus de missions, base documentaire sur l'outil, étapes de la dimension contractuelle clients-consultants.

Chapitre 7. Position épistémologique et démarche ethnographique

7.1. Comment étudier l'identité organisationnelle

Tout d'abord, revenons au débat des chapitres 4 et 5 à propos des courants qui animent l'identité organisationnelle. Deux principaux points de vue se différencient : 1) pour les fonctionnalistes l'identité organisationnelle est assimilée à un objet existant indépendamment des membres de l'organisation (Whetten, 2006 ; Ravasi et Schultz, 2006) ; 2) pour les constructivistes et interprétativistes, ce sont les membres de l'organisation qui construisent, au travers d'interactions sociales, une compréhension partagée de leur organisation (Gioia, 1998 ; Ravasi et Schultz, 2006). Ces deux perspectives peuvent être complémentaires : les affirmations identitaires (institutionnelles) produites par les fondateurs ou les dirigeants pouvant être soumises aux compréhensions identitaires des membres de l'organisation (construction et interprétation). **Notre analyse de l'identité organisationnelle se situe dans cette interaction dynamique entre les caractéristiques stables, centrales et distinctives de l'organisation et la réinterprétation de ses membres en fonction de leurs croyances et du contexte.**

Ensuite, se pose la question des méthodes pour accéder à l'identité organisationnelle dans son ensemble. La mesure de l'identité qui consiste à opérationnaliser et à observer empiriquement l'identité organisationnelle peut être accomplie de multiples manières (Foreman et Whetten, 2016) : 1) par des approches interprétatives essentiellement qualitatives reposant sur l'analyse de discours ; 2) par des méthodes de type « *grounded theories* » fondées sur les perceptions et les croyances des membres de l'organisation ; 3) par un mixte éclectique d'études croisant des croyances construites et les caractéristiques clés de l'organisation requérant des sources variées (les perceptions des membres, des documents internes et externes, des observations participantes, des symboles et artefacts et les attributs organisationnels visibles) et des analyses sous forme d'études de cas ; 4) par une analyse de données d'enquêtes quantitatives cernant les attributs résidant dans ces structures (système, mission, valeurs, objectifs et priorités) ; 5) par des méthodes quantitatives d'analyse de données secondaires constituées dans des ensembles historiques larges et faisant usage de calcul de régression.

Selon Oliver et Ross (2006) **l'identité organisationnelle peut être si subtile et discrète qu'il est difficile de la saisir au moyen de questionnaires ou de simples entrevues,** ou même de la mesurer ou de la décrire. L'utilisation de modes logiques narratifs favorise la compréhension des motivations et des intentions des acteurs, plutôt que de générer une classification et une explication rigoureuses. L'originalité de cette recherche est qu'elle permet d'inclure **l'approche d'un consultant** utilisant comme outil un prototype identitaire.

Par ailleurs **s'agissant du processus de révélation**, les études quantitatives ne permettent pas de rendre compte des éléments d'une expérience notamment de ce qui est indicible et qui relève de perceptions, de ressentis (Harquail et King, 2002). La **méthode ethnographique** est recommandée pour aborder des sujets difficilement quantifiables, étudier des phénomènes complexes en vue de construire une nouvelle théorie (Fraenkel et Wallen, 1990) et des pratiques en mouvance (Van Maanen, 2006).

7.2. Le choix d'un positionnement épistémologique constructiviste

Parmi les trois paradigmes épistémologiques existant en sciences de gestion, nous avons fait le choix le plus en adéquation avec les attentes académiques et les attentes managériales (tableau 29).

	Positivisme	Constructivisme	Interprétativisme
Rapport à la réalité	Indépendance du sujet et de l'objet	Interdépendance du sujet et de l'objet	Interdépendance du sujet et de l'objet
Critère de validité de la connaissance	Vérifications à partir d'hypothèses préétablies	Création de modèle théorique par une construction interactive entre sujet et objet	Évaluation de la perception qu'ont les individus des phénomènes
Objectif	Expliquer la réalité	Construire un modèle théorique : rendre enseignable l'expérience de la réalité	Comprendre la réalité au travers du regard des individus
Chefs de file	Comte, Cercle de	Kant, Watzlawick	Weber, Kuhn

	Vienne (Carnap), Popper, Neurath, Wittgenstein, Durkheim		

Tableau 29 : comparaison entre les trois positionnements épistémologiques possibles d'après le tableau proposé par Hirèche (2008, p.145)

D'une part, notre question centrale nous amenant à étudier l'identité organisationnelle de manière holistique, notre choix méthodologique privilégie les deux perspectives fonctionnalistes et constructiviste/interprétativiste de l'identité.

D'autre part, notre position de chercheur au sein du cabinet PMS nous permet une immersion dans le terrain au contact des acteurs : les chercheurs, les consultants et les clients. Toutefois, cette position ne saurait à elle seule justifier d'adopter un paradigme scientifique plutôt qu'un autre. « *Il y a un enchevêtrement de raisons qui expliquent pourquoi un paradigme est en concurrence avec un autre ; il n'y a pas d'argument logiquement contraignant qui dicte à un scientifique d'abandonner un paradigme au profit d'un autre. Il n'y a pas de critère unique indiquant à un scientifique comment juger les mérites ou les promesses d'un paradigme* » (Chalmers, 1982, p.162). Chalmers explique à la suite de Kuhn (1970), que le choix d'un paradigme dépend de plusieurs facteurs prioritaires. Parmi ces facteurs se trouvent : 1) la simplicité : position offerte par la situation du chercheur ; 2) la pression sociale : le constructivisme est un paradigme scientifique de plus en plus prégnant en sciences de gestion (Charreire et Huault, 2001) ; 3) la facilité de résoudre un problème donné : le constructivisme apparait comme la solution la plus adéquate pour étudier le phénomène de la clarification de l'identité organisationnelle par un consultant auprès de dirigeants.

La position épistémologique constructiviste constitue le paradigme scientifique de cette recherche. Elle participe d'un choix délibéré de placer les dirigeants, les membres de l'organisation et les consultants au centre de la réflexion. Le passage par une position interprétativiste est de ce fait une étape nécessaire pour y parvenir.

Le positionnement positiviste est donc écarté. Notre positionnement épistémologique constructiviste et interprétativiste est cohérent avec la méthode recommandée par les chercheurs pour étudier l'identité organisationnelle (Harquail et King, 2002 ; Fraenkel et Wallen, 1990 ; Van Maanen, 2006 ; Dumez, 1988 ; Geertz, 1973).

Paradigme	Objet	Méthode	Résultat
Classique	- Les effets de l'organisation sur la société - La gestion de l'organisation	- Observation et analyse historique - Réflexion personnelle sur la base de l'expérience	- Typologie des cadres théoriques - Recommandation pour la pratique de la gestion
Moderniste	L'organisation à travers des mesures « objectives »	- Mesures descriptives - Corrélation entre les mesures standardisées	- Etudes comparatives - Analyses statistiques multi-variantes
Interprétativiste	L'organisation vue selon des perceptions « subjectives »	- Observations participantes - Entretiens ethnographiques	- Textes narratifs (études de cas et ethnographies organisationnelles)
Post modernisme	Théorie des organisations et pratiques d'élaboration de théories	- Déconstruction - Critique des pratiques d'élaboration des théories	- Réflexivité et valeurs réflexives

Tableau 30 : différence entre les paradigmes de la théorie des organisations selon Hatch (2000)

Pour Hatch (2000) (tableau 30) les méthodes classiques sont basées sur l'analyse historique et sur la réflexion personnelle et recourent à des typologies (recommandations normatives). La problématique moderniste se focalise sur l'organisation, elle-même s'appuyant sur la description et l'analyse statistique fondée sur l'objectivité (études comparatives). La méthode de **recherche interprétativiste a recours à des techniques ethnographiques comme l'observation participante et les entretiens, qui permettent des descriptions narratives et des analyses de cas.** L'approche post-moderne utilise des méthodes comme la déconstruction (critique des théories).

Du **constructivisme** nous retenons les principes : 1) la représentabilité du réel (Von Glaserfeld, 1988) ; 2) la projectivité (l'interaction, image de l'objet et sujet, est constitutive de la construction de la connaissance) (Le Moigne, 2012) ; 3) la recherche d'intelligibilité (Le Moigne, 1990) ; 4) l'hypothèse téléologique (prendre en compte l'intentionnalité ou la finalité du sujet connaissant) (Le Moigne, 2012).

Les limites temporelles et spatiales de notre recherche peuvent être définies comme suit : nous nous intéressons aux consultants et aux clients de la société PMS, notre espace de recherche concerne donc les dirigeants d'organisation et des clients à titre individuels ayant effectué un travail sur la singularité identitaire accompagnés par un consultant. Le contexte temporel de la phase empirique se situe entre 2013 et 2017, les recherches bibliographiques s'arrêtent en mars 2018 et prennent en compte les références historiques antérieures.

D'autres notions sont rattachées à la question de la représentation du monde ou à la manière de voir les choses. Le terme allemand Weltanschauung issu de l'association de « Welt » (monde) et « Anschauung » (vision, opinion, représentation) désigne une « conception du monde » d'un point de vue métaphysique. Pour Jung (2016, p.295) « *toute conscience supérieure appelle une Weltanschauung. Toute conscience de raisons et d'intentions est déjà Weltanschauung en germe. Tout accroissement de connaissance et d'expérience est un pas de plus vers son développement. Et en même temps qu'il crée une image du monde, l'homme qui pense se transforme lui-même (...) non seulement nous créons ainsi une image du monde mais, par un choc en retour, cette image du monde nous transforme à son tour* ». Ainsi l'homme pour qui « *le soleil continue à tourner autour de la terre est différent de celui qui considère la terre comme un satellite du soleil.* » (Jung, 2016, p.295). Pour Jung (2016), nous avons besoin de nous construire une image de la totalité du monde pour mieux se voir nous-même en tant que copie fidèle de ce même monde.

En sciences de gestion Stimson et Thompson (1975) définissent une Weltanschauung comme une perception de la réalité ou une conception du monde. Les chercheurs confrontés à des problèmes sociaux complexes ont à la fois besoin de compétences techniques et d'informations sur les valeurs conflictuelles et les visions du monde au cœur de ses problèmes. Une Weltanschauung permet par exemple de considérer un problème dans un système plus grand dans lequel il est intégré. Le chercheur doit également avoir conscience qu'une Weltanschauung oriente l'interprétation et le traitement de données d'une certaine manière.

Dans le registre de la sémantique, Korzybski[35] est l'auteur de l'aphorisme « une carte n'est pas le territoire » pour permettre de comprendre la relation entre les mots et les référents. La carte est l'ensemble des mots utilisés pour décrire une situation, un objet alors que le référent est le territoire. Le sens que chacun attribue à un mot est très personnel car lié à ses propres expériences. Selon Korzybski (1950) les mots ne sont pas les choses qu'ils représentent et ne peuvent pas couvrir tout ce qu'ils représentent. Ainsi, l'auteur considère qu'il est difficile de découvrir ce qui est évident car notre tournure de pensée nous empêche de « voir ce qui est vieux d'un œil neuf » Leibniz[36]. Ainsi pour trouver le référent, il faut redescendre l'échelle de l'abstraction c'est-à-dire l'exemple concret auquel il est fait allusion (Miles et Huberman, 2003).

---

[35] Alfred Abdank Skarbeck Korzybski (1879-1950) est un philosophe et scientifique américano-polonais. A l'origine ingénieur et expert des services de renseignements. Il oriente ses travaux vers le domaine des sciences humaines. Il a fondé la sémantique générale, une logique de pensée basée sur les mathématiques et la physique, une discipline pratique pour que chacun puisse prendre un recul critique sur les réactions (non verbales et verbales) à un « événement » au sens large (comprendre ses propres réactions, ainsi que les réactions des autres et leur interaction éventuelle). Cette approche, nouvelle pour l'époque, remet en cause les postulats de la logique d'Aristote (IVe siècle av. J.-C.), et les schémas de pensée aristotéliciens ancrés dans le langage occidental habituel. La logique Non-A englobant et dépassant la logique A, c'est-à-dire d'Aristote, comme la physique Non-Newtonienne, dépasse tout en englobant la physique Newtonienne.

[36] Gottfried Wilhelm Leibniz (1646-1716) est un philosophe, scientifique, mathématicien, logicien, diplomate, juriste, bibliothécaire et philologue allemand.

Exposer la vision du monde, qui nous entoure et de l'homme, qui fait partie de notre objet de recherche, constitue l'exercice le plus difficile de la recherche, mais aussi le plus nécessaire, parce que, sans lui, le lecteur n'aura pas les moyens d'évaluer la validité de la démonstration. Cet exercice nous semble ardu, car il requiert une interrogation sur des croyances profondes, intériorisées, qu'il s'agit d'exhumer.

Notre recherche se situe dans le champ de l'identité qui touche à l'organisation et à l'humain. Si la science a sa propre méthode : théorie, prévisions pour regarder le réel, De Rosnay (2016) postule qu'il y a une autre fenêtre pour regarder le réel : réalité apparente à réalité ultime, par la poésie, la spiritualité, la peinture, la mystique, l'art. Pour De Rosnay (2016), le passage du simple au complexe fait émerger des propriétés nouvelles : elles sont le résultat de l'interaction dynamique du changement. Ce travail sur la singularité identitaire présente un intérêt scientifique et philosophique dans la mesure où il aide à comprendre l'origine de l'identité comme la connaissance du **code source**. Selon De Rosnay (2016), nous poursuivons l'évolution de l'humanité avec l'intelligence collective et l'intelligence artificielle et nous nous transformons nous-même. L'hyper humanisme c'est devenir encore plus humain grâce à l'intelligence artificielle pour tenter de mieux nous comprendre nous-même : c'est la **conquête de l'espace intérieur**. La singularité identitaire que nous examinons ici amène à s'interroger sur le « Pourquoi », le « Comment » et le « Quoi » ? (Le Moigne, 2012). Tout comme la singularité constitue pour nous une façon d'appréhender le discours des acteurs sur lesquels repose pour partie notre analyse empirique et nos observations, elle nous questionne nous-même. Cet exercice est non seulement intellectuellement difficile, mais aussi déstabilisant, car au fur et à mesure de l'exhumation, le chercheur a tendance à adopter une attitude critique par rapport à ses propres présupposés, à se remettre en question et à juger ses propres valeurs.

Pour aboutir dans tout cet enchevêtrement, Watzlawick et al. (1979) proposent de s'orienter vers la recherche d'un modèle. C'est le fondement de toute investigation scientifique, car le modèle délivre du sens. Il s'agira, d'une part d'interpréter, mais d'autre part d'être extrêmement prudent dans nos interprétations. Si le sens pour l'acteur n'est pas facile à exprimer, une grande partie de notre tâche consiste à comprendre ce sens et à lui donner forme.

En outre, nous adoptons une position réaliste à la manière de Miles et Huberman (2003), selon lesquels les phénomènes sociaux n'existent pas seulement dans l'esprit des personnes, mais aussi dans le monde objectif : des relations relativement stables peuvent être mises à jour par le chercheur. Ces relations stables constituent les prémisses de la construction théorique, mettant en relation des concepts issus à la fois des théories existantes et du terrain. Selon Strauss et Corbin (2015), une théorie n'est pas la formulation d'un aspect découvert d'une réalité préexistante, elle est une interprétation faite à partir de perspectives données, adoptée par le chercheur.

Pour Cossette (2004), la notion de théorie est utilisée, pour désigner une conception du monde des organisations, une structure cognitive générale, voire personnelle, une conviction tenue pour acquise sur un élément précis, une hypothèse, ou l'explication d'un événement singulier. Sutton et Staw (1995) attirent de leur côté l'attention sur :

1- utiliser des références aux théories existantes n'est pas suffisant si on n'explique pas les concepts et en quoi cela a du sens avec la question posée,

2- les données qualitatives ne sont pas suffisantes, si on n'explicite pas les liens avec les causalités, pourquoi les résultats sont observés,

3- une liste de variables aide à expliquer mais pas à faire une théorie,

4- un schéma en tant que tel n'est pas une théorie s'il n'est pas accompagné de commentaires, d'une narration,

5- des hypothèses ou une prévision ne constituent pas une théorie car elles n'expliquent pas pourquoi un phénomène doit se produire. La théorie doit permettre de répondre à la question du pourquoi (expliquer les phénomènes, les relations entre différents éléments).

Tout au long de cette recherche nous nous attachons à remplir les critères permettant de justifier l'existence d'une théorie : explication des concepts et leurs relations avec les questions de recherche, explicitation des liens entre les catégories issues du codage axial et sélectif, commentaire des schémas et examen des hypothèses avec validation ou invalidation.

En outre, l'écriture d'articles et la participation régulière aux réunions de laboratoire ont amené une prise de recul qui a participé à l'adoption d'une posture pour aller dans le sens d'une théorisation.

7.3. L'approche ethnographique

L'ethnographie vient de l'anthropologie et est née dans les années 1930 avec Malinowski[37]. Selon Rouleau (2013), l'approche ethnographique est un engagement à un travail méticuleux de collecte de données. Le travail initial dans les entreprises est apparu dans les années 1950 et 1960 à travers des études de cas approfondies (Selznick, 1949 ; Gouldner, 1954 ; Crozier, 1963) mais c'est en 1979 que Van Maanen (1979) a légitimé cette approche. Ce dernier avait introduit l'ethnographie dans les études organisationnelles en étudiant les policiers et leurs interactions avec les gens (Van Maanen, 1973). Lorsque dans les années 1980, la notion de culture a été attribuée au succès du modèle japonais, elle est devenue omniprésente dans la théorie des organisations (Rouleau, 2007), ce qui a favorisé le développement de l'ethnographie dans ce domaine d'étude. Aujourd'hui, l'ethnographie permet aussi d'étudier les pratiques en mouvement (Van Maanen, 2006). Dans les études en théorie organisationnelle, l'ethnographie est actuellement demandée et est en cours d'institutionnalisation (Rouleau, 2013). Depuis 2012, il existe un journal intitulé « Journal of Organization Ethnography » et de nombreux colloques sur le sujet sont organisés.

La méthode ethnographique est couramment utilisée pour observer les phénomènes liés à la culture. Or Hatch et Schultz (1997) ont démontré qu'il existe une relation entre culture et identité. Les deux concepts ne sont pas séparés mais sont à la fois interreliés et distincts, l'identité exprimant des compréhensions culturelles. Ce fait peut

---

[37] Bronisław Kasper Malinowski (1884-1942) est anthropologue, ethnologue et sociologue polonais.

justifier l'utilisation de la méthode ethnographique pour l'identité comme pour la culture organisationnelle afin de mieux comprendre ces phénomènes.

7.3.1. L'ethnographie et notre positionnement de chercheur

En quoi la méthode ethnographique est adaptée à notre positionnement de chercheur à propos de l'identité ?

Notre objectif est d'en savoir un peu plus sur « la boite noire » de l'intervention de conseil à propos de la clarification de l'identité organisationnelle. La compréhension des pratiques réelles des acteurs organisationnels, de la manière d'agir et d'être d'une organisation peut être mieux appréhendée par un type de travail ethnographique. Ainsi, des travaux récents de chercheurs se diversifient et évoluent pour rendre compte du travail organisationnel quotidien et saisir la complexité des organisations (Ybema et al., 2009, Yanow, 2009, Van Mannen, 2011).

Selon Cunliffe (2010, p. 227) *« l'ethnographie consiste à comprendre l'expérience humaine - comment vit une communauté particulière (...). Elle diffère des autres approches de la recherche en ce sens qu'elle nécessite une immersion et une traduction. L'ethnographie n'est pas une immersion rapide dans un site de recherche utilisant des enquêtes et des interviews, mais une période prolongée dans laquelle l'ethnographe s'immerge dans la communauté qu'il étudie : interagir avec les membres de la communauté, observer, établir des relations et participer à la vie communautaire. L'ethnographe doit ensuite traduire cette expérience pour qu'elle soit significative pour le lecteur »*. Ainsi l'ethnographie permet : 1) d'être au sein de l'entreprise pour rassembler des faits élémentaires (Dumez, 1988). Selon Geertz (1973), seule une immersion en profondeur permet à l'ethnographe de fournir un compte rendu contextuel détaillé avec des informations localisées ; 2) de « voir des organisations de l'intérieur » (Laude et al., 2012) et donc des choses à peine observables. En fait, l'immersion est une méthode singulière de l'ethnographie : elle permet une approche intime de l'organisation. Le chercheur, en devenant membre de l'organisation, peut saisir personnellement et précisément les différents aspects de l'identité d'une organisation, tandis que d'autres méthodes risquent de ne capturer que ce que les individus déclarent de leur organisation sans saisir leur réel comportement ou leur vie intérieure.

De plus, selon Watson (2011), l'immersion dans le milieu de travail permet de recueillir un matériau solide à analyser. En outre, Wax (1980) suggère que la recherche ethnographique consiste à entrer dans la matrice des significations de la recherche et à participer à un système d'activités organisées. Il examine les façons de penser et les comportements sociaux dans leurs nuances pour chaque groupe. Nous partons de l'hypothèse qu'il n'y a pas de façon univoque de regarder les choses.

Selon Van Maanen (2011, P. 219) « *L'ethnographie est avant tout une pratique sociale qui s'intéresse à l'étude et à la représentation de la culture (...). C'est un métier d'interprétation, axé davantage sur « comment » et « pourquoi » que sur « combien ». L'ethnographie revendique une sorte de statut informatif et documentaire - « ramener les nouvelles » - par le fait que quelqu'un sort réellement de sa « tour d'ivoire », de sa bibliothèque, de sa salle de classe ou de son bureau pour « vivre avec et vivre comme quelqu'un d'autre ». (...) On devient un ethnographe en pratiquant (...) Les études diffèrent en termes de style de travail, de lieu, de rythme, de temps et de combinaison d'approches probantes (interviews, enquêtes, analyse de contenu, cartographie de réseau, etc.) mais reposent toutes sur une forme de longue observation participante.* »

En synthèse, la recherche ethnographique a été utilisée dans le domaine managérial depuis la fin des années 1970 et considérée comme une alternative aux méthodes de recherche quantitatives. Enfin, Gephart (1978, p. 554) suggère que l'approche positiviste ne permet pas d'explorer les « *microprocessus sociologiques qui se produisent dans des situations en face à face* ».

7.3.2. Notre démarche ethnographique

Nous avons adopté une démarche ethnographique au sens de Schein (1987). Nous avons : 1) choisi notre sujet d'étude en accord avec PMS ; 2) choisi l'organisation que nous souhaitions ; 3) obtenu la coopération de l'équipe de PMS ; 4) recueilli des données concrètes pour comprendre notre sujet ; 5) les consultants de PMS et les dirigeants interviewés ne sont pas intervenus dans l'étude elle-même.

Au cours de notre recherche nous avons pris en considération le contexte dans lequel les données sont collectées et analysées, tant du côté de la société PMS que des clients rencontrés.

Nos principales techniques de collecte de données sont les entretiens et les observations (tableaux 31 et 32).

Entrevue	
L'entrevue ethnographique	Chaque informateur (participants aux formations, dirigeants, consultants) a été approché dans son contexte naturel (Van Maanen, 1979). L'objectif était de collecter des données contextuelles opérationnelles et présentables. **Les entretiens ethnographiques ont permis la production de transcriptions littérales d'entretiens complétées par du matériel ethnographique supplémentaire : analyse de vidéos, prises de notes, analyse de documents, participation à des réunions.**
L'entrevue narrative	Nous partons de l'hypothèse que les histoires sont un répertoire de significations et produisent des connaissances intimes. Il s'agit d'une discussion simple pour recueillir des histoires racontées à la première ou à la troisième personne. Les histoires sont la seule façon possible de relier l'expérience de vie d'une personne. Cela permet la production de récits, d'autobiographie, d'histoires. Sa spécificité est la longueur et la nature des données collectées (Atkinson 1998). **Nous avons ainsi pu recueillir des récits de missions tant de la part des consultants que des clients.**
Collecte des phénomènes	Notre objectif a été de rassembler l'expérience vécue du dirigeant de PMS dans son champ d'expertise, la singularité des organisations, et de consultant comme fondateur de la société PMS et constamment au contact des organisations depuis 20 ans. **Ceci nous a fourni une description profonde et factuelle de l'expérience du dirigeant de PMS.** Pour cela nous avons posé des questions ouvertes et avons laissé dans la mesure du possible l'informateur mener l'entretien.
L'entrevue épistémique	Nous partons du principe que les négociations sont au cœur de cette conversation. Il est mené par la construction autour des histoires de l'interviewé. Le but est de produire les interprétations au moment de l'interview, permettant ainsi d'obtenir la transcription littérale de l'interview en incluant les interprétations négociées. Sa spécificité est la simultanéité de l'interprétation et la participation de l'interviewé dans la

	génération de sens. **Cette technique a été utilisée à l'occasion d'entretiens semi-directifs, de réunions hebdomadaires de l'équipe de PMS ou lors d'entretiens avec le dirigeant de PMS.**

Tableau 31 : les différents types d'entretiens ethnographiques

L'ethnographie nous a amené au cours de la recherche à faire évoluer notre point de vue comme au cours d'un voyage. Comme chercheur participant aux acticités de PMS nous nous sommes interrogés par rapport à notre subjectivité en : 1) méditant sur nos suppositions de recherche considérées comme évidentes ; 2) négociant avec les informateurs (consultants, dirigeants) certaines interprétations qui apparaissaient ; 3) proposant des interprétations alternatives, quand c'était pertinent. Il y a les significations que nous partagions et d'autres qui méritaient des approfondissements. Les découvertes ethnographiques n'apportent pas forcément quelque chose que tout le monde accepte : nous devons comprendre alors pourquoi tout le monde n'est pas d'accord sur la même chose. Il était donc important d'utiliser un échantillon varié et contrasté pour comprendre ce que les gens partagent et pourquoi, et ce qu'ils ne partagent pas. L'ethnographie est un processus d'attribution de sens (Visconti 2010).

Observation	
Observation participante	**Au sein de PMS, lors de session de formation et chez les clients** nous avons observé les acteurs (qui sont-ils, âge, compétences, intérêts, buts, comportements, non-verbal), l'atmosphère (particularités, localisation, disposition), les artefacts (catégorie, fonction, caractéristiques, configuration, styles), les activités (types, séquence, but, résultats, difficultés).
Vidéo-ethnographie	La vidéo-ethnographie est une approche d'enregistrements vidéos qui capturent et permettent d'effectuer une analyse détaillée, des d'activités et d'interactions naturelles (Streeck et Mehus, 2005). L'utilisation de la vidéo a été influencée par le travail de Goffman sur les interactions (Goffman, 1971, 1982) ; par l'interactionnisme symbolique de Mead (Mead, 1934) ; et l'analyse des conversations. Elle permet d'examiner les

	microprocessus par lesquels les participants effectuent certaines actions, et d'analyser les discours naturels (Garfinkel, 1967 ; Sacks, 1984 ; Sacks, Schegloff et Jefferson, 1974). La justification de son utilisation dans les études de gestion est que les « interactions sociales » sous-tendent notre compréhension de ce qui se passe dans les paramètres organisationnels, formant les micro-fondations des processus organisationnels (Llewellyn, Hindmarsh, 2010).
	Au chapitre 10, le recours à la vidéo a permis par exemple, des explorations des émotions affichées par les participants à une session de formation (Bartel et Saavedra, 2000). L'intérêt de cette méthode est l'identification de « détails infiniment riches des événements transitoires » (Cohen, 2010, p.34), tels que l'expression affective et nuancée du visage, de la voix, de la parole ou du corps (Liu et Maitlis, 2014).

Tableau 32 : les différentes observations ethnographiques

« Les gens ne voient que ce qu'ils sont prêts à voir »[38]. Ainsi, nous sommes passé au cours de cette recherche par un processus de **naturalisation** pour connaître notre phénomène de recherche : nous sommes passé d'un monde que nous connaissions (ancien dirigeant de groupe mutualiste) à un monde qui ne nous était pas familier (PMS et ses méthodologies) lequel au fur et à mesure nous devenait familier. La naturalisation peut être vue comme un processus d'acculturation du chercheur. Le processus d'acculturation se produit des deux côtés de la relation (Berry, 1980). LaFromboise, Coleman et Gerton (1993) suggèrent que l'acculturation implique : 1) l'apprentissage du langage des informateurs (concepts liés à l'outil de la singularité) ; 2) la compréhension de leurs normes et valeurs (comment les consultants approchent le client, éthique) ; 3) l'identification de leurs rites et rituels (réunions internes, préparation des interventions chez le client, processus de l'activité de recherche) ; 4) la lecture de leurs comportements. D'une part, l'étude longitudinale (chapitre 9) d'une mission de conseil en tant qu'observateur participant a favorisé notre acculturation au déroulement d'une intervention de PMS, d'autre part

---

[38] Ralph Waldo Emerson (1803-1882) est un essayiste américain, philosophe et poète, leader du mouvement transcendantaliste américain du début du dix-neuvième siècle.

la participation à la formation à l'outil du consultant nous a familiarisé avec le fonctionnement de la méthode de la singularité. Notre présence aux réunions hebdomadaires de PMS a permis de vivre la manière de mettre au point les outils et leur développement tout comme les difficultés. Nous étions **parfaitement acculturés** à l'issue de la première année de cette recherche.

Approches « émique » et « étique »

« Emique » et « étique » sont dérivés des termes linguistiques « phonémique » et « phonétique » (Pike, 1967). Emique et étique se réfèrent à deux types de recherche sur le terrain et les points de vue qui en découlent : émique de l'intérieur du groupe social (du point de vue de l'objet) ; et étique, de l'extérieur (du point de vue de l'observateur). Pour Berry (1989) une donnée émique vient d'une personne au sein de la culture. Alors qu'une posture « étique » est une description d'un comportement ou d'une croyance par un observateur scientifique (un chercheur en anthropologie ou en sociologie par exemple), en termes qui peuvent être appliqués à travers les cultures ; c'est-à-dire qu'un compte-rendu étique tente d'être « culturellement neutre », limitant tout préjugé ou aliénation ethnocentrique, politique et / ou culturelle par l'observateur. **C'est dans une posture « étique » que nous nous situons.**

7.4. Synthèse du chapitre 7

Nous avons explicité d'une part notre positionnement constructiviste et interprétativiste et d'autre part, l'intérêt d'une approche ethnographique pour observer l'intervention d'un consultant et les effets chez son client sur des problématiques identitaires. Nous allons dans le chapitre suivant expliciter nos choix méthodologiques.

Chapitre 8. Choix méthodologiques

8.1. Feuille de route

La recherche qualitative menée de 2013 à 2017 se concentre sur l'impact d'un travail sur la singularité des organisations et des dirigeants, mené avec l'aide de l'outil de la singularité de la société PMS. La finalisation de l'accompagnement par un consultant consiste à aider les dirigeants à faire sens face à des situations d'incertitude en abordant des problématiques identitaires et en amenant les dirigeants à formaliser leur singularité et/ou celle de leur organisation.

La posture épistémologique constructiviste comme observateur participant de la société PMS a permis d'accéder pendant quatre ans à de très nombreuses données issues de la recherche et développement de PMS, à des interventions de conseil, aux formations de clients et de consultants à ses méthodes.

Pour répondre à la question centrale de recherche : « **Quelle valeur ajoutée peuvent apporter les interventions conduites par un consultant auprès de dirigeants, visant à clarifier l'identité de l'organisation ?** », plusieurs collectes de données ont été programmées. Voici le calendrier de la recherche (tableau 33) :

Étapes	Choix méthodologiques		
Déroulé / terrain	1	2	3
Objectif initial	Observer le déroulement d'une mission de conseil et ses effets dans la durée	Comprendre au niveau individuel l'effet de la méthodologie des consultants	Comprendre au niveau organisationnel l'effet d'une intervention de conseil sur des problématiques identitaires

157

Objectif chemin faisant	S'intéresser au-delà du prototypage des consultants à l'apport de l'intelligence collective pour saisir et s'approprier la singularité identitaire	Explorations des émotions affichées par les membres participants afin d'observer finement le moment de basculement et de reconnaissance dans le processus de la singularité révélée	Décrire le processus déclenché par la révélation de la singularité identitaire
Collecte des données	Étude longitudinale	Observation participante avec enregistrement vidéo suivie de 21 entretiens semi-directifs	14 entretiens semi-directifs
	4 entretiens semi-directifs à visée confirmatoire de consultants		
Période	Avril 2013 - septembre 2016	Mars 2016 - novembre 2016	Septembre 2016 - juin 2017
Traitement des données	Catégorisation de type « Grounded Theory » Utilisation d'un logiciel d'analyse des données qualitatives : QDA Miner et du logiciel Decision Explorer		
Triangulation	2 entretiens semi-directifs 33 mois après la fin de l'intervention des consultants	Exploitation de données vidéos	Analyse d'une source vidéo avec les témoignages de 9 clients de la société PMS
Restitution	Synthèse transversale		

Tableau 33 : méthodologie et calendrier de la recherche

1) Étude de cas d'une entreprise menée longitudinalement de 2013 à 2016 consistant à observer une intervention de conseil. Elle a permis de suivre l'évolution dans le temps d'une démarche identitaire ainsi que la part des consultants et leur outil dans les effets. Des comptes rendus de mission et de supports d'animation des consultants ont été intégrés dans l'analyse.

L'étude est complétée par des entretiens semi-directifs de deux membres de la direction qui ont été associés à la mission de conseil, trois ans après l'intervention des consultants, disposant ainsi d'un recul suffisant pour en interpréter les effets à moyen terme et recueillir leurs impressions sur l'intervention en elle-même.

2) Recherche menée en 2016 auprès de 21 participants (cadres d'entreprise, consultants, étudiants) à une session de formation à la méthode des consultants pour différentes motivations professionnelles avec un recueil de données à partir d'une observation participante, d'une analyse vidéo (Health et al., 2010) et d'entretiens semi-directifs.

3) Questionnements semi-directifs de 14 dirigeants qui avaient préalablement effectué un travail de clarification de l'identité de leur organisation à l'aide de consultants. Les entretiens réalisés entre 2016 et 2017, ont été conduits sur la base d'un guide d'entretien semi-directif. L'étude est complétée par des témoignages libres sur une vidéo de 9 clients de la société PMS qui a ainsi servi de triangulation.

Une fois les entretiens transcrits, un codage pour analyser les données a été mené. Nous sommes partis des codes issus du terrain (codage ouvert) pour former ensuite des catégories par regroupement de codes (codage axial). Nous avons ainsi obtenu des catégories qui sont des thématiques composées de codes qui spécifient leurs propriétés. Enfin le codage sélectif a permis de sélectionner les éléments du construit théorique émergeant, de faire ressortir une catégorie centrale pouvant être reliée à l'ensemble des concepts dégagés.

Cette feuille de route est détaillée dans les sous-chapitres suivants.

8.2. Guides d'entretien

La problématique de recherche nous a amené à bâtir notre outil méthodologique, soumis aux personnes appartenant aux échantillons ci-dessus.

Deux guides ont été conçus pour des situations d'entretiens avec des dirigeants ou des participants à la formation. Les guides d'entretien sont constitués d'une trame commune avec des adaptations selon les répondants. Pour répondre valablement à toutes les questions, une heure d'entretien a été nécessaire, durée qui tenaient compte également de la disponibilité des dirigeants et du temps qu'ils pouvaient nous accorder lors de ces entretiens.

Ce guide comprenait trois parties : 1) le contexte et la décision d'engager des consultants pour travailler sur la singularité ; 2) l'intervention des consultants et les effets observés par rapport à la problématique de l'organisation ; 3) un cadrage sur le répondant et son expérience personnelle avec l'outil de la singularité.

Tous les entretiens ont été enregistrés avec l'accord des répondants. Il leur a été expliqué que notre démarche s'inscrivait dans une recherche scientifique, utilisant les discours au plus près de ce que disent les acteurs. Tous les entretiens ont été transcrits. Ces retranscriptions nous ont fourni des verbatims formant un volume de **1200** pages environ qui a constitué, pour partie, notre matériau de recherche.

8.3. Analyse des données

Nous avons procédé à l'analyse qualitative des données selon les principes de la « Grounded Theory » (Glaser, Strauss, 2017). La méthodologie qualitative nous permet de mieux nous intéresser aux individus, à leurs points de vue, leurs sentiments, leurs modes de pensée et d'action. Nous avons cherché à comprendre les phénomènes et à explorer l'intériorité des dirigeants. Selon Miles et Huberman (2003), les données qualitatives permettent des descriptions et des explications riches et solidement fondées de processus ancrés dans un contexte local. Les données qualitatives permettent de respecter la dimension temporelle, évaluer la causalité locale et formuler des explications fécondes. De plus, les données qualitatives sont davantage susceptibles de mener à d' « heureuses trouvailles », comme l'émergence de la dimension spirituelle, et à de nouvelles intégrations théoriques : elle permet aux chercheurs de dépasser leurs a priori et leurs cadres conceptuels initiaux (Miles et Huberman, 2003, p. 11).

La « Grounded Theory » trouve ses racines dans l'école de Chicago : elle privilégie le terrain et une approche systématique des phénomènes sociaux. Elle vise ainsi à développer une théorie qui est fondée sur des données systématiquement recueillies et analysées.

Notre démarche s'inscrit donc dans un objectif de mieux saisir le réel et de tenter de le comprendre dans une quête de sens. Elle demande une posture d'enquête empirico-inductive vouée à la construction rigoureuse de théories ancrées dans la production et l'analyse de données de terrain. Pour Glaser et Strauss (2017) une stratégie pour donner davantage d'importance à la production de théorie consiste à travailler dans des domaines **non traditionnels**, là où il n'y a que peu ou même pas du tout de littérature spécifique. Le processus préconisé tout d'abord par Glaser et Strauss (2017) puis par Strauss et Corbin (2015) a évolué sensiblement, nous en retiendrons certains principes. Le chercheur :

- analyse ses données en procédant à un codage, en se posant continuellement des questions à propos des données, en écrivant des mémos au sujet de ses idées, au sujet des codes, des interrelations, des nouvelles directions pour sa recherche,
- dessine des diagrammes illustrant ses conceptions tirées des données : l'interaction permanente entre les données, le codage et la construction des mémos est essentielle, et permet de bâtir progressivement une structure conceptuelle, qui gagne en abstraction,
- procède à des comparaisons constantes entre divers incidents, afin de vérifier si cette structure théorique est bien soutenue par les données.

8.3.1. L'opération de codage

Cette opération a demandé un travail systématique, rigoureux et parfois fastidieux surtout dans les derniers instants (figure 20). Elle a permis de réduire la diversité du matériau dans un principe de déconstruction-reconstruction (Strauss et Corbin, 2015).

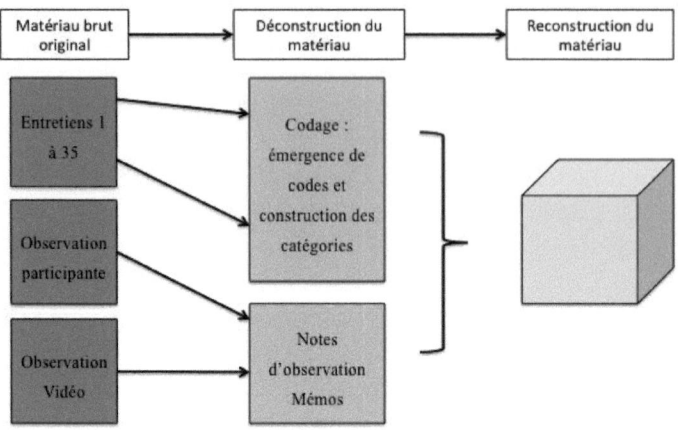

Figure 20 : travail de déconstruction – reconstruction du matériau empirique

Nous avons procédé à un codage axial et sélectif (Strauss, Corbin, 2015). Les entretiens semi-directifs ont été réalisés sur une période d'environ 12 mois faisant ainsi alterner les séances de collecte et les séances d'analyse des données (Glaser, Strauss, 2017).

En effet, l'opération de codage a consisté à un travail analytique progressif, en oscillation constante à la fois entre le matériau empirique et la littérature et entre l'interprétation et la réinterprétation du matériau à l'aide des catégories **en vertu du principe de comparaison constante**, rendant notre réflexion continuelle et évolutive, afin de trouver la catégorie juste (Point et Voynnet-Fourboul, 2006 ; Voynnet-Fourboul, 2012). Ainsi, en référence à Glaser et Strauss (2017) nous avons orienté les séjours sur le terrain en fonction de l'analyse **en émergence** : ce travail s'est construit sur des ratures, des rubriques provisoires, des propositions de catégories hésitantes, ce qui nous a permis au fur et à mesure d'affiner notre regard, d'aiguiser notre sensibilité théorique, afin que la compréhension du phénomène puisse émerger (Paillé et Mucchielli, 2008). Nous avons veillé, à cet égard, à cultiver une attitude sceptique en considérant nos interprétations comme provisoires. Notre recherche a été ainsi une interaction continue entre le terrain et la théorie, dans une approche abductive (Anadón et Guillemette, 2006).

Le logiciel QDA Miner a soutenu ces opérations méthodologiques. Son utilisation a permis d'avoir de la rigueur dans le processus de codage et nous a poussé à proposer des définitions puis leur explicitation, aux phénomènes nommés.

8.3.2. Le choix du logiciel

Nous avons choisi d'utiliser le logiciel QDA Miner V.5 combiné au logiciel Decision Explorer. En effet :

1) Le logiciel QDA Miner présente l'avantage de structurer les données par cas, par catégories et par code. Il s'agit d'un logiciel d'analyse manuelle qui demande au chercheur de s'investir davantage que dans un logiciel d'analyse automatique. Toutefois cela nous a donné de la liberté, l'analyse manuelle se rapprochant le plus des méthodes traditionnelles d'analyse. Nous avions initialement retenu deux logiciel NVivo et QDA Miner pour lesquels nous avons fait des comparaisons. Si NVivo permet de créer et de réaliser des réseaux conceptuels, QDA Miner est plus facile à utiliser et plus puissant dans la production des matrices de cooccurrences, plus rapide et plus fiable. Si QDA Miner possède les outils de base (fréquence des codes, liste des unités de sens, occurrence dans chaque document), l'accent est davantage mis sur l'analyse quantitative de données qualitatives. Au final, la facilité d'apprentissage et d'utilisation a pesé en faveur de QDA Miner.

2) le logiciel Decision Explorer offrait la possibilité de visualiser sur une cartographie, l'assemblage des catégories non seulement de façon hiérarchisée, mais surtout de façon transversale.

8.3.3. De la codification à la conceptualisation

La codification est une opération qui a consisté à transformer des données brutes (faits observés, paroles recueillies, etc.) en une première formulation qui contient du sens (banal, in vivo, proche du sens commun). La conceptualisation est un processus par lequel nous avons transformé des thèmes ou idées issus de notre recueil de données en des concepts destinés à un système plus abstrait de connaissances.

Le codage dans la théorisation ancrée n'est pas un codage théorique. Bien au contraire, **il évite que la théorie n'interfère** dans l'analyse des données brutes. En revanche le codage est à **visée théorique** c'est-à-dire faire émerger une théorie du matériau (Point, Voynnet-Fourboul, 2006). De plus, afin d'éviter le risque de circularité afférant à la « *Grounded Theory* », c'est-à-dire ne voir dans le matériau que ce qui confirme le cadre théorique, il est nécessaire d'aborder les données sans a priori théorique (Dumez, 2016). Or ce que nous cherchons, c'est ce qui peut constituer une **découverte**. Une parade au phénomène de circularité a été de faire une première lecture du matériau au fur et à mesure de sa production par attention flottante de manière à repérer des thèmes récurrents (révélation, sens, impulser le changement, etc.)

Étape	Question	Méthode
Codification	Qu'est-ce qu'il y a ici ? Qu'est-ce que c'est ? De quoi est-il question ?	Le codage consistant à nommer les fragments de données est un processus : 1) lire les données ; 2) lire les données à nouveau et commencer à coder (affectation d'un code à un segment de texte sous QDA Miner) ; 3) lire les données à nouveau et essayer de formuler des catégories générales à partir des codes ; 4) pratiquer la comparaison constante des catégories ; 5) confronter les idées par rapport aux codes avec les données : l'idée principale était de faire émerger à partir d'un ensemble touffu de codes mineurs, des catégories majeures qui permettent de donner une structure aux données en général.

Catégorisation	Qu'est-ce qui se passe ici ? De quoi s'agit-il ? Je suis en face de quel phénomène ?	1) Il s'agit d'une opération qui permet d'inférer de façon organisée, en mobilisant des connaissances, un sens plus général, plus abstrait à un corpus d'éléments déjà codés. 2) Réponse du chercheur à la question : quel phénomène plus général y a-t-il derrière l'ensemble des éléments que je considère là ? 3) Permet de cerner, d'inventer un concept nouveau.

Tableau 34 : la démarche du codage

Ensuite nous sommes entrés dans l'opération de codage (tableau 34) :

1) le codage **ouvert** consiste à développer les catégories en se concentrant sur leur nature, leur dimension et leurs relations.

2) durant le codage **axial**, les données sont revues de façon à établir des liens entre une catégorie et ses sous-catégories ; le codage ouvert et le codage axial sont dans la pratique très imbriqués, fortement interactifs.

Au fur et à mesure de l'analyse on cherche les similarités et les différences parmi toutes les catégories. Cela amène à réduire les catégories à un nombre qui soit gérable (fusion des codes). On donne à ces catégories des labels ou des descripteurs sous forme d'une expression facile à retenir. On cherche à découvrir une structure profonde. C'est là que nous intervenons en tant qu'analyste, par notre prise de recul et notre capacité à l'abstraction. Passage d'une analyse d'ordre 1 (les répondants) à une analyse d'ordre 2 (théorique) (Gioia, Corley et Hamilton 2012).

3) le codage **sélectif** consiste à se concentrer sur les catégories les plus importantes, les catégories clés (profondeur, alignement, temps) et à étudier ses relations avec les autres catégories.

Ainsi, nous avons : 1) construit les codes et les catégories au fur et à mesure de l'intégration dans le logiciel des entretiens retranscrits ; 2) procédé à des fusions de codes qui présentaient des similarités et redéfini des catégories par ressemblances ou différences. Par la suite nous verrons que des catégories (codage ouvert et axial) : « révélation », « énergie », « intelligence spirituelle », « vision », « effets » ont été déclinées par leurs propriétés ; 3) enfin, nous verrons plus loin que les catégories d'« alignement », de « profondeur » et de « temps » se sont avérées centrales en utilisant l'analyse de fréquence des codes. Elles ont fait l'objet d'un codage sélectif en tant qu'élément du construit théorique émergeant relié à l'ensemble des concepts dégagés. Les catégories ne sont plus pensées d'une manière structurée ou ordonnée pour privilégier une approche plus flexible par réseau (on parle alors de « réseau conceptuel »).

Il existe plusieurs manières de définir les liens entre catégories :
- on passe de la structure des données à la théorisation,
- on capture l'expérience des répondants en des termes théoriques,
- on dispose des concepts émergeants majeurs, des thèmes et dimensions et surtout des interrelations dynamiques.

8.4. L'exploitation des données
Ce travail de codage a permis de faire émerger **164 codes** et de construire **10 catégories principales**.

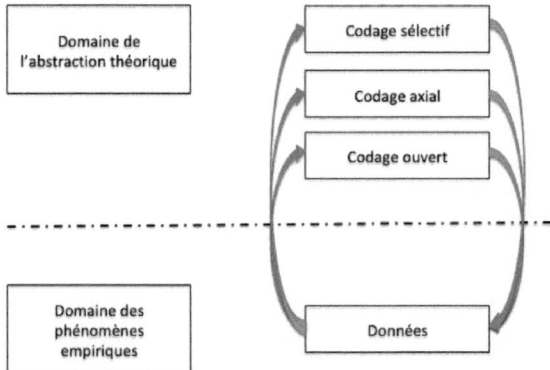

Figure 21 : interaction circulaire entre collecte et analyse des données

Notre analyse a été constamment enrichie de données empiriques de part notre présence au sein de la société PMS (figure 21). Une *méta-position* qui consiste à prendre de la distance face aux situations et à conserver un regard de chercheur neutre et critique sur les phénomènes étudiés (Grinder et Bandler, 1979) a été adoptée. Nous sommes ainsi analyste et l'analyste est chercheur tentant de toujours mieux comprendre, cerner, expliciter, théoriser le phénomène faisant l'objet de son étude, que celui-ci apparaisse dans ses données ou sur le terrain même.

La logique de l'analyse est itérative, c'est-à-dire que la production et la vérification de la théorisation procèdent par approximations successives jusqu'à la validité et la fiabilité voulues. Nos observations se sont faites de plus en plus curieuses dans des entrevues ponctuées de fréquentes relances (« j'aimerais revenir sur ... ») et dans une catégorisation en perpétuelle transformation.

De la même façon, le choix des informateurs a été conditionné par l'analyse en évolution. Si un guide d'entretien a été utilisé lors de la collecte de données il est toujours resté provisoire. **L'analyse par théorisation ancrée nous a mené dans des directions qui n'étaient pas prévisibles au début de la recherche notamment les caractéristiques de la révélation, la dimension spirituelle et la profondeur.**

La recherche des analogies : au lieu d'étudier directement le problème posé, on en évoque d'autres qui lui ressemblent afin d'éviter de tourner en rond : objets similaires au niveau de la structure ou des fonctions, dans des domaines variés (biologie, géographie histoire, physique, mécanique, etc.).

A l'issue de ce travail, nous pensons avoir atteint la **saturation théorique** (Glaser et Strauss, 2017), dans la mesure où les dernières unités d'observations analysées n'ont pas apporté d'éléments nouveaux à notre codage et nous n'avons pas trouvé d'informations supplémentaires capables d'enrichir et de densifier la théorie.

8.4.1. Analyse des fréquences

La fonction « fréquences de codage » sous QDA Miner permet d'obtenir pour la liste de tous les codes des données statistiques telles que leurs fréquences, le nombre de cas dans lesquels ces codes sont trouvés, le nombre total des mots assignés à ces codes, etc. (tableau 35) Le calcul de la fréquence permet d'indiquer l'importance relative d'une catégorie particulière par rapport aux autres. Les rubriques représentées dans le logiciel pour le calcul des fréquences sont :

Fréquence	Nombre de fois où le code a été utilisé
Cas	Nombre de cas où ce code apparait
Nombre de mots	Nombre total de mots dans tous les segments de texte associés à ce code
% Codes	Pourcentage du codage associé à ce code
% Cas	Pourcentage de cas contenant ce code
% Mots	Pourcentage de documents étiquetés avec ce code. Le pourcentage est basé sur le nombre total de mots.

Tableau 35 : analyse des fréquences sous QDA Miner

Cette analyse des fréquences a permis d'identifier des redondances de concepts dans les propos des interviewés (**révélation, sens, profondeur, impulser le changement, conscience**) donnant ainsi plus de sens aux propos recueillis. En mettant en évidence la présence de codes principaux ainsi que leur récurrence dans les cas, l'analyse de fréquences nous a donné des indications sur le phénomène à l'œuvre et des regroupements de codes à opérer (exemple : **le processus de la révélation**).

Les résultats de ces différents calculs de fréquence, proposés par le logiciel QDA Miner, sont exposés dans les monographies.

8.4.2. Analyse des cooccurrences

La fonction analyse des cooccurrences permet de comprendre les liens entre différents codes et explorer les relations potentielles entre eux ainsi que les similarités entre cas. La cooccurrence se caractérise par la coprésence de notions, mots ou de toute autre régularité lexicale, syntaxique ou sémantique à l'intérieur d'une unité de contexte définie (Cucumel et al, 2000), dans le cas précis entre catégories. De ce fait nous pouvons relever les similarités et les différences dans les propos des acteurs interrogés. Les résultats sont affichés sous forme de dendrogrammes (arborescence) ou de cartes conceptuelles en 2D et 3D qui permettent de mettre en avant les similitudes entre les cas. Le dendrogramme est un graphique dont l'axe vertical se compose de codes et dont l'axe horizontal représente les groupes formés à chaque étape de la procédure de regroupement (figure 22). Les codes qui tendent à apparaître ensemble sont combinés au début du processus d'analyse, alors que ceux qui sont indépendants les uns des autres ou qui ne semblent pas apparaître ensemble tendent à être combinés à la fin du processus d'agglomération.

Figure 22 : exemple de dendrogramme sur la monographie des participants à la formation

La figure 22 montre également la proximité des codes : **Clarification, Impulser le changement, Le sens, Les autres, Révéler, Identification, Grille de lecture** qui feront l'objet d'une analyse au chapitre 10.

Compte tenu du nombre important de catégories principales traitées, après affichage sur le logiciel QDA Miner, nous avons démontré les cooccurrences des catégories dépendantes en utilisant le logiciel Decision Explorer. Ainsi, la partie analyse des cooccurrences nous permet d'explorer les relations potentielles ainsi que les similitudes entre les cas. De plus, les liens conceptuels entre les codes permettent d'établir une théorisation puis une théorie.

8.5. La triangulation des données

La triangulation des données (Denzin, 1978 ; Flick, 2009) nous a permis de renforcer la validité du construit de notre recherche (Yin, 1994, 1999).

Nous avons mené une triangulation à plusieurs niveaux : 1) au niveau de l'étude longitudinale avec deux entretiens semi-directif réalisés 3 ans après notre observation participante, permettant de confronter nos interprétations ; 2) au niveau des participants à la session de formation par l'exploitation de données vidéos permettant de les croiser avec notre observation participante et les entretiens semi-directifs ; 3) au niveau des dirigeants avec l'analyse de témoignages libres de clients de PMS sur une vidéo. Nous avons ainsi triangulé nos données du point de vue des personnes et de l'observation. Enfin, en parallèle de la collecte des données nous avons mené des entretiens à visée confirmatoire auprès de quatre consultants permettant de croiser les données de ces entretiens avec notre analyse. Enfin l'analyse de comptes-rendus de missions de PMS a permis d'observer les résultats de quatre missions et d'en tirer des enseignements.

La triangulation méthodologique met en évidence une convergence de nos données et nous donnent une vision enrichie du phénomène étudié (Jick, 1979).

8.6. Organisation de notre échantillonnage

Après la présentation de notre méthodologie générale, nous présentons ici la phase de collecte des données.

Notre réflexion s'est « enracinée » sur trois terrains de recherches principaux générant **trois études de cas** « en profondeur » (Dyer et Wilkins, 1991). En effet, l'étude de cas est une méthodologie puissante pour décrire un phénomène général, tout en saisissant les nuances et la complexité du concept, et permet de ce fait de capter des orientations, des relations que des perspectives théoriques n'auraient pas permis d'appréhender (Eisenhardt, 1989, 1991 ; Dyer et Wilkins, 1991). L'étude de cas permet également d'avoir un design de recherche flexible par rapport à un objet de recherche néanmoins bien défini (Yin, 1999) dans une approche de modélisation en émergence : « *theory building* ». **Nous appelons « cas » un ensemble homogène de répondants réunis au sein d'une même thématique : étude de cas longitudinale, participants à une session de formation, dirigeants confrontés à des problématiques identitaires.** L'étude de cas longitudinale est un type particulier d'étude de cas (Forgues et Vandangeon-Derumez, 1999) : les données ont été recueillies au cours de deux périodes distinctes permettant de retracer l'évolution observée.

L'échantillonnage à l'intérieur de chaque cas a été réalisé en appliquant le principe de diversité afin de recueillir une grande variété de situations et de capturer le plus de concepts (Point et Voynnet-Fourboul, 2006). L'objet est d'établir des contrastes à partir d'une variété de l'échantillon qui porte sur le sexe, l'âge et le noyau de singularité, d'avoir le regard le plus « intégral » possible (Wilber, 2015).

Le codage a été réalisé au sein d'un même projet dans QDA Miner à l'intérieur duquel nous avons importé au fur et à mesure les fichiers de retranscription. Ces fichiers ont été organisés en 3 cas : « étude longitudinale », « participants formation », « dirigeants ».

Nous avons organisé nos filtres selon plusieurs types de regroupement : la commande filtre de QDA Miner permet de sélectionner les échantillons de cas à analyser. Ainsi nous avons appliqué trois filtres permettant de constituer nos 3 cas (figure 23) :
*   une étude longitudinale d'une mission de conseil,
*   les participants à une session de formation,
*   le cas des dirigeants.

base commune de codes sous un projet dans QDA Miner		
cas longitudinal	cas participants formation	cas des dirigeants

Figure 23 : organisation de l'échantillonnage sous QDA Miner

Après avoir sélectionné nos cas, puis mis en œuvre différents moyens de collecte, analysé nos cas les uns après les autres dans leur contexte spécifique, nous avons cherché des régularités à travers tous les cas (Eisenhardt, 1989). Cette approche nous a permis de faire des comparaisons au fur et à mesure de l'analyse des cas et d'en faire ressortir des thèmes convergents aux différentes populations homogènes, ou, au contraire, divergents. Chemin faisant, nous avons constitué un modèle conceptuel (chapitre 12) qui a été soupesé, modifié et enrichi par la comparaison constante, puis par le retour à la littérature. Ce retour à la littérature permet de vérifier la découverte de nouveaux concepts. Toutefois connaître trop bien la littérature au départ empêche la découverte et suscite le biais de confirmation d'une hypothèse a priori.

Au final les résultats s'articulent autour de 10 catégories principales : **révélation, énergie, intelligence spirituelle, vision/sens, effets, outil de la singularité, relation client-consultant, autres outils, appropriation, applications**, issues de **164 codes**.

8.7. Utilisation de « mémos »

Au fur et mesure du codage nous avons utilisé des « mémos » qui ont permis chaque fois que nécessaire de décrire la situation observée (à partir de l'observation participante ou de l'analyse vidéo) ou de faire des commentaires de contexte au cours du codage. En effet QDA Miner permet de joindre un commentaire à un segment codé et d'éditer une liste de tous les commentaires dans un fichier projet.

Cette société rencontre un problème de positionnement face à l'offensive d'un nouvel entrant sur le marché
Selon Albert et Whetten : les questions identitaires sont très régulièrement soulevées au sens de ce qui est "central, durable et distinctif"
La personnalité des consultants et leur méthodologie ont joué dans le processus de décision du client
Le client a choisi PMS après avoir tout essayé
Au départ phase de résistance à la catégorisation
Le point de départ de la démarche est une situation difficile, problématique non résolue
Moment de crise

Regard extérieur, tiers salutaire
Au départ pas de problématique mais une question fondamentale
Il a au départ une question
Question du temps
Il dit ça à propos des choses qui ne changent pas
Absence de résolution par les méthodes classiques
Au départ ils avaient essayé autre chose comme pour autre société
Peur du changement
Notion de 3D
Choix après élimination d'autres solutions de conseil
Assimilation, digestion
Idem que pour une autre société
Persistance des résultats dans le temps
Les invariants ne sont pas transformés malgré les évolutions règlementaires du secteur
Au sens de non transformation des invariants
Transmission interne
Faire travailler ensemble
PMS intervient après une grosse agence de communication
D'autres cabinets avaient travaillé avant sur la problématique mais cela ne convenait pas au client
Révéler l'invisible
Déclic
Point de départ de la réflexion
Qui sommes-nous ?
Prendre son destin en main
Se définir
Versus démarche stratégique
Par rapport à soi et pas aux autres
Ils ont commencé la démarche par le Comex (5 personnes)
Se servir de l'outil pour autre chose que son usage initial
La personne était dans une période de transition
Quand les autres solutions n'ont pas permis la résolution, utilisation de la singularité
Le produit Singularité s'adresse à un niveau Dirigeant (voir ITW xx)
La pédagogie est importante pour aller dans la profondeur
La Singularité porte sur autre chose que la stratégie ou les fonctions supports de l'entreprise

Tableau 36 : exemples de « mémos » rédigés au fur et mesure du codage

A titre d'illustration le tableau 36 fournit nos mémos réalisés durant une partie du travail de codage (période du 24 avril au 24 juillet 2017). Les mémos ont enrichi la qualité de notre interprétation au fur et à mesure de l'analyse des codes et de la constitution des catégories.

8.8. Formulation des hypothèses de la recherche empirique

Dans le cadre de la méthode de la **comparaison constante** (Glaser et Strauss, 2017), la **réalité observée** par rapport à notre question de recherche « Quelle valeur ajoutée peuvent apporter les interventions conduites par un consultant auprès de dirigeants, visant à clarifier l'identité de l'organisation ? » et **l'analyse en émergence** nous a amené à concevoir des **hypothèses au cours de l'analyse empirique.**

Les hypothèses de cette recherche au sens de Kelle (1995, p.105-112) sont liées à **l'analyse des données.** Elles s'inscrivent dans une démarche hypothético-**inductive** (Igalens et Roussel, 1998) et nous aident à répondre à notre question de recherche. Nous convenons qu'une hypothèse est une supposition que le chercheur a l'intention de vérifier empiriquement. Les hypothèses trouvent soit une validation, soit au contraire, sont rejetées, soit n'ont pu être traitées. Notre recherche comme la plupart des approches **qualitatives** est soucieuse de générer des idées et de développer de nouveaux concepts théoriques plutôt que de tester des hypothèses dérivées de théories déjà existantes. L'utilisation du logiciel d'analyse QDA Miner facilite ce processus de découverte : nous pouvons facilement retrouver des passages de texte relatifs à un certain sujet dans nos données et identifier leurs similitudes et différences. Nous pouvons comparer des segments de code pour étudier leurs relations possibles. Kelle (1995) s'appuyant sur Miles et Huberman (1994), Strauss et Corbin (2015) soulignent que ce processus de développement et d'élaboration de concepts théoriques fondés sur des données, contient également des éléments d'examen et de vérification d'hypothèses.

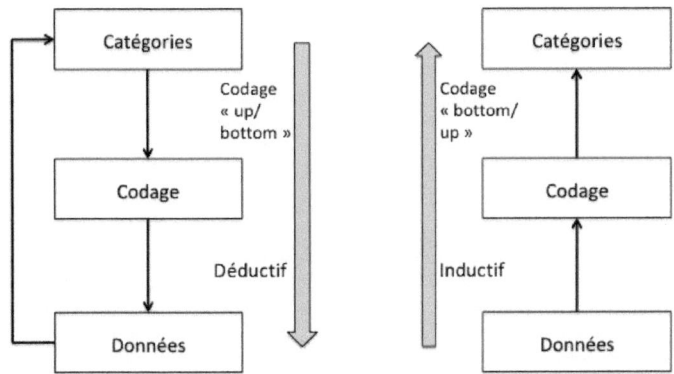

Figure 24 : les stratégies d'analyse inductives vs déductives

De ce point de vue, l'analyse qualitative étant une succession d'étapes inductives et déductives alternées (figure 24), la génération **d'hypothèses productives** est suivie d'un examen d'hypothèses déductives à des fins de validation ou de vérification. **Il ne s'agit pas d'un test d'hypothèses statistiques** régi par des règles d'évaluation de la signification statistique des résultats empiriques, comparés aux attentes théoriques. En suivant la littérature méthodologique qualitative, il s'agit de **tester et confirmer les résultats** (Miles et Huberman, 1994) ou **vérifier** (Strauss et Corbin, 2015) ce qu'ils signifient : **retourner aux données** (c'est-à-dire relire nos transcriptions ou notes de terrain), ou **revenir sur le terrain** (c'est-à-dire mener de nouvelles observations ou interviews), afin de **trouver des preuves** confirmant ou infirmant. Cela permet ainsi de **raffiner** ou modifier les hypothèses existantes. Ce cadre heuristique nous fournit des règles générales sur la façon de développer une théorie via le raffinement successif des hypothèses de travail (Kelle, 1995).

La vérification est fondée sur le principe que nous ayons pu tirer le meilleur parti des méthodes assistées par ordinateur pour le codage et la récupération de données textuelles. La recherche d'une preuve ou d'une contre-preuve a été une tâche pratique chaque fois que nous avons examiné une hypothèse. Pour ce faire nous décomposons les hypothèses de telle sorte qu'une interrogation de la base de données puisse être effectuée, ce qui signifie que les hypothèses sur le phénomène étudié sont transformées en une interrogation quant à l'apparition de certains codes (Kelle, 1995).

Par exemple pour commencer à examiner l'hypothèse sur la *spiritualité* nous avons extrait des segments des entretiens avec les dirigeants comprenant les sous-catégories : *« régulation »,* *« extrospection », « temps », « passage de l'implicite à l'explicite »,* ainsi que la cooccurrence de segments de textes auxquels certains codes ont été attachés et qui récupèrent également ces segments. En utilisant de telles fonctionnalités, nous avons, par exemple, examiné l'hypothèse selon laquelle *« il existe des effets de débordement entre la révélation à propos de son identité personnelle et de l'identité de l'organisation ».*

Ainsi, l'acceptation d'une hypothèse ou son éjection n'est pas le résultat de l'application d'un algorithme (c'est-à-dire d'un processus strictement régi par des règles) mais résulte de notre interprétation. L'analyse interprétative des entretiens ou des observations a formé la base de notre décision sur une hypothèse, et le matériel empirique, c'est-à-dire le texte sert également de source d'information pour générer, affiner des données et modifier des hypothèses. Alternativement, le simple fait d'une cooccurrence est lui-même considéré comme une évidence ou une contre-preuve pour une certaine hypothèse. Le but principal de l'interrogation de la base de données n'a pas été de nous fournir des segments de texte, mais d'utiliser les informations qu'il contenait comme base pour la prise de décision.

A partir de ce cadre, voici la formulation des hypothèses productives de notre recherche liées à l'analyse des données (figure 25).

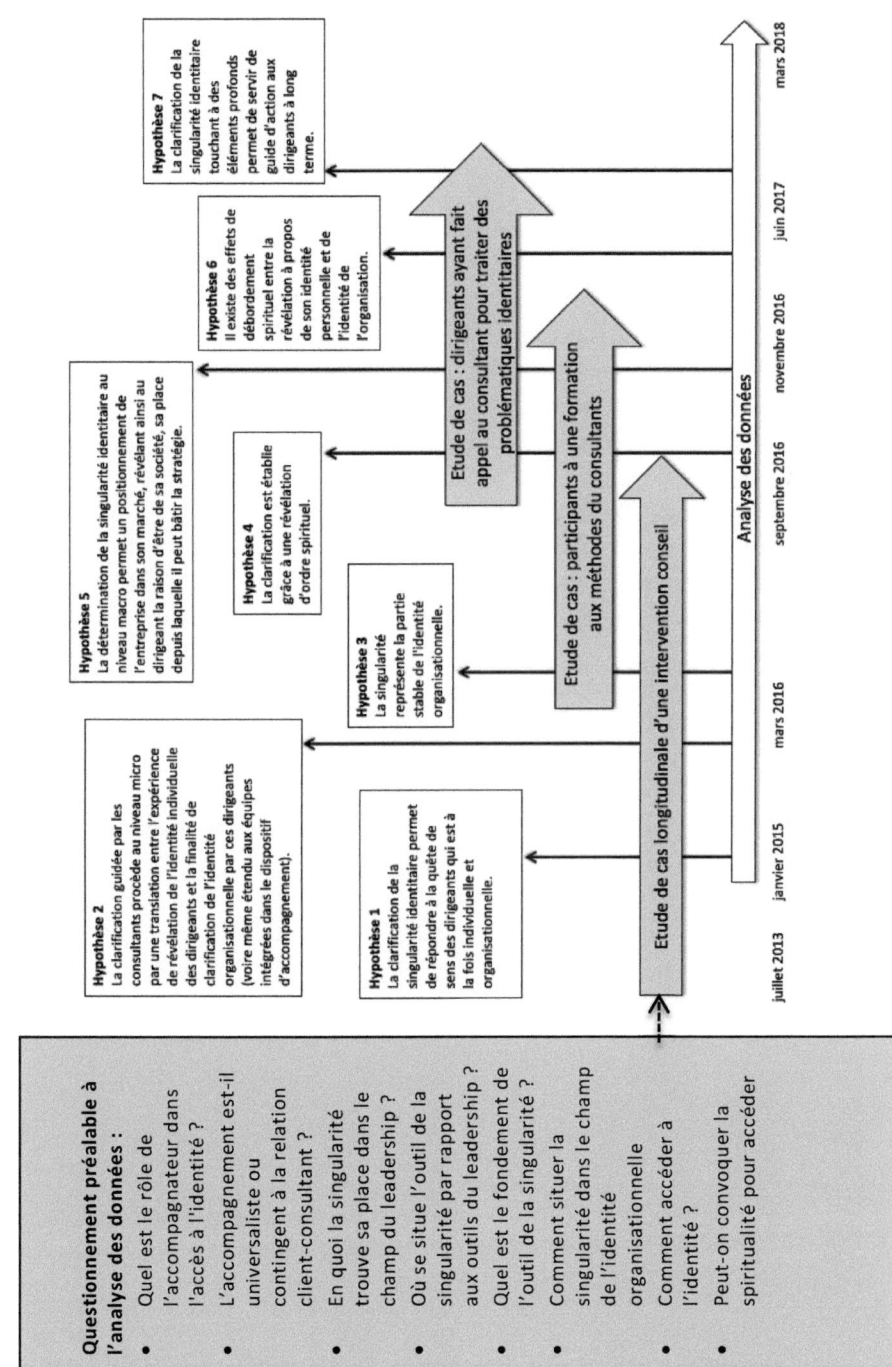

Questionnement préalable à l'analyse des données :

- Quel est le rôle de l'accompagnateur dans l'accès à l'identité ?
- L'accompagnement est-il universaliste ou contingent à la relation client-consultant ?
- En quoi la singularité trouve sa place dans le champ du leadership ?
- Où se situe l'outil de la singularité par rapport aux outils du leadership ?
- Quel est le fondement de l'outil de la singularité ?
- Comment situer la singularité dans le champ de l'identité organisationnelle
- Comment accéder à l'identité ?
- Peut-on convoquer la spiritualité pour accéder

Hypothèse 1
La clarification de la singularité identitaire permet de répondre à la quête de sens des dirigeants qui est à la fois individuelle et organisationnelle.

Hypothèse 2
La clarification guidée par les consultants procède au niveau micro par une translation entre l'expérience de révélation de l'identité individuelle des dirigeants et la finalité de clarification de l'identité organisationnelle par ces dirigeants (voire même étendu aux équipes intégrées dans le dispositif d'accompagnement).

Hypothèse 3
La singularité représente la partie stable de l'identité organisationnelle.

Hypothèse 4
La clarification est établie grâce à une révélation d'ordre spirituel.

Hypothèse 5
La détermination de la singularité identitaire au niveau macro permet un positionnement de l'entreprise dans son marché, révélant ainsi au dirigeant la raison d'être de sa société, sa place depuis laquelle il peut bâtir la stratégie.

Hypothèse 6
Il existe des effets de débordement spirituel entre la révélation à propos de son identité personnelle et de l'identité de l'organisation.

Hypothèse 7
La clarification de la singularité identitaire touchant à des éléments profonds permet de servir de guide d'action aux dirigeants à long terme.

Etude de cas longitudinale d'une intervention conseil

Etude de cas : participants à une formation aux méthodes du consultants

Etude de cas : dirigeants ayant fait appel au consultant pour traiter des problématiques identitaires

Analyse des données

juillet 2013 — janvier 2015 — mars 2016 — septembre 2016 — novembre 2016 — juin 2017 — mars 2018

Figure 25 : les hypothèses issues de la progression dans l'analyse des données

Le contexte des hypothèses :

- L'hypothèse 1 permet de situer l'enjeu de la clarification de la singularité identitaire au sein duquel le dirigeant est partie prenante.
- L'hypothèse 2 permet d'explorer l'interaction entre la découverte de l'identité de l'organisation et parallèlement l'expérience vécue par les dirigeants à l'occasion de cette clarification.
- L'hypothèse 3 permet de situer la singularité entre l'identité et la spiritualité et d'apporter des éléments de réponse à la question épistémologique : la singularité identitaire est-elle un point de vue ou une réalité ?
- L'hypothèse 4 permet de comprendre l'orientation de la révélation.
- L'hypothèse 5 pose la question des effets de la détermination de la singularité identitaire au niveau du marché dans lequel évolue l'entreprise et en quoi l'entreprise à sa place dans ce marché et quel est son rôle.
- L'hypothèse 6 permet d'étudier ce que déclenche la révélation dans le lien qui unit le dirigeant et son organisation et qui pourrait être de nature spirituel.
- L'hypothèse 7 permet d'explorer en quoi des éléments profonds ont un retentissement sur la stratégie des dirigeants et leur management.

8.9. Synthèse du chapitre 8

Pour rappel, notre questionnement préalable à l'analyse des données :

(Cf. introduction)

- Quel est le rôle de l'accompagnateur dans l'accès à l'identité ?
- L'accompagnement est-il universaliste ou contingent à la relation client-consultant ?
- En quoi la singularité trouve sa place dans le champ du leadership ?
- Où se situe l'outil de la singularité par rapport aux outils du leadership ?

Ce questionnement avait permis de formuler des suppositions issues des premières observations de terrain afin de guider notre revue de littérature

(cf. introduction)

- Une intervention extérieure peut revêtir plusieurs formes (Perez, 2006).
- Le consultant active l'intelligence collective en invitant les participants à repérer eux-mêmes ce qui fait sens au cours de la mission de conseil (Weick et Roberts, 1993).
- Tous les outils ne se situent pas au même niveau d'ambition ou d'analyse : organisation, personne, équipe (Moisdon, 1997).
- L'outil de la singularité en décryptant les invariants de l'organisation favorise pour le dirigeant la recherche de sens (Giacalone et Jurkiewicz, 2003).
- L'identité organisationnelle est constituée d'un pôle stable et d'un pôle en mouvement (Gagliardi, 1986), (Gioia et al., 2000), (Gioia, 1998).
- Il est très improbable de révéler une identité totale, en revanche, une représentation de la partie stable de l'identité, peut être communiquée.
- Les sujets comme la recherche de sens qui touchent à l'intériorité des personnes peuvent établir ou susciter diverses connexions d'ordre spirituel (Giacalone et Jurkiewicz, 2003).

Par la suite, au fur et à mesure de l'étude ethnographie, des observations, des entretiens et de **l'analyse des données,** nous avons formulé des « hypothèses productives » (Kelle, 1995) (tableau 37).

Hypothèse 1	La clarification de la singularité identitaire permet de répondre à la quête de sens des dirigeants qui est à la fois individuelle et organisationnelle.
Hypothèse 2	La clarification guidée par les consultants procède au niveau micro par une translation entre l'expérience de révélation de l'identité individuelle des dirigeants et la finalité de clarification de l'identité organisationnelle par ces dirigeants (voire même étendu aux équipes intégrées dans le dispositif d'accompagnement).
Hypothèse 3	La singularité représente la partie stable de l'identité organisationnelle.
Hypothèse 4	La clarification est établie grâce à une révélation d'ordre spirituel.
Hypothèse 5	La détermination de la singularité identitaire au niveau macro permet un positionnement de l'entreprise dans son marché, révélant ainsi au dirigeant la **raison d'être** de sa société, sa place depuis laquelle il peut bâtir la stratégie.
Hypothèse 6	Il existe des effets de débordement spirituel entre la révélation à propos de son identité personnelle et de l'identité de l'organisation.
Hypothèse 7	La clarification de la singularité identitaire touchant à des éléments profonds, intérieurs et spirituels permet de servir de guide d'action aux dirigeants à long terme.

Tableau 37 : les hypothèses productives de notre recherche liées à l'analyse des données

Si le questionnement préalable et les suppositions permettent d'orienter le travail sur la revue de littérature, les **hypothèses productives** sont formulées au fur et à mesure de **l'analyse des données empiriques**.

« Maintenant, Axel, s'écria le professeur d'une voix enthousiaste.
Nous allons nous enfoncer véritablement dans les entrailles du globe.
Voici donc le moment précis auquel notre voyage commence. »
Jules Verne (1864), Voyage au centre de la Terre

SOUS-PARTIE 2. APPROCHE CAS : NOS TROIS VOYAGES

Cette deuxième sous-partie se compose (figure 26) :

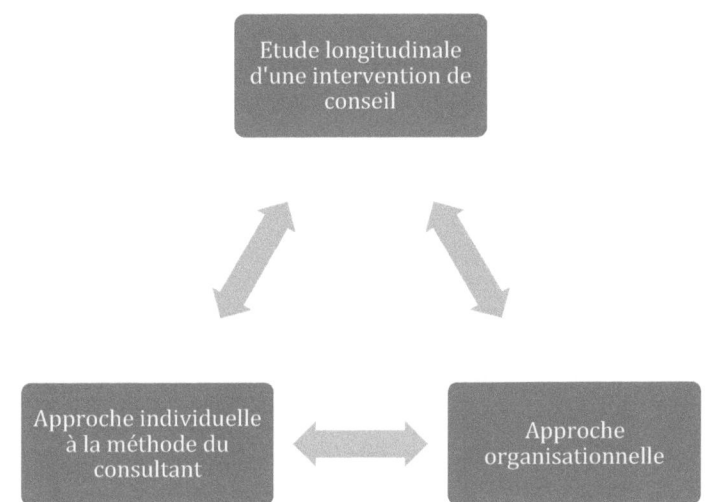

Figure 26 : les trois voyages de notre recherche empirique

1) d'une étude **longitudinale** d'une intervention de conseil en entreprise dont l'objectif est de comprendre ce qui se joue entre le consultant et le client à l'occasion du traitement d'une problématique identitaire ;
2) d'une approche **individuelle** à la méthode du consultant consistant à observer les réactions de participants à une session de formation avec l'outil de la singularité ;

3) d'une approche **organisationnelle** dont l'objectif est d'apprécier les effets de la clarification de l'identité organisationnelle à l'appui d'entretiens auprès de dirigeants.

Chapitre 9. Étude longitudinale

9.1. Présentation de l'entreprise CFNR et de la mission des consultants

Cette étude longitudinale a consisté à observer une intervention de conseil du démarrage à sa conclusion ainsi que ses impacts. Elle sert d'exemple pour décrire une intervention des consultants auprès d'un client : la CFNR (Compagnie Française de Navigation Rhénane).

En 2013, la CFNR société de transport fluvial, souhaite préparer l'avenir autour de son équipe dirigeante en mettant en œuvre les évolutions nécessaires en ayant recours aux ressources existantes et conduire les changements indispensables à sa pérennité. Filiale à 100% de ATIC Services (Groupe ArcelorMittal), la CFNR (130 M€ de CA) est une entreprise issue du service public, dont l'activité est en mutation.

Après avoir été spécialisée dans l'armement et le transport de matières premières, elle voit son activité principale se centrer sur des métiers plus spécialisés, plus fortement répartis en Europe, et abandonne le métier des bateaux et des conteneurs ce qui provoque un choc culturel : les licenciements, les ventes d'activités historiques et la perte de gros clients démotivent les collaborateurs. Pour beaucoup d'entre eux, définir la mission de la CFNR est devenu compliqué. Ils ont une faible conscience de la dimension identitaire de leur entreprise.

Dirigée par un président du directoire, la CFNR a dans sa ligne managériale directe deux cadres dirigeants (Comex). La question est posée de l'organisation de l'entreprise et de sa direction générale. Pour conduire le changement indispensable à la pérennité et à la rentabilité retrouvée de l'entreprise, le président du directoire a pris une série de décisions stratégiques, et souhaite mener jusqu'au bout le processus de conduite du changement qu'il a engagé.

9.1.1. La négociation de la mission

Nous établissons le contact entre PMS et la CFNR à la suite d'une demande de la Secrétaire générale du groupe ATIC, membre du comité exécutif de la CFNR en tant que DRH.

Nous assistons à une première réunion le 30 avril 2013 entre la secrétaire générale (ATIC-CFNR) et Patrick Mathieu (PMS) et à une deuxième réunion le 27 mai 2013 entre la secrétaire générale (ATIC-CFNR), le président du directoire de la CFNR et Patrick Mathieu (PMS).

Le tableau 38 présente la chronologie de la négociation.

Dates	Étapes	Actions
23 avril 2013	Nous avons un premier entretien téléphonique avec la secrétaire générale (ATIC-CFNR) pour écouter sa demande.	Écoute de la demande.
30 avril 2013	Nous organisons un rendez-vous dans les locaux d'ATIC-CFNR avec la secrétaire générale et Patrick Mathieu de PMS.	La secrétaire générale fait un exposé détaillé de la situation de la CFNR. Premiers échanges avec Patrick Mathieu sur la problématique. Patrick Mathieu présente la société PMS et sa méthode sur la singularité. Collecte des premiers éléments sur la CFNR : plaquettes de présentation, documents, organisation, RH.
30 avril et 2 mai 2013	Nous avons un débriefing interne chez PMS avec Patrick Mathieu et son équipe. Nous préparons la prochaine réunion avec la secrétaire générale et le président du directoire de la CFNR.	Analyse par Patrick Mathieu du noyau de singularité de la CFNR et de ses principaux concurrents sur la base de la documentation recueillie. Échange sur la problématique (premier diagnostic), définition des axes de la mission.
27 mai 2013	Deuxième rendez-vous dans les locaux d'ATIC-CFNR avec la secrétaire générale et le président du directoire de la CFNR.	Échanges approfondis sur la problématique et le dispositif à mettre en œuvre. Premiers retours de PMS à la CFNR sur les noyaux de singularité en faisant le lien avec la problématique.

28 mai 2013	Rédaction de la proposition d'assistance à la CFNR.	La proposition est rédigée par Patrick Mathieu.
6 juin 2013	Envoi de la proposition d'assistance sur « l'identité et le management ».	Fixation des honoraires de la mission.
13 juin 2013	Acceptation de la mission par la CFNR.	Fixation d'un calendrier.
2 juillet 2013	Début opérationnel de la mission.	Nous réalisons des premiers entretiens avec le Comex de la CFNR

Tableau 38 : la chronologie de la négociation de la mission

Il s'écoule moins deux mois entre le premier contact entre la CFNR et PMS (le 30 avril 2013) et l'acceptation de la mission (le 13 juin 2013). Ce délai assez court de validation s'explique par l'urgence dans laquelle se trouve la direction de la CFNR vis-à-vis de ses équipes qui sont en questionnement. Par ailleurs avant l'intervention de PMS, la CFNR avait commandé une enquête managériale (*leadership survey*). Elle avait été menée en 2012 par un cabinet indépendant à l'appui d'un outil (Predictive index) et pointait quelques signaux d'alerte sans autre précision. Précédemment deux enquêtes du même type avaient eu lieu en 2008 et 2010.

Un grand cabinet de conseil en stratégie était intervenu en 1997 : « *le rapport a été mis à la poubelle, 12 millions de francs de l'époque. Ils ont voulu tout révolutionner mais c'est toujours pareil quand on veut tout révolutionner et que la tête n'enregistre pas ce que l'on veut faire, ça ne sert à rien de vouloir révolutionner. Ce cabinet à l'époque était à la mode* » (membre de direction). Ce verbatim pose la problématique des modes managériales dans les interventions de conseil par rapport à la pertinence du choix d'un cabinet, par exemple entre un cabinet conventionnel et un cabinet alternatif. Ici PMS intervient six ans après la mission d'un cabinet conventionnel et un an après trois enquêtes managériales.

C'est dans un contexte de défiance vis-à-vis des consultants que PMS débute la mission. La proposition de PMS « d'assistance sur l'identité et le management de la CFNR » comprenait : 1) la problématique posée ; 2) le dispositif d'intervention proposé par PMS ;

184

3) l'explicitation des outils méthodologiques de PMS ; 4) le prototypage de la CFNR, de ses concurrents accompagnés d'une première analyse ; 5) les étapes de l'intervention ; 6) une présentation de la société PMS.

Ainsi dès la proposition, une partie du travail sur le prototypage de la CFNR et de ses concurrents est communiquée au client (figure 27).

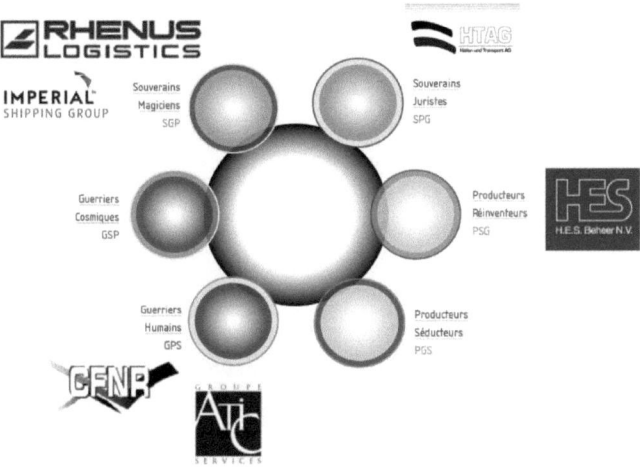

Figure 27 : le positionnement d'ATIC, la CFNR et leurs concurrents selon l'outil de la singularité (source PMS)

L'analyse du marché du transport fluvial par l'outil de la singularité de PMS montre que la CFNR et sa holding ATIC sont les seuls acteurs du métier dans un profil « guerrier », les concurrents étant des « souverains » (RHENUS et IMPERIAL) et « producteur » (HES). Le positionnement est réalisé à partir de l'analyse de verbatims des dirigeants de la CFNR et ATIC et des textes fondateurs de ces sociétés, de documentations (supports de communication) sur leurs concurrents. Ainsi l'analyse des consultants fait ressortir que la CFNR, objet de la mission, n'est pas en concurrence avec d'autres acteurs de même noyau de singularité : elle occupe une place légitime depuis laquelle elle peut développer une stratégie en tant que société au profil « guerrier ».

Ce préalable constitue une base pour permettre aux consultants de livrer un premier diagnostic au client : 1) la faible conscience de la dimension identitaire de l'entreprise par ses dirigeants et son rôle dans son marché ; 2) le manque de partage d'une vision commune et d'un langage commun ; 3) les difficultés à coordonner cet ensemble de manière optimale ; 4) une intégration insuffisante des facteurs clés de succès dans le futur environnement.

9.1.2. Le déroulement de la mission des consultants

Au cours de l'intervention, les participants ont exprimé des craintes liées à la mission de PMS quant à la réelle utilisation de leurs futures recommandations par le directoire :

« Je dois dire que ces deux dernières années, je suis assez septique par rapport à tout ce qui se passe, par rapport à ce qui nous est présenté par le directoire. Si ce que vous constatez ou si les conseils que vous donnez sont vraiment suivis de conséquences, à ce moment-là, ça pourrait être fantastique et merveilleux, mais j'ai un peu peur que le directoire vous utilise un peu comme une stratégie d'alibi, pour dire : on est en train de faire quelque chose, il y a quelque chose qui se passe, ce qui n'est peut-être pas vrai, mais voilà. Mon attitude, ces derniers temps, est plutôt sceptique sur ce que le directoire nous fait passer. » (Manager, CFNR)

Il règne un climat de défiance de la part de certaines équipes vis-à-vis de la direction.

La mission est structurée autour de trois étapes principales (figure 39) : 1) entretiens semi-directifs ; 2) expression collective de la singularité de la CFNR avec le Comex et le management au cours d'un séminaire. Des constellations systémiques avec le Comex ont complété l'étude ; 3) synthèse générale et restitution au Comex, à l'actionnaire ATIC et au management. Un entretien avec un ancien dirigeant historique a été réalisé à titre confirmatoire.

9.1.3. Le livrable des consultants

Le 8 octobre 2013, PMS a remis un rapport de 122 pages à la secrétaire générale d'ATIC et au président du directoire de la CFNR donneurs d'ordre de l'intervention de conseil. Ce rapport comprend : 1) les objectifs et la méthodologie de l'étude qualitative réalisée ; 2) l'analyse des entretiens qualitatifs organisée en 12 thèmes ; 3) la modélisation d'une expérience CFNR réussie ; 4) les conclusions et enseignements.

9.2. Notre recherche : observations et entretiens

La figure 28 présente le positionnement de notre recherche par rapport à la mission de PMS ainsi que les différentes étapes.

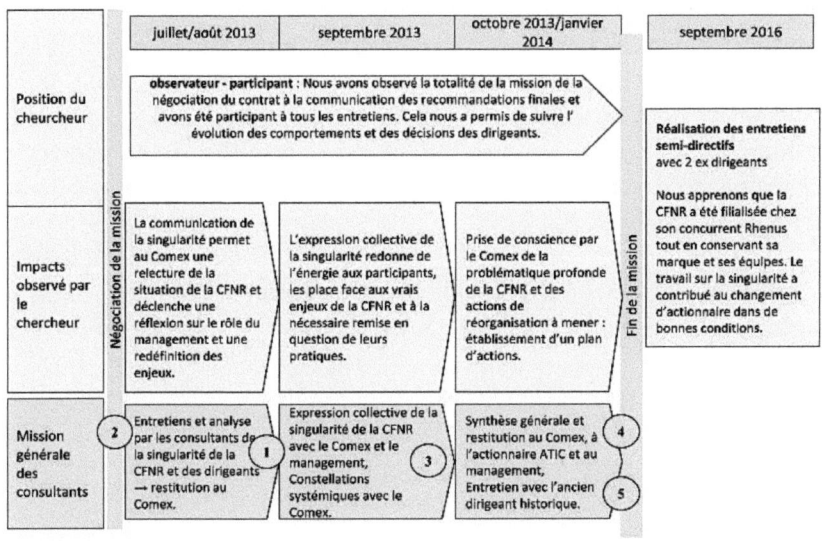

Figure 28 : étapes de la mission et de la recherche

9.2.1. Nos observations

La CFNR fait appel à un consultant pour lui apporter une démarche structurée d'accompagnement sur des questions identitaires et managériales, avec un focus particulier sur la place des managers et l'organisation de l'entreprise. Les consultants ont ainsi conçu un dispositif pour construire étape par étape, de manière collaborative, les réponses opérationnelles aux questions posées :

Étape (1) consultation de documents en vue de produire une analyse de la singularité.

L'examen de documents de la CFNR (textes fondateurs, support de communication) et d'entretiens avec les dirigeants a abouti à positionner la CFNR comme « guerrier humain » au sens de l'outil de la singularité (figure 27) et amène une première analyse des consultants : *« une entreprise de ce noyau de singularité a besoin d'un chef pour donner la trajectoire, la vision du combat à mener. Le chef fédère le groupe pour redonner l'énergie nécessaire à la dimension commerciale puissante propre au groupe afin de s'enrichir »* (consultant PMS). Dans cet exemple la CFNR pâtit de l'absence d'un dirigeant charismatique et légitime, qualités pourtant essentielles pour une entreprise de ce profil de singularité. Le consultant pointe ainsi un dysfonctionnement à l'aide de l'outil de la singularité.

Étape (2) 15 entretiens individuels semi-directifs ont été réalisés par les consultants de PMS avec la direction et le management de la CFNR.

Ces entretiens d'une durée de 1h30, enregistrés et retranscrits, ont été analysés pour préparer l'étape 3 et les verbatims ont servi d'illustration à la synthèse générale (étape 4).

Les consultants ont établi un guide d'entretien dont l'objectif est de recueillir le vécu des managers au sein de la CFNR au travers d'exemples concrets : 1) une première partie est consacrée à la narration de leur l'histoire de la société, comment ils se situent eux-mêmes dans cette histoire, à quel moment ils sont arrivés, à quoi ils ont participé, ce qu'ils ont porté, leurs missions ; 2) comment le personnel imagine l'évolution de l'entreprise dans trois ans, 10 ans, 30 ans : attentes, espoirs, craintes ; 3) description de l'organisation : rôle des personnes, perception de la gouvernance, évolution des métiers, culture d'entreprise, évolutions attendues pour l'entreprise ; 4) la concurrence : quelle est-elle, positionnement de la CFNR ; 5) les clients : qui sont-ils, évolution, relation client-CFNR ; 6) l'image de la CFNR : comment est-elle perçue ? (clients, prospects, concurrence, etc.) ; 7) leurs attentes vis-à-vis de la mission de PMS.

Étape (3) séminaire et ateliers sur une journée réunissant 20 personnes (Comex et management représentatif des différents sites et agences de la CFNR en France et en Europe) dans l'objectif d'un travail collectif sur l'expression de la singularité de la CFNR.

A l'occasion d'un séminaire organisé par la direction de la CFNR, les consultants de PMS ont animé un atelier en intelligence collective. Cet exercice a consisté avec un groupe de 20 personnes à rédiger un ensemble de phrases, conduisant à la formulation d'un texte caractérisant la singularité de la CFNR. Cet exercice repose sur une sélection de mots parmi le vocabulaire des fondateurs, dirigeants et de la communication de la CFNR, dans le respect de son noyau de singularité « Guerrier Humain » (G-P-S).

210 mots ont ainsi été sélectionnés, représentant les 3 niveaux d'expression de la singularité : mots « Guerriers » pour la Finalité (Pourquoi), mots « Producteurs » pour la Modalité (Comment) et mots « Souverains » pour la Matérialité (Quoi).

Voici les mots (tableau 39) couramment utilisés dans la communication et les discours des dirigeants de la CFNR et leur classification en Guerrier/Producteur/Souverain :

Mots Guerriers	Action, Activité, Adapter, Agence, Aller, Améliorer, Armement, Avancer, Bataille, Boosté, Chaîne, Chasser, Choix, Circuit,, Circuler, Compétitif, Construire, Contourner, Convoi, Curieux, Décideur, Défi, Départ, Développer, Différent, Effort, Engagé, Entrer, Expédition, Facilement , Ferroviaire, Flexibilité, Flux, Force, Gagner, Incontournable, Innovation, Interactif, Inventer, Jeune, Levier, Liberté, Meilleur, Moderne, Passage, Pilotage, Positif, Pousser, Premier, Pression, Progresser, Projet, Proposer, Punch, Rapidement, Rebondir, Redoutable, Redresser, Réduire, Relancer, Résister, Réussite, Risques, S'adapter, Se battre, Sécurité, Technologie, Tirer, Transport, Ultime Activité
Mots Producteurs	Affrètement, Alimentaire, Bassin, Bateau, Batelier, Bénéfique, Biomasse, Bois, Bord, Céréales, Cession, Chaland, Charbons, Chargement, Chargeur, Colis, Collective, Commercial, Complémentaire, Composer, Connexes, Contact, Conteneurs, Déchets, Denrées, Dépenser, Écologique, Économique, Emballer,

	Entreposage, Entreprise, Équipé, Équipes, Exercer, Expérience, Exploiter, Fibre, Flotte, Gestionnaire, Intérieur, Investir, Joint-Venture, Liaison, Lourd, Manutention, Marchandises, Massification, Matériel, Minerais, Négociation, Opérateur, Outil, Partenaire, Participation, Personnels, Porte-conteneurs, Posséder, Produit, Racheter, Regroupement, Relationnel, Rencontrer, Revalorisable, Sensibilisé, Services, Varié, Vendre, Vrac
Mots Souverains	Absolu, Assurer, Atout, Canaux, Carré, Certifié, Confiance, Considérable, Constante, Convaincu, Créer, Décennies, Devenir, Diversifier, Droit, Écouter, Environnement, Essentiellement, Étendu, Évoluer, Excellence, Exigence, Fédérer, Filiale, Fluvial, Frontière, Garantir, Global, Inauguration, Incertitude, Information, Installations, Intégrer, International, Leader, Ligne, Logistique, Loin, Longévité, Maritime, Messagerie, Multimodal, Multiculturel, Ordonnance, Ouverture, Parallèlement, Phénoménal, Point, Population, Port, Prévu, Primordiale, Priorité, Qualité, Rassurer, Référence, Régulièrement, Réparti, Répondre, Résonance, Respect, Routier, Savoir-faire, Se trouver, Sites, Spécialisé, Synergie, Taille, Terminaux, Visibilité

Tableau 39 : le vocabulaire courant de la CFNR classifié dans les trois fonctions (Guerrier/Producteur/Souverain)

L'atelier se déroule selon un format de trois heures. Les 20 participants sont répartis dans une même salle en 6 groupes.

Découverte en groupe (10 mn) : Chaque groupe prend connaissance des 210 mots[39] proposés dans des enveloppes : 70 mots avec un cadre rouge (mots « Guerriers »), 70 mots avec un cadre vert (mots « Producteurs »), 70 mots avec un cadre bleu (mots « Souverains »).

Rédaction en groupe (55 mn) : Chaque groupe forme collectivement au minimum 20 phrases de 3 mots en séquence Rouge-Vert-Bleu (Guerrier/Producteur/Souverain) décrivant la singularité de la CFNR. Les mots proposés peuvent être conjugués, accordés, transformés en adjectif ou en verbe, et vice-versa.

Sélection en groupe (35 mn) : A partir des 6 thèmes proposés par les consultants relatifs à la problématique de la CFNR, chaque groupe sélectionne 6 phrases caractérisant le mieux chacun des 6 thèmes parmi les 20 phrases créées.

---

[39] Permettant de former par combinatoire 343.000 phrases de 3 mots en séquence Rouge (Guerrier) – Vert (Producteur) – Bleu (Souverain)

Les 6 thèmes étaient : 1) l'identité de la CFNR ; 2) la culture interne de la CFNR ; 3) la fierté du métier au sein de la CFNR ; 4) le discours commercial face aux clients ; 5) la relation de la CFNR avec ATIC Services et les actionnaires ; 6) l'avenir de la CFNR.

Vote avec l'ensemble des 20 participants (20 mn) : Les 3 phrases sélectionnées pour chacun des 6 thèmes par les 6 groupes sont proposées au vote individuel. Une phrase par thème est élue à la majorité simple.

Exemples de sélection des phrases par les participants, par thème.

Exemple 1 : thème du discours commercial face aux clients (tableau 40)

Thème : le discours commercial face aux clients		
	Vote	
Aller, rencontrer et écouter	**14**	Phrase choisie majoritairement
Redoutable outil multi modal	5	Phrase non retenue
Avancer avec un commercial en résonnance	3	Phrase non retenue
Se battre pour un service de qualité	3	Phrase non retenue
Proposer une entreprise d'excellence	1	Phrase non retenue
Entrer en négociation régulièrement	1	Phrase non retenue

Tableau 40 : phrases représentant le discours commercial face aux clients

La prospection et la proximité avec le client sont les notions qui ont été largement choisies pour incarner au mieux le discours commercial.

Exemple 2 : thème de la culture interne de la CFNR (tableau 41)

Thème : l'identité de la CFNR		
	Vote	
Force des équipes multiculturelles	**9**	Phrase choisie majoritairement
Se battre à l'affrètement est une priorité	7	Phrase non retenue
Pour être positif le personnel doit être libéré des incertitudes	4	Phrase non retenue
Construire un relationnel respectueux	3	Phrase non retenue

Construire des équipes en résonnance	2	Phrase non retenue
La bataille des équipes est constante	0	Phrase non retenue

Tableau 41 : phrases représentant l'identité de la CFNR

Le vote pour cette phrase souligne l'importance de la diversité comme culture propre à la CFNR.

Les participants ont procédé de la même façon pour les 6 thèmes. Voici la synthèse des phrases sélectionnées par thème (tableau 42).

	Thème	Phrase élue	Fonction/singularité
1	L'identité de la CFNR	Proposer un service **d'excellence**	Souverain
2	La culture interne de la CFNR	**Force** des équipes multiculturelles	Guerrier
3	La fierté du métier au sein de la CFNR	La compétitivité et l'expérience donnent le **savoir-faire**	Producteur
4	Le discours commercial face aux clients	Aller, **rencontrer** et écouter	Producteur
5	La relation avec ATIC Services et les actionnaires ;	Action **globale** participative	Souverain
6	L'avenir de la CFNR	**Moderniser** et investir sur les sites	Guerrier

Tableau 42 : les 6 phrases élues et leurs fonctions : Guerrier, Producteur ou Souverain

Assemblage final par groupe (50 min)

Enfin les participants procèdent à l'assemblage final, produisant ainsi un texte à partir des six phrases élues (tableau 43). Pour cela chaque groupe, organise les 6 phrases élues en niveaux : Pourquoi/Comment/Quoi.

Pourquoi ? (Finalité) « Guerrier »	La CFNR apporte avec ses équipes multiculturelles la force d'une action globale participative
Comment ? (Modalité) « Producteur »	Qui va à l'écoute et à la rencontre de ses clients grâce à son savoir-faire compétitif issu de l'expérience et à des investissements essentiels sur ses sites modernisés

Quoi ? (Matérialité) « Souverain »	Pour proposer un service d'excellence.

Tableau 43 : l'expression collective de la singularité de la CFNR dans ses trois plans

Voici le texte produit collectivement après amélioration sur la forme par le consultant :

La **CFNR** c'est la **force** des **équipes multiculturelles** qui doit se **moderniser** et **investir** sur les **sites** en **allant** vers ses **clients**, en leur **donnant** un **savoir-faire** issu d'une certaine **compétitivité** et **expérience** ; afin de **mettre** en **place** des **actions globales participatives** et de **proposer** un **service** d'**excellence**.

Ce texte exprime la singularité de la CFNR.

La grille suivante (tableau 44) permet de visualiser la singularité des mots retenus par les participants.

Mots Guerriers	Mots Producteurs	Mots Souverains
Aller	Rencontrer	Ecouter
Action	Globale	Participative
Pousser	Connecter	Essentiel
Moderniser	Branche	Site
Proposer	Peser	Excellence
Force	Porter	Multiculturel
Compétitivité	Expérience	Savoir-faire

Tableau 44 : la singularité du vocabulaire retenu par les participants

Parmi les mots retenus, on note une volonté des participants d'aller de l'avant, en mettant le relationnel au cœur des préoccupations et en conservant le savoir-faire existant et la diversité des cultures de la CFNR.

Du prototype à l'expression de la singularité

D'une part, quatre séquences ont été repérées dans la conduite du protocole par le consultant : 1) réflexion : l'intelligence collective mobilise les savoirs du groupe ; 2) formulation des options : objectivation des objets-liens (projets, dangers, besoins, etc.) et processus d'élimination qui demandent une forte mobilisation des savoirs (les choix peuvent être

193

irrationnels puisque la rationalité n'arbitre pas et faire appel à l'intuition) ;
3) sélection d'une option finale : vote, consensus ; 4) l'action qui engage de
nouveaux processus d'intelligence collective.

D'autre part, alors que le rôle du consultant est central pour établir le
noyau de singularité, au cours des ateliers ce sont les collaborateurs de
l'organisation qui extraient la singularité (tableau 45). Le consultant
intervient en appui après l'atelier pour en parfaire l'expression et préconiser
les actions à conduire.

Ressource	Prototypage	Intelligence collective	
	Le consultant	L'équipe dirigeante	Le consultant
Étape	Détermination du noyau de singularité de l'organisation par prototypage à l'aide de l'analyse du vocabulaire du dirigeant et des textes fondateurs de l'organisation	Atelier : démarche d'intelligence collective pour extraire la singularité	Stabilisation de la phrase finale et restitution pour l'usage
Modalité d'expression de la singularité	Perception individuelle, Plan émotionnel, ressenti, Révélation, Identification, Orientation selon la singularité des personnes	Consensus collectif, Elaboration d'un texte conceptuel, Expression de l'esprit du fondateur au sens de Schein (1983, 1984)	Leviers opérationnels, Mise en action de solutions pour réduire les écarts qui créent les dysfonctionnements
Effets sur les personnes	Apporte de l'énergie et de la confiance au plan individuel	Mise en mouvement de l'équipe : création d'une dynamique positive, Appropriation	Faciliter le fonctionnement de l'équipe, Prévenir les conflits, Appropriation

**Tableau 45 : de la révélation identitaire par le consultant à la démarche
en intelligence collective**

Cet atelier avec la production d'un texte a été utilisé pour : 1) créer une grille d'évaluation pour renforcer la cohérence des actions de la CFNR à tous les niveaux (stratégie, opérationnel) ; 2) augmenter la conscience et l'engagement du collectif (dirigeants, managers) ; 3) identifier et activer les croyances dynamiques qui stimulent la singularité, pour renforcer et pérenniser l'activité ; 4) repérer ce qui s'oppose à la singularité de la CFNR et à sa dimension saine et vitale ; 5) construire la promesse de la marque, se centrer sur la spécificité que met en évidence la singularité, pour mieux communiquer.

Enseignements à l'issue de l'atelier

L'analyse de la singularité de la CFNR a fait apparaître un ensemble d'éléments qui limitent le développement de l'entreprise.

Les consultants ont remis un questionnaire de satisfaction aux participants à la suite du séminaire. Ce questionnaire permettait d'évaluer différentes séquences du séminaire (convivialité, déjeuner, logistique, projet d'entreprise et l'atelier en intelligence collective).

12 questionnaires sur les 20 ont été restitués. Pour la partie qui intéresse notre recherche si certains ont jugé l'atelier un peu trop ludique, il a toutefois permis globalement de favoriser la cohésion du groupe et sa participation à la nouvelle identité de la CFNR.

Cet atelier en intelligence collective qui vient compléter le prototypage **favorise l'appropriation par les participants de la singularité de leur entreprise.**

Étape (4) les consultants ont présenté un rapport de synthèse aux dirigeants de la CFNR.

En outre, à partir du texte produit, l'analyse du positionnement identitaire de la CFNR a fait apparaître un ensemble de problématiques : les « nœuds identitaires » qui limitent le développement de l'entreprise car ils empêchent sa cohérence (figure 29).

Les nœuds identitaires identifiés et à traiter

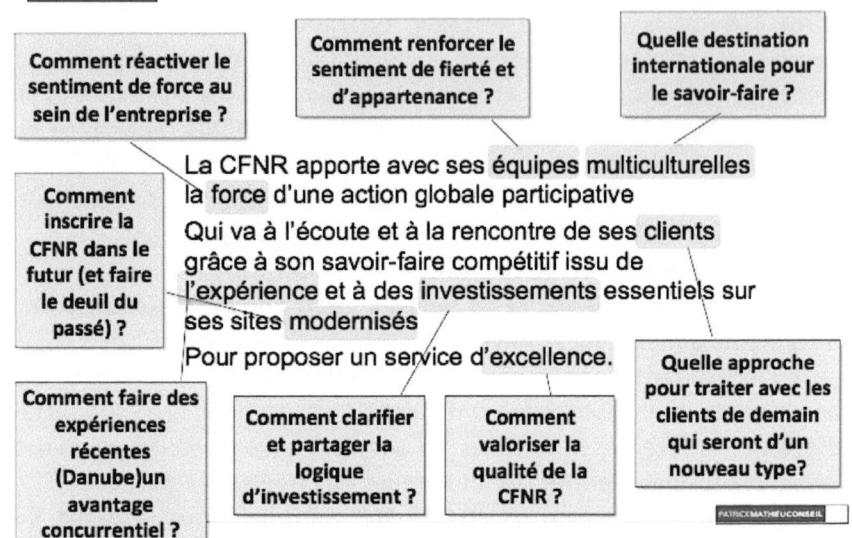

Figure 29 : les « nœuds identitaires » identifiés par les consultants à partir de la phrase produite par les participants (source PMS)

Étape (5) : le poids du passé

Sont venus compléter l'ensemble : 1) un entretien avec un ancien dirigeant historique pour mieux comprendre l'impact du passé de la société ; 2) des constellations systémiques avec le Comex, outil d'intelligence collective qui fait émerger un « savoir implicite » sans passer par la conceptualisation (Borek, 2011).

Les cinq constellations menées (quatre individuelles et une collective) ont permis de mettre en évidence un fait sous-évalué au départ : **le poids de l'histoire**. Il peut se caractériser autour de trois dimensions : 1) le fait fondateur caché de la CFNR (le Traité de Versailles) ; 2) un poids historique considérable sur l'entreprise : un ancien dirigeant comme figure tutélaire, « monstre sacré » ; 3) la question des actionnaires avec des relations à clarifier.

Les constellations systémiques d'entreprise ont permis de mettre en lumière à un instant T « l'ordre implicite d'une entreprise » en investissant la ligne du temps. Une constellation éclaire l'impact du passé sur l'organisation et les opportunités de construction d'un futur déjà émergent dans le présent. Le processus des constellations est un outil d'émergence de l'information implicite voire cachée, d'une image simple de la complexité d'une organisation quelle qu'elle soit. En « sondant l'inconscient collectif » de l'entreprise (dans lequel intervient bien sûr l'inconscient de chacun des membres), les constellations sont un outil d'intelligence collective qui favorise en particulier : les prises de conscience, la potentialisation des individus, les nouvelles idées et la co-construction vers une solution.

Nous observons que PMS dans un modèle de société de conseil alternatif a utilisé une diversité de méthodes non conventionnelles comme les constellations systémiques. Si ces dernières ont pu surprendre ou susciter du scepticisme de la part de certains membres du Comex, le **résultat** a à l'inverse **convaincu** l'ensemble des participants.

A l'issue des recommandations, PMS a formulé des propositions de travaux de fond. La mission a ensuite pris fin.

9.2.2. Les entretiens semi-directifs menés par le chercheur

Fin 2016, nous avons procédé (depuis notre position de chercheur) à deux entretiens avec deux ex-dirigeants de la CFNR et d'ATIC parties prenantes à la mission de 2013. Réalisés près de trois ans après la fin de la mission ils avaient pour objectif, à partir de notre question centrale de recherche (Quelle valeur ajoutée peuvent apporter les interventions conduites par un consultant auprès de dirigeants, visant à clarifier l'identité de l'organisation ?), de comprendre ce qui s'était passé depuis le moment où le consultant a révélé la singularité de la CFNR, les points essentiels remarqués et l'impact sur l'avenir de leur entreprise. Nous apprenons à l'occasion de ces entretiens que la CFNR a été intégrée en 2015 au groupe RHENUS (un des concurrents de la CFNR) tout en conservant sa marque et ses équipes. L'ex-dirigeant d'ATIC nous indique que le travail sur la singularité a permis la réalisation de l'opération dans de bonnes conditions :

« *Cela m'a fait changer mon regard sur la vente de cette boîte, que sans l'intervention de conseil (PMS) et sans cette vision de la singularité, j'aurais vu comme un échec total. Cela m'a permis de voir cette vente comme une étape de sa vie. Aujourd'hui la société continue avec d'autres actionnaires. Mais elle a conservé son nom, elle a conservé ses implantations, elle a conservé ses salariés pour la plus grande part. Ce n'est pas moi qui étais en charge de la vente mais en revanche, j'étais en charge de la gestion RH dans ce contexte. On l'a vu comme une **continuité** de l'entreprise parce que, PMS a réussi à nous faire comprendre que la singularité de la boîte continuerait à exister tout simplement indépendamment de nous. Et donc, c'est quand même très fort. Donc aujourd'hui, la boîte, elle tourne dans la même formation que ce qu'elle était chez ATIC Services, moins la manutention portuaire, sous la marque CFNR. Donc la reconnaissance de la valeur de la marque CFNR par le repreneur est venue confirmer, est venue valider votre théorie.* » (Ex-dirigeant ATIC, secrétaire générale groupe).

Nous constatons une persistance dans le temps des effets d'un travail sur la singularité identitaire. Ils se traduisent par une capacité de distanciation des dirigeants, de sortir du sentiment de propriété, de distinguer existence de l'entité en soi et des membres de l'organisation : l'identité vaut plus que les membres de l'organisation.

Sur le volet des **fusions-acquisitions**, ce verbatim permet également de considérer la part de la révélation de la singularité identitaire dans la définition d'une **identité projetée** pour la CFNR dans le nouveau groupe dans le cadre de l'acquisition réalisée par RHENUS.

Ce participant se souvient de la période de turbulences que traversaient la CFNR au moment de l'intervention des consultants. Les incertitudes qui pesaient sur l'avenir de la CFNR créaient de l'inquiétude chez les dirigeants.

« *Ce n'est pas une prise de conscience découverte : c'est une prise de conscience confirmation. Confirmation que je suis bien à ma place là où je suis. Confirmation d'un **alignement** entre ma personnalité profonde et ma fonction. Donc ce qui, d'une certaine manière, m'a apporté une certaine **sécurisation**, la **puissance** dans le rôle que je devais jouer. Cela m'a **rassuré*** » (Ex-dirigeant ATIC, secrétaire générale groupe).

Les effets de l'intervention sur la singularité se manifestent au niveau individuel : se conforter, évacuer des peurs, accroître la confiance et la cohésion interne. Lorsque le dirigeant consolide sa raison d'être au sein de l'organisation, il peut jouer pleinement son rôle.

Les effets peuvent aller de la sidération ou de la surprise à quelque chose qui peut, au contraire, venir confirmer une intuition qui avait été mise de côté.

« Je me suis rendu compte que l'on avait toujours placé à la tête de cette boîte des souverains qui ne matchaient pas avec l'identité guerrière de la société. Et quand je revisite rétrospectivement leurs actions je vois très bien cette action de souverain laissant complètement à l'abandon le champ de la conquête du guerrier. C'était un travail fait honnêtement mais qui était à côté de la plaque. » (Ex-dirigeant ATIC, secrétaire générale groupe)

Cet ancien dirigeant qui a participé à la mission de PMS, s'est approprié le vocabulaire et les modèles « guerrier » et « souverain » qui peuvent être compris comme des mots clés capturant des unités de sens dans lesquels les personnes reconnaissent l'organisation. Cela aide à prendre conscience de **dissonances** entre la singularité du dirigeant et celle de son entreprise, ce qui peut expliquer des **dysfonctionnements** managériaux liés à des problématiques **identitaires.**

A propos de la signification de la singularité, un autre ex-dirigeant témoigne :

« La singularité est ce que je suis, ma colonne vertébrale, l'immuable, mon patrimoine génétique, le mot spontané qui me revient toujours c'est l'ADN. Cela permet de faire une relecture de ce qui a été construit, le fondement de cette entreprise-là. » (Ex-dirigeant CFNR, président directoire).

L'outil constitue une grille de lecture qui permet de faire sens et de réduire la complexité. Il est également un axe d'alignement.

PMS a exposé sa méthodologie dès les premiers rendez-vous aux dirigeants de la CFNR ainsi que dans le contrat. Toutefois le client n'avait pas une idée précise où le travail des consultants allait le mener. D'autant plus que la CFNR avait l'expérience de cabinets conseils conventionnels.

« *Je pense que l'intervention de PMS a été un **révélateur** comme, quand on fait une photo et que l'on va dans la chambre noire et puis après on sort la photo. Mais avant, on n'en a pas forcément conscience. Fondamentalement il y a eu une prise de conscience très, très, très rapidement avec le cheminement des consultants. Il y a une prise de conscience de mon dysfonctionnement. En fait c'est comme quand vous allez voir un toubib. On va vous passer au scanner. Et vous me dites à la sortie : eh bien, voilà ce que je vois. Donc pour moi c'était prendre conscience de notre dysfonctionnement en mettant des mots dessus. Mots : M-O-T-S et des maux : M-A-U-X puisque derrière on a ainsi cerné les maux, ce qui faisait que l'on ne fonctionnait pas. Et à titre personnel, à ce moment-là c'était le guerrier **déboussolé**. Il ne savait plus où était sa bataille. Je pense que la CFNR était dans une phase où elle était **perdue**. Mais où va-t-on ? Qu'est-ce que l'on fait ? Mais pourquoi cela ne marche pas ? Alors évidemment à ce moment-là, on trouve des défauts partout. Et du coup, on remet tout en cause et on ne s'attaque pas au fond du problème. Vous avez été pour nous, le **révélateur**. Le scanner de l'entreprise que vous avez fait a donné cela. Et du coup, cela a d'ailleurs un peu changé notre façon de fonctionner ensemble. Puisqu'il fallait d'abord régler cela, avant de nous repositionner : comment on travaille sur notre **singularité**.* » (Ex-dirigeant CFNR, président directeur).

Le repositionnement stratégique relève de préalables : prise de conscience du dysfonctionnement, besoin de retrouver du sens. Ce n'est qu'une fois la singularité identitaire clarifiée, que le dirigeant peut aligner la stratégie sur la raison d'être de l'organisation.

Après la fin de la mission, les acteurs de l'organisation ont continué de s'appuyer sur les recommandations de PMS. De plus les ateliers en intelligence collective ont imprégné les dirigeants et le management : « *j'ai beaucoup été marquée par l'exercice sur les mots, la phase de production du vocabulaire. J'ai touché du doigt à quel point, cela avait créé une **dynamique** dans le groupe auquel je participais* » (Ex-dirigeant ATIC, secrétaire générale groupe).

Plusieurs mois, après certains ont pu faire une relecture des évènements :

« Je pense que tout le monde était conscient que vous avez été le révélateur qui a fait exploser la marmite. Le malade est sorti de sa maladie par explosion. C'est le déplacement des plaques tectoniques, et puis la dérive des continents. » (Ex-dirigeant CFNR, président du directoire).

L'intervention des consultants a permis **la fin des non-dits.**

9.3. Synthèse du chapitre 9

Dans le cadre de notre démarche ethnographique, cette observation longitudinale et les entretiens nous ont permis une parfaite acculturation avec la méthode et les outils des consultants : négociation de la mission, prototypage, entretiens, intelligence collective, restitution et clôture.

Cette observation a attiré notre attention sur : 1) la communication du prototypage aux dirigeants qui a suscité des premières analyses ; 2) l'appropriation de la singularité identitaire par les participants lors de l'atelier en intelligence collective ; 3) les effets de la mission à long terme.

Ces points feront l'objet d'une attention toute particulière au cours des deux analyses de cas à la suite.

Chapitre 10. Étude monographique de participants à une formation

10.1. Étude de cas : sessions de formation à la singularité identitaire

Le cabinet de consultant réunit régulièrement des personnes d'horizons divers pour les former à la singularité identitaire. Une de ces formations est choisie pour observer le processus de la révélation identitaire (figure 30).

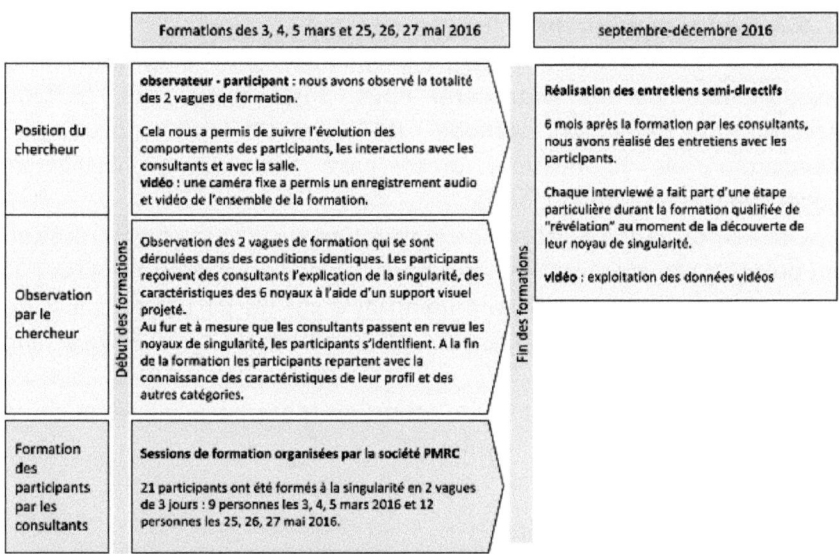

Figure 30 : étapes de la formation et de la recherche

L'observation est menée auprès de 21 participants : 11 femmes, 11 hommes (9 cadres d'entreprise, 5 consultants, 4 étudiants de niveau master 2, 1 doctorant, 1 en reconversion professionnelle, 1 en recherche d'emploi) (tableau 46). Leurs motivations étaient de : mieux se connaître, améliorer leurs relations professionnelles, mieux comprendre leur environnement et les autres, élaborer un projet professionnel, gérer un changement, trouver leur place. Ils ont été formés en 2 vagues de 3 journées selon un protocole conçu en 6 demi-journées dans des conditions homogènes de 2 fois 1h30 avec une pause de 30 mn dans un même lieu avec un support d'animation de 226 slides projetés. Il s'agissait de 1) faire découvrir aux participants leur noyau de singularité ; 2) les connecter à des éléments de même singularité : pays, villes, entreprises, dirigeants, mythologie, personnages (chanteurs, acteurs, hommes politiques, artistes, etc.) ; 3) faire connaître aux participants les autres noyaux de singularité.

Participants	Situation au moment de la formation	Sexe	Age
Alexandre	Chef de projet d'ingénierie	M	53 ans
Anne	CEO et fondateur espace pour évènements professionnels	F	55 ans
Arthur	Analyste sénior, directeur associé	M	28 ans
Axelle	Sémiologue, doctorante	F	24 ans
Bernard	Consultant senior	M	53 ans
Cécile	Présidente société de conseil et formation	F	47 ans
Clément	Étudiant Master 2	M	26 ans
Donovan	Sémiologue, Responsable recherche et développement	M	26 ans
Edwige	Directrice générale	F	52 ans
Estelle	Consultante junior	F	22 ans
Franck	Éditeur, « Storyteller »	M	50 ans
Hélène	Assistante de projet	F	54 ans
Isabelle	Conseil en image	F	48 ans
Jean	Historien, Conseil en culture et Stratégie de marque	M	60 ans
Julien	Étudiant Master 1	M	21 ans
Laure	Responsable administrative et financière	F	42 ans
Loan	En recherche d'emploi	F	24 ans
Nessim	Étudiant Master 2	M	24 ans
Nicolas	Étudiant Master 2	M	25 ans
Sophie	En reconversion professionnelle	F	32 ans
Véronique	CEO et fondatrice agence de relation presse	F	41 ans

Tableau 46 : les 21 participants de notre échantillon

Une observation attentive est produite en continue et a recours à l'utilisation de la vidéo afin de saisir les moments charnières : l'enregistrement sous format vidéo a été réalisé à l'aide d'une caméra fixe (figure 31) (Knoblauch, Schnettler 2012) ; ensuite des entretiens semi-directifs ont été réalisés avec les participants.

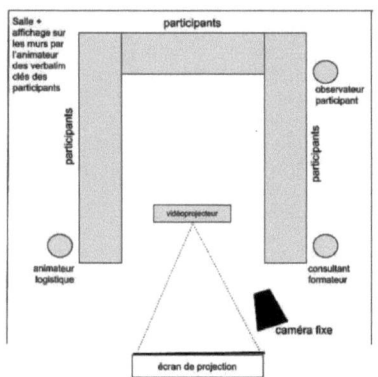 

Figure 31 : présentation de type bifocale selon Knoblauch et Schnettler (2012)

Il s'agit de capter les réactions et les interactions des participants, les comportements non-verbaux afin de comprendre et de qualifier le processus à l'œuvre. L'analyse des vidéos utilise partiellement la structure des affects de Watson et Tellegen (1985) en retenant les notions d'engagement, de désengagement, et les comportements non verbaux (Guirdham, 2002).

En outre, un épisode est défini comme un moment significatif ou une « tranche » (Goffman, 1974, p.10). Luhmann (1995) et Hendry et Seidl (2003) définissent un épisode comme une séquence d'événements structurés en termes de début et de fin.

10.2. Les résultats du terrain

10.2.1. Les observations durant la session de formation

Durant la formation les participants ont découvert leur noyau de singularité. Ce moment de découverte a permis dans le cadre de cette recherche de mettre en évidence un phénomène de révélation identitaire.

Noyau de singularité (prototype)	Répartition par auto-catégorisation des participants
Guerrier Cosmique (GSP)	5 participants
Guerrier Humain (GPS)	3 participants
Producteurs séducteurs (PGS)	4 participants
Producteurs réinventeurs (PSG)	6 participants
Souverains juristes (SPG)	2 participants
Souverain Magicien (SGP)	1 participant

Tableau 47 : répartition des participants par prototypes de singularité par auto-catégorisation

Au fur et à mesure de la présentation par le consultant des caractéristiques de chaque noyau de singularité, chacun des participants s'est reconnu dans un profil en effectuant une auto-catégorisation (Hogg et Terry, 2000). Cette auto-catégorisation s'appuie sur l'usage de prototypes (chapitre 3), selon la répartition indiquée dans le tableau 47 à partir de l'outil de la singularité. L'accompagnement du consultant permet aux participants de trouver des réponses à leur questionnement.

Saisir la singularité des organisations, des dirigeants et des équipes revient à déterminer le positionnement dans cette catégorisation. Ensuite la révélation de cette catégorisation par le consultant permet de lever le voile sur une représentation à propos du modèle du participant. Cette communication de la singularité offre à ce dernier la possibilité d'une nouvelle perception complétant son auto-observation et une capacité à trouver du sens.

Les 21 participants ont été observés avec les enregistrements vidéo. A la suite (tableau 48) figure **un exemple** focalisé sur l'observation d'un participant qui illustre la technique d'analyse.

Participant 28 ans, analyste senior, directeur associé Noyau de singularité : PGS Date : 4 mars 2016				
Épisode	T0 = début	T1=T0+22 mn	T2=T0+ 1h06mn	T3=T0+1h30mn
Ce que fait le consultant	Présentation des caractéristiques et des motivations du noyau de singularité PGS avec projection de slides	Pour compléter la compréhension, illustrations du noyau PGS à l'aide de musiques, vidéos, de référence à des pays, entreprises et personnages connus de même singularité	Les participants qui se reconnaissent dans ce noyau de singularité sont invités à réagir	L'ensemble des participants est invité à s'exprimer. Le consultant collecte les réactions et fait des relances.
Ce qui est observé : gestes du participant	Position neutre, légèrement défensive, posture fermée, rigide, contact des yeux limité, bouche couverte par un stylo	Ouverture : buste penché en avant, mains qui s'ouvrent, contact des yeux	Regard alerte, expressivité	Buste ouvert et asymétrique, en ouverture latérale, nombreux mouvements du corps
Émotions et affect	Interrogation, hésitation, nervosité : affect légèrement négatif	Devient particulièrement attentif dès lors qu'il se reconnaît dans le profil de singularité présenté : → instant de révélation	Pose des questions	En interaction avec les autres Participation : affect positif (enthousiasme, excitation, activité)
Engagement	Calme : désengagement	Surprise, étonnement : engagement suscité	Engagement vertical (avec les intervenants)	Engagement horizontal (avec les autres participants)

Tableau 48 : évolution de la posture et des gestes du participant au moment où il découvre l'explication de son noyau de singularité

Durant l'exposé du consultant, le participant écoute (T0). Au fur et à mesure qu'il se reconnaît dans l'explication d'un profil de singularité il devient plus attentif (T1) et montre de l'intérêt en posant des questions au consultant (T2). Il va ensuite entrer dans des interactions avec la salle, communiquer des ressentis et ce qui fait sens pour lui. L'observation de la gestuelle et l'interprétation des affects et de l'engagement permettent de constater :

*   le moment précis où se produit le phénomène de la singularité révélée,
*   que la révélation de la singularité suit le cheminement : 1) affect légèrement négatif ; 2) engagement ; 3) engagement vertical (pose des questions à l'animateur) ; 4) engagement horizontal (avec les autres participants) et affects positifs.

Cette analyse a pu être opérée pour les participants positionnés dans le champ de la caméra, soit 14 participants, complétée pour les autres par notre observation participante à l'aide de prises de note.

10.2.2. Les entretiens semi-directifs

Afin d'observer l'impact du processus dans le temps, les participants ont été interviewés à l'appui d'un questionnaire semi-directif six mois après la session de formation. Ces entretiens ont permis de mieux comprendre la phase de révélation et d'enrichir les observations relevées lors de l'analyse des vidéos.

Le codage des entretiens à l'aide de QDA Miner a permis d'observer les fréquences de codes (tableau 49).

Code	Fréquence	% Codes	Cas	% Cas
clarification	98	4,10%	19	90,50%
le sens	65	2,70%	19	90,50%
les autres	151	6,30%	19	90,50%
impulser le changement	100	4,20%	18	85,70%
révéler	92	3,90%	16	76,20%
identification	47	2,00%	16	76,20%
soulagement	44	1,80%	16	76,20%
stabilité	60	2,50%	15	71,40%
alignement	55	2,30%	15	71,40%
conscience	39	1,60%	15	71,40%

Tableau 49 : fréquence des codes classée par cas

Les codes : « clarification », « le sens », « les autres », « impulser le changement », « révéler », « identification », « soulagement », « stabilité », « alignement », « conscience », sont présents pour 70% des répondants.

Code	Fréquence	% Codes	Cas	% Cas
les autres	151	6,30%	19	90,50%
impulser le changement	100	4,20%	18	85,70%
clarification	98	4,10%	19	90,50%
révéler	92	3,90%	16	76,20%
grille de lecture	84	3,50%	14	66,70%
le soi	82	3,40%	10	47,60%
comprendre	67	2,80%	9	42,90%
le sens	65	2,70%	19	90,50%
stabilité	60	2,50%	15	71,40%
alignement	55	2,30%	15	71,40%

Tableau 50 : classement des codes par fréquence

En outre (tableau 50), « les autres », « impulser le changement », « clarification », « révéler », « grille de lecture », « le soi » ont les fréquences les plus élevées. De même à partir d'une analyse de cooccurrences (dendrogramme, figure 32), ces mêmes codes ont de grandes proximités : « mieux définir les projets selon une meilleure orientation », « alignement », « impulser le changement », « le sens », « révéler », « soulagement ».

Figure 32 : dendrogramme

Un participant qui se reconnaît par auto-catégorisation dans la description de sa typologie :

« *Le jour où l'on a passé les profils en revue, je trouvais cela intellectuellement intéressant, très bien présenté. Et puis, quand on est arrivé sur le profil des producteurs séducteurs (PGS), j'étais là à me dire : ah mais* **cela me ressemble**. *Tiens, cela me parle beaucoup. Et en fait, le consultant quelque part, m'a permis de vivre une* **expérience** *forte, … quand j'ai compris que j'étais PGS,* **tout s'est mis en place**. *Tout d'un coup, cela a été comme une espèce de…* **révélation**. » (Participant PGS, 53 ans, formateur)

La reconnaissance ne se produit pas sur un mode neutre mais provoque un déclic, voire un choc émotionnel qui produit des effets dans le corps du participant :

« *C'est intéressant comme expérience parce qu'avant d'arriver à mon noyau, il y a eu avant la présentation des cinq autres noyaux. A la présentation des autres noyaux, j'étais* **intéressée** *mais je n'étais pas* **animée**. *Mais effectivement, lorsqu'on en arrive à sa singularité, il y a* **quelque chose de physique**. *C'est étonnant. Une* **révélation**. » (Participant SGP, 47 ans, coach, formatrice)

Relaté par 19 participants sur les 21, ce choc émotionnel apporte de la **clarification**, de l'**apaisement** et du **soulagement** : « *Cela m'a parlé assez rapidement, oui même très clairement d'ailleurs. Et cela m'***a fait du bien** *parce cela m'a permis de me déterminer et de me confirmer qui je n'étais pas et en même temps, me confirmer qui j'étais.* » (Participant PGS, 28 ans, analyste senior)

La prise de recul permet de confirmer la part émotionnelle de ce qui apparaît comme une **révélation**, qui donne aux personnes le sentiment de renaître, de s'ouvrir sur des perspectives jusque-là ignorées. L'analyse des termes employés par les 21 personnes évoquent **la clarification**, la **résonance**, la découverte d'une **évidence** soudaine, qui permet de s'ouvrir et de s'épanouir. Certains évoquent également l'idée d'un pic, d'une **illumination** : « *j'étais dans l'ombre et je suis dans la lumière* » (Participant PSG, 60 ans, consultant, historien d'entreprise) qui permet de faire sens dans une forme

« *d'immédiateté* » (Participant SPG, 26 ans, étudiant Master 2). La réaction physique apparaît comme un indicateur du moment où se produit la révélation. Parce que la démarche est structurée, il est plus aisé de l'observer. Accéder à la conscience de son identité nécessite une certaine motivation dont les ressorts sont variables. En régime de croisière, il est probable que le besoin soit faible, en revanche de nombreux événements peuvent susciter chez les personnes, incertitudes, angoisses qui renouvellent leur questionnement et justifie une clarification de leur identité.

L'exploration des verbatims permet de constater que la révélation identitaire a six types de conséquences sur les participants et sur ce qu'ils rapportent à propos de leurs perceptions : le soi, la relation avec les autres, la représentation ou réflexivité, le sens, l'énergie et la légitimité.

1) Le soi : le salarié ou le manager parvient à mieux s'identifier, à mettre des mots sur ce qu'il est, **s'accepte** mieux, **assume** et affirme certaines parties de lui. La démarche donne de la **confiance** pour se réaliser, se connecter à son envie de faire plutôt que faire les choses par devoir, de la **force** pour l'avenir et incite à sortir de situations superficielles du présent pour se projeter dans le futur. La personne peut ressentir du **soulagement**, une **libération**, exprimer de la **joie** ou trouver tout simplement de l'**aide**.

2) Les autres : il est question de **bienveillance**, de mieux **comprendre** les autres pour gérer les conflits, de porter moins de jugement, d'améliorer la relation à l'autre, d'apprendre à **écouter**, à mieux se parler et éviter des rapports de domination. Cela apporte de la **confiance** dans l'équipe et permet aux personnes de mieux fonctionner ensemble.

3) Capacité réflexive : le processus permet une **relecture** de ce qui était fait avant, de se doter ainsi d'une **nouvelle grille d'analyse**, d'une autre paire de lunette, de porter un regard enrichi sur le monde dans une dimension plus rationnelle et d'agir en conscience. Cette réflexion donne la possibilité de construire une **vision** plus proche de sa vérité et ainsi se projeter dans ce qui est nouveau sans jamais se renier.

4) Sens : la démarche permet aux collaborateurs de retrouver un sens à l'action, de **redonner une direction** à des managers déboussolés, de traverser une crise, d'assainir et de trouver le point de **stabilité** sur lequel construire. Du côté des organisations, on constate qu'elles peuvent se **recentrer**, bénéficier d'un **ancrage** plus solide pour mener un projet de transformation qui peut impacter **durablement**.

5) Énergie et force : cela mobilise les équipes en provoquant un déclic qui stimule **l'action**, augmente le niveau de performance, enclenche un processus de développement. De plus, le processus déclenche une prise de **conscience** quant à la **pérennité** de l'organisation et à la nécessité de refonder un projet d'entreprise qui est en phase avec la singularité de l'organisation.

6) Légitimité : la prise de conscience de son ancrage identitaire confère de la légitimité aux personnes à agir dans l'entreprise. La personne retrouve de la **dignité** et se sent **considérée** dans ce qu'elle est. Plutôt que de vouloir gommer ses différences, elle est davantage elle-même. Dans cet état elle est mieux à même d'entrevoir et de proposer une **vision** globale.

Lorsque les participants se reconnaissent ou lorsqu'ils reconnaissent leur organisation dans un prototype, ils n'accèdent pas pour autant à l'expression achevée de leur identité personnelle ou de l'identité organisationnelle. Alors que le sentiment de se reconnaître dans un prototype passe par une révélation observable et confirmée auprès des participants, dans la réalité ce processus ne constitue qu'une première étape : celle du prototypage.

10.2.3. L'analyse en composante principale

QDA Miner a permis la création de variables : profession, âge, noyau de singularité de chaque participant. L'analyse qualitative des données vise ici à définir les propriétés de deux catégories : **l'orientation** et **l'impact de la révélation**, en ayant recours à une analyse en composante principale de ces catégories par variable : **les noyaux de singularité**. L'objectif est de vérifier s'il existe un lien entre un profil identitaire (noyau de singularité) et les six effets procurés par la révélation décrits ci-dessus. (**Noyaux de singularité** [   ])

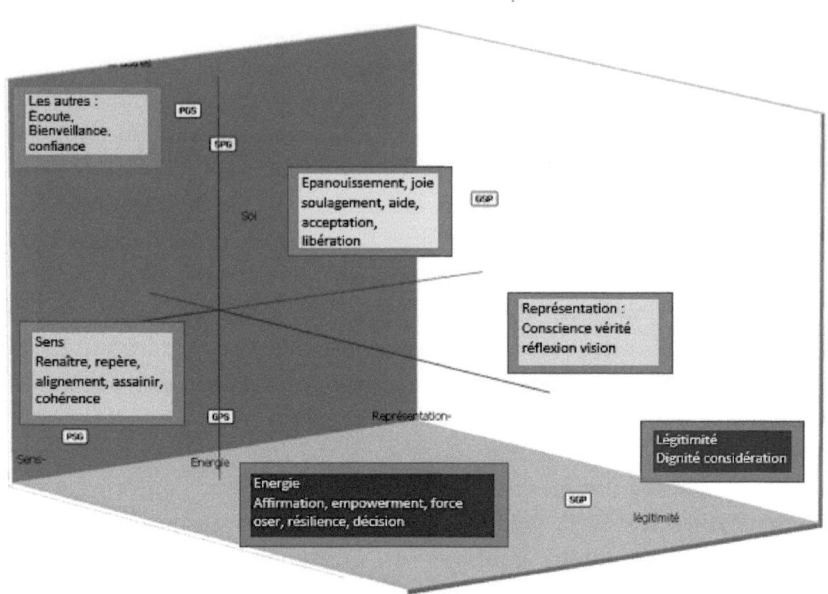

Figure 33 : Analyse en composantes principales / noyau de singularité : impact de la singularité révélée selon le noyau de singularité

La figure 33 représente l'analyse en composantes principales résultant d'un calcul des proximités entre codes, regroupement de codes et les six noyaux de singularité effectué avec le logiciel QDA Miner. On observe que la révélation identitaire retentit de façon variable selon le noyau de singularité (tableau 51) des participants (tableau 47).

Le tableau 51 répertorie les deux effets de la révélation : sur la personne et sur son action dans l'organisation. Le retentissement de la révélation identitaire impacte en effet l'action au sein de l'organisation et l'action rapportée par les répondants s'inscrit également dans une logique liée à sa singularité identitaire établie au moyen du noyau de singularité reconnu.

	Noyau de singularité	Retentissement de la révélation sur la personne	Impact organisationnel
1	Guerrier cosmique (GSP)	Soi et représentation	Impulser rationnellement le changement
2	Guerrier humain (GPS)	Énergie et force	Repositionner la stratégie, se reconnecter, se mobiliser et aider à construire un discours
3	Producteur séducteur (PGS)	Les autres	Mieux définir les projets selon une meilleure orientation
4	Producteur réinventeur (PSG)	Sens	Développer l'intelligence collective
5	Souverain juriste (SPG)	Soi et les autres	Accepter et gérer la continuité de l'entreprise
6	Souverain magicien (SGP)	Légitimité et représentation	Construire la vision globale

Tableau 51 : la révélation de la singularité : contingence et particularisme

L'orientation de la révélation varie **selon les noyaux** de singularité. Par exemple l'accent sur l'énergie et la force sera beaucoup plus manifeste pour le noyau « guerrier humain ». Pour aller plus loin, on observe des conséquences de cette révélation identitaire : les personnes agissent de concert avec la signification des noyaux ce qui conduit le plus souvent à un alignement de l'action. Par exemple un « souverain magicien » dont l'identité révélée portera sur la légitimité et la représentation, orientera son action sur la construction d'une vision globale. Cela signifie que les personnes assumeront davantage leurs qualités révélées et ceci avec plus de confiance. La révélation identitaire ouvre ainsi un processus de changement ou d'alignement : « *Ce n'est pas parce que tu connais ta singularité que tout est réglé. Tout commence ou tout recommence.* » (Jean, consultant, historien d'entreprise, 60 ans, PSG).

Illustration du tableau 51 à l'aide de verbatims des participants :
(1) Impulser rationnellement le changement
« *Cela m'a permis d'être tout à fait libérée des questionnements personnels à l'intérieur de moi, en me disant est-ce que j'ai raison et*

pourquoi je suis comme cela. Eh bien, du lendemain de cette formation, je ne me posais plus ces questions-là. Je me repositionnais par rapport aux autres, mon entourage proche, amical. Autrement dit, cela m'a simplifié vraiment la relation. » (Hélène, assistante de projet, 54 ans, GSP)

En arrêtant son « dialogue intérieur » sclérosant, la personne se libère et se connecte à l'équipe pour entrer dans une nouvelle dynamique.

(2) Repositionner la stratégie, se reconnecter, se mobiliser et aider à construire un discours

« Cela te renforce dans l'ancrage. L'ancrage que tu as par rapport à ce que tu es, comme un arbre qui plante bien ses racines, qui est solide. C'est-à-dire qu'il peut y avoir des vents mais il est ancré. Je pense que l'on ne peut pas se transformer sans être ancré sur ses principes fondateurs. Dans le principe de transformation, il y a des principes fondateurs que l'on ne peut pas renier. Ce sont ces fameux invariants. Si tu les renies, en fait, tu te perds. Et donc, la transformation, elle ne va pas être positive, efficace. Elle peut même être déviante. » (Véronique, CEO, 41 ans, GPS)

La personne a trouvé un point d'ancrage, solide, à partir duquel elle va sédimenter pour mener son projet de transformation.

(3) Mieux définir les projets selon une meilleure orientation

« Il y a eu un vrai partage. J'ai livré beaucoup de choses de moi qui sont venues aussi m'éclairer finalement. C'est-à-dire que si tu ne donnes pas et si tu ne prends pas le risque de dire, voilà comment je fonctionne, tu ne pourras pas avoir le retour en face. Et cela peut produire quelque chose. Je pense que si on a une idée de créer quelque chose ensemble, cela peut être assez beau de voir que finalement, ce qui fait notre différence peut nous faire aboutir à quelque chose d'unique. » (Franck, Éditeur, 50 ans, PGS)

La confrontation avec les autres permet de renforcer un projet et de l'élaborer en équipe pour davantage d'efficacité.

(4) Développer l'intelligence collective

« Cela m'a permis de me rendre compte qu'en fait, je me mettais des buts professionnels comme de vouloir changer le monde. Mais je ne savais pas

exactement comment. *Le fait de découvrir qu'une des motivations de mon noyau de singularité, est de rendre le monde meilleur et les gens plus heureux, de créer de la joie, de l'enchantement, cela m'a conforté dans mon objectif.* » (Sophie, en reconversion professionnelle, 32 ans, PSG)

Cette participante trouve la confirmation que la **raison d'être** de son projet professionnel est d'être tourné vers un objectif d'amélioration de la vie des autres, ce qui est en cohérence avec ce qu'elle ressent profondément.

(5) Accepter et gérer la continuité de l'entreprise

« *A un moment donné, il faut courir la bonne course. Et justement, cette révélation, elle t'aide à te concentrer sur les choses essentielles. Une entreprise qui au mépris de son histoire, et donc de sa singularité choisie d'attaquer des marchés avec des produits qui ne sont pas du tout dans son ressort, elle va se planter. Cela va prendre peut-être du temps parce que les gens sont bons, les gens travaillent, mais à un moment donné, elle n'y arrivera pas, ou dans la culture interne de l'entreprise, il y aura beaucoup moins d'harmonie.* » (Alexandre, chef de projet, 53 ans, SPG)

Pour mener des projets cohérents et sur le long terme, le dirigeant aura intérêt à tenir compte de l'histoire de son organisation, de ce qui la spécifie au risque de ne pas atteindre son objectif ou de s'épuiser.

(6) Construire la vision globale

« *Derrière le mot révélation, je mets éclairage. Si j'utilise une métaphore passer de l'autre côté du miroir, ouvrir une porte avec l'image de la lumière derrière la porte. Derrière révélation, je mets compréhension. Derrière révélation, je mets interconnexion. Parce que c'est vraiment un éclairage sur les interconnexions. Cela cadre très large, ce n'est ni situationnel, ni anecdotique.* » (Cécile, Présidente société, 47 ans, SGP)

La révélation permet la clarification et l'ouverture d'un nouvel horizon propice à la réflexion pour la construction d'un projet.

Les témoignages des participants montrent que la révélation s'opère systématiquement dans une forme de fulgurance au moment où la découverte du noyau de singularité vient apporter un éclairage sur la situation du participant. Cette clarification lui permet de se situer au niveau de sa finalité (**raison d'être**) de son savoir-faire et de sa matérialité donnant ainsi une perspective d'alignement. De plus, la révélation est stimulante car elle dévoile un point de repère stable (**invariant**) alors que l'entreprise doit s'ajuster à son environnement ou faire face à des crises (**mouvement**), ce qui a pour effet de procurer de la **sécurité** aux collaborateurs.

L'intervention du consultant favorise le moment « **eurêka** » : « *Quand il m'a révélé cela, je me suis reconnue parce que, quand il disait PSG, c'est encore un truc qui résonnait vraiment en moi et cela m'a permis d'éclairer énormément, énormément de choses* ». (Edwige, Directrice générale, 52 ans, PSG)

Durant la session de formation le consultant suscite de nombreuses interactions entre les participants d'un même noyau de singularité afin de leur permettre d'échanger sur des caractéristiques communes et également de pointer leurs différences. En outre, le consultant prend le temps de répondre aux questions des participants à propos de leur profil de singularité : il illustre les noyaux de singularité à l'aide d'exemples : vidéos (films avec des personnages caractéristiques, publicités pour des marques), de photos, de musiques, de *success stories* et de personnages exemplaires (acteurs, artistes, hommes politiques, etc.). Des participants ont parfois eu besoin du recours des consultants pour trouver ou confirmer leur noyau de singularité complétant ainsi leur auto-observation.

Nous avons également observé que sur les 21 participants, 2 avaient eu des réactions moins enthousiastes ou s'étaient montrés plus résistants à l'auto-catégorisation lors des formations. Pour autant, ils ont pu lors des entretiens semi-directifs faire part de bénéfices suite à la découverte de leur noyau de singularité, un temps de maturation plus long étant sans doute pour eux nécessaire.

Mais de manière générale, le participant vit une expérience transcendantale qu'il peine à décrire : « *j'ai du mal du coup à mettre des mots sur cet avant, cet après. Cela s'est fait d'un coup. Je pense que cela a pris sens petit à petit. Et que cela prend encore sens.* » (Estelle, Consultante junior, 22 ans, GPS) Les effets de cette expérience se manifestent dans la durée au fur et à mesure d'une prise de conscience.

Enfin, l'appréciation des participants en termes de changement était encore forte au moment de nos entretiens. Nous avons fait réagir les participants sur l'intensité de l'effet de la révélation. **Sur une échelle de 1 à 20, l'intensité moyenne rapportée par les participants est 16**. Ce qui témoigne de l'impact important ressenti par les participants au cours de ces formations.

10.3. Synthèse du chapitre 10

La démarche ethnographique illustrée par la vidéographie et l'analyse qualitative du retour des participants à une session de formation à la singularité identitaire a permis :

1) la mise en évidence de la **révélation** et ses **effets**,

2) de montrer que **l'orientation** de la révélation identitaire est en **cohérence** avec les noyaux de singularité des participants et permet de la prolonger par une modélisation en repérant les impacts sur les individus et les organisations.

L'éclairage de **l'angle mort** du consultant, par une illustration empirique de la signification de la révélation, en montre les multiples caractéristiques et effets : donner confiance aux personnes, les faire se sentir plus à l'aise et éventuellement accélérer les prises de conscience des décalages (départ et séparation de membres non adéquats à l'identité organisationnelle), se recentrer sur des stratégies plus proches de leur spécificité identitaire. Les consultants peuvent ainsi mieux préparer les clients aux changements probables afin que ceux-ci se fassent dans les meilleures conditions.

Cette conception de l'identité n'exclut pas la transformation organisationnelle mais suggère un **alignement** sur des invariants comme la meilleure orientation en gestion pour créer du sens, de la cohérence, de la confiance et de la puissance transformatrice pour l'individu, son organisation et son écosystème.

Ce chapitre a permis de considérer l'impact d'une intervention des consultants à un niveau individuel. Dans le chapitre suivant notre recherche va se focaliser sur l'organisation.

Chapitre 11. Étude monographique de dirigeants

11.1. Présentation de l'échantillon

Ce chapitre se concentre sur les effets d'un travail sur la singularité auprès d'organisations ayant fait à appel à la société PMS pour traiter des problématiques identitaires et pour lesquelles nous avons rencontré les dirigeants impliqués dans la démarche.

Pour répondre à la question de recherche : « Quelle valeur ajoutée peuvent apporter les interventions conduites par un consultant auprès de dirigeants, visant à clarifier l'identité de l'organisation ? », le plan de la collecte de données est le suivant :

1- un premier échantillon de 14 organisations avec guide d'entretien,

2- un deuxième échantillon de témoignages libres de clients de PMS à partir d'une source vidéo.

Premier échantillon :

Nous avons mené 14 entretiens (6 femmes, 6 hommes) semi-directifs entre 2016 et 2017 auprès de dirigeants et de responsables (fondateurs, présidents, directeurs généraux, membres de comités de direction) d'organisations. Les entreprises de l'échantillon ont des effectifs de 110 à 12 000 salariés pour des chiffres d'affaires compris entre 1,5 M€ et 4 Mrd€. Elles opèrent dans différents secteurs d'activité : robotique, logistique, BTP, téléphonie, banque, assurance, boulangerie-pâtisserie, syndicat professionnel, éducation.

Les répondants ont été confrontés à des difficultés ou des questions à propos de l'organisation qui les ont amenés à faire appel à des consultants et traiter de questions identitaires : crise actionnariale (groupe logistique), positionnement dans leur marché (téléphonie), changement de gouvernance (syndicat professionnel), modification de l'environnement règlementaire (banque), intégration (assurance), vision à long terme de l'entreprise (assurance, banque, robotique). Les personnes interviewées ont des profils séniors entre 44 et 61 ans et disposent d'une solide expérience professionnelle.

Le tableau 52 présente les organisations de l'échantillon et leurs caractéristiques ainsi que la fonction, le sexe et l'âge du répondant.

Organisation	Secteur d'activité	Chiffres clés dont effectifs, chiffre d'affaire (CA)	Répondant	Age du répondant/Sexe
ALDEBARAN ROBOTICS	Robotique	500 salariés, CA : 55 M€	Fondateur et CEO	58 ans/Homme
ATIC SERVICES – Groupe ARCELORMITTAL	Manutention portuaire et logistique fluviale	36 salariés, CA : 26 M€	Secrétaire générale groupe, membre comité exécutif – DRH	60 ans/Femme
BOUYGUES TÉLÉCOM	Téléphonie	7 334 salariés, CA : 4 761 M€, 13 millions de clients (mobile)	Directrice Marketing stratégique	50 ans/Femme
CFNR	Transport fluvial	110 salariés, CA : 130 M€	Président du directoire	61 ans/Homme
DELIFRANCE	Boulangerie, pâtisserie	3300 salariés, CA : 600 M€	Directeur marketing et opérations internationales	47 ans/Homme
EDMOND DE ROTHSCHILD	Banque	2800 salariés, Produit net bancaire : 315,4 M€, 15,5 Mrd€ sous gestion en banque privée	Directrice Communication et marketing groupe, membre du comité exécutif	57 ans/Femme
GEFCO	Logistique	12 000 salariés, CA : 4,2 Mrd€	Vice-président exécutif, membre du comité exécutif du groupe	45 ans/Homme
GMF	Assurance	6 600 salariés, 3,47 millions d'assurés	Chargé de mission, membre du comité de direction	55 ans/Femme
MAIF	Assurance	7 000 salariés, CA : 3,4 Mrd€, 10,7 millions de contrats	Directeur général groupe	52 ans/Homme
PRODISS	Syndicat professionnel	350 entrepreneurs, producteurs de spectacles,	Directrice Générale	44 ans/Femme

		diffuseurs, salles et festivals, CA adhérents du PRODISS : 1 Mrd€		
QUALIQUANTI	Etudes marketing	10 salariés, CA : 1,5 M€	Fondateur et CEO	55 ans/Homme
SPIE BATIGNOLLES	BTP	6 240 salariés, CA : 1,55 Mrd€	Membre du directoire, Président Génie Civil et Fondations, en charge du développement international et des grands projets d'infrastructures	46 ans/Homme
UNIVERSITÉ PARIS-DESCARTES (PARIS 5)	Education	32 000 étudiants, Budget : 229 M€	Professeur en Sciences du langage, responsable master expertises en sémiologie et communication	52 ans/Femme
YVES SAINT LAURENT COUTURE	Haute Couture	214 salariés, CA : 473 M€	Directeur Stratégique	52 ans/Homme

Tableau 52 : les 14 organisations de notre échantillon

Deuxième échantillon :

La recherche est complétée par des **témoignages libres** à partir d'une source vidéo de neuf clients de la société PMS réalisée en 2012 (tableau 53), qui font part des effets d'un travail sur la singularité de leur organisation. Cette source vidéo a permis de recueillir des données de clients différents pour servir de triangulation.

Organisation	Secteur d'activité	Chiffres clés : Effectifs, chiffre d'affaire (CA), ...	Répondant	Age du répondant/Sexe
ASMAE – SŒUR EMMANUELLE	ONG (Organisation Non-Gouvernemental e)	180 salariés, 103 bénévoles, 45 000 bénéficiaires directs	Président	65 ans/Homme

CNES	Spatial	2 500 salariés, CA : 2,3 Mrd€	Directeur Ressources Humaines	55 ans/Homme
GROUPE FIGARO	Presse	1 500 salariés, CA : 520 M€	Directeur général adjoint	48 ans/Homme
GROUPE VITTAVI MUTUALITE	Mutuelle santé	300 salariés, CA : 60 M€	Directeur général	43 ans/Homme
HEINEKEN FRANCE	Brasseur et distributeur	4 200 salariés CA : 1,8 Mrd€	Président	51 ans/Homme
LESSIEUR	Agroalimentaire	707 salariés, CA 2013 : 697 M€	Directeur Marketing	39 ans/Homme
MAIRIE DE VERSAILLES	Collectivité territoriale	86 000 habitants, Budget de fonctionnement : 133 M€	Directeur général adjoint des services	51 ans/Homme
NIVEA (GROUPE BEIERSDORF)	Cosmétiques	19 000 salariés CA : 6 Mrd€	Directrice RSE et communication corporate	53 ans/Femme
ROLLAND BERGER	Conseil en stratégie	2 700 salariés, CA : 900 M€	CEO	43 ans/Homme

Tableau 53 : les 9 clients de PMS en témoignage libre

11.2. Traitement des données

Les entretiens ainsi que la source vidéo ont été retranscrits et ont été codés à l'aide du logiciel QDA Miner pour élaborer des catégorisations. La source vidéo est comptabilisée comme un cas supplémentaire dans QDA Miner, soit au total 15 cas.

Tout d'abord, pour réaliser une première exploration du phénomène à l'œuvre dans notre matériau, nous avons examiné la fréquence des codes recensés dans la majorité des cas, soit au moins 2/3 des cas (tableau 54).

Code	Fréquence	% Codes	Cas	% Cas
le sens	74	3,60%	15	100,00%
révélation	56	2,70%	15	100,00%
mieux définir les projets selon une meilleure orientation	57	2,70%	14	93,30%
profondeur	50	2,40%	13	86,70%
impulser le changement	70	3,40%	13	86,70%

clarification	41	2,00%	13	86,70%
grille de lecture	59	2,80%	12	80,00%
identification	33	1,60%	12	80,00%
conscience	56	2,70%	12	80,00%
développer l'intelligence collective / pratiques collaboratives	52	2,50%	12	80,00%
repositionner la stratégie, se reconnecter, se remobiliser et aider à construire un discours pour porter une vision	47	2,30%	12	80,00%
les autres	70	3,40%	12	80,00%
le management	58	2,80%	12	80,00%
le soi	26	1,20%	11	73,30%
outil singularité	45	2,20%	11	73,30%
représentation	38	1,80%	11	73,30%
impact du temps	25	1,20%	11	73,30%
démarche identitaire	22	1,10%	10	66,70%
alignement	52	2,50%	10	66,70%
fondateur	30	1,40%	10	66,70%
énergie force	32	1,50%	10	66,70%
essence ADN	61	2,90%	10	66,70%
ressenti	17	0,80%	10	66,70%
accepter et gérer la continuité de l'entreprise	41	2,00%	10	66,70%
futur	22	1,10%	10	66,70%

Tableau 54 : les principaux codes présents dans plus de 2/3 des cas

25 codes sur 164 sont présents dans 2/3 des cas. La « révélation » et le « sens » sont présents dans 100 % des cas.

Ensuite, le tableau 55, permet d'examiner les codes qui ont la plus grande fréquence.

Code	Fréquence	% Codes	Cas	% Cas
le sens	74	3,60%	15	100,00%
impulser le changement	70	3,40%	13	86,70%
les autres	70	3,40%	12	80,00%

essence ADN	61	2,90%	10	66,70%
grille de lecture	59	2,80%	12	80,00%
le management	58	2,80%	12	80,00%
mieux définir les projets selon une meilleure orientation	57	2,70%	14	93,30%
révélation	56	2,70%	15	100,00%
conscience	56	2,70%	12	80,00%
développer l'intelligence collective / pratiques collaboratives	52	2,50%	12	80,00%
alignement	52	2,50%	10	66,70%
profondeur	50	2,40%	13	86,70%
repositionner la stratégie, se reconnecter, se remobiliser et aider à construire un discours pour porter une vision	47	2,30%	12	80,00%
comprendre	47	2,30%	9	60,00%
outil singularité	45	2,20%	11	73,30%
clarification	41	2,00%	13	86,70%
accepter et gérer la continuité de l'entreprise	41	2,00%	10	66,70%
l'appropriation	39	1,90%	7	46,70%
représentation	38	1,80%	11	73,30%
l'organisation	35	1,70%	7	46,70%
l'individu	34	1,60%	8	53,30%
identification	33	1,60%	12	80,00%
stabilité	33	1,60%	8	53,30%
énergie force	32	1,50%	10	66,70%

Tableau 55 : distribution des principaux codes par fréquences

24 codes ont les fréquences les plus élevées.

Au fur et à mesure du codage du matériau, les codes ont été regroupés selon leur sens, leur fréquence et leur taux de présence dans les cas de manière à former des catégories.

Au final 10 catégories principales ont été construites :

1	Révélation	Énergie	Intelligence spirituelle	Vision/sens	Effets
2	Outil de la singularité	Relation consultant-client	Autres outils	Appropria-tion de l'outil	Champs d'application de la singularité

1) 5 catégories concernent le processus de l'intervention de conseil : **révélation, énergie, intelligence spirituelle, vision/sens, effets ;**

2) 5 catégories sont axées sur : **l'outil de la singularité, la relation consultant-client, les autres outils connus du dirigeant, l'appropriation de la singularité et les applications possibles de la méthode du consultant.**

Nous allons analyser dans le détail le processus à l'œuvre en commençant par la mise en contact entre la société de conseil et le client.

11.3. L'intervention des consultants

Nous présentons ici les éléments de l'intervention de conseil de PMS à partir des catégories : « l'outil de la singularité », « la relation consultant-client », « les autres outils connus du dirigeant », « l'appropriation de la singularité » et « les applications possibles de la méthode ».

Les dirigeants des grandes sociétés rencontrés ont recours de manière générale à des cabinets de conseil conventionnels (type BCG, McKinsey, Ernst et Young). L'engagement de la mission montre qu'il n'est pas toujours facile pour un dirigeant de faire appel à une société de conseil qui présente un modèle alternatif, en l'occurrence PMS.

Nous présentons ici les arguments qui ont emporté la décision d'engager ce type de cabinet alternatif ainsi que les facteurs qui peuvent impacter négativement la prise de décision (tableau 56).

Facteurs positifs	Facteurs négatifs
La carte de visite : « *Ce qui était très apprécié, c'était que PMS avait un passé sur cette démarche. Pour des incroyants que j'avais dans mon Comex, c'était hyper important cette somme d'expériences.* » (Directrice Marketing stratégique, téléphonie). Les clients prestigieux de PMS et le récit des succès des missions créent de la confiance pour le client.	**La caution apportée par les cabinets plus classiques est davantage rassurante pour les donneurs d'ordre :** « *Cela a été assez compliqué de le faire entériner. J'ai essayé pendant plusieurs mois. Et je n'ai pas réussi tout de suite (...) C'était aussi une prise de risque.* » (Directrice Marketing stratégique, téléphonie)
L'exposée de la démarche ainsi que la méthodologie de l'outil de la singularité : « *Il y avait eu avant à peu près tous les grands cabinets de la place, McKinsey et consorts.* » (Membre Codir, assurance). Le caractère original et innovant de l'approche ouvre des perspectives de solutions aux clients. PMS est généralement appelé lorsque l'intervention d'un cabinet conventionnel n'a pas permis de solutionner le problème du client.	**Le volet original et novateur de l'approche peut être vu comme un facteur de risque par des clients peu sensibles aux approches « sciences humaines » :** « *C'est vrai que cela n'a pas toujours été facile de vendre des entretiens à des personnes qui peuvent être très réticentes à ce type de démarche.* » (Directrice Marketing stratégique, téléphonie)
La manière de réfléchir à la problématique apportée par le client : « *J'ai été tout de suite intimement convaincu qu'ils* (PMS*) étaient sur une autre dimension et un autre plan de conscience, un autre plan de positionnement de l'entreprise et de réflexion. Et j'avais trouvé que PMS avait vu les choses avec une grande profondeur.* » (CEO, robotique). PMS propose au client un raisonnement dans un nouveau paradigme c'est-à-dire une vision de l'entreprise au travers de la singularité identitaire.	**Le changement d'interlocuteur chez les donneurs d'ordre entre le moment de la mise en contact avec le consultant et la signature de la mission :** « *Je ne sais pas s'il travaille comme cela avec tout le monde. Enfin moi j'y ai passé beaucoup de temps. J'avais intégré le fait que je voulais apprendre. Donc cela prend du temps quand même.* » (Membre Codir, assurance) ; « *C'était vraiment moi et Aline, qui devions comprendre la méthode pour gérer aussi les groupes et parvenir à les mobiliser, à les impliquer.* » (Directrice générale, syndicat professionnel). Ce type de démarche nécessite une implication personnelle du donneur d'ordre. Cela contribue au lancement et à la réussite de la mission.
La manière de présenter les points d'étape de la mission : « *J'ai fait des choix audacieux (...) j'ai dit aux autres* (cabinets de conseil) *avec lesquels j'allais quasiment signer que je n'allais pas travailler avec eux et je me suis lancée avec PMS.* » (Directrice Communications et marketing, banque). Les restitutions des consultants sont basées sur l'analyse de la singularité du client et évitent les évaluations comparatives de type « benchmarking » avec les	**Quand l'interlocuteur du consultant n'est pas décisionnaire pour engager la mission :** « *Nous, on avait déjà eu un échange avec PMS. Ensuite, on a mis notre président et enfin les élus dans la décision. Et quand cela arrive en conseil d'administration, la décision est prise.* » (Directrice générale, syndicat professionnel) ; « *Il nous fallait quelque chose de concret pour pouvoir aussi montrer comment opérationnellement cela s'utilise. Je*

225

présentations en « camemberts » utilisées par les consultants. **Une lecture approfondie de la situation de l'entreprise ou du dirigeant** : « *C'était plus qu'un accompagnement.* » (Membre Codir, assurance) ; « *PMS a fait un très très gros travail, un énorme travail.* » (Directrice Communications et marketing, banque). Le consultant investit du temps auprès du client.	*voulais aller jusqu'à l'utilisation de la méthode par le service communication. Cela a montré par un exemple concret que cela marche. Ce n'est pas qu'une conviction, ce n'est pas qu'une vue de l'esprit, c'est une réalité* » (Membre Codir, assurance). L'approche de PMS étant originale, elle nécessite une imprégnation de l'interlocuteur. S'il n'est pas lui-même décisionnaire il peut rencontrer des difficultés à convaincre une hiérarchie davantage rassurée par les techniques utilisées par les cabinets en stratégie.

Tableau 56 : facteurs positifs et négatifs perçus par les clients de la démarche des consultants

Si les formats standards d'intervention des cabinets conventionnels en management ou en stratégie sont connus des dirigeants et les rassurent, en revanche la clarification de l'identité organisationnelle appelle des concepts et des méthodes originales souvent peu connus des dirigeants ou des conseils d'administration qui peuvent être considérés comme une prise de risque. Aussi, les clients ont en général besoin d'une première expérience avec l'outil de la singularité. Pour cela ils engagent les consultants pour une première mission qui leur permet de tester la solidité de l'approche. L'obtention de premiers résultats peuvent les inciter à engager une mission plus importante. « *c'est le résultat qui m'a donné envie de comprendre un peu mieux comment cela marchait et puis d'aller plus loin.* » (Membre Comex, assurance)

La réussite de la vente d'une mission requiert souvent du temps avec la construction d'une relation de confiance avec le futur client. Ainsi la communication de premiers éclairages pertinents par le consultant dès les premières rencontres démontre les capacités de son outil : « *je suis partie du résultat de l'outil* » (Membre Codir, assurance). En outre, la logique scientifique de la singularité est mise en avant à l'appui de l'activité de recherche de PMS : « *sa vision du monde qui est quand même assez originale, tout en étant rigoureuse et scientifique* » (Directrice Communications et marketing, banque).

Concernant les limites de la démarche des consultants, certains clients ont pointé l'absence de visibilité sur la destination de l'approche de

PMS en début de mission, ce qui peut être un frein : « *c'est super intéressant mais où est-ce qu'il nous emmène ?* » (Directrice Communications et marketing, banque). « *Il y a eu un passage au conseil d'administration où ils ne savaient pas trop vers quoi ils allaient aller ; surtout quand il a fait l'opération des souverains magiciens* » (Directeur général, syndicat professionnel).

« *On était très dubitatifs tous je pense sur : qu'est-ce que cette démarche-là allait amener. Les uns et les autres, on était un peu sur la défensive. Tiens, on ne parle pas de **marché**. On ne parle pas de **concurrent**. On parle de nous.* » (Vice-président exécutif, logistique)

La démarche peut surprendre les dirigeants. D'où la nécessité de clarifier les grandes lignes de l'approche des consultants dès la signature du contrat. Pourtant, après vérification, les contrats signés entre PMS et les clients inclus une présentation de la singularité et des méthodologies utilisées par les consultants du cabinet. De fait, l'explication de l'étonnement des clients est à chercher ailleurs.

Par exemple, nous avons constaté qu'en cours de mission des personnalités peuvent être dubitatives ou résistantes à ce type d'approche non conventionnelle : « *reçue très positivement par un certain nombre. Et négativement par d'autres, des gens qui n'ont pas compris ce que pouvait apporter PMS* » (CEO, robotique).

Certains dirigeants sont davantage habitués aux approches opérationnelles des cabinets de management ou au conseil en stratégie avec une présentation traditionnelle du **marché**, de la **concurrence** et des **matrices** (Porter, etc.) : « *des chefs d'entreprises qui sont plutôt dans le concret* » (Directrice générale, syndicat professionnel) ; « *je ne peux pas dire que les banquiers se sont follement intéressés au sujet* » (Directrice Communications et marketing, banque).

De plus, des managers peuvent avoir des problèmes plus pressants à gérer : « *quand vous êtes face à des gens qui sont pris par les urgences des crises opérationnelles, mais c'est juste à des années-lumière de leur problème, c'est peut-être intéressant, c'est peut-être vrai mais ils n'en ont juste rien à foutre.* » (Vice-président exécutif, logistique)

Enfin, l'approche étant jugée comme conceptuelle pour certains dirigeants, elle nécessite un temps d'apprentissage et un « *investissement important* » sur le sujet. Sinon, on peut observer un décalage entre ceux qui ont fait cet investissement et ceux qui s'intéressent au sujet de plus loin, ce qui peut occasionner des difficultés de communication à l'intérieur d'un groupe participant à la mission des consultants.

11.4. La singularité vue par les dirigeants

La revue de littérature a fait apparaitre des recoupements possibles entre les concepts de culture, d'identité et de singularité. C'est la raison pour laquelle, nous avons été attentifs aux verbatims des dirigeants quand ils s'exprimaient à propos de ces concepts. En voici une illustration dans le tableau 57.

Orientation	Culture	Identité	Singularité
Différenciation / unique	*« Beaucoup d'émotions, quelque chose de chaleureux entre nous. On organisait régulièrement des sorties, des soirées, des week-ends. Il y avait un truc fort entre nous, vraiment la notion de famille. »*	*« L'identité c'est l'ensemble du système. Ce n'est pas cela qui nous différencie : une Mercedes, c'est super bien fait. Mais une BMW aussi, c'est super bien fait. Pourtant les marques ne se différencient pas sur le 'super bien fait', elles se différencient sur d'autres choses. »*	*« Pour moi, c'est comprendre le caractère unique de ce que l'on peut être, que cela soit un individu ou une entreprise. »* *« La singularité c'est la composante qui va rendre le système unique. »*
Visible / non visible	*« La culture d'entreprise, c'est ce qui se fait, c'est ce qui se partage sans jamais le dire et l'écrire. »*	*« C'est ce que je donne à voir. Comment on rédige l'e-mail ? Comment on accueille les visiteurs ? Quel vêtement on choisit ? »*	*« Je dirai que c'est tout ce qui ne se voit pas, mais qui est évident. »*

Extérieur / intérieur	« La culture, c'est la manifestation de l'identité et de la singularité à travers les comportements et les actions. »	« Avant de savoir comment je me positionne par rapport aux autres, il faut d'abord que je me connaisse et que je découvre mon identité : qui je suis ? »	« C'est tout ce qui semble évident mais dont on n'a pas conscience ; cela fait des années que l'on sait sans s'en rendre compte. »

Tableau 57 : le point de vue des dirigeants sur les concepts de culture, identité et singularité

De l'analyse des verbatims ressort une proximité et une interaction entre identité et singularité. Si la première est utilisée pour répondre à un questionnement de l'ordre de « qui je suis ? », la seconde renvoie à une notion d'unicité. Dans un autre plan, la première renvoie à des caractéristiques visibles, la seconde à des éléments structurants intérieurs et non-visibles.

La culture est davantage utilisée pour évoquer le collectif, les signes, les rites et les attributs que l'organisation manifeste vis-à-vis de l'extérieur.

La figure 34 présente les fréquences de codes les plus élevées pour définir la singularité objet de notre recherche.

Figure 34 : graphe des fréquences de codes pour définir la singularité

Ainsi la singularité est en mettre en relation avec : la profondeur, l'essence, l'ADN, la colonne vertébrale de l'organisation, la clarification, la compréhension, le sens, la conscience, la révélation, une meilleure définition des projets, l'énergie, l'action mais aussi la stabilité. Elle apparait comme une grille de lecture qui permet d'accepter et de gérer la continuité de l'entreprise, d'établir une projection à long terme.

Ce répondant positionne ainsi la singularité : « *quand les moyens, la production, l'organisation, sont complètement déglingués, il faut d'abord remettre le malade sur ses jambes avant de lui dire : va attaquer l'Himalaya.* » (Président de directoire, logistique). Ainsi la singularité ne semble pas se situer dans un plan fonctionnel ou opérationnel mais plutôt dans un endroit qui touche au **moteur** de l'organisation.

11.5. La clarification de l'identité comme un processus

Nous allons maintenant analyser les cinq catégories principales : révélation, énergie, intelligence spirituelle, vision et sens, effets, qui rendent compte du processus (figure 35) de l'intervention de conseil.

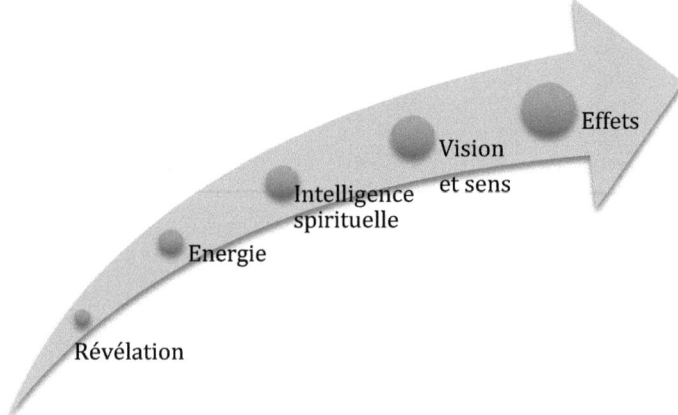

Figure 35 : le processus à l'œuvre lors de la clarification de l'identité par les consultants

Examinons chacune des catégories.

11.5.1. *La révélation*

L'analyse des verbatims a amené à construire la catégorie « révélation » (tableau 58). Il ne s'agit pas d'une interprétation mais de l'utilisation d'un mot « **révélation** » employé par les répondants dans **100% des entretiens** ce qui nous a poussé à des investigations.

Catégorie	Code
Révélation	Représentation, Révéler, Identification, Paradigme, Diagnostic, Chercher des réponses, Clarification, Déclic, Effet confirmatoire

Tableau 58 : les données de la catégorie « révélation »

Le consultant présente d'abord aux participants l'outil de la singularité. La révélation se produit au moment où les dirigeants identifient le noyau de singularité de leur organisation. Une autre façon de parvenir à la révélation est la mobilisation de **l'intelligence collective** avec l'élaboration d'un texte en commun par les membres exprimant la singularité de l'organisation (chapitre 3 et 9). *« La révélation était moins un effet que quelque chose issu d'un vrai travail d'analyse maîtrisée, profond, avec des concepts forts. »* (Directeur marketing, boulangerie, pâtisserie). Toutefois ce dirigeant a indiqué que la démarche semble au début **complexe** : *« c'était une démarche un petit peu compliquée mais c'est une gymnastique de l'esprit et c'est normal quand on rentre là-dedans pour la première fois. »* (Président du directoire, logistique). C'est en utilisant l'intelligence collective que des membres du Comex vont accéder à la singularité de leur organisation en élaborant un texte composé de phrases clés. *« Je pense qu'ils en ont été fiers. Puisque du coup, cela donnait clairement le rôle et la place qu'occupait cette organisation dans l'écosystème général et c'était une belle place. Simplement, il fallait effectivement consolider cette place et faire en sorte d'en être digne »* (Directrice générale, syndicat professionnel).

Le consultant a focalisé l'attention des dirigeants sur des problématiques identitaires auparavant non considérées : les dirigeants ont ainsi abordé la structure **profonde** de l'organisation qui est d'une nature différente de la **stratégie**. *« Quand les membres de la direction générale ont vu que justement leurs approches traditionnelles ne marchaient plus, du coup, ils ont essayé. Et après, j'avais l'intuition que cette démarche activait des choses assez puissantes et assez profondes. »* (Directrice marketing, téléphonie)

Les dirigeants prennent conscience de caractéristiques de leur entreprise dont ils ignoraient l'existence. En tout cas, les méthodes qu'ils utilisaient jusqu'à présent, soit en interne, soit par le biais de consultants ne permettaient pas d'accéder à la profondeur de l'entreprise. Or la révélation consiste à rendre apparent aux yeux des dirigeants des éléments qui ne sont pas a priori visibles sans une analyse approfondie. Autrement dit le dirigeant peut passer à côté d'éléments structurants de son organisation sans s'en apercevoir. *« Le fait de ne pas l'avoir révélé, fait que l'on peut passer à côté longtemps. »* (Vice-président exécutif, logistique)

Cette révélation est considérée comme une **force** pour le collectif (les autres) même si au final elle apparait comme une **évidence** : *« même une évidence quand on ne la révèle pas, on peut passer à côté pendant des années. »* (Vice-président exécutif, logistique)

Ce répondant ajoute : *« Et on s'est dit : mais en fait, cette histoire-là, elle nous saute aux yeux. Tout converge pour arriver à cette conclusion-là mais cette conclusion-là on ne la tire pas. Tout simplement parce qu'il y avait cette chose qui était non révélée. »* Une fois que se produit la révélation, le résultat se présente comme **évident**. Mais le dirigeant ne pouvait pas y parvenir à cause d'une pièce manquante, sorte de clé de voute qui permet de tenir l'ensemble d'un raisonnement : la **singularité**. *« Cela peut être un levier énorme pour le collectif »* (Vice-président exécutif, logistique).

Un déclic

Les répondants ont essayé de décrire ce moment de révélation mais ne sont pas toujours parvenus à mettre des mots sur cette expérience. Ils ont surtout exprimé des **ressentis** dans leur corps : *« cela fait un déclic, comme un truc que vous sentez, et puis tout d'un coup, pouf : ah* *oui, c'est cela que j'ai en tête depuis longtemps mais je n'avais jamais réussi à l'exprimer comme cela.»* (Membre CoDir, assurance).

Sans l'apport d'une aide extérieure, un élément évident et important pour le pilotage de l'entreprise peut ne pas attirer l'attention du dirigeant. Ainsi, la révélation n'est pas toujours le fait d'une nouveauté : le manager pris par le quotidien, ne détecte pas des signaux importants qui sont pourtant devant ses yeux.

La singularité est aussi vécue comme une **expérience** : *« cela a été un **électrochoc** pour les membres du conseil d'administration, mais cela leur a fait à tous du bien : cela était une expérience très bénéfique. Ils se sont pris quand même beaucoup de choses dans la figure même si ce n'est pas eux perso mais c'est forcément eux qui incarnent le syndicat de par leur mandat. Et c'était aussi particulièrement violent pour le président parce qu'il était décrit comme personnifiant le syndicat et c'était très dur. Mais je crois que peut-être qu'au fond d'eux, ils en étaient tous conscients et que finalement il était bien que ce soit dit par un tiers (…) Ils savent que cela leur a permis de consolider beaucoup de chose et de grandir. »* (Directrice générale, syndicat professionnel)

La méthode prend en compte l'émotionnel. Cet émotionnel reste maitrisé avec le consultant grâce à une approche orientée solution qui crée une énergie, qui enclenche une dynamique positive. De plus, la distance du consultant dans sa relation avec le client permet l'émergence de la révélation.

Un effet confirmatoire

« C'est parce que cela confirmait ce que nous on sentait ou on ressentait. Donc, après, on ressentait les choses mais on n'avait pas nécessairement les actions derrière pour les modifier. » (Directrice générale, syndicat professionnel). La confirmation d'être sur la bonne voie passe par des sensations ou des impressions. La démarche permet au dirigeant de confronter son ressenti : *« j'ai l'impression que cela confortait plutôt pas mal d'intuition. »* (Directeur général, assurance)

Un autre effet de la révélation est le réflexe des membres d'un Comex de comparer leur propre profil individuel à celui de l'entreprise et *« de voir dans quelle mesure tout cela s'articule bien. »* (Directeur général, assurance)

La révélation permet également de **lever les non-dits** : « *je pense qu'ils ont compris que, ce n'est pas parce que nous on sait que c'est évident, c'est souvent dans le non-dit.* » (Membre CoDir, assurance).

« *Une révélation du connu en fait, c'est quelque chose que l'on a et puis tout d'un coup, c'est révélé par cette approche-là* » (Membre CoDir, assurance).

En synthèse la révélation se produit à la suite d'une **tension** à laquelle est confronté le dirigeant : 1) le dirigeant sait qu'il y a un problème non résolu dans l'organisation, qui lui pose question, provoque de l'anxiété ; 2) quelque chose se produit dans l'organisation mais qui n'est ni vu, ni su par les dirigeants (par exemple : un tabou, un non-dit) ; 3) le dirigeant ne cherche pas la solution dans la bonne direction ou au bon endroit ; 4) l'organisation est en crise et le dirigeant ne sait pas par quel bout prendre le problème.

La figure 36 présente l'analyse des cooccurrences avec le code « révéler ».

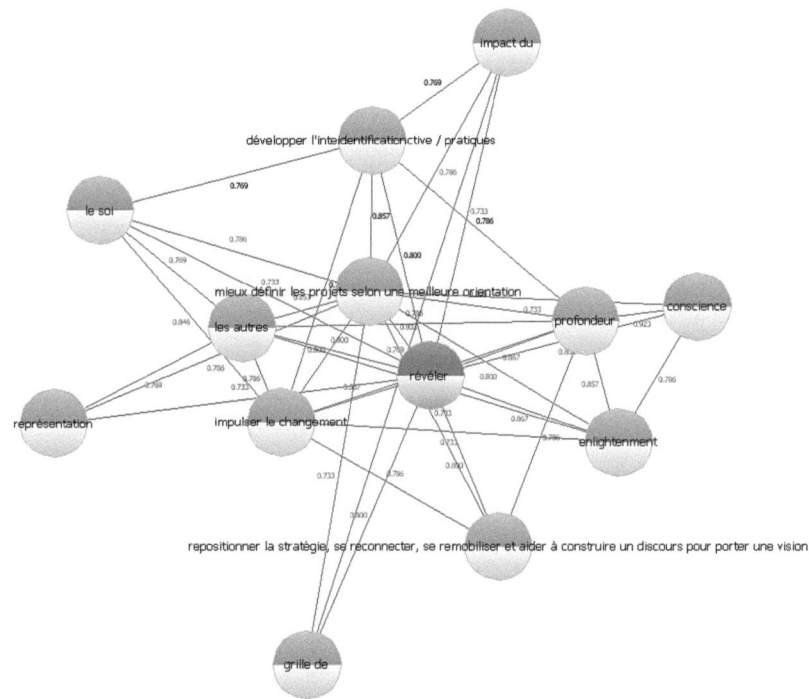

Figure 36 : analyse des cooccurrences avec le code « révéler » (QDA Miner)

La **révélation** se manifeste dès la première phase de l'intervention du consultant qui consiste à énoncer au dirigeant le noyau de singularité de son organisation. Pour cela le consultant peut également faire appel à un exercice en intelligence collective. Les participants prennent alors **conscience** de caractéristiques **profondes** de leur l'organisation. Ce nouvel **éclairage** ou **grille de lecture** va permettre au dirigeant de considérer autrement sa problématique et ouvrir des perspectives pour élaborer une **meilleure définition** des projets en cours, un **repositionnement** de la stratégie. Cette étape de la révélation est préalable à la mise en œuvre du **changement**.

11.5.2. L'énergie

Nous avons constaté que la révélation peut avoir un impact pour **impulser le changement** et **l'action**, redéfinir les projets avec une nouvelle orientation, repositionner la stratégie, construire un discours pour porter une vision.

Catégorie	Code	Fréquence	% Codes	Cas	% Cas
énergie orientée interne et externe	profondeur	35	2,10%	11	91,70%
énergie orientée interne et externe	force	29	1,80%	8	66,70%
énergie orientée interne et externe	chercher des réponses	18	1,10%	8	66,70%
énergie orientée interne et externe	ressenti	14	0,90%	8	66,70%
énergie orientée interne et externe	introspection	12	0,70%	6	50,00%
énergie orientée interne et externe	l'action	12	0,70%	6	50,00%
énergie orientée interne et externe	émotion	4	0,20%	4	33,30%
énergie orientée interne et externe	intense	9	0,50%	4	33,30%
énergie orientée interne et externe	ouverture	3	0,20%	3	25,00%
énergie orientée interne et externe	de l'aide	2	0,10%	2	16,70%
énergie orientée interne et externe	catalyseur	3	0,20%	2	16,70%
énergie orientée interne et externe	réaction	10	0,60%	1	8,30%
énergie orientée interne et externe	ressource	1	0,10%	1	8,30%
énergie orientée interne et externe	apparence	1	0,10%	1	8,30%
énergie orientée interne et externe	ancrage	2	0,10%	1	8,30%

Tableau 59 : les codes affectés à la catégorie « Energie » (QDA Miner)

« J'ai trouvé la révélation à la fois naturelle, et en même temps hyper riche, effectivement par rapport à tout ce que l'on avait à faire parce que c'était exactement ce que j'intuitais. Cela donnait plein de

ressources, plein d'angles de vue, plein de matières pour réinventer notre futur. » (Directrice marketing, téléphonie).

Ainsi la révélation a pour conséquence de donner de l'**énergie** au dirigeant et à ses équipes. C'est la raison pour laquelle nous avons rapproché des codes autour d'une catégorie « énergie » (tableau 59) pour aider à comprendre ce qui se joue.

Nous nous sommes principalement intéressés à la « profondeur », code qui est présent dans 92% des cas. Par ailleurs les codes « force », « chercher des réponses », « ressenti » sont présents dans 2/3 des cas.

Le décryptage par le consultant à l'aide de l'outil de la singularité aide à comprendre des stratégies globales comme des enjeux de gouvernance et d'actionnaires. « *Cette démarche activait des choses assez puissantes et assez profondes.* » (Directrice marketing, téléphonie). Pour trouver des réponses le dirigeant accède à un plan de réflexion distinct du niveau stratégique (**surface**) qui requiert de la **profondeur** et ouvre à un questionnement **intérieur**.

Le travail en profondeur était devenu une nécessité pour cette organisation, ce qui a motivé le recours à l'intervention de consultants : « *j'ai eu l'impression qu'on allait aborder les choses d'une façon plus profonde, plus spécifique* » (Directrice communication, banque).

Le besoin d'accéder à des éléments en profondeur de l'organisation fait apparaitre une **relation entre la stratégie et la singularité identitaire**.

La société de ce dirigeant marchait bien et se développait « *on était dans une entreprise qui grandissait, en permanence on précisait la stratégie, mais je sentais bien que je n'avais pas le sous-titrage de "qui était mon entreprise"* » (CEO, robotique). Le dirigeant avait ici besoin d'une analyse en profondeur de la **raison d'être** de son entreprise pour peaufiner sa **stratégie** notamment vis-à-vis de son actionnaire : « *on n'était ni en management, ni en stratégie, on était sur autre chose. Je peux le formuler maintenant : sur la **singularité** de l'entreprise ou l'**ADN** de l'entreprise, ou la **valeur profonde** qui sous-tendait l'entreprise.* » (CEO, robotique)

Un autre dirigeant a mené avec les consultants une réflexion sur la vision avec l'objectif de faire une projection de l'entité vers le futur.

Pour cela il avait besoin d'un décodage extérieur pour élaborer le projet de transformation de l'entreprise. Ce travail a eu pour conséquence d'articuler le plan **stratégique** de l'organisation c'est-à-dire la réponse fonctionnelle ou opérationnelle « *la réponse classique j'allais dire, minimale* » (Directeur général, assurance) à un premier plan : la **singularité** « *les avantages compétitifs de l'entreprise qui lui sont propres et qui la distinguent du reste du marché : la qualité de la relation client et de service rendu aux clients, le management par la confiance et donc, qui **dépassent** le cadre strict de son activité ou de son objet social.* » (Directeur général, assurance)

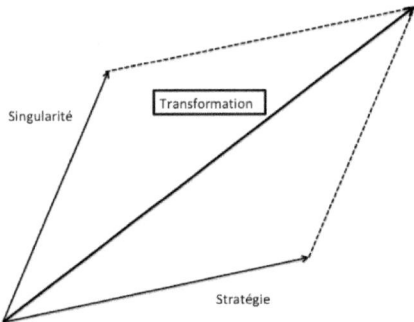

Figure 37 : la transformation comme la résultante de la stratégie et de la singularité

Ainsi pour ce dirigeant, la transformation est la résultante de deux plans : la **singularité** (identitaire) et la **stratégie** (fonctionnel, opérationnel). L'équilibre entre ces plans permet la meilleure transformation : elle respecte à la fois **l'esprit** de l'entreprise et sa force **opérationnelle** (figure 37).

La singularité est comprise par ce dirigeant comme « *un vecteur pour porter le projet, le communiquer. Je pense que l'on aura réussi quand on en sera là, que les gens internalisent la singularité, se soient **alignés** avec cela, sentent qu'il y a un vrai alignement et que l'on fasse en fonction de cela mais sans forcément regarder ni le pédalier, ni la boîte de vitesse.* » (Vice-président executive, logistique)

Un autre répondant définit cette notion de vecteur :

« *PMS fabrique un vecteur. Un vecteur c'est une intensité, une direction, une longueur, un sens. Ces 3 éléments : c'est une orientation, une flèche qui lui donne un sens et une longueur qui lui donne une intensité. Donc PMS permet de se mettre dans une dynamique. On comprend dans quelle dynamique on est. On comprend son rôle sur le marché, du coup on sait ce que l'on a à faire. Cela c'est génial. Un vecteur qui met dans une dynamique de travail et que tout le monde comprend* » (Directeur stratégie, haute couture).

Ainsi l'analyse de la catégorie « énergie » met en contraste deux plans distincts : 1) la stratégie, niveau d'action familier des managers ; 2) la singularité identitaire : niveau de réflexion nouveau pour le dirigeant en relation avec la structure profonde de l'organisation.

11.5.3. L'intelligence « spirituelle » comme une « ideo »

La mise en énergie du fait de la révélation déclenche un processus de réflexion « intérieur » du dirigeant, qui s'apparente à une démarche spirituelle. Le concept d'intelligence spirituelle n'a pas émergé immédiatement mais est le résultat du regroupement de codes relatifs à l'exploration du questionnement intérieur du dirigeant, en sous catégories (tableau 60). L'émergence d'une catégorie principale « l'intelligence spirituelle » fait écho à la révélation.

Sous-catégorie	Code
Régulation	Faciliter, Stabilité
Extrospection	Clarification, Comprendre, Accepter et gérer la continuité de l'entreprise
Temps	Impact du temps, Maturation, Long terme, Accélérateur, Disponibilité, Futur
Passage de l'implicite à l'explicite	Invisible, Grille de lecture, Expérience, Autrement, Faire un lien, Écoute, Intuition, Évidence, Ressenti

Tableau 60 : synthèse des catégories et des codes associés à l'intelligence spirituelle

L'intelligence spirituelle est vue comme une « ideo » au sens d'une représentation.

Ce dirigeant ne savait pas au début de la prestation des consultants où la démarche le mènerait : « *très souvent dans les entreprises, quand*

239

*vous avez ce genre de démarche, elle ne part pas de si loin. Elles sont moins introspectives. Elles restent à un niveau : qu'est-ce que l'on a envie de **faire** ? Qu'est-ce que l'on a envie **d'être** ? Sinon, les choses restent à un niveau **stratégique**. C'est-à-dire notre position sur le marché : que font les concurrents ? Quelle est notre part de marché ? Quels sont les éléments différentiels, la manière de faire une offre... Mais cela reste au final, quand je compare avec cette méthode-là, quelque chose de beaucoup plus **superficiel**. »* (Vice-président exécutif, logistique). L'apport de la singularité permet de mener un projet de transformation en allant au-delà d'une analyse de marché en mettant à jour des éléments **fondamentaux** et qui permettent une projection à **long terme** : *« quels étaient les **permanents** de l'organisation, les intangibles. »* (Directeur général, assurance)

*« Chacun après ce travail réalisé et mené à son terme, est rentré dans son service avec une idée extrêmement claire de ce qu'était son entreprise et de ce qu'elle n'était pas. Et c'est vrai que quand on travaille dans une entreprise depuis de nombreuses années, on a tendance à perdre de vue ses **fondamentaux**, les choses qu'il faut qu'elle **respecte** pour être elle-même. »* (Directeur général adjoint, presse)

Le **ressenti** (un ensemble des choses que l'on ressent) est exprimé dans 2/3 des cas (67%). Il forme l'opinion que le dirigeant a d'une situation qui peut passer par des émotions et des sentiments.

L'intervention des consultants permet : 1) une relecture de *« choses beaucoup plus personnelles »* qui lient l'individu à une organisation et 2) de *« faire des liens et des projections dans des jobs futurs »* : *« cela m'a interpellé au sens où je ressentais que dans cette boîte-là, il y a un truc que j'avais envie de faire avec elle »* (Directeur marketing, boulangerie, pâtisserie).

*« Je mets des mots sur ce que je **ressens** et je suis à l'aise pour aller raconter un certain nombre de choses »* (Directeur marketing, boulangerie, pâtisserie). Donc, cela permet **d'incarner** une impression ressentie sur la pratique d'une organisation, dans ce cas en interaction avec les franchisés et avec des consommateurs, que ce directeur rencontrait. *« Au fond, ils avaient l'impression de se redécouvrir en*

disant : *oui, mais c'est nous cela, oui c'est bien nous cela, c'est comme cela que l'on travaille. ».* (Directeur marketing, boulangerie, pâtisserie). Ce dirigeant se retrouve comme dans un effet miroir, confronté au mode de fonctionnement de sa société.

« *On a **ressenti** le besoin à la fois d'une projection sur le long terme, dans un environnement que l'on pressentait déjà à l'époque comme étant très mouvant.* » (Directeur général, assurance). La nécessité de travailler la stratégie sur le long terme de cette grande société, n'est pas exprimée par son dirigeant avec des principes rationnels à l'appui (financiers, études de marché, ...) mais par un sentiment **intérieur** au dirigeant, presque intuitif qu'il exprime avec le mot « *ressenti* ».

L'outil permet de « *confirmer ce que nous on sentait ou on ressentait* » (Directrice générale, syndicat professionnel). Une fois ces éléments exprimés, la singularité permet de travailler les actions à mettre en place pour faire évoluer une situation.

Le ressenti prend une importance particulière chez certains dirigeants : « *Il y a ce que je ne comprends pas, mais ce que je ressens. Et pour moi, ce ressenti-là est aussi important, voir plus que comprendre* » (Membre de directoire, BTP).

Du ressenti à la prise de conscience

« *Cela leur fait un déclic comme un truc que vous sentez* » (membre de comité de direction, assurance).

« *C'était plus encore quelque chose qui était assez instinctif, cette entreprise me plait bien, c'est quelque chose qui restait de l'ordre de l'instinct* » (Directeur marketing, boulangerie, pâtisserie)

« *Donc, voilà, ma modalité guerrière je la sens bien. J'ai toujours essayé de me démarquer* » (CEO, études marketing).

« *C'est difficile d'expliquer aux autres, de faire ressentir* » (CEO, robotique).

Ce ressenti permet au dirigeant d'aboutir à une **prise de conscience** par un chemin **non rationnel** mais issu d'un travail d'analyse de son organisation à l'aide du consultant :

« *On se voyait régulièrement une fois par mois pour aborder ces thèmes-là et, essayer de dégager à la fois par une démarche introspective, à titre **individuel** et, une démarche **collective** entre les* membres du groupe de travail, une sorte de prise de conscience qui a été assez longue. On était tous conscients du besoin et de l'enjeu » (Vice-président exécutif, logistique). Ce verbatim montre également **l'interaction** entre le dirigeant et l'entreprise.

Ce ressenti est de l'ordre d'une « *vibration* » qui met en « *mouvement* ».

Ainsi la singularité apparaît comme une convergence d'éléments évidents : « *on se rend compte que dans certains cas de figure, on est bien, on se sent bien avec ce que l'on fait, on est en phase avec ce que l'on fait.* » (Vice-président exécutif, logistique). Ce sont des faisceaux convergents qui permettent de conduire l'entreprise progressivement vers sa singularité.

La révélation du noyau de singularité amène aussi à une prise de conscience.

« *Parce que si je regarde rétrospectivement Monsieur T., en prenant conscience qu'il était un producteur, il est resté dans ce rôle : il est resté focalisé sur son champ d'action, sur le concret, sur la production. En tant que guerrier, Monsieur P. a joué le guerrier jusqu'au sacrifice* » (Secrétaire générale, logistique fluviale).

La facilitation

Ce dirigeant est en recherche de ce qui lui permet de faciliter le **fonctionnement des équipes** dans un projet d'intégration de différentes entités dans une structure commune :

« *Pour faciliter, il fallait que l'on travaille ensemble. Donc, pour travailler ensemble, quand on ne veut pas reconnaître la différence c'est un peu compliqué. Donc l'intérêt que je voyais dans cette approche-là c'était de faire des petits films sur une situation donnée : dans la culture A, voilà comment on s'est vu, dans la culture B, voilà comment on s'est vu et idem dans la culture C. Parce que, quand individuellement ou sur un petit groupe vous le faites, les gens comprennent et du coup on peut travailler, on peut discuter en respectant nos différences.* » (Membre Codir, assurance)

Ce directeur général estime avoir compris comment **se servir du passé** pour grandir sans le rejeter : « *On ne vit pas simplement dans le passé. On s'en sert pour ne jamais oublier d'où l'on vient parce que l'on* est ce que l'on est aujourd'hui parce que l'on a eu ses pères du passé qui étaient effectivement des personnalités du secteur très fortes. Il faut juste un petit peu s'en dégager. C'est aussi pour cela que l'on a mis en place des présidents d'honneur, des choses comme cela. Il faut bien dire que l'on sait d'où l'on vient, par contre, maintenant on est assez grand pour se débrouiller tout seul et ne pas leurs être redevable à vie. Mais néanmoins il ne faut pas raser son passé. Ce n'est pas comme cela que l'on construit quelque chose. » (Directrice générale, syndicat professionnel)

Un travail de **congruence** qui consiste à porter pour le dirigeant un discours qui soit juste par rapport à l'entreprise et pertinent par rapport à la concurrence.

« *Mon entreprise sait faire les choses sans efforts, si j'arrive à comprendre quels sont ses ressorts internes, comme si elle était un organisme vivant.* » (Membre de directoire, BTP)

La singularité apparait ainsi comme un support pour le management des équipes.

« *On a beaucoup de choses à apprendre de ce qui ne change pas.* » (Membre de directoire, BTP)

Malgré la transformation de l'entreprise, des **principes persistants** se font jour :

« *Et il y a des aspects que j'avais négligés ou que je n'avais pas entendus, et qui petit à petit ressortaient au fur et à mesure des modifications. J'allais me replonger dans le travail de PMS et je trouvais des solutions à des problèmes que je me posais. C'est pour cela que je suis allé les rechercher* (PMS) *en 2008.* » (Directrice communication et marketing, banque)

Malgré des changements de gouvernance « *l'essence même de la singularité de la société n'était pas transformée* » (Directrice communication et marketing, banque). La singularité apparaît ainsi comme un **pivot de la transformation** autour duquel le dirigeant peut penser le **long terme** de l'organisation. Ce qui permet un travail de **projection** « *pour conduire ce travail de projection de l'entreprise à moyen et long terme, on est parti de la singularité de la société pour* *précisément la projeter sans se trahir en quelque sorte »* (Directeur général, assurance).

La clarification

Rétrospectivement ce répondant estime que cela a éclairé les difficultés qu'il a rencontrés dans le management de sa société : *« cela m'a permis d'y voir beaucoup plus clair et de mettre en place des méthodes qu'aujourd'hui les adhérents saluent »* (Directeur général, syndicat professionnel).

« Il y avait une évolution, mais c'était plus une évolution de la compréhension de notre métier » (Directrice communication et marketing, banque). L'entreprise prend conscience de ses points forts et découvre qu'elle a une manière de faire particulière pour résoudre une crise avec un client par exemple. Les équipes trouvent immédiatement la mise en place des bonnes solutions : *« il y a un alignement de la boite qui est extraordinaire »* (Vice-président exécutif, logistique).

Une prise de conscience de qui on est : *« je pense que cela était le début de la prise de conscience, de ce que j'étais, de ce que j'aimais, de comment je fonctionnais. »* (Directrice marketing stratégique, téléphonie).

Le dirigeant trouve des clés de lecture au sujet de ses propres moteurs et de ses propres comportements : *« cela m'a sécurisé dans cette idée que **j'étais à ma place**, dans mon rôle et que je faisais ce que je devais faire »* (Secrétaire générale, logistique).

A l'issu de ce travail un répondant a une idée extrêmement claire de *« qu'est-ce qu'était son entreprise »* et *« qu'est-ce qu'elle n'était pas »* : *« Et c'est vrai que quand on travaille dans une entreprise depuis de nombreuses années, on a tendance à perdre de vue ses fondamentaux, les choses qu'il faut qu'elle respecte, pour être elle-même. »* (Directeur général adjoint, presse)

11.5.4. Le sens et la vision

Nous avons analysé les sous-catégories relatives au sens, à l'existentiel et aux grands enjeux (tableau 61), montrant qu'une démarche de réflexion intérieure permet au fur et à mesure de faire émerger une vision chez le dirigeant.

Sous-catégorie	Code
Sens	Construire la vision globale, Le sens, Valeur
Existentiel	Conscience, Fondateur, Essence, ADN, L'histoire, Incarnation, Socle
Grands enjeux	Mieux définir les projets selon une meilleure orientation, Réflexion, Prise de recul

Tableau 61 : synthèse des catégories et des codes associés à la vision

Ce dirigeant de grosse « *startup* » cherche à comprendre, au-delà de son objet social ou son activité, le « pourquoi » de sa société, c'est-à-dire sa **raison d'être** : « *je n'avais jamais pris conscience que ce que je faisais, c'était pour quelque chose de plus grand* » (CEO, robotique).

Dans ce grand groupe, en panique, ce dirigeant témoigne : « *on ne savait pas où on habitait et après, on savait parler de notre futur, on savait de nouveau l'envisager et le mettre en verbe* » (Directrice marketing stratégique, téléphonie).

Le sens

Les approches traditionnelles de conseil auxquelles cette organisation avait eu recours n'avaient pas permis de traiter la question du sens. « *Fondamentalement, je sentais que notre problème, était un problème de mis en mouvement de la boîte et du corps social après ce que l'on venait de prendre dans les dents.* » (Directrice marketing stratégique, téléphonie).

Or, un travail sur le sens permet de faire émerger le sentiment qu'il y a un avenir possible, un positionnement pour la société « *qui correspondait en plus à nos **racines** et à nos **gènes** avec lequel les gens entraient en résonance positive assez vite quand on le leur présentait.* » (Directrice marketing stratégique, téléphonie).

Le sens permet de reconstruire un « *storytelling* » positif alors que la société se trouve dans une situation mortifère. Cela permet de refonder, ressouder d'abord l'équipe dirigeante. « *une fois que l'on avait cet accord où tout le monde se sentait bien avec ce nouveau positionnement cela a permis la réécriture de l'histoire dans la continuité et l'écriture d'un futur qui semblait à la fois cohérent,* convenant avec notre identité et puis possible par rapport à l'environnement. » (Directrice marketing stratégique, téléphonie).

A partir du positionnement identitaire, cela permet la **déclinaison** pour le positionnement marketing, communication et la redéfinition du business modèle. « *Toutes nos actions de communication étaient nourries par ce travail. En tout cas moi, en tant que directeur de la communication, cela m'a vraiment servi de colonne vertébrale* » (Directrice communication et marketing, banque). Cela nécessite la mise en œuvre d'un travail d'appropriation, avec par exemple un séminaire d'imprégnation proposé aux collaborateurs « *pour vraiment remettre toute la boîte d'équerre et dans le bon sens* » (Directrice marketing stratégique, téléphonie).

« *Alors, je pense que dans l'état d'esprit des gens, c'était un changement assez fort. Notamment ceux qui ont participé au groupe de travail, etc. Parce que cela a créé une dynamique positive, un* **sentiment d'appartenance**, *cela a créé du sens.* » (Vice-président exécutif, logistique).

Le sens permet d'inscrire dans la **durée** les réformes et changements à mener. Un participant indique que ce travail leur a servi pendant 10 ans. « *Cela nous a vraiment servi de matériaux de base.* » (Directrice communication et marketing, banque).

Cela crée du confort et le sentiment que l'entreprise va dans la bonne direction comme une évidence « *dans ce qui est sa capacité, ses capacités* **naturelles**. » « *L'objectif est d'amener l'entreprise dans ce qu'elle sait faire.* » (Membre de directoire, BTP).

Pour un autre dirigeant, trouver le sens, a été le sentiment de pouvoir intégrer « *le bon plan et la bonne dimension* » (CEO, robotique). Ce plan ne se situe ni en management, ni en stratégie mais plutôt au niveau de « *l'ADN de l'entreprise* » (CEO, robotique).

Le **sens** permet au dirigeant de trouver un **alignement** pour son organisation et rejoint la question de la **profondeur**.

« *Qu'est-ce qui vient de moi ? Qu'est-ce qui ne vient pas de moi ? Qu'est-ce qui est aligné avec ma singularité ? Qu'est-ce qui ne l'est pas ?* » (CEO, études marketing).

Éviter l'éclatement : « *on était vraiment à la veille de s'effondrer avec un éclatement en interne des membres qui partaient* ». Ce travail a permis de fédérer : « *de retrouver le ciment qui a justifié que nous soyons tous au sein de cette organisation* » (Directrice générale, syndicat professionnel).

Le travail sur la singularité permet une compréhension de la **valeur immatérielle** de l'organisation : « *Cela m'a chargé d'une immense responsabilité* » (CEO, robotique).

Afin d'en savoir davantage sur la relation entre **l'alignement** et la **profondeur**, nous avons fait un codage sélectif sur la profondeur et l'alignement avec une analyse de cooccurrences (figure 38).

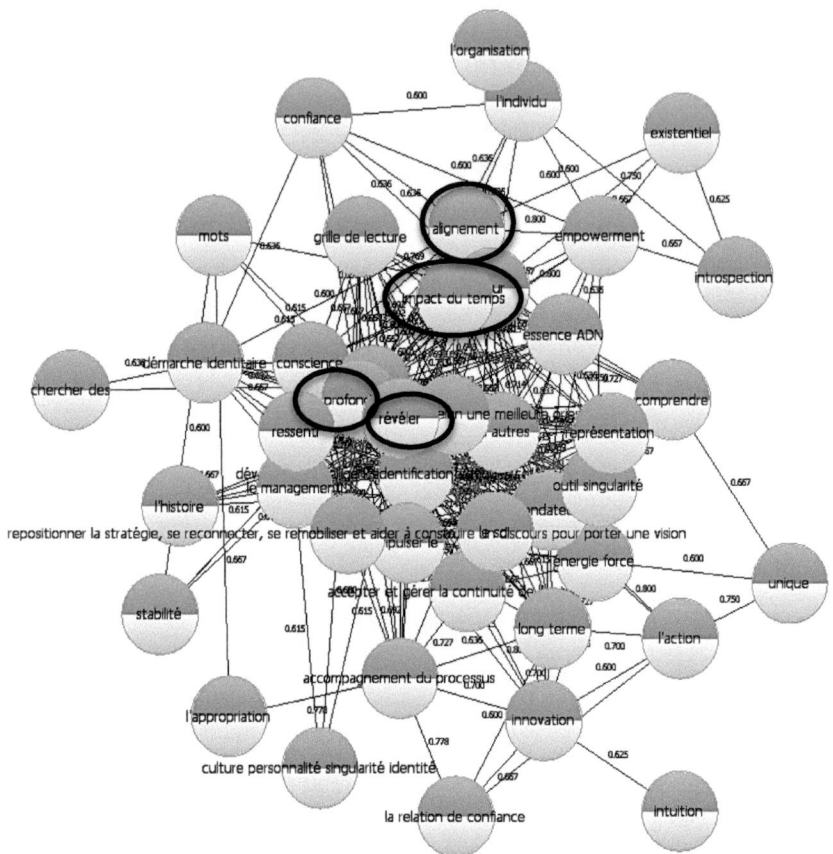

Figure 38 : analyse des proximités à partir de l'alignement et la profondeur

A cette occasion, l'analyse des proximités sous QDA Miner a également fait émerger la question de la temporalité. Nous avons utilisé le logiciel Decision Explorer (figure 39) pour expliciter dans un premier temps les liens entre la **profondeur** et l'**alignement**.

Dans un deuxième temps nous explicitons les liens avec la temporalité dans le sous-chapitre 11.6.

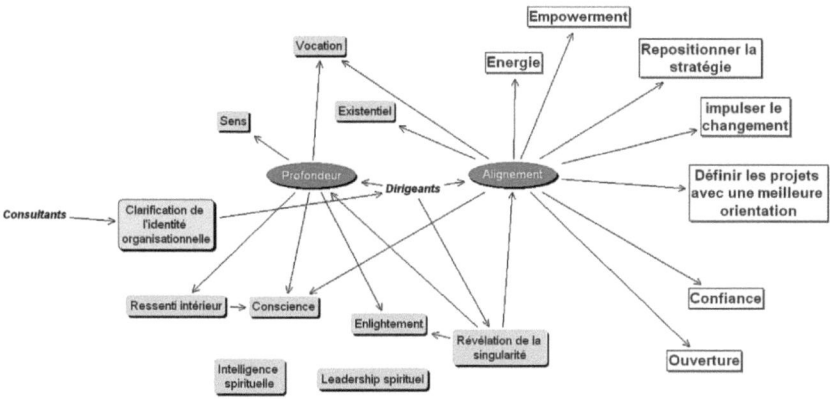

Figure 39 : les liens avec la profondeur et l'alignement issus du codage sélectif

La **clarification** de l'identité organisationnelle par les consultants provoque un questionnement du dirigeant à propos du **sens** de son organisation, de sa **vocation**. Il effectue ainsi un travail de définition de la **raison d'être** de l'entreprise. Ce travail va passer par son **ressenti** intérieur de la situation, des prises de **conscience**. A l'appui de ces éléments le dirigeant va cheminer dans un objectif **d'alignement** cohérent entre le dispositif opérationnel de l'entreprise et les éléments de sa fondation (**profondeur**). C'est grâce à cet alignement, en résonnance avec la raison d'être de l'entreprise que le dirigeant impulse le **changement**, crée de la **confiance** au sein des équipes, repositionne la **stratégie**.

11.5.5. Les effets ou la « praxis »

Les effets d'un travail sur la singularité ont été analysés à l'appui des catégories et codes présentés dans le tableau 62.

Catégorie	Code
Bien-être	Joie, Soulagement, Bienveillance, Réconcilier, Équilibre, Évolution, Renaitre, Confiance, Remise en question
Empowerment	Empowerment, Dignité, Légitimité, Irréversible, Accomplissement, Alignement
Socialisation	Le soi, Les autres, L'organisation, L'individu

Stratégie	Avantage concurrentiel, Le marché de l'entreprise, Les clients de l'entreprise, Repositionner la stratégie, se reconnecter, se remobiliser et aider à construire, Impulser le changement, Développer l'intelligence collective, pratiques collaboratives

Tableau 62 : catégories et des codes associés aux effets

Nous étudions ici les effets de l'intervention du consultant au sens de la « praxis » c'est-à-dire la pratique ou l'action qui transforme le sujet.

Ainsi un répondant nous raconte avoir mené la refonte du positionnement marketing en se rebranchant aux « *racines identitaires de son organisation* » (Directrice marketing stratégique, téléphonie).

La prise en compte de la singularité permet de construire l'entreprise non pas en référence aux autres mais sur un ancrage intrinsèque beaucoup plus profond.

Ce type d'analyse très fondatrice peut apparaitre comme « *quasi-mythologique* » (Directrice communication et marketing, banque), ce qui engage les dirigeants.

Le tableau 63 présente une illustration des différents effets à l'aide de verbatims.

Lorsque le dirigeant s'aligne sur sa singularité, il peut libérer sa pleine puissance

La singularité permet un point d'appui stable depuis lequel le dirigeant va pouvoir développer son entreprise. Il peut également s'appuyer sur cet axe pour trouver et définir sa place ainsi que celle de ses collaborateurs. Ainsi ce dirigeant qui réalise un investissement dans une startup, a défini l'organisation après une analyse de son projet par la singularité : « *je veux faire un truc qui sera grandiose et je sais que je n'y arriverai que si moi, mais les autres aussi, nous sommes tous à fond sur notre singularité, que l'on puisse se lâcher* » (CEO, robotique). Il y a un effet libérateur : ce dirigeant a pris conscience que sa singularité ne constitue pas une problématique mais au contraire lui confère une manière de faire particulièrement efficace.

Le soi	**Joie / enthousiasme** La découverte de sa singularité apparaît comme stimulante : « *c'est quelque chose qui est enthousiasmant. Votre singularité, quand vous mettez le doigt dessus, vous vous sentez à l'aise avec (...) on se sent bien (...) on a l'impression d'être efficace, d'être en phase avec nous-mêmes* » (Vice-président exécutif, logistique). **Confiance / Rassurance** « *Le fait de savoir que je suis complètement en phase avec l'entreprise, m'a redonné la confiance en moi et m'a redonné aussi le punch pour mener les batailles suivantes. Y compris les dernières batailles pour l'amener vers un autre actionnaire.* » (Président directoire logistique)	**Soulagement / espoir** « *Parce que les gens étaient quand même relativement désespérés. On avait envie de s'en sortir quand même. Donc, finalement c'était une démarche qui donnait de l'espoir.* » (Directrice marketing stratégique, téléphonie) « *Et du coup, c'était plus une espèce de libération* » (Directeur marketing, boulangerie, pâtisserie) **Congruence** Porter un discours juste par rapport à l'organisation et qui soit pertinent : « *c'est bien cela notre histoire, c'est bien cela que nous sommes, c'est bien notre identité dans le discours : d'où on vient, notre philosophie, notre rôle sur le marché et ce qui nous différencie des autres* » (Directeur marketing, boulangerie, pâtisserie)
Les autres	**Bienveillance** « *Cela m'a permis de ramener concrètement des gens en situation de confort : on peut alors avoir une vraie interaction.* » (Dirigeant, BTP)	**Réconcilier** « *Cela permet de mettre chacun en bonne disposition. C'est-à-dire que je suis ce que je suis avec mon fonctionnement, l'autre, il est différent mais justement, est-ce que je ne peux pas écouter ce qu'il me dit ?* » (Membre Codir, assurance)

Positionnement	Trouver un équilibre	Alignement
	« Cela ne sert à rien que j'aille à contre-courant. Ou alors j'irai à contre-courant le jour où je voudrai vraiment créer un clash, mais si je veux juste vivre tranquille, il y a des choses qu'il faut que je fasse et des choses qu'il ne faut pas que je fasse. Je m'organise pour m'adapter ainsi et cela me donne de la liberté. » (Dirigeant, BTP)	*« A un moment donné, il faut être aligné par rapport à ce que l'on est. Et l'alignement cela ne veut pas dire non plus que l'on ne va pas changer.* **Mais on va changer à partir de ce que l'on est.** *Cela aussi c'était important. »* (Membre Codir, assurance)

Tableau 63 : les principaux effets de processus de la révélation

La singularité comme une grille de lecture dans le cadre d'un rapprochement d'entités

Dans le cadre d'un groupe d'assurance réunissant plusieurs marques de mutuelles, ce dirigeant cherchait une grille de lecture : *« quand on se met d'un point de vue de cette entité, nous on a plutôt tendance à fonctionner comme cela »* (Membre de comité de direction, assurance). Cette grille permet une meilleure compréhension du fonctionnement des différentes entités et de construire la stratégie sur des bases saines : les dirigeants se confrontent sans s'affronter et favorisent la performance du groupe. *« Cela permet de dégonfler les situations et de mettre des gens très différents autour d'une table, et de pouvoir vraiment échanger, sans que chacun se sente soit méprisé, soit non reconnu. »* (Membre de comité de direction, assurance)

Le recrutement de membres de la direction

Dans le cadre de la composition du Codir, ce dirigeant a souhaité compléter son équipe en tenant compte de la singularité des candidats pour jouer la complémentarité dans un objectif d'une meilleure efficacité : *« il y en a deux qui étaient plus récents, que l'on a volontairement recrutés sur des profils différents. Cela nous a aussi obligé à accepter ce qui pour nous était évident et ce qui pour eux ne l'était pas »* (Membre de comité de direction, assurance).

Donner des consignes claires pour le management

Dans cette entreprise qui a aligné ses procédures internes sur sa singularité, le mangement est en mesure de transmettre des consignes claires aux équipes : « *soyez à fond dans votre expertise, soyez à fond dans votre singularité. Pas de compromis : le reste, laissez tomber, ne vous en occupez pas.* » (CEO, robotique). Ici les équipes face à un client ne perdent plus de temps à négocier un marché en dehors du cadre de leur savoir-faire principal. En revanche ils focalisent davantage leur attention et leur compétence sur le cœur de métier de l'entreprise.

11.6. La temporalité

La description des effets de l'intervention des consultants montre une relation avec le temps, ce qui nous amène à analyser la sous-catégorie relative à l'impact du temps : Temps, Impact du temps, Maturation, Long terme, Accélérateur, Disponibilité, Futur. En effet certains répondants évoquent une fulgurance et d'autres des effets décalés dans le temps.

Nous avons fait une analyse de cooccurrence des codes sous QDA Miner et nous avons utilisé Decision explorer pour réaliser une présentation graphique des résultats.

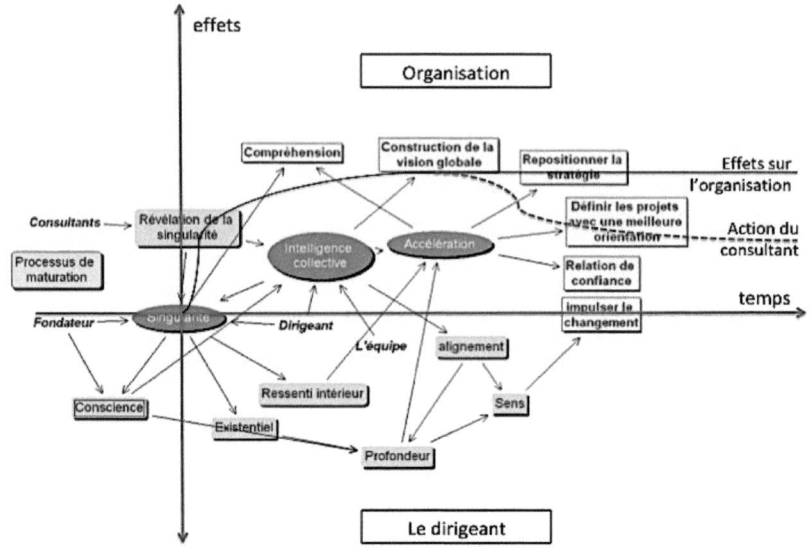

Figure 40 : codage sélectif de la sous-catégorie "temps"

La figure 40 se lit de gauche (révélation de la singularité de l'organisation aux dirigeants) à droite (effets dans le temps). En haut de la figure sont positionnés les effets produits sur l'organisation et sur la partie basse les effets en relation avec le dirigeant en tant que personne.

Nous observons au moment de la révélation une **fulgurance intuitive** : « *je me suis bien retrouvé et cela me parlait bien. Et après, ce qui m'a vraiment aidé et qui m'a mis en mouvement autour de cela, c'est ce côté fulgurance intuitive.* » (CEO, robotique)

Cette fulgurance permet au dirigeant en mobilisant l'intelligence collective d'aller directement à l'essentiel, ce qui produit une accélération des projets.

L'accompagnement du dirigeant par le consultant va permettre de maintenir cet effet accélérateur.

Par ailleurs, on constate qu'il y a des effets durables car la réflexion touche le « moteur de l'entreprise » : « *Les principes fondamentaux sur lesquels on s'est arrêté avec la singularité, vivent toujours et donnent toujours naissance à de la **valeur ajoutée.*** » (Président, brasseur et distributeur)

Travailler à sa singularité c'est faire une sorte de diagnostic avant de passer à l'action : « *On fait le constat et après on fait le diagnostic et puis après, on décide du remède mais c'est un autre temps.* » (Directeur stratégie, haute couture)

« *Mais **longtemps après**, maintenant, cela **m'aide** bien. Je suis en train de créer une nouvelle boite. Et dans cette nouvelle boite, je veux me lâcher. Je veux être à fond moi-même. Et donc, cette fulgurance intuitive, si je l'appelle comme cela, je serai à fond là-dedans.* » (CEO, robotique)

Fin 2017, soit quelques mois après notre entretien semi-directif, ce dirigeant a créé une jeune pousse spécialisée dans l'intelligence artificielle et annonce une levée de fond de 10 millions d'euros en amorçage auprès de plusieurs fonds[40].

Le dirigeant peut se projeter dans la durée : « *On a ressenti le besoin à la fois d'une projection sur le long terme, dans un environnement que l'on pressentait déjà à l'époque comme étant très mouvant.* » (Directeur général, assurance). Ce dirigeant a ainsi exploré les **racines** de l'organisation pour se projeter le plus loin possible dans l'avenir : « *en gardant justement ce qui constitue l'identité et la singularité de l'entreprise.* »

« *Au bout de quelques rendez-vous, j'arrivais à voir plus clair là où en était l'entreprise, d'où elle venait et ce qu'il fallait faire pour la remettre sur les rails et lui redonner de la perspective.* » (Directeur général, mutuelle santé)

---

[40] Les Echos Entrepreneurs, Bregeras, G., 06/02/2018.
https://business.lesechos.fr/entrepreneurs/financer-sa-creation/0301244375384-bruno-maisonnier-reunit-10-millions-d-euros-pour-son-nouveau-projet-anotherbrain-318419.php.

Les effets dans le temps sont illustrés par les verbatims du tableau 64.

La mission de conseil produit des effets sur le long terme (1)	Un temps d'appropriation nécessaire (2)	Des effets décalés dans le temps (3)
« Cela roule et cela a perduré après, même quand j'avais quitté la boîte, j'ai des collègues qui étaient restés, qui me rappelaient en me disant : est-ce que tu peux m'envoyer (le dossier PMS) *parce que voilà, je voudrais me replonger dedans, etc. Donc c'est vrai qu'il y avait eu un matériel énorme et qui a continué à irriguer les démarches marketing et les démarches de conduites du changement au niveau humain pendant longtemps. »* (Directrice marketing stratégique, téléphonie)	*« Les consultants nous ont accompagnés pendant un trimestre. Et après ils nous ont lâchés dans la nature parce que l'on avait les codes, les cartes en main et que l'on était apte à le faire seul. Et aujourd'hui, on applique toujours les méthodes de PMS. »* (Directeur général, syndicat professionnel)	*« Entre le moment où cela produit un changement dans les états d'esprit, les façons de faire et le moment où cela se traduit dans les résultats concrets de la boîte, il y a beaucoup de temps. »* (Directrice marketing stratégique, téléphonie) *« Les leçons que l'on en tire et les conséquences ne sont pas toutes immédiates. »* (directeur communication et marketing, secteur bancaire)
« Cela nous a servi pendant 10 ans de matériau de base. Toutes nos actions de communication étaient nourries par ce travail. Cela m'a vraiment servi de colonne vertébrale » (Directeur communication et marketing, secteur bancaire)	*« La vraie difficulté de cette approche-là c'est qu'elle est quand même assez conceptuelle et qu'il faut quand même un ticket d'entrée, pas accessible. Enfin, il faut du temps. Ce n'est pas que c'est difficile d'accès, c'est qu'il faut du temps pour le faire. Et les gens ne prennent pas de temps pour cela. »* (Membre Codir, assurance)	*« Mais ce qui est intéressant c'est que chez nous, cela devient un effet retard. C'est-à-dire que PMS a révélé très tôt un aspect dans l'ADN de notre société (…) PMS avait décelé des points qui se sont exprimés quelquefois plusieurs années après. »* (directeur communication et marketing, secteur bancaire)
Ce dirigeant écrit à PMS : *« Nous mettons vos conseils en application depuis deux ans. Tout arrive »* (dirigeant, secteur	*« on se voyait régulièrement une fois par mois pour aborder ces thèmes-là. Et, essayer de dégager à la fois par une*	*« C'est une méthodologie, plus on la fréquente, plus on voit sa pertinence et son applicabilité »* (CEO, études marketing)

téléphonie mobile)	*démarche introspective, à titre individuel, et, une démarche collective entre les membres du groupe de travail, une sorte de prise de conscience qui a été assez longue. On était tous conscients du besoin et de l'enjeu.* » (Vice-président exécutif, logistique)	

Tableau 8 : illustration des effets dans le temps

(1) Les effets dans le temps perdurent alors que l'intervention de conseil est terminée. Certains clients ont tiré un bénéfice de la méthode ou en voit les effets plusieurs années après la fin de l'intervention des consultants. Parfois le consultant reste en appui par du coaching pour accompagner le dirigeant dans la mise en œuvre opérationnelle du changement.

(2) L'appropriation de la méthode demande parfois du temps. En revanche, une fois **l'appropriation** réalisée, elle permet de faire fructifier l'investissement de départ du client.

(3) Les résultats s'apprécient dans la durée. La démarche du consultant est à contre-courant des analyses stratégiques axées sur le positionnement de l'organisation par rapport à un concurrent ou par rapport à une gamme de service, etc. Cette démarche, centrée sur l'organisation du dirigeant est très descriptive de la situation profonde de l'entreprise. « *Elle est donc beaucoup plus dérangeante. C'est cela qui fait que cela prend plus de temps.* » (Vice-président exécutif, logistique)

« *Parce que très souvent dans les entreprises, quand vous avez ce genre de démarche, elle ne part pas de si loin. Elles sont moins introspectives. Elles restent à un niveau stratégique. C'est-à-dire notre position sur le marché. Que font les concurrents ? Quelle est notre part de marché ? Quels sont les éléments différentiels, la manière de faire une offre, etc. Mais cela reste au final quelque chose de beaucoup plus* **superficiel.** » (Vice-président exécutive, logistique)

Le travail sur la singularité identitaire sert de pivot au dirigeant sur le **long terme** sur lequel il peut s'appuyer chaque fois que nécessaire pour piloter la stratégie, gérer les crises, mesurer les évolutions.

« Parfois je relis encore le compte rendu de la mission de PMS pour me souvenir des écueils que nous avions, pour éviter à nouveau de les retrouver, pour regarder également comment nous progressons. Et d'ailleurs, on est en contact actuellement avec PMS parce que nous leur avons demandé de faire un bilan quelques années après. Je pense que l'on n'a pas mal progressé mais on a eu aussi d'autres crises à affronter. Et je souhaite que là en 2017, PMS fasse un bilan que nous présentions à l'Assemblée Générale 2017. C'est-à-dire 4 ans après, de voir comment on a avancé. Les points que nous pourrions encore améliorer, cela me semble important. Donc oui, c'est un document de **référence** *que je garde. Quelque chose qu'il faut s'approprier en permanence. »* (Directrice générale, syndicat professionnel)

Lorsque le dirigeant relie les comptes-rendus de la mission des consultants, il se nourrit à nouveau du travail sur la singularité, qui lui sert de point d'appui pour améliorer ses pratiques et œuvrer à la pérennité de son organisation.

Construire un destin	*« Chaque organisation a un destin : l'intervention de PMS donne corps, explique véritablement comment l'organisation peut se singulariser, creuser son sillon et construire son destin. »* (Directeur général adjoint, collectivité territoriale)
Représenter la relève / transmettre	*« On se disait : sœur Emmanuelle ne sera pas éternelle. C'est le cas de tout un chacun mais enfin, elle en plus, elle avait déjà plus de 90 ans à l'époque. Donc, en tant que président de l'association et avec le conseil d'administration et l'ensemble des personnes qui y travaillaient, on se posait la question de savoir, comment représenter sa relève. »* (Président, ONG)
Se projeter dans le futur	*« On a conduit un travail de projection de l'entreprise à moyen et long terme : on est parti de la singularité de la société pour essayer précisément de la projeter sans se trahir en quelque sorte »* (Directeur Général, assurance).

Tableau 9 : réflexions de dirigeants sur la pérennité de l'organisation

Ces dirigeants (tableau 65) veulent comprendre au-delà du stratégique, ce qui guide une entreprise dans la durée, ce qui lui permet de se pérenniser, de continuer d'exister malgré des changements dans son environnement.

11.7. Synthèse du chapitre 11

La « **révélation** » se positionne comme une manifestation au début de l'intervention des consultants qui ouvre à un processus (énergie, ideo) qui favorise l'émergence du « **sens** » (vision, praxis). Le sens en résonnance avec la **raison d'être** « le pourquoi ? » permet au dirigeant d'accéder à la singularité de l'organisation. En outre, les notions d'alignement, de profondeur et de temps se sont avérées centrales dans le codage sélectif.

« La théorie, c'est quand on sait tout et que rien ne fonctionne.
La pratique, c'est quand tout fonctionne
et que personne ne sait pourquoi. »
Einstein

SOUS-PARTIE 3. ANALYSE : APPROCHE VARIABLE

Cette troisième et dernière sous-partie développe, en s'appuyant sur une analyse centrée variable nos apports théoriques et managériaux.

Rappelons notre schéma directeur des méthodes employées dans notre recherche empirique (figure 41) :

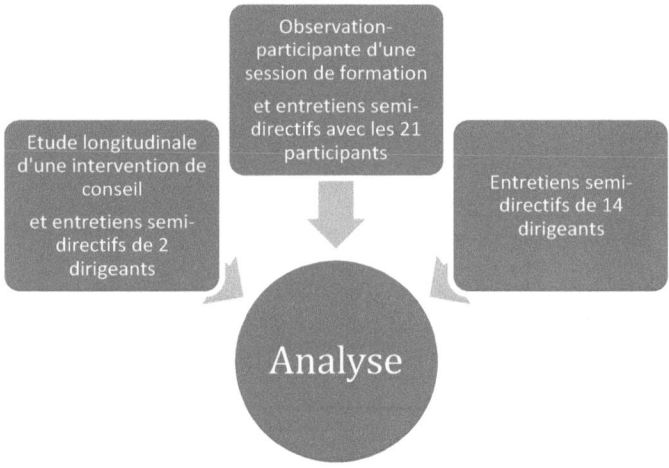

Figure 41 : schéma directeur de la recherche empirique

L'étude longitudinale a consisté dans une approche ethnographique à observer une intervention des consultants à propos de la clarification de l'identité organisationnelle auprès d'un client. Ensuite, l'étude de cas de participants à une session de formation a permis une focalisation sur l'étape de la révélation de la singularité identitaire par le consultant, et son orientation. Enfin, la monographie des dirigeants a mis l'accent sur l'observation d'un processus systématique dans les effets de la révélation de la singularité identitaire par le consultant.

Chapitre 12. Résultats transversaux

12.1. Introduction

Ce chapitre conceptuel présente les résultats du codage sélectif que nous avons opéré dans notre matériau empirique. Il est consacré à l'approche « orientée variable » dans la perspective proposée par Miles et Huberman (1994), l'objectif étant de déceler des thèmes transversaux dans notre étude longitudinale et nos deux monographies (participants à une formation et dirigeants). Les dynamiques propres à nos différentes études empiriques seront alors minimisées derrière l'analyse de « l'alignement », « la profondeur » et « le temps », catégories qui se sont avérées centrales lors du codage sélectif.

Toutefois, l'utilisation de catégories plus abstraites peut conduire à perdre la richesse et les spécificités du terrain de recherche, au fur et à mesure que le niveau d'abstraction s'élève (Garreau, 2011, Voynnet-Fourboul, 2012). Nous avons donc réalisé un compromis entre l'utilisation de catégories de niveau d'abstraction faible, permettant de proposer des résultats novateurs en fonction des spécificités du terrain (approche « orientée cas »), et l'utilisation de catégories plus abstraites en cherchant la généralisation des éléments théoriques (approche « orientée variable »).

12.2. Les hauts-dirigeants comme point de départ d'une démarche identitaire

Le prérequis d'une intervention de conseil sur une problématique identitaire est de commencer la sensibilisation directement avec les dirigeants compte tenu de la profondeur de la démarche *« il faut partir du haut sinon personne ne nous suit »* (Membre Codir, assurance). En effet, l'identité touchant à « l'essence », au « moteur » de l'entreprise, le dirigeant est directement concerné. Dans un deuxième temps seulement, la démarche est diffusée au management et aux services opérationnels : *« le fait que la communication soit basée sur la singularité, cela a touché des milliers de salariés »* (figure 42).

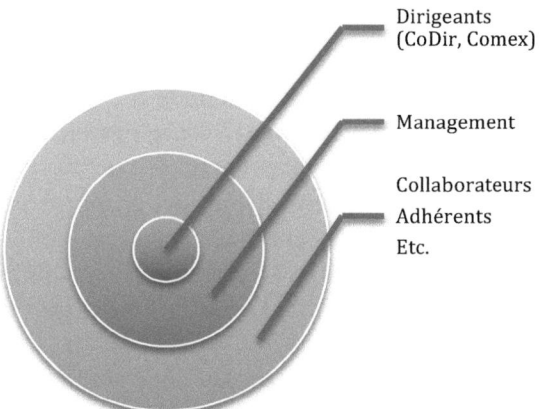

Dirigeants
(CoDir, Comex)

Management

Collaborateurs
Adhérents
Etc.

Figure 42 : l'intervention du consultant débute avec les principaux dirigeants avant d'être élargie au management et aux collaborateurs, voire aux clients

A titre d'illustration, **voici un exemple de problématique rencontrée par un dirigeant.** A la suite d'un changement de capital le dirigeant s'est posé la question : « *une fois que vous êtes vendu par votre maison mère, vous vous retrouvez dans le grand marché concurrentiel et vous devez définir votre propre trajectoire. C'est-à-dire vous devez vous prendre en main et définir ce que vous avez envie d'être sur le marché* » (Vice-président exécutif, logistique). Ce changement de capital a demandé une réflexion **au-delà** des problématiques financières. Le dirigeant a demandé à son équipe de l'aider à répondre à la question : « *Comment définir ce que nous voulons devenir ?* » Ce questionnement sur le **sens** a été le point de départ d'une démarche identitaire menée avec les membres du Comex, une fois par mois à l'aide des consultants. C'est à cette occasion que des questions **existentielles** ont émergé : « *qui sommes-nous ? Quel est notre rôle ? Que pouvons-nous apporter au marché ? Quelle est la place pour les actionnaires, pour les salariés et pour les partenaires ?* » Ainsi, c'est au cours de la mission des consultants que la problématique identitaire a été posée. **L'auto-observation** des dirigeants n'était pas suffisante pour situer la problématique dans la profondeur de l'entreprise.

Par ailleurs, les membres d'un Comex à titre individuel, n'ont pas forcément la même singularité que celle de leur organisation. Dans ce cas-là, le consultant peut accompagner les dirigeants à mettre leur singularité au service de celle de l'entreprise et non l'inverse. Le risque étant en effet, pour les dirigeants d'aller à l'encontre de la logique identitaire de leur société, ce qui pourrait avoir un effet contre-productif. Cela leur permet au fur et à mesure d'en comprendre plus finement le sens, de projeter leur organisation vers l'avenir à partir de qu'elle est, de son essence.

En outre, dès lors que les dirigeants mettent des mots sur la singularité de l'entreprise ils peuvent mieux l'incarner et la communiquer à leurs équipes : « *les collaborateurs sont censés être des ambassadeurs : s'ils ne comprennent pas leur organisation, ils ne peuvent pas en exprimer la singularité. Donc, un des premiers objectifs a été de traduire notre singularité par des mots* » (Directrice marketing et communication, banque). Des ateliers en intelligence collective (chapitre 9) par un travail à partir du discours du fondateur et de la communication *corporate* de l'entreprise permettent l'expression et l'appropriation de la singularité par les équipes sur la base d'un texte commun.

Toutefois la démarche peut parfois être considérée comme difficile d'accès. Les dirigeants des grandes entreprises habituées à consommer du conseil auprès de cabinets traditionnels préfèrent d'abord tester cette démarche non conventionnelle sur un groupe restreint (sorte d'examen de passage) et proche (principaux dirigeants, Comex) qu'ils élargissent ensuite à une intervention à grande échelle. C'est la pertinence du diagnostic du consultant à l'appui de sa méthodologie et ses propositions originales qui incitent les dirigeants à prolonger la mission.

1) La mission commence souvent avec un petit groupe de travail au niveau du Comex. Elle s'étale sur plusieurs mois (6 à 9 mois), à raison d'une à deux séances de travail par mois et/ou d'un travail d'interviews avec un rendu au Comex. L'enjeu de cette période pour la direction est de

comprendre, d'accepter, et de s'approprier la méthode. La révélation de la singularité identitaire par le consultant, c'est-à-dire lorsque le dirigeant entre en résonnance avec ce qui est dit à propos de son entreprise, constitue le point de départ de la démarche.

2) Une fois la phase d'appropriation par le Comex réalisée, s'en suit souvent une phase de déploiement au reste de l'entreprise. Elle peut prendre différentes formes : déploiement aux directions des grands pays ; en masse auprès de l'ensemble des collaborateurs ; sur plusieurs champs applicatifs (ressources humaines, communication, marketing, financier, etc.) ; aux clients et salariés par des campagnes de communication et de publicité.

La fin de la mission peut prendre plusieurs formes :

1) après l'intervention des consultants, le client a besoin d'une période d'expérimentation des effets du travail, en autonomie, avant de faire appel, de nouveau, au consultant pour approfondir tel aspect de sa problématique ou élargir la prestation à d'autres secteurs de l'entreprise.

2) des équipes peuvent estimer ne pas être prête à se lancer dans un changement profond que suscite la démarche, ce qui peut entrainer une protection, un repli sur soi.

3) les effets de l'intervention ne sont pas toujours immédiats et peuvent être décalés dans le temps en raison d'un processus de maturation qui s'enclenche. Durant cet intervalle, entre les efforts produits par les équipes et les résultats concrets, des collaborateurs moins sensibles à la démarche des consultants sont tentés de faire pression auprès des directions pour mettre fin à la mission.

4) la révélation peut être stimulante mais aussi difficile à accepter : c'est un moment de remise en question qui peut être déstabilisant (angoisses, les équipes se disent des vérités). Toutefois l'approche des consultants prend en compte la gestion de ce volet émotionnel en ouvrant immédiatement des champs de solutions.

12.3. Une interaction entre le dirigeant et l'organisation par une double boucle

L'apprentissage en simple boucle, de niveau opérationnel, ne remet pas en cause les principes directeurs : au contraire, il intériorise les actions et les formalise dans des routines réutilisables. Cette façon de faire use essentiellement de l'imitation pour réaliser des améliorations pratiques. Toutefois elle est inadaptée à l'affrontement de situations nouvelles, aux changements fréquents et aléatoires (c'est-à-dire là où il n'y a pas d'expérience accumulée), aux situations complexes rendant difficile l'analyse causale, etc. En revanche l'apprentissage en double boucle (cybernétique) peut changer le comportement de l'organisation en impactant les règles et les valeurs directrices par une **révélation** au dirigeant par le consultant au dirigeant d'une partie de la structure **profonde** de l'organisation à l'aide de prototypes (figure 43).

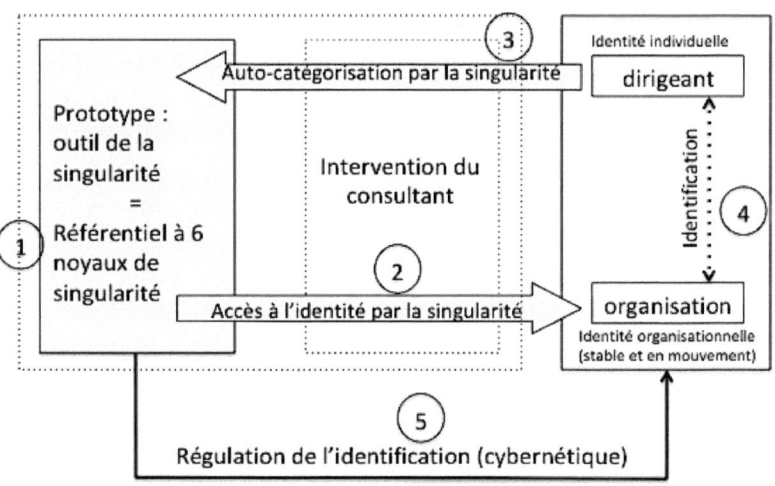

Figure 43 : la relation du dirigeant à l'organisation par la singularité identitaire

(1) Le consultant propose au dirigeant de s'appuyer sur un référentiel stable constitué de six noyaux de singularité à la fois pour décrypter l'identité de son organisation et la sienne.

(2) Pour cela, le consultant utilise un prototypage pour découvrir la partie stable de l'identité de l'organisation, qu'il va révéler au dirigeant. Le dirigeant accède alors à une représentation de la singularité identitaire de son organisation au travers de ce modèle.

(3) Le dirigeant peut également se situer lui-même au niveau individuel dans ce référentiel (les six noyaux de singularité) par auto-catégorisation.

(4) La singularité en relation avec la partie stable de l'identité, apporte une régulation au phénomène d'identification. Si l'identification peut dans des positions extrêmes amener le membre à « devenir l'organisation » ou s'en détacher, le principe de la singularité invite le dirigeant ou le collaborateur à rester **« lui-même »** (dans sa singularité) tout en étant connecté à l'organisation par la partie adaptative de son identité (l'identité en mouvement).

(5) Ainsi l'analyse de l'interaction entre le dirigeant et l'organisation peut s'effectuer à partir d'un même référentiel identitaire stable établi par prototypage. *« Les gens au sein du comité de direction avaient le réflexe de retourner à l'analyse du profil singulier de notre entreprise, d'exploiter ce profil au bénéfice de tel ou tel sujet. (De plus) il y a le réflexe normal de chacun de comparer son propre profil, au profil de l'entreprise et de voir dans quelle mesure tout cela s'articule bien (...) une compréhension meilleure par nous de ce qui met en mouvement en quelque sorte l'entreprise, ce qui la met en vibration »* (Directeur général, assurance). La singularité permet ainsi une **autorégulation** au sens de Morgan (1989) avec la cybernétique. Pour De Rosnay (2016, p.42), *« Ces phénomènes se produisent selon un mécanisme unitaire dans la nature. Il s'agit d'oscillations qui, par la suite du retour d'information (feed-back), convergent vers un équilibre dynamique qui se maintient dans le temps. Comme le surfeur sur une vague. On les retrouve en biologie, en écologie et en économie »*.

En d'autres termes, les dirigeants explorent dans un premier temps l'organisation au moyen de l'outil de la singularité : *« cela permet d'entrer dans leur monde avec quelque chose qui est entendable pour eux parce qu'ils ne sont pas impliqués personnellement* » (Membre Codir, assurance). Dans un deuxième temps ils découvrent que le travail identitaire à propos de l'organisation a des résonances au niveau individuel, sur leur propre comportement, sur leurs pratiques par un **effet de débordement**. Cela peut toucher à des éléments personnels plus ou moins essentiels qu'ils vont partager ou pas. Pour cette prescriptrice de la démarche au sein de son Codir : « *cela permet presque de faire du développement personnel au travers de l'entreprise. Et du coup c'est l'entreprise qui en bénéficie* ». Ainsi l'outil est un levier pour aborder des problématiques liées **à la fois** à l'entreprise et aux dirigeants. Ce qui rejoint le concept d'extrospection de Martuccelli (2010, p. 180) : « *en réalité, on vise ainsi une forme de compréhension de soi, tout aussi profonde que celle de l'introspection, mais au travers d'une démarche en apparence plus superficielle* ». La démarche extrospective permet au dirigeant de « *s'approprier de façon singularisée la connaissance sociologique pour qu'il parvienne à comprendre les évènements sociaux qui, tout en **dépassant sa personne**, n'en sont pas moins des conséquences importantes et parfois **décisives pour lui*** ». (Martuccelli, 2010, p.176)

12.4. Une combinatoire « profondeur » et « alignement »

L' « alignement » et la « profondeur » s'avèrent les catégories les plus centrales et n'ont pas nécessairement été abordées au plan théorique. Elles ont fait l'objet d'un codage sélectif et nous avons analysé les liens entre les deux. Tout se passe comme si l'intervention convoquait les participants à une investigation dans les profondeurs « de soi » et de l'organisation à laquelle succède un alignement de la stratégie et des collaborateurs.

La profondeur

La recherche de sens passe par un travail en profondeur dans l'organisation qui touche sa structure inamovible. Les répondants ont exprimé que jusque-là leurs entreprises étaient restées à un niveau stratégique confiné à la position concurrentielle sur le marché ; l'objet étant l'extériorité : ce que font les concurrents, la part de marché, les éléments différentiels, la manière de faire une offre, l'imitation. Dans notre recherche, l'intervention du consultant a des effets sur **la durée** dans la mesure où elle touche à la profondeur de l'organisation. Un usage anthropomorphique serait son **intériorité** en quelque sorte ; *« les principes fondamentaux sur lesquels on s'est arrêté avec le consultant vivent toujours et donnent toujours naissance à de la valeur ajoutée. »* Ce dirigeant a eu le sentiment de pouvoir intégrer *« le bon plan et la bonne dimension. ».* Or ce plan ne se situe ni en management, ni en stratégie mais plutôt au niveau de *« l'ADN de l'entreprise ou la valeur profonde qui sous-tendait l'entreprise. »* (CEO, robotique)

L'alignement

L'alignement est une notion centrale employée par les répondants et les consultants pour décrire un phénomène de **prise de conscience** de sa singularité identitaire dans une approche qui fait écho à la théorie sur la spiritualité. A priori, le terme présente une commodité car il apparaît comme très large, cependant l'approche qualitative permet de mieux le définir et de l'articuler grâce au travail du codage sélectif.

1)Le sentiment d'alignement intérieur décrit une **conscience** plus nette : *« je suis hyper conscient de : qu'est-ce qui vient de moi ? Qu'est-ce qui ne vient pas de moi ? Qu'est-ce qui est aligné avec ma singularité ? Qu'est-ce qui ne l'est pas ? »* (CEO, études marketing). L'alignement permet d'accéder à l'identité et à la conscience de cette identité. On notera que le référentiel (l'outil de la singularité) permet de maintenir l'alignement. Cet alignement se produit dans une **verticalité**, qui touche l'intériorité de la personne, dans les niveaux physiques (une observation du phénomène de la révélation fait état d'expressions du corps particulières qui se manifestent à ce moment-là), émotionnels (également traduction d'un étonnement et de soulagement), mentaux (que nous avons établi en échangeant avec les répondants) et spirituels (par connexion à quelque chose qui dépasse l'ego de la personne).

2)L'alignement est d'autant plus fort, qu'il traduit un ralliement à une évidence qui jusque-là n'était pas formulée comme telle. Quand les répondants arrivent à saisir la singularité de leur organisation, à l'exprimer ou la décrire, ils parlent d'évidence : « c'est une évidence pour l'entreprise. Pourquoi est-ce que l'on n'en parle que maintenant ? Pourquoi est-ce que l'on n'a jamais pris conscience de cela avant ? » (Vice-président, logistique). La **clarté** apparaît du fait d'un bouclage par rapport au sens.

3)L'alignement précise le contour de ce qui fait référence à une clarification permettant d'expliciter une **vocation** ou la réponse à un appel : « le résultat, c'est quelque chose qui met en mouvement. C'est de prendre conscience de qui tu es, de ce que tu fais et de ce que l'on attend que tu fasses pour tes actionnaires » (CEO, robotique). Cette vocation est suivie d'une mise en action. En cela l'éclair spirituel se joue au-delà de soi, dans l'intégration des intérêts qui dépassent l'ego.

4)L'alignement permet de développer **l'empowerment** du dirigeant : « quand tout cela est aligné on peut se donner une certaine puissance, tout le monde est content et veut que cela continue » (CEO, robotique). Par ailleurs pour reprendre la définition de l'empowerment de Spreitzer (1995), fondée sur une construction motivationnelle reposant sur : 1) le sens : 2) la compétence ; 3) l'auto-détermination ; 4) l'impact, c'est principalement la question de l'impact qui transparaît dans ce verbatim sélectionné à propos de la puissance ressentie par les répondants. Cet impact qui se traduit par l'action, se fonde sur un lien qui s'établit avec les autres (« tout le monde est content »). L'alignement devient donc **horizontal** puisqu'il permet une incarnation dans le monde de l'action (à la manière de l' « ideopraxis ») en maintenant une connexion avec ceux qui collaborent dans l'entreprise. Le bouclage de cet alignement est assuré lorsque l'alignement horizontal s'établit en faisant référence à la singularité identitaire qui sert de cap, de boussole à l'action. Une congruence de l'action est alors possible.

Lien profondeur-alignement

Le codage sélectif a consisté à analyser les liens pour ces deux catégories centrales et a permis de dégager des principes et des impacts (tableau 65).

Les effets d'un travail sur l'identité stable des dirigeants et des organisations relèvent d'un processus **systématique** à l'échelle de l'échantillon des dirigeants 1) la révélation de la singularité déclenche une **prise de conscience** alors que les dirigeants se trouvent en quête de sens ; 2) ils vont ainsi retrouver de **l'énergie**, activer de nouveaux leviers pour sortir de la crise ; 3) trouver leur **vocation** ou celle de l'organisation à partir d'un sens profond de leur orientation **intérieure** par une expérience de transcendance (Fry, 2003) ; 4) une fois l'harmonie retrouvée, les dirigeants élaborent les plans d'actions stratégiques **alignés** sur la singularité de l'organisation dans un objectif de pérennité.

Niveau	Impact de l'intervention de conseil	Niveau dirigeant et équipes	Niveau entreprise
Révélation : prise de conscience	Effet durant l'intervention du consultant	Le dirigeant se dote d'une conscience claire de sa place dans l'entreprise par un début d'alignement entre sa personnalité profonde et sa fonction. Cette appropriation a pour effet de renforcer sa conviction dans le rôle qu'il doit jouer et donc de libérer sa pleine puissance.	La détermination de singularité de l'organisation permet de comprendre son rôle au sein de son marché : chaque acteur occupe une place depuis laquelle un futur peut être envisagé, doté d'un discours juste, aligné sur la singularité identitaire de l'entreprise.
Énergie : déclic, action		Le dirigeant trouve l'énergie, l'envie, la passion et la certitude de porter le bon projet qui va dans le bon sens même quand l'environnement n'est pas favorable ou dans des situations de résistance interne.	L'alignement permet de trouver le levier de transformation de l'entreprise à partir de sa singularité identitaire qui va servir de point d'appui pour guider les choix stratégiques.

Processus vertical : Vocation	Effet après l'intervention du consultant	Cela donne au dirigeant une capacité de résilience dans les difficultés qu'il rencontre sur un plan personnel comme professionnel. Il est connecté à son destin, sublime des situations qui paraissaient insurmontables.	Surgit un effet de sens qui aide à comprendre ce qui se passe dans l'organisation et donc à faire des choix. Il se produit un consensus non verbal au sein des équipes.
Ouverture horizontale : fonctionnement interne, stratégie		Dans les équipes dirigeantes s'installe plus d'écoute, de compréhension, de tolérance ce qui crée de l'harmonie. Les collaborateurs appréhendent désormais la problématique de leur entreprise sous un nouvel angle.	L'alignement de l'organisation avec sa structure profonde crée une contrainte interne depuis laquelle le périmètre de variabilité de l'entreprise peut être défini dans l'objectif de réaliser les ajustements identitaires, les interfaces avec le monde, l'environnement, les circonstances, la demande des clients.

Tableau 65 : les effets de l'alignement et de la profondeur pour le dirigeant et l'organisation au cours de l'intervention des consultants

Ce qui amène à un schéma conceptuel (figure 44) en écho au modèle intégral de Wilber (1996, 2015). Ce modèle s'organise en quatre quadrants : le quadrant « JE » (1) qui se concentre sur la compréhension intérieure du dirigeant, le quadrant « ÇA » (3) qui se focalise sur le comportement individuel (la posture), le quadrant « NOUS » (2) qui met en avant l'identité organisationnelle et le quadrant « EUX » (4) qui s'intéresse à l'action sur le système social et son environnement. Sur la partie gauche sont placés les éléments ayant traits à l'intériorité du dirigeant et de l'organisation au sens du collectif (profondeur) et sur la partie droite les impacts en termes de posture et d'action (alignement).

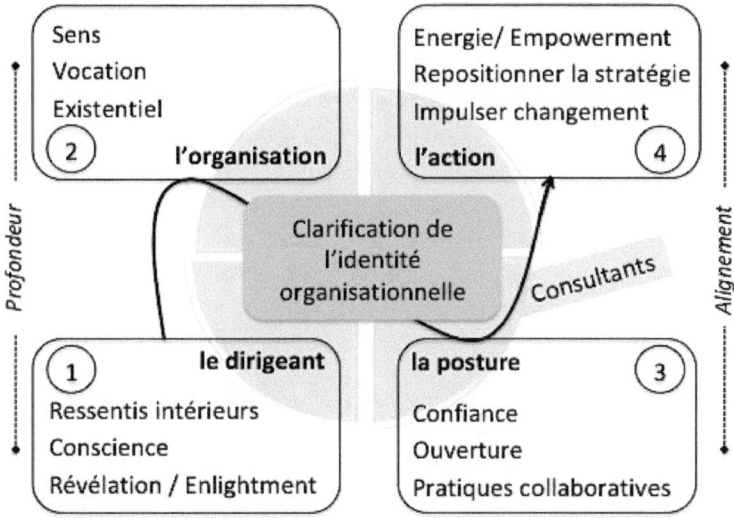

Figure 44 : Impact des catégories « Profondeur » et « Alignement »

Nous constatons que la clarification de l'identité organisationnelle suit un cheminement (figure 44) :

→ dans la **profondeur** au niveau :

(1) individuel, le "JE", qui passe par le développement de la spiritualité du dirigeant,

(2) de l'organisation, le "NOUS" qui donne une direction.

→ et dans l'**alignement** :

(3) des relations interpersonnelles avec l'activation de l'intelligence collective,

(4) de la mise en action qui redonne de la légitimité, permet de redéfinir les projets selon une meilleure orientation.

La part du consultant consiste dans activation de l'intelligence collective : *« ce n'est pas lui qui est venu en disant, votre singularité c'est cela. Il nous a dit : faites travailler votre intelligence collective avec des ateliers appropriés et réfléchissez au moment de la vie de l'entreprise où vous vous sentez collectivement alignés, homogène sur la meilleure façon de traiter un sujet, parce que cela peut être des éléments révélateurs de votre singularité.* » (Vice-président exécutif, logistique) Toutefois cela ne doit pas occulter l'impact de l'intervention du consultant : « *une capacité de conviction qui tient clairement à ses grilles d'analyse* (du consultant) *et à la manière dont il les utilise pour pousser un raisonnement jusqu'à ses limites, jusqu'au bout. Il pousse à l'extrême un raisonnement pour voir s'il tient la route ou au contraire s'il faut changer de raisonnement.* » (Directeur général, assurance)

Le consultant aide à extraire le sens : « *le consultant écoute puis à un moment donné, quand il intervient, il arrive toujours à globaliser toutes les informations et à prendre une véritable hauteur et à donner du sens* ». (Directrice générale, syndicat professionnel)

Ainsi par un travail intérieur en profondeur et d'alignement guidé par les consultants, les dirigeants éveillent leur **intelligence spirituelle** et présentent dans leur management les caractéristiques propres au leadership spirituel. Ils sont ainsi davantage attentifs à valoriser les enjeux personnels des autres, à la dignité de chacun, à faire grandir leurs équipes et développent des capacités à élaborer et communiquer une vision alignée. Cet état d'esprit contribue à **clarifier** l'identité organisationnelle au cours d'un processus de l'ordre de l' « ideo » (conscience, vocation) et de la « praxis » (énergie, fonctionnement, stratégie) combiné avec le facteur temps en relation avec l'intervention des consultants (moment de révélation, accompagnement à la construction de la vision).

Un alignement entre la singularité et l'opérationnel

Le travail sur la singularité identitaire irrigue des champs opérationnels de l'organisation « *on a utilisé cette plateforme-là pour faire un travail de briefe vers des agences de design et d'architecture, pour leur dire ce vers quoi on veut aller parce que nous sommes comme cela. Cela, c'est notre histoire, c'est notre rôle sur le marché, c'est notre ambition* » (Directeur marketing international, boulangerie-pâtisserie). La synthèse du travail sur la singularité constitue une matière extrêmement riche qui sert de point d'ancrage pour décliner des actions opérationnelles : agencement, communication ; nourrir un travail de storytelling sur ce que l'entreprise va communiquer à ses clients dans ses boutiques. *« Puisqu'en fait, on ne racontait rien. Dans les boutiques, on mettait des photos. En ayant replacé les choses et en comprenant bien comment on faisait les choses, cela a profondément changé la façon de travailler dans notre enseigne dans une logique plus cohérente avec ce que l'on avait appris sur notre singularité »* (Directeur marketing international, boulangerie-pâtisserie).

Dans cette autre entreprise l'expression de la singularité a permis de redéfinir la campagne de communication : *« parce qu'une fois que l'on est dedans cela paraît évident, mais pour les autres ce n'est pas du tout évident. Donc, il faut des déclinaisons opérationnelles. Et donc, à l'époque, il y avait un travail sur la plateforme de marque dans la logique d'une redéfinition de la communication. »* (Membre Codir, assurance)

Les équipes de marketing et de communication se saisissent du travail sur la singularité pour définir des **actions alignées**.

12.5. Les effets dans le temps

Le processus de la singularité révélée perdure quand bien même les dirigeants ou managers ont changé de fonction ou ont quitté l'entreprise.

Un dirigeant considère par exemple que le changement de nom de son groupe est le résultat de la digestion du travail sur la singularité qui a nourri les communicants, les « marketeurs » et les actionnaires.

Le travail sur la singularité *« avait décelé des points qui se sont exprimés quelquefois plusieurs années après »* (Directrice marketing, banque). Le processus est comparable à une maturation : une fois activé, il s'autonomise des acteurs à l'origine de la démarche et imprègne en toile de fond l'organisation.

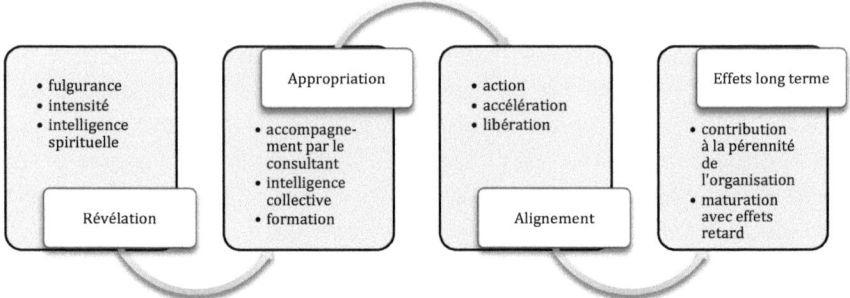

Figure 45 : les effets à court et à long terme de la singularité révélée

Nous constatons quatre stades (figure 45) :

1) la **révélation** apparait dans une **fulgurance** : elle est décrite de manière intense par les répondants.

« *On a vraiment lâché les chevaux pour faire aboutir notre projet, pour ouvrir les premières boutiques pilotes. On a depuis un an et demi ouvert 17 boutiques.* » (Directeur marketing international, boulangerie-pâtisserie)

« *Pour moi, je suis passé dans un truc d'euphorie presque incontrôlable. C'est-à-dire une espèce de surplus d'énergie qui était extrêmement vitalisant.* » (Franck, éditeur)

2) **l'appropriation** par des exercices **d'intelligence collective** pilotés par les consultants et par des sessions de **formation**. Pour le dirigeant, la révélation suivie d'une phase d'appropriation permet de comprendre la situation pour repositionner la stratégie, définir les projets avec une meilleure orientation, créer de la confiance. Il s'agit d'une impulsion vers un changement **aligné** avec la singularité.

3) **l'alignement** déclenche une **accélération** dans la mise en œuvre des projets et une **libération** pour le dirigeant.

« *Cela m'a complètement libéré d'un fardeau où je me disais : mais je n'arrive pas à faire les choses, c'est horrible. Je suis nulle, ce n'est pas possible. Et après, et tout de suite, j'ai compris comment il fallait que je fasse les choses par rapport à qui j'étais et comment je fonctionnais. Et quand j'ai commencé à l'appliquer, je me suis sentie pousser des ailes. Cela m'a vraiment libérée. »* (Responsable administrative et financière)

Il y a un fond déterminé qui est un socle, qui peut être très ténu, qui fixe un cadre dans lequel la personne va pouvoir évoluer. De plus dans cette transformation il y a une notion d'amplification.

4) **le long terme** : l'étude longitudinale permet d'observer que la vente d'une société[41] et son intégration au sein d'un nouveau groupe se sont réalisées dans de bonnes conditions. Les effets du travail sur la singularité ont perduré jusqu'à la vente et après la vente de l'entreprise, soit trois ans après l'intervention des consultants. *« Les différentes ventes ont concerné au total un périmètre de 110 personnes dont 93 seront reprises, compte tenu de quelques départs en retraite, de quelques refus de reclassement. »*[42]

Les effets ne sont donc pas toujours immédiats, parce qu'une phase de maturation est nécessaire : *« longtemps après, maintenant, cela m'aide bien »* (CEO, robotique)

« Mais ce qui est intéressant c'est que chez nous, cela devient un effet retard. C'est-à-dire que le consultant a révélé très tôt un aspect dans l'ADN de notre société. » ; *« Cela a vraiment été un travail très utile sur l'évolution de ce groupe et souvent le dirigeant a fait allusion à la mission de conseil qui avait décelé des points qui se sont exprimés quelquefois plusieurs années après. »* (Directrice communication, banque)

Le dirigeant trouve chemin faisant des réponses plus précises qui font échos à des éléments mis à jour depuis le moment de la révélation : *« il y avait comme une graine dans la terre. La fleur éclot quelquefois, des années après. »*

---

[41] En l'occurrence la CFNR
[42] L'antenne, 20/07/2015, https://www.lantenne.com/CFNR-vente-de-la-flotte-a-Rhenus_a25746.html

Une fois le processus de la singularité révélée déclenché, le dirigeant ne regarde plus la situation de la même façon : « *une fois qu'elle a été plantée* (la graine) *elle germe sans limite. Elle pousse à voir le monde différemment. Et c'est cela la première transformation.* » (Franck, éditeur)

Il existe un décalage entre le temps de la mission et les effets avérés : « *c'est comme beaucoup de choses humaines... Entre le moment où cela produit un changement dans les états d'esprits et façons de faire et le moment où cela se traduit dans les résultats concrets de la boite, il y a beaucoup de temps.* » (Directrice marketing stratégique, téléphonie)

De plus « la grille de lecture » que constitue la singularité perdure après les missions du consultant. Cette grille peut s'appliquer à différents domaines qui concernent le dirigeant et l'entreprise (tableau 66) : stratégie, fonctionnement des équipes, leadership.

Stratégie	Fonctionnement des personnes	Leadership
Les choix d'investissement, d'organisation, de fusion acquisition Grands choix structurants La communication institutionnelle et grand public	Faciliter le fonctionnement en équipe et la compréhension de la différence Valoriser les manières singulières de faire Désamorcer les conflits	Prise de conscience de sa manière propre de fonctionner Ne pas s'épuiser à nager à contrecourant (à l'encontre de la singularité identitaire de l'entreprise) Développer un management bienveillant Être à l'écoute de ses équipes

Tableau 66 : des applications opérationnelles sur le long terme de la grille de lecture de la singularité

Un certain nombre de clients voient dans ce décalage un bénéfice secondaire de l'intervention de conseil.

Sur un plan conceptuel, la figure 45 exprime le temps de la révélation (ideo) de l'ordre de l'éclair et ensuite ce qui est mis en acte (praxis) et ce qui est durable :

- Sur un plan individuel, le parcours de prise de conscience de la singularité modifie le rapport au monde du dirigeant. Le consultant peut l'accompagner dans la phase d'appropriation et pour évoluer dans ses niveaux de conscience.
- Sur un plan organisationnel, la singularité est comme un référentiel structurant de l'organisation qui sert de point d'ancrage au dirigeant en dépit des mouvements et des turbulences de l'environnement pour mener les transformations et aligner le cadre stratégique. Elle est un **facteur de pérennité**.

12.6. Le volet spirituel de l'intervention : intelligence et leadership

Concept d'intelligence spirituelle (Voynnet-Fourboul, 2014 ; George, 2006)	Analyse des verbatims des dirigeants après un travail sur la singularité
Chercher ses ressources internes profondes : capacité à prendre soin des autres et à s'adapter	Chacun a sa propre singularité et respecte celle des autres : « *Cela permet de mettre chacun en bonne disposition. C'est-à-dire ce que je suis avec mon fonctionnement, l'autre, il est différent mais justement, est-ce que je ne peux pas écouter ce qu'il me dit ?* » (Membre Codir, assurance)
	Un travail sur la singularité permet à ce directeur de poser un regard attentif au devenir des salariés dans le cadre d'un rachat d'entreprise par un concurrent historique : « *cela m'a fait aborder les choses avec beaucoup plus de générosité, vis-à-vis des RH. J'ai regardé les salariés avec beaucoup plus de générosité et beaucoup plus de bienveillance. Je me suis préoccupée de leur sort dans la boîte, qui était vendue, alors que j'aurais dû m'en désintéresser.* » (Secrétaire générale groupe, logistique)
	Ainsi au-delà de l'acte de vente, le souci de la pérennité des emplois faisait partie des conditions : « *on s'est positionné avec une préoccupation essentielle : on voulait que la vente réussisse et que la boîte réussisse après la vente.* » (Secrétaire générale groupe, logistique)
Un sens de l'identité clair et stable : capable de donner du sens au travail	Le sens permet de reconstruire un *storytelling* positif alors que la société se trouve en situation de survie. Cela permet de refonder et ressouder l'équipe dirigeante : « *une fois que l'on avait cet accord où tout le monde se sentait bien avec ce nouveau positionnement cela a permis l'écriture d'un futur qui semblait à la fois cohérent avec notre identité et puis*

	possible par rapport à l'environnement. » (Directrice marketing stratégique, téléphonie)
	A partir du repérage de la singularité organisationnelle se décline le positionnement marketing, communication et la redéfinition du business modèle. Un directeur de la communication déclare : « *toutes nos actions de communication étaient nourries par ce travail. Cela m'a vraiment servi de colonne vertébrale.* » (Directrice marketing et communication, banque)
Identifier et aligner les valeurs personnelles avec un sens du but, faire preuve d'intégrité, d'exemplarité	Le manager a besoin de bien se connaître pour communiquer du sens : « *qu'est-ce qui vient de moi ? Qu'est-ce qui ne vient pas de moi ? Qu'est-ce qui est aligné avec ma singularité ? Qu'est-ce qui ne l'est pas.* » (CEO, études marketing)
	Éviter l'éclatement : « *on était vraiment à la veille de s'effondrer avec un éclatement en interne et des membres qui partaient.* » Ce travail a permis de fédérer les équipes : « *de retrouver le ciment qui a justifié que nous soyons tous au sein de cette organisation.* » (Directrice générale, syndicat professionnel)
	Le travail sur la singularité permet une compréhension de la valeur de l'organisation : « *cela m'a chargé d'une immense responsabilité.* » (CEO, robotique)

Tableau 67 : la recherche de sens des dirigeants rejoint le concept d'intelligence spirituelle (Voynnet-Fourboul, 2014 ; George, 2006)

La spiritualité à l'œuvre pendant et après l'intervention se manifeste au plan de l'intelligence et du leadership spirituel (tableau 67). La clarification de la singularité touchant à des éléments profonds, intérieurs et spirituels permet de servir de guide d'action aux dirigeants à long terme mettant en œuvre leur intelligence spirituelle. La façon dont les dirigeants évoquent l'impact de l'intervention vis-à-vis de la recherche de sens implique le recours à l'intelligence spirituelle (Voynnet-Fourboul, 2014 ; George, 2006).

La quête de sens permet d'exprimer un leadership spirituel selon huit critères (tableau 68), illustré par des verbatims (Voynnet-Fourboul, 2014 ; Beazley, 2002).

Reconnaître la dignité de chacun

Alors que les gens étaient désespérés, cette démarche a redonné de l'espoir : « *cela m'a permis de ramener concrètement des gens en situation de confort* » (Membre de directoire, BTP). Un dirigeant témoigne : « *cela m'a libéré en me disant : c'est normal si je suis comme cela et si j'ai cette difficulté.* » (CEO, robotique)

Les salariés acceptent mieux la situation vécue et se libèrent d'une forme de culpabilité.

Rêver et faire rêver

Un travail sur le sens permet de faire émerger le sentiment d'un avenir possible : « *ce positionnement pour la société correspondait à nos racines et à nos gènes avec lequel les gens entraient en résonance positive.* » (Directrice marketing stratégique, téléphonie)

Cela crée du confort et le sentiment que l'entreprise va dans la bonne direction comme une évidence avec ses capacités naturelles : « *l'objectif est d'amener l'entreprise dans ce qu'elle sait faire.* » (Membre de directoire, BTP)

Aider les autres à fournir davantage

Le sens permet d'inscrire dans la durée les réformes et les changements à mener : « *c'est vrai qu'il y avait eu un matériel produit énorme mais qui a continué à irriguer les démarches marketing et la conduite du changement au niveau humain pendant longtemps.* » (Directrice marketing stratégique, téléphonie)

Les équipes sont ainsi mobilisées et pleinement investies dans les projets.

Réconcilier les aspects privés et professionnels

Ce travail sur la singularité amène un dirigeant à parler de convictions très intimes : « *cela c'est fascinant aussi, la perception de la mort. Je perçois la mort comme quelque chose de paisible en fait, très paisible.* » (Membre de directoire, BTP)

Les salariés s'autorisent à faire des ponts avec des sentiments personnels qui les préoccupent.

Développer les personnes

Quand une organisation n'arrive plus à énoncer son futur cela provoque des réactions et des émotions dans le corps social : peur, désinvolture, abus : « *avant que vous ne fassiez cette démarche, l'organisation et les dirigeants ne savaient plus où ils habitaient ou pourquoi ils étaient là. Et après, ils savaient parler de leur futur.* » (Directrice marketing stratégique, téléphonie)

Quand un futur est de nouveau envisageable cela crée du soulagement et de l'enthousiasme.

Afficher son authenticité

Les équipes avaient besoin de porter un discours qui soit juste par rapport à leur marque : « *votre singularité, quand vous mettez le doigt dessus, vous vous sentez à l'aise avec. On a fait des exercices sur la base suivante : quand est-ce que l'on est bien dans notre organisation ? A quel moment on a l'impression d'être efficace, d'être en phase avec nous-mêmes ?* » (Vice-président exécutif, logistique)

En engageant un travail en profondeur, le dirigeant rend ses équipes plus efficaces.

Offrir du leadership

Cette démarche a permis aux participants de s'approprier un discours et d'avoir la conviction : « *ils pouvaient clairement vous expliquer pourquoi leur entreprise*

Partager son leadership

Dans une période de fort changement, le dirigeant a besoin de communiquer avec ses équipes et faire comprendre les enjeux : « *Ce n'est pas très loin la*

*était là, quelle était sa **raison d'être**, quelle était sa spécificité, sa singularité dans le marché, qu'est-ce qu'elle apportait.* » (Directeur général adjoint, presse) En intégrant leurs équipes à la réflexion, les dirigeants favorisent une appropriation des concepts.	*compréhension et le sens : c'est le terreau qui m'a permis d'avancer.* » (Directrice marketing et communication, banque) Le dirigeant crée une dynamique positive porteuse du sens et un sentiment d'appartenance.

Tableau 68 : illustration du leadership spirituel par des verbatims (synthèse)

La spiritualité est prise dans sa définition d'« ideopraxis » relationnelle (tableau 69)

Caractéristiques	Attributions	Résultats de la recherche
Ideo	Valeurs et pratiques relationnelles Présence spirituelle	Bienveillance, Mieux comprendre les autres pour gérer les conflits, Porter moins de jugement, Améliorer la relation à l'autre, Apprendre à écouter, à mieux se parler et éviter des rapports de domination.
Praxis	Unification (harmonie, intégration de soi) Orientation (faire sens, trouver sa place, préoccupations ultimes) Mobilisation (réalisation de soi, de ses aspirations et de son potentiel)	La personne retrouve de la **dignité** et se sent **considérée** dans ce qu'elle est. Plutôt que de vouloir gommer ses différences, elle est davantage elle-même. Dans cet état elle est mieux à même d'entrevoir et de proposer une **vision** globale. Le processus permet une **relecture** de ce qui était fait avant, de se doter ainsi d'une nouvelle **grille d'analyse**, d'une autre paire de lunette, de porter un regard **enrichi** sur le monde dans une dimension plus rationnelle et d'agir en **conscience**. Cette réflexion donne la possibilité de construire une **vision** plus proche de sa vérité et ainsi se projeter dans ce qui est nouveau sans jamais se renier. De redonner une **direction** à des managers déboussolés

Tableau 69 : les résultats de la recherche confirment l'ideopraxis

Cette dimension spirituelle apporte de la **confiance** dans l'équipe et permet aux personnes de mieux fonctionner ensemble. Du côté du bénéfice pour les organisations, on constate qu'elles peuvent se **recentrer**, bénéficier d'un ancrage plus solide pour mener un projet de transformation qui peut impacter **durablement**.

12.7. L'empowerment

La révélation de la singularité par le consultant fait écho au concept d'empowerment appliquée au management. Pour Spreitzer (1995), l'empowerment résulte d'une construction motivationnelle comprenant quatre caractéristiques de la vision du monde d'un individu dans le cas spécifique de son activité (tableau 70).

Caractéristiques	Attributions	Résultats de la recherche
Sens	Le dirigeant a pu construire, identifier, développer un sens au travail qui lui permet de faire coïncider ou converger les buts et les objectifs d'un travail (poste de travail, mission ou activité à réaliser) avec ses idéaux et ses standards internes : croyances, espoirs, valeurs, comportements.	Retrouver un sens à l'action, Traverser une crise, assainir, Trouver le point de stabilité sur lequel construire.
Compétence ou efficacité personnelle	Le dirigeant a la croyance dans sa capacité à pouvoir réaliser les actions ou les tâches nécessaires à sa mission.	S'identifier, S'accepter, Assumer et affirmer certaines parties de soi, Confiance pour se réaliser, La force pour l'avenir, Invite à sortir de situations superficielles du présent pour se projeter dans le futur, Soulagement, Libération, Exprimer de la joie, Trouver de l'aide.
Auto-détermination	Il s'agit de la sensation que le dirigeant va pouvoir initier ou réguler des actions, qu'il est autonome dans la mise en	Se connecter à son envie de faire, Stimule l'action, Énergie et force,

	œuvre ou la poursuite des processus liés au travail : il peut prendre des décisions sur les outils, les méthodes, les techniques, l'effort à produire.	Légitimité aux personnes à agir dans l'entreprise.
Impact	C'est la perception du degré avec lequel le dirigeant peut influencer les résultats de son action (par la stratégie, la tactique d'intervention, la gestion des actions). La perception du contrôle qu'il peut assurer sur les évènements.	Augmente le niveau de performance, Enclenche un processus de développement, Prise de conscience quant à la pérennité de l'organisation, Nécessité de refonder un projet d'entreprise qui est en phase avec sa singularité.

Tableau 70 : les caractéristiques de l'empowerment associées aux résultats de la recherche

12.8. Les étapes du processus de la singularité révélée

Le processus de la singularité identitaire révélé comprend six étapes : la révélation suivie des quatre étapes issues de nos catégories : énergie, intelligence spirituelle (ideo), vision, effets (praxis), une 6ième étape étant la singularité comme point d'aboutissement.

Pour Van de Ven (1992) un processus est soit : 1) une logique qui explique une relation causale entre variables indépendantes et variables dépendantes ; 2) une catégorie de concepts ou variables qui se réfère aux actions d'individus ou d'organisations ; 3) une séquence d'évènements qui décrit comment les choses changent dans le temps.

Nous retiendrons la 1) et la 3) qui correspondent à deux approches du changement (tableau 71).

Étape	Processus	Orientation de la révélation sur la personne	Implication organisationnelle
1	Révélation	Les autres : rendre possible, faire grandir	Mieux définir les projets selon une meilleure orientation
2	Énergie	Énergie et force : dépassement, certitude	Repositionner la stratégie, se reconnecter, se mobiliser et aider à construire un discours

3	Intelligence spirituelle	Soi et les autres : amour et connexion	Accepter et gérer la continuité de l'entreprise
4	Vision	Légitimité et représentation : construire quelque chose de significatif	Construire la vision globale
5	Effets - révolution	Soi et représentation : changer les choses, modifier les règles du jeu	Impulser rationnellement le changement
6	Singularité	Sens : contribuer à améliorer les choses	Développer l'intelligence collective, codéveloppement

Tableau 71 : les noyaux de singularité des étapes de la singularité révélée

(1) L'étape de la révélation est le résultat d'une **intention** dont le principe consiste à s'inscrire dans une liaison de cause à effet. Elle est souvent décrite comme émotionnelle et relève d'un ressenti. C'est une prise de conscience ou **expérience** soudaine d'une réalité qui laisse une trace **durable**. L'expérience est prise comme une connaissance éprouvée, acquise par l'usage et les sens. Des événements, des sentiments, des convictions peuvent devenir des expériences pour la personne qui en fait un récit. Certains répondants expriment leurs expériences en termes d'intériorité, de recueillement, calme ou solitude ; d'autres sont plus sensibles à des moments forts d'extériorité, d'affectivité, de rencontres ou de communion avec d'autres ; d'autres encore lui donnent une coloration esthétique. Toutes ces dimensions ne s'excluent pas les unes les autres et peuvent être vécues à différents moments. Toute la question est de trouver les mots pour la décrire. L'expérience n'est pas séparable de ce que l'on peut en exprimer, elle n'existe pas en dehors du langage. Un événement ne peut devenir expérience que lorsque le dirigeant en fait le récit et faire un récit c'est entrer dans une chaîne d'interprétations.

Le langage du corps se manifeste ici également au moment de la révélation facilitée par le consultant. Ainsi, l'expérience de la révélation se tient au confluent d'un **événement** et de son **interprétation**.

L'orientation de la révélation est différente selon le noyau de singularité du dirigeant. Par exemple un dirigeant avec un noyau de singularité « guerrier humain » (GPS) ressentira l'énergie que déclenche la connaissance de sa singularité au-delà d'une vérité dans la mesure où elle va produire un résultat mesurable (augmentation du chiffre d'affaire, une prime, etc.).

Le souverain qui a « sa propre vérité » peut avoir plus de difficulté à accepter une singularité différente de la société qu'il dirige dans la mesure où elle ne représente pas « sa vérité » (forme de résistance).

Le producteur, davantage dans l'empathie va intégrer complétement et de manière naturelle le fait de faire fonctionner ensemble une équipe composée de profils de singularité différents.

La révélation va ensuite transformer la vision.

(2) L'énergie relève d'une **condition** pour déclencher l'enchaînement du processus. Elle permet de qualifier et hiérarchiser les compétences, de mettre à l'épreuve.

(3) L'intelligence spirituelle est de l'ordre d'un **savoir-faire**, résultat d'un travail sur soi, qui va permettre d'établir des relations stables et fonctionnelles.

(4) La vision est le **résultat produit** qui permet de se représenter le futur pour bien le maitriser. Elle est en lien avec le sens que le dirigeant donne à son action. La vision définit de façon vivante le grand voyage qui va aider l'organisation à se diriger vers un avenir souhaité (Fry, 2003). En reflétant des idéaux élevés, la vision donne un sens à l'action, elle dynamise les collaborateurs et suscite l'engagement.

(5) Les effets constituent un **impact**. Par un effet de levier, se produit une révolution des pratiques. En mécanique, un levier est généralement constitué d'une barre rigide, mobile autour d'un axe de rotation appelé pivot. Le levier modifie la force à exercer. Aussi pour soulever un objet donné, agir à distance et de manière démultipliée, il est possible d'appliquer une force réduite pourvu qu'on utilise un levier suffisamment grand. Dans l'espace organisationnel, la métaphore du levier est fréquemment utilisée pour désigner les modalités d'action que les managers mobilisent pour parvenir à leurs fins. Simons (1994) explique ainsi que les systèmes de valeurs, les règles, l'interaction et les outils de gestion sont autant de leviers de contrôle que les dirigeants mettent en œuvre selon qu'ils veulent maintenir le cap stratégique ou en changer. De manière plus générique, le terme de « levier » est utilisé pour décrire le point d'appui d'une politique d'entreprise. Cette métaphore traduit la recherche d'efficience dans la pratique du management : un effort moindre pour des potentialités plus grandes et sans commune mesure.

(6) La **singularité** qui est l'étape d'aboutissement du processus, permet d'investir dans les capacités et les énergies humaines et ainsi enrichir le collectif.

Cette étape rejoint l'idée de transcendance conceptualisée par Piedmont (1999) comme une capacité fondamentale de l'individu, une source de motivation intrinsèque qui conduit, dirige les comportements. Dans cette perspective elle s'exprime tant dans le champ de la spiritualité que dans le patriotisme, l'altruisme sacrificiel, l'humanisme laïque. Les individus au lieu d'être centrés sur leurs propres besoins se mettent au service de groupes plus importants portés par une recherche personnelle de sens plus profond de la signification et de la connexion (Piedmont, 1999). La transcendance incarne des caractéristiques comme : 1) de penser les choses en termes de « **ET** », c'est-à-dire pouvant aller ensemble plutôt que de « OU bien » ; 2) d'éviter les jugements de valeur ; 3) une sensibilité aux besoins des autres ; 4) l'existentialité en faisant des opportunités de croissance et de joie les expériences auxquelles la vie confronte les individus ; 5) la reconnaissance au sens de l'émerveillement et la gratitude pour toutes les caractéristiques partagées et uniques de la vie. La transcendance est ainsi considérée par Piedmont (1999) comme une dimension psychologique distincte de la personnalité, apportant de la **profondeur** aux aspirations. Elle a un impact sur la façon dont les individus interagissent entre eux et avec l'organisation ; cela peut aider le dirigeant à réinterpréter les perceptions de l'environnement et à redéfinir ses objectifs.

La succession des six étapes rendent compte d'un processus ascendant de la singularité représenté par l'illustration à la suite (figure 46).

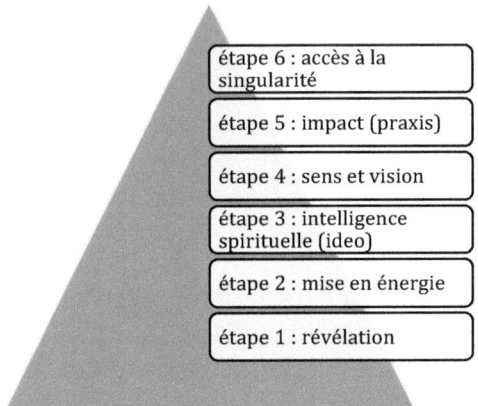

Figure 46 : le processus de la singularité révélée est ascendant

Cette représentation schématique du processus de la singularité révélé constitue un **modèle** que nous pourrions qualifier de « modèle de succès » par la singularité. En effet notre recherche avait pour objectif d'expliciter la valeur ajoutée des interventions conduites par un consultant auprès de dirigeants et de membres d'organisation visant à clarifier leur singularité identitaire. Ce modèle permet d'apporter des éléments de compréhension de la « boite noire » de l'intervention du consultant en repérant et décrivant les étapes et les réactions des participants.

La singularité permet ainsi de spécifier ce qui rend une organisation unique et différente de toutes les autres : « *A la fois bien sûr par son histoire, ce qu'elle a vécu, ses caractéristiques du moment mais surtout du fait de son acte de naissance, de sa **raison d'être**, de ce qui précède* son existence, ce qui a présidé aux conditions de sa création. *Des* **raisons** *pour lesquelles elle avait été créée, des* **personnes** *par lesquelles elle avait été créée, les* **circonstances** *dans lesquelles elle a été créée.* » (DG secteur assurance). Ces éléments **persistants**, issus de son origine sont porteurs d'une très grande **stabilité** pour l'organisation. Ils peuvent être **ressentis** par les clients.

La singularité est également un point de repère pour le dirigeant dans sa prise de décision, une grille de lecture pour **aligner** la stratégie, un critère de sélection des projets et un moyen de redonner **confiance** aux équipes en regardant l'entreprise autrement.

Concernant l'appropriation, l'alignement de la stratégie de l'organisation sur la singularité va impacter l'homéostasie du système à un instant donné. Toutefois, le système aura tendance à vouloir reprendre son état initial si l'appropriation n'est pas réalisée avec un risque de retour en arrière. Ce qui peut rendre nécessaire un accompagnement sur le temps long avec parfois le recours à un coaching du dirigeant par exemple. **L'appropriation** peut être considérée comme réalisée quand la singularité s'installe dans la **culture** de l'entreprise au même titre que les rites et les rituels (ceci renvoie aux interactions entre l'identité et la culture, et dans les décisions : c'est l'aboutissement à une **gouvernance** par la singularité ou par la **raison d'être**[43].

12.9. Synthèse du chapitre 12

L'approche orientée variable développée dans ce chapitre complète l'approche orientée cas.

Elle montre que les effets de la singularité identitaire révélée par le consultant suivent un **processus systématique** établi à la fois à partir de l'étude longitudinale de l'intervention de conseil et des monographies de participants à une session de formation à la singularité et des dirigeants.

Entrons maintenant dans la discussion des résultats.

---

[43] le rapport Notat-Senard (mars 2018) a suggéré de confier la définition de la raison d'être de leur entreprise au conseil d'administration ou au conseil de surveillance.

Chapitre 13. Discussion des résultats

13.1. Réponses aux hypothèses de la recherche empirique

Sept hypothèses au sens de Kelle (1995) avaient été formulées au cours de l'**analyse des données**, que nous pourrions approuver ou réfuter à l'issue de la recherche empirique et de notre analyse transversale (tableau 72).

	Hypothèses	Adoptées / Réfutées
1	La clarification de la singularité identitaire permet de répondre à la quête de sens des dirigeants qui est à la fois individuelle et organisationnelle.	Adoptée
2	La clarification guidée par les consultants procède au niveau micro par une translation entre l'expérience de révélation de l'identité individuelle des dirigeants et la finalité de clarification de l'identité organisationnelle par ces dirigeants (voire même étendu aux équipes intégrées dans le dispositif d'accompagnement).	Adoptée
3	La singularité représente la partie stable de l'identité organisationnelle.	Réfutée
4	La clarification est établie grâce à une révélation d'ordre spirituel.	Adoptée
5	La détermination de la singularité identitaire au niveau macro permet un positionnement de l'entreprise dans son marché, révélant ainsi au dirigeant la **raison d'être** de sa société, sa place depuis laquelle il peut bâtir la stratégie.	Adoptée
6	Il existe des effets de débordement spirituel entre la révélation à propos de son identité personnelle et de l'identité de l'organisation.	Adoptée
7	La clarification de la singularité identitaire touchant à des éléments profonds permet de servir de guide d'action aux dirigeants à long terme.	Adoptée

Tableau 72 : validation ou rejet des hypothèses

La clarification de l'identité organisationnelle par les dirigeants (hypothèses 1 et 4)

La clarification de l'identité organisationnelle qui se produit chez les dirigeants accompagnés par un consultant implique la stimulation de l'intelligence spirituelle et la mise en œuvre des principes du leadership spirituel. Les résultats montrent qu'un travail sur la mission amène les dirigeants à s'interroger sur des valeurs spirituelles (Schwartz, 1992) : le sens, la conscience mais aussi le bien-être, la considération et la bienveillance. Pour cela, le dirigeant en quête d'une cohérence interne et externe peut s'appuyer sur un tiers extérieur facilitateur, le consultant. En définissant la mission, le dirigeant donne le cadre de l'action : il formalise des principes rationnels, émotionnels mais aussi spirituels pour le management et les collaborateurs. Il peut ainsi aligner le « pourquoi », le « comment » et le « quoi » de l'organisation pour créer du **sens**, de la **cohérence**, de la **confiance** et de la **puissance transformatrice**.

La révélation par le consultant (hypothèse 2)

Par la révélation qu'elle déclenche, l'intervention des consultants favorise une prise de conscience du dirigeant. Le consultant en déplaçant l'attention du dirigeant sur des aspects identitaires de son organisation ou de sa personne, le « pourquoi », l'invite à sortir de sa zone de focalisation naturelle d'ordre stratégique, le « comment » et le « quoi ». Ce basculement l'entraîne à se connecter à une dimension spirituelle de son être. Selon George (2006), l'exercice de l'intelligence rationnelle est un processus lent, nécessitant du temps, beaucoup de réflexion et donc de grandes quantités d'énergie mentale. A l'inverse, l'intuition venant de la profondeur de la conscience est **rapide**, nécessite peu d'énergie et est le plus souvent exempte de nombreux préjugés qui peuvent fausser la pensée rationnelle : « *la révélation était moins un effet de show à l'américaine que quelque chose issue d'un vrai travail, profond avec des concepts forts* » (Directeur marketing, boulangerie-pâtisserie). C'est dans un moment de « centime de goutte » qu'un éclat perspicace arrive dans la conscience (George, 2006). La révélation et la prise de conscience sont d'autant plus fortes que le consultant met l'accent sur des éléments qui semblent a priori **évidents** mais que personne n'avait su voir.

Une autre façon de procéder consiste pour le consultant à activer **l'intelligence collective** lors d'animation d'ateliers et prend soin de ne pas interférer en invitant les participants à repérer eux-mêmes ce qui fait sens au cours du processus de révélation (Weick et Roberts, 1993). Enfin, à l'appui de ses grilles d'analyse le consultant cherche à mettre à l'épreuve le raisonnement des participants de manière à en tester la solidité.

L'alignement entre le dirigeant et l'organisation (hypothèse 7)

L'alignement 1) peut être compris comme une forme de cohérence interne qui permet à l'organisation et aux individus d'adopter une démarche singularisante ; 2) soutient l'importance d'une adéquation entre la personne et son environnement pour lutter contre le stress et permettre une meilleure performance (Caplan, 1987) ; 3) est le garant de l'authenticité de la démarche identitaire aussi bien du point de vue de l'entreprise que du dirigeant. Le leadership spirituel est alors perçu comme une condition nécessaire, pour que les organisations réussissent dans un environnement hautement en mouvement.

La notion alignement que l'on peut rapprocher de la théorie du « fit » (Caplan, 1987) met l'accent sur la gestion de la singularité du dirigeant avec celle de son organisation : accompagné par le consultant pour formaliser sa réflexion, le dirigeant prend conscience de sa singularité tout en respectant celle de l'organisation qu'il sert. Ce concept trouve une résonance dans le « servant leadership » (Greenleaf et al., 2002) qui est une forme de leadership spirituel (Fry, 2003 ; Voynnet-Fourboul, 2011).

L'alignement résultant d'une recherche de sens a des implications managériales pour les dirigeants et l'organisation elle-même : 1) un levier pour manager les équipes avec plus d'efficacité en distinguant l'important et en adoptant une posture plus affirmée ; 2) permet au leader d'entrer en résonance avec ce « qu'il peut être » en mettant des mots sur des intuitions pour gagner en rationalisation ; 3) faire des deuils pour s'adapter aux nouveaux contextes ; 4) comprendre la place de l'entreprise dans l'écosystème ; 5) faire des choix d'efficacité en se libérant de contraintes inutiles.

L'apport de la singularité (hypothèses 5 et 6)

L'horizon temporel de la singularité est d'une durée plus longue que le plan stratégique, d'une valeur plus complexe et d'un mode de décision différent (figure 47). Les présidents, fondateurs, actionnaires, c'est-à-dire ceux qui ont investi dans le projet, disposent du pouvoir d'agir sur le destin de leur société (**verticalité**) en tant que garants du fil vital de l'entreprise, en parallèle la direction générale pilote la stratégie c'est-à-dire le processus qui permet de réaliser la mission de l'organisation (**horizontalité**). Le président recherche une création de valeur **immatérielle** qui se situe dans le « pourquoi » de l'entreprise, le plan stratégique étant la traduction fonctionnelle et opérationnelle de la vision des dirigeants à moyen et à long terme.

Ces deux nécessités pour l'entreprise, **verticalité** et **horizontalité**, lorsqu'elles sont équilibrées assurent une cohérence. Un déséquilibre peut apparaître quand l'organisation ne s'appuie que sur l'un de ses deux piliers : l'horizontalité. La verticalité traverse le dirigeant et l'organisation, élève, fait grandir et façonne une attitude face aux épreuves et aux crises. La verticalité en lien avec la singularité contient un principe unifiant et moteur, crée une ligne directrice pour le dirigeant et pour l'entreprise : ce processus observé peut requérir une intelligence spirituelle.

Rôle et place de la singularité identitaire (hypothèse 3)

La recherche a permis pour partie de clarifier les discussions entre les différentes facettes de l'identité selon qu'elle est considérée comme stable ou instable (figure 47).

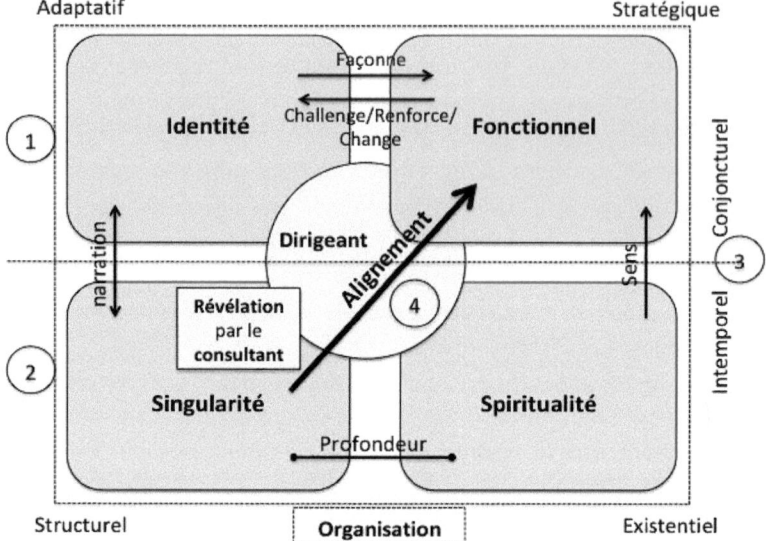

Figure 47 : l'alignement, la profondeur et la place des concepts singularité-identité-spiritualité

(1) L'identité est **adaptative** et peut être multidimensionnelle.

(2) La singularité constitue un référentiel structurant (transmission par le fondateur, discours fondateur) ; en ce sens la singularité est **intemporelle**, façonne profondément le comportement d'une organisation et sert de **pivot** pour maintenir sa **continuité** et son caractère **unique** indépendamment des changements de dirigeant.

(3) L'identité est **conjoncturelle**, évolue dans le temps, pour s'adapter à l'environnement. Il s'agit d'une configuration idiosyncratique de personnes partageant certains attributs, poursuivant un but collectif à travers une activité donnée et en utilisant un nombre limité de principes de fonctionnement.

(4) L'alignement qui inclut une dimension **spirituelle** est la conséquence d'une expérience de révélation de la singularité par l'action du consultant et de son outil.

La figure 47 résume également les liens entre l'identité et le fonctionnel (le plan stratégique et les actions opérationnelles des membres). L'identité organisationnelle influe sur les prémisses qui sous-tendent les choix des membres concernant les questions stratégiques, organisationnelles et opérationnelles (Dutton et Dukerich, 1991). Ces choix interagissent avec d'autres facteurs exogènes (environnement, réglementation, concurrence, etc.) et génèrent des conséquences en termes de profits, de parts de marché, de position concurrentielle, de taille, etc. Les interprétations de ces conséquences par les membres sont façonnées par l'identité de l'organisation. Par exemple, un niveau donné de performance peut être perçu comme satisfaisant ou non selon l'objectif de l'organisation et les attentes de performance dans le cœur de métier.

Tant que les membres sont : 1) satisfaits des conséquences de leurs actions ; ou 2) peuvent se contenter d'une situation insatisfaisante (qui ne met pas en danger la pérennité de l'entreprise) ; ou 3) croient que l'ajustement marginal de leurs actions peut améliorer les conséquences, ils sont enclins à continuer à travailler à la **surface** de l'organisation en reconstituant des modèles de comportements familiers (répétition, imitation, etc.). Ils vont ainsi renforcer l'identité de l'organisation alors même que la situation est bancale.

Quand les dirigeants ne peuvent plus tenir avec les conséquences de leurs actions, c'est à ce moment-là qu'ils peuvent faire appel aux consultants pour traiter de questions identitaires. Par la révélation ils trouvent les causes de leur problématique dans les attributs profondément enracinés et jusqu'ici incontestés de l'organisation : la singularité identitaire. L'équipe de direction commence alors à défier l'identité organisationnelle et à travailler à la modifier avec l'aide des consultants en s'alignant sur la singularité de l'organisation.

En outre, les résultats font évoluer la théorie de Sheep et Foreman (2012) qui ont tenté d'établir la nature de la relation entre l'identité et la spiritualité. Nous avions fait l'hypothèse de placer la relation entre l'identité et la spiritualité comme des sous-ensembles distincts, la spiritualité donnant une voie d'accès à l'identité stable et profonde. Or les résultats montrent que si l'identité et la spiritualité sont deux systèmes distincts, la première conjoncturelle et adaptative, la seconde intemporelle et existentielle, la singularité est également distincte de l'identité. Elle se situe, tout comme la spiritualité, dans la **profondeur** et est reliée à l'identité par une **narration** (figure 47).

Ainsi, en reprenant la théorie de Luhmann (2006, 2011), l'identité et la spiritualité sont deux systèmes distincts qui communiquent au travers d'une zone de contact : la singularité.

Lorsque le dirigeant entreprend à l'aide du consultant d'accéder à une dimension verticale de son être ou celle de son organisation, il active des principes spirituels pour accéder au **sens**, à une **verticalité** comme **fil conducteur** d'une stratégie **alignée**.

L'alignement permet la transformation

« *A un moment donné, quand tout va vite, on veut copier, faire comme les autres, faire les trucs qui marchent, les trucs à la mode. Cela montre aussi qu'il faut être aligné par rapport à ce que l'on est. Et l'alignement cela ne veut pas dire non plus que l'on ne va pas changer. Mais* **on va changer à partir de ce que l'on est**. » (Membre de comité de direction, assurance)

La révélation par le consultant permet au dirigeant de comprendre l'existence d'un élément qui jouait un rôle à son insu : la singularité. Transmise par le fondateur, elle est constituante de la structure **immatérielle** de l'entité comme une **fondation** : elle est durable et rend l'organisation unique.

La stratégie est fonctionnelle et opérationnelle

Mintzberg (1987) définit la stratégie avec les cinq « P » comme un processus avec des consignes établies (Plan), un stratagème dans le sens de faire tourner les évènements à son avantage (Ploy), un modèle (Pattern), une position (Position) et une perspective (Perspective) dans le sens où la stratégie est à l'organisation ce que la personnalité est à l'individu. Une variété de concepts dans d'autres domaines saisissent également cette notion : les psychologues se réfèrent au cadre mental d'un individu, à la structure cognitive et à diverses autres expressions pour « des modèles relativement fixes pour expérimenter le monde » ;

les anthropologues se réfèrent à la « culture » d'une société et les sociologues à leur « idéologie » ; les théoriciens militaires écrivent la grande stratégie des armées, tandis que les théoriciens de la gestion ont utilisé des termes tels que la « théorie de l'entreprise et sa force motrice », les scientifiques du comportement en référence à Kuhn se réfèrent au paradigme d'une communauté d'érudits et les allemands le captent avec leur mot « Weltanschauung », littéralement « vision du monde », c'est-à-dire l'intuition collective de la façon dont le monde fonctionne (Mintzberg, 1987).

Kornberger et Clegg (2011) donnent une version plus complexe de la stratégie :

1) la stratégie et l'organisation sont des pratiques complémentaires : la stratégie devrait évoluer avec l'organisation.

2) la stratégie consiste à problématiser les contrats à terme (le futur) : les stratégies pourraient jouer avec des scénarios perturbateurs et problématiser ce qui a été pris pour acquis. La stratégie est orientée vers l'avenir.

3) la stratégie est généalogique : la stratégie est aussi axée sur le passé. Il s'agit d'explorer le passé et les forces qui ont contribué à la forme actuelle de l'organisation. Elle participe à la construction du destin de l'entreprise.

4) la stratégie implique l'expérimentation et l'apprentissage.

5) La stratégie est une médiation vis à vis du public ou du client.

Quant à la vision organisationnelle, elle concerne un futur partagé et auquel aspirent les membres de l'organisation. Elle identifie les valeurs de cette organisation, définit les priorités quant aux objectifs et établit les moyens par lesquels ces objectifs seront poursuivis (Robbins et Duncan, 1988). Tregoe et al. (1991, p. 34) définissent la vision ou la stratégie comme le cadre « qui guide les choix qui déterminent la nature et la direction d'une organisation. C'est ce vers quoi l'organisation tend. »

En d'autres termes, la vision concerne le futur de l'organisation et sert de fondement pour l'action que doit soutenir cette organisation ; « vision = mission + stratégie + culture » (Lipton, 1996). La vision est une description d'un état considéré beaucoup plus préférable que l'état présent de l'organisation (Ackoff, 1999). Barreth (2017) préfère la notion de « valeurs désirées ».

Le processus de la singularité révélée pour bâtir la transformation est très différent d'autres modèles

Par exemple, le « *Leading Change* » de John P. Kotter (1995) publié dans la Harvard Business Rewiew fait référence dans la communauté des chercheurs. Il décrit huit étapes pour transformer l'organisation : 1) créer un sentiment d'urgence, partagé par tous ; 2) créer une puissante coalition pour guider ; 3) développer une vision et une stratégie ; 4) communiquer sur la vision ; 5) donner un pouvoir d'action large aux employés ; 6) générer des réussites à court terme ; 7) consolider les gains et produire plus de changement ; 8) ancrer les nouvelles méthodes dans la culture d'entreprise. Toutefois même si ce modèle reste une référence, Appelbaum et al. (2012) argumentent qu'il ne s'applique pas à toutes les situations : l'approche peut être rigide, des étapes non pertinentes, il ne traite pas la résistance au changement, ce qui peut demander de faire appel à d'autres modèles en complément afin de trouver la combinaison optimale.

Style de leadership	Classique « Fais-le ! » (unilatéral)	Transactionnel « C'est d'accord ! » (bilatéral)	Transformation-nel « Votre but est le nôtre ! » (multilatéral)	Spirituel « Nous décidons ! » (communauté)
Caractéristique	Commandement, urgence Domination Contrôle des ressources Dissymétrie des compétences	Récompense contingente Transaction constructive Management par l'exception Actif et passif Transaction corrective	Une influence idéalisée Un leadership inspiré Une stimulation intellectuelle Une considération individualisée	Valoriser les enjeux personnels des autres Reconnaître la dignité de chacun Réconcilier les aspects privés et professionnels Aider les autres à fournir davantage Rêver et faire rêver
Prise en compte des identités	– – –	–	+ +	+ + +

Tableau 73 : prise en compte de l'identité en écho aux modèles de leadership de Beazley (2002) et (Voynnet-Fourboul, 2011)

Par ailleurs, les différents types de leadership n'ont pas le même rapport aux préoccupations identitaires (tableau 73).

Dans notre recherche, les dirigeants interrogés ont des profils de leader transformationnels et spirituels en écho aux modèles de leadership (Beazley, 2002) et donc sensibles aux questions existentielles.

13.2. Les outils du consultant

Les outils étudiés dans cette recherche disposent généralement d'une utilisation principale qui les amène à être opérationnels au travers d'applications différentes. Par exemple l'outil Golden est centré sur la connaissance de soi et donc sur une approche à l'origine individuelle, portant ses effets en matière de transformation individuelle. Dans ce cadre-là, la connaissance de soi va permettre : 1) de situer ses comportements et de faire appel à des comportements plus appropriés selon les situations ; 2) à anticiper les comportements qui sont prévisibles au regard du modèle de développement jungien ; 3) l'outil peut aussi être utilisé en séance de groupe avec pour objectif d'améliorer les systèmes d'interaction, étendant son champ d'application au-delà d'une approche strictement individuelle.

Si l'on considère l'outil CTT, conçu originellement pour déterminer les valeurs d'une organisation au travers des représentations que s'en font ses membres, il inclut également un repérage des valeurs personnelles, qui a donné lieu à une application dans le domaine du leadership. On oscille donc entre le registre organisationnel et le registre individuel. Les consultants seront peut-être plus habiles à utiliser un registre plutôt qu'un autre en fonction de l'outil et du type d'organisation. L'Appreciative Inquiry est une application de la psychologie positive, cette démarche suppose en quelque sorte l'adoption d'une posture généraliste. Les applications sont alors multiples (Bushe, 2011).

Avec l'outil de la singularité, les usages au niveau de l'organisation et des équipes sont intimement liés dans la mesure où il y a une interaction entre la singularité de l'entreprise en tant que groupe humain et celle des managers.

Selon l'usage, l'outil répond à un besoin, il s'inscrit dans une démarche plus complexe. Par exemple dans le cas des « *assessments* », on peut employer un outil (Wave/Golden/MBTI) comme base de départ de la connaissance d'une personne et poursuivre le travail en ayant recours à d'autres outils, à des simulations, à des entretiens de groupe. Sur le plan de la complémentarité, la combinaison de trois outils (Extended Disc instrument, MBTI, Belbin) pour comprendre une problématique d'équipe permet de trianguler les découvertes et de construire une équipe plus efficace tant sur le plan comportemental, culturel, que des personnalités (Suman, 2009).

Bien souvent ces outils constituent un point de départ qui permet d'élaborer progressivement un profil. Cette progression s'effectue dans le dialogue entre le facilitateur et la personne concernée. L'outil peut servir de base de réflexion, d'exploration, et être relié à des situations. La qualité du débriefing est alors essentielle et extrêmement liée à l'accompagnateur, au temps qu'il pourra consacrer aux échanges avec la personne. C'est pourquoi la certification joue un rôle important en permettant d'enrichir la capacité du facilitateur. La frontière entre le conseil et le coaching peut apparaître floue, le coaching pouvant être une partie du processus de conseil (Kakabadse et Louchart, 2006). **Avec un outil orienté sur la transformation comme la singularité, un coaching est souvent nécessaire pour permettre aux personnes d'accepter le changement et d'évoluer dans leur niveau de conscience.**

Les outils font l'objet d'une variation des usages avec de multiples adaptations, traductions, détournements, « bricolages » (De Certeau, 1980). Cet écart possible peut être évalué par le concepteur comme une forme de transgression. Cela peut expliquer les efforts en matière de certification, visant à s'assurer que les outils de leadership soient correctement employés. On constate là un point de différence possible avec les outils de gestion classiques qui ne font pas l'objet d'un cadrage par la certification.

En synthèse, du point de vue de l'organisation, il est extrêmement rare qu'une demande à propos de la singularité organisationnelle soit sollicitée ; la singularité apparaît plutôt comme une boîte noire permettant de résoudre un problème organisationnel. Ce flou actuel tient dans la nouveauté du concept et du prototype. Dorénavant les techniques d'intelligence artificielle permettent de distinguer les repères propres à chaque entreprise (Talentoday), ses valeurs (the value centre). Certains critères peuvent conduire à choisir l'outil et la démarche : 1) la qualité intrinsèque de l'outil ou du prototype, sa solidité conceptuelle, son articulation aux méthodes de recherche ; 2) le niveau d'accompagnement traditionnellement par un consultant, son rôle de facilitation, la taille du réseau des consultants certifiés ; 3) le positionnement international de l'outil permettant une accessibilité aux entreprises internationales ; 4) l'impact en termes d'action sur les membres de l'organisation.

13.3. Les niveaux de conscience

Niveaux de conscience		Besoins et actions	
		Personnel	Organisationnel
7	Être au service	Consacrer sa vie au service désintéressé en quête de son but ultime et du bien-être de l'humanité.	Créer un avenir durable dans le temps pour l'organisation en prenant soin de l'humanité et en préservant les écosystèmes nécessaires à la vie sur Terre.
6	Faire une différence	Accomplir son but ultime en collaborant avec d'autres pour faire une différence dans le monde plus grande que celle que nous pourrions faire tout seul.	Construire la résilience de l'organisation en coopérant avec d'autres organisations et avec les communautés dans lesquelles l'organisation évolue.
5	Cohésion interne	Découvrir son moi authentique et trouver un sens à sa vie en étant aligné avec sa passion et son but ultime et en construisant une vision du futur que nous voulons créer.	Développer la capacité de l'organisation de réaliser des actions collectives en alignant les motivations des salariés autour d'une série de valeurs partagées et une vision inspirante.
4	Transformation	Explorer qui sommes-nous et satisfaire nos besoins d'autonomie, de liberté et d'indépendance en développant	Augmenter l'innovation en donnant la parole aux salariés dans les prises de décision et en les rendant responsables de

		nos dons et nos talents uniques.	leur avenir et de la réussite globale de l'organisation.
3	Estime de soi	Satisfaire son besoin de se sentir bien avec soi-même, gérer sa vie, être fier de ses performances et se sentir reconnu par les autres.	Etablir des structures, des politiques, des processus qui mettent de l'ordre, accompagnent la performance de l'organisation et favorisent la fierté des salariés.
2	Relations	Satisfaire son besoin d'appartenance et se sentir aimé et respecté par sa famille, ses amis et ses collègues.	Résoudre les conflits et créer des relations harmonieuses qui favorisent un sentiment de loyauté entre les salariés et une relation forte avec les clients.
1	Survie	Satisfaire ses besoins de survie psychologique.	Assurer la stabilité financière, la rentabilité et garantir la santé et la sécurité des employés.

Tableau 74 : les sept niveaux de conscience (lecture de bas en haut) selon Barrett (2017)

Barrett (2017) a conçu le modèle des sept niveaux de conscience à partir de la pyramide des besoins de Maslow (1968) qui s'applique aux individus et aux organisations en tant que groupe humain (tableau 74). Chaque niveau de besoin est associé à des valeurs spécifiques. A mesure que les individus grandissent et évoluent, leurs valeurs changent en relation avec leurs besoins. Selon Barrett (2017) tout le monde n'atteint pas les stades de développement les plus évolués. De la même manière les organisations se développent et traversent des étapes depuis leur création jusqu'à une performance qui peut devenir complète.

A l'inverse des valeurs ou de l'identité, la singularité est positionnée comme structurante et **stable. En revanche la conscience du dirigeant de sa singularité est variable.** Cela appelle la réflexion suivante : le dirigeant qui accède à la connaissance de sa singularité peut en avoir une conscience plus ou moins établie.

Il existe une échelle de mesure pour comprendre l'évolution de l'intégration de la singularité par le dirigeant (niveau d'appropriation) mise au point par Mathieu et al. (2015). Cette échelle a été inspirée par les niveaux logiques de Gregory Bateson, de l'École de Palo Alto, Robert Dilts, la philosophie de Platon (tableau 75).

Niveaux de conscience		Personnel	Organisation
O	Ouverture	Offrir sa singularité au monde, au-delà de soi	Elle est devenue une composante culturelle globale
V	Valorisation	Extension du champ de sa singularité à la société	Elle agit au nom de l'intérêt général
A2	Alignement	Positionnement de vie centré sur sa singularité	Elle offre des repères forts au quotidien (principes)
A1	Appropriation	Découverte de soi, des caractéristiques et potentialité de sa singularité	Elle est transparente sur ses intentions et ses processus
R	Réaction	Singularité instrumentalisée (ex : jouir de des capacités)	Elle garantit des produits de qualité
B	Besoin	Singularité potentielle (ex : petite enfance)	Avant que l'organisation ne soit créée (dans la tête du fondateur)

Tableau 75 : les étapes BRAAVO (lecture de bas en haut) de la maturité face à la singularité (Mathieu et al., 2015)

Le niveau de conscience de sa singularité peut varier de très peu de conscience de ses motivations à pourvoyeurs de sens pour son écosystème, jusqu'à l'intérêt général.

Pour illustrer ces niveaux de conscience, voici l'exemple d'un client qui achète un produit dans une entreprise[44] :

- S'il l'achète en ayant vu une publicité et se disant ça à l'air bien, ce n'est pas un niveau de conscience très élevé (B) ;
- S'il l'achète parce qu'il le trouve mieux que les autres, parce qu'il a essayé, c'est un peu plus élevé (R) ;
- S'il l'achète parce qu'il a parfaitement compris pourquoi il a besoin de cela : c'est encore un peu plus élevé (A1) ;
- S'il l'achète parce qu'il a compris pourquoi il en a besoin et qui est cette entreprise au sens de sa **raison d'être** et ce qu'elle cherche à lui apporter : c'est encore plus élevé (A2) ;

---

[44] extrait d'un « cas d'entreprise » de PMS

- S'il l'achète parce qu'il comprend qu'avec cette entreprise ça lui permet de faire quelque chose qu'il n'aurait jamais pu imaginer avant. C'est encore un niveau au-dessus (V) ;
- En achetant le produit, il se sent en relation avec l'entreprise pour converger avec elle vers plus grand qu'eux (O).

Selon son niveau de conscience le comportement du client va être différent.

En synthèse, que ce soit un travail sur les valeurs (Barrett, 2017) qui par nature peuvent évoluer ou sur la singularité (Mathieu et al., 2015) qui par nature est stable, une mesure des niveaux de conscience apparaît comme nécessaire.

Ainsi, le résultat sur les effets de la singularité dans la durée, croisé avec les niveaux de conscience montre que c'est à partir du niveau de conscience A2 (alignement), que le dirigeant est porté par sa singularité. Par ailleurs l'alignement est le résultat d'un travail dans la durée. Autrement dit cela suppose que la **révélation** déclenche un processus dont la prise de conscience par le dirigeant l'amène à évoluer d'un niveau de réactivité par rapport aux marchés, de comparaisons, de **rapports de force** (R) vers un niveau d'appropriation (A1) qui l'amène à s'intéresser à la **profondeur**.

La persistance dans le temps n'est observable qu'à partir de la phase **d'alignement** (A2), sinon un retour en arrière ou une dissolution des effets est possible. Un **accompagnement** par un consultant ou un coach peut éviter ce risque.

De même, le parcours de prise de conscience de la singularité du dirigeant modifie son rapport au monde. Le consultant peut accompagner le dirigeant pour évoluer dans son niveau de conscience. En effet, le développement personnel peut aider à l'appropriation pour porter la conscience. Des outils complémentaires à la singularité peuvent accompagner son usage. Pour Wilber (2015) les typologies horizontales comme le MBTI peuvent être très utiles lorsqu'elles sont combinées avec les niveaux de conscience.

D'ailleurs pour ce répondant « *l'outil que vous nous avez présenté à la session, il aide à comprendre mais il n'aide pas à agir* » (Directeur stratégique, haute-couture). Autrement dit l'outil aide à faire un constat, à comprendre : il aide à voir. On peut supposer que ce participant n'a pas atteint pour l'instant un niveau d'alignement.

Wilber (2015) opère une différence entre les états de conscience de l'ordre des expériences (rêve, éveil spirituel, sommeil profond) qui favorisent la production subite d'idées lumineuses par exemple, qu'il considère comme éphémères, et **les stades de conscience qui représentent des échelons de croissance et de développement qui sont permanents.** « Une fois que vous atteignez un stade, il s'agit d'une acquisition durable » (Wilber, 2015, p. 31), autrement dit l'accès à une plus grande conscience, plus grande attention, une éthique plus élevée. Chacun de ces niveaux d'évolution implique un plus grand niveau de complexité.

Pour ce même auteur « Le développement moral tend à évoluer du « moi » (égocentrique) vers le nous (ethnocentrique), puis vers le « nous tous » (mondecentrique) » (Wilber, 2015, p. 36). Par exemple : **corps** (identification de chacun par l'organisme corporel et ses instincts de survie), **mental** (sa propre identité s'étend à l'échange de relations avec les autres : valeurs partagées, intérêts mutuels, empathie), **esprit** (nous comprenons qu'en plus de la diversité des personnes et des cultures, il existe des similitudes et des éléments communs partagés). La figure 48 en représente une transposition à l'entreprise :

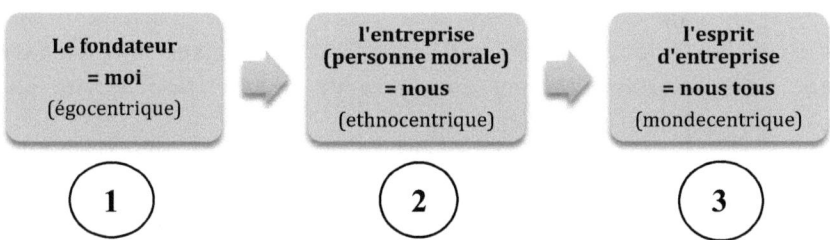

Figure 48 : les stades de consciences de Wilber (2015) transposés à l'entreprise

Appliquée à notre recherche, (1) le processus s'origine avec le fondateur qui transmet sa singularité identitaire à (2) l'organisation (en écho au modèle de Schein à propos de la culture) en tant que personne morale. (3) **L'esprit d'entreprise** est en relation avec la « **raison d'être** » de l'organisation, c'est à dire sa mission, sa vocation, son rôle sur le marché.

13.4. Le consultant et la révélation

Par rapport aux théories de la relation consultant-client, l'un des résultats de cette recherche est d'expliciter le rôle du consultant dans la clarification. Un professeur des universités, responsable d'un master 2 au sein duquel la singularité identitaire est enseignée relate à propos de l'outil de la singularité : « *voilà, un professionnel qui a fait l'effort de penser à un modèle très théorique, très académique, pour dans un premier temps, en faire une méthodologie d'analyse par rapport à ses corpus et dans un deuxième temps, pouvoir transmettre à son public de clients. Dans la méthode de la singularité, il y a quelque chose qui est très opératoire : c'est une sorte de préparation aux changements qui peuvent venir* » (Professeur, éducation). L'effort de théorisation, de modélisation et d'opérationnalité légitime l'enseignement d'une méthode aux étudiants avec une dimension pédagogique.

Le consultant a dans notre recherche un rôle de catalyseur : il met en évidence des éléments qui vont aider à structurer l'entreprise. Parfois il s'agit de choses évidentes mais non visibles. Sans la révélation que le consultant et son outil suscitent, le dirigeant peut passer à côté : « *on l'avait sous les yeux* ». Le consultant sert d'assistance à la connexion spirituelle qu'il peut mieux faire en tant que tiers extérieur, comme une sorte de triangulation décrite par Luhmann (2006) (chapitre 1).

La singularité est également utilisée comme une grille de lecture pour la gestion des équipes à la manière du Belbin, outil de compréhension et de gestion des rôles en équipe : « *les gens au sein du comité de direction avaient le réflexe de retourner à cette analyse du profil singulier de la société et de présenter ou d'orienter les sujets dans le sens de ce profil singulier* » (Directeur général, assurance). Les dirigeants exploitent ainsi le profil de leur organisation au bénéfice des sujets à traiter au CoDir. Ceci constitue une grille de lecture complémentaire et nouvelle. « *Une grille de lecture et de sélection finalement. Est-ce que ce que l'on fait est bien dans le profil de la société ou pas ? Cela pouvait devenir une espèce de critère de sélection* » (Directeur général, assurance).

La qualité du modèle de la singularité identitaire révélée dépend : 1) de sa catégorisation, de la netteté d'affiliation dans une catégorie, dans la distinction claire des catégories entre elles, dans le processus de test prenant en compte un ensemble vaste et riche de données organisationnelles, dans la prise en compte du temps et du changement (Weick, 1979) de son niveau de représentativité et ; 2) donc de l'observation des membres qui se reconnaissent dans ce modèle ; 3) dans l'appropriation de l'outil ; 4) dans les effets produits sur les membres de l'organisation une fois le moment de la révélation effectuée et par extension sur l'organisation.

Les participants ne s'expriment pas par différences mais par des éléments qualitatifs intrinsèques. Dans le cadre organisationnel ces éléments de nature **immatérielle** viennent se superposer à des éléments **stratégiques matériels** « *business plan* » créant ainsi une **valeur ajoutée**.

A ce stade se pose la question à propos de l'intensité de cette révélation identitaire dans le cas de la singularité, de savoir si la qualité d'un outil et d'une catégorisation est déterminée par l'expression de cette intensité. Peut-on affirmer que plus les personnes réagissent émotionnellement, plus l'outil fait sens pour elles ? Et plus elles seront amenées à se comporter en fonction de ce qui a fait sens. Du point de vue de la révélation, se pose la question plus large, de la révélation que suscite la découverte d'un nouvel outil par l'intermédiaire d'un consultant. Est-ce que ce moment très particulier par sa force et son intensité n'aura pas des conséquences sur le recours à l'outil, sur la fidélité à l'outil et sur la manière dont les personnes vont observer d'une façon différente et nouvelle, leur entreprise et le monde en général ? Ce travail sur la révélation peut par conséquent concerner d'autres systèmes de catégorisation et de représentation élaborés ou mis en œuvre par d'autres consultants.

En ce qui concerne l'identité, la révélation dont il s'agit est partielle puisqu'il s'agit de révéler la singularité. Dans un monde qui se transforme de façon accélérée, n'y a-t-il pas quelque chose de plus rassurant que de pouvoir se référer à une dimension invariante à laquelle on pourra toujours revenir, sur laquelle on peut compter, quels que soient les questionnements, quels que soient les incertitudes comme une boussole permettant d'orienter les comportements ?

Selon Luhmann (2006), les clients, laissés à eux-mêmes, énacteraient leurs propres visions du monde, peut-être jusqu'à ce qu'une crise les arrête. Irrités par les consultants, les clients peuvent eux-mêmes arriver à une solution nouvelle et brillante à leurs problèmes-solutions (amélioration des relations interpersonnelles, trouver l'axe de pérennité de l'organisation, mise en place de repères pour les managers) qui sont toujours conformes aux principaux traits du système. Les irritants paradoxalement rassurent le client. Après tout, le rôle de consultant consiste aussi à rassurer à la différence du chercheur qui lui apparaît beaucoup plus anxiogène.

Luhmann (2006) a également suggéré que les consultants qui réussissent ne signalent pas de points aveugles dans les observations du client, comme les chercheurs tentent souvent de faire, mais simplement soulignent la différence entre leurs observations et celles des clients. C'est exactement ce qui s'est passé dans le cas étudié au chapitre 10 : le consultant déroule la catégorisation lors d'une séance de formation sans dire a priori quelle est la catégorie qui par l'analyse convient. Il laisse les personnes déterminer « théoriquement » leur propre pronostic (c'est également le cas dans les séances de développement personnel tel que l'accompagnement au Golden / MBTI / Valeurs etc.). Il laisse une part de liberté, d'auto-reconnaissance en évitant de positionner les personnes d'une façon autoritaire dans des modèles qui pourraient les enfermer (comme cela peut être en revanche le cas dans les tests de personnalité). Nous remarquons que la part de libre cheminement est en réalité très puissante en termes d'effets de compréhension et d'appropriation chez les participants. La capacité à se reconnaître ou à reconnaître une entité organisationnelle a également quelque chose de fulgurant. Cela explique l'intérêt de retenir le terme de **révélation** en lien avec la **spiritualité** telle une ideopraxis qui se joue dans l'intériorité de la personne tout en produisant des effets de connexion et d'accès immédiat au **sens** (Duyck et al., 2017).

En revanche il reste du côté des consultants à travailler leur propre point aveugle, et c'est là que peut intervenir le rôle du chercheur dans sa position d'observateur-participant ; cet éclairage peut alors aider à mieux repérer les moments d'identification et éventuellement les défauts de l'outil (lorsque des participants ne connaîtraient pas une révélation identitaire et résisteraient au modèle du consultant).

Cette approche permet également de trouver ce qui permet une meilleure appropriation de l'outil (pour le consultant dans ce cas précis de la singularité) et d'amorcer une réflexion méthodologique sur l'évaluation des outils du conseil en général, particulièrement les outils sophistiqués qui s'accompagnent de formule de certification comme c'est de plus en plus le cas.

13.5. Le consultant et l'intelligence collective

Un texte établi collectivement (cf. chapitre 9) a une portée de long terme et vise à une amélioration en continue de l'organisation ce qui rejoint la conception de l'intelligence collective de Zara (2008). Cette efficacité est favorisée par **l'enthousiasme**, la mise en **mouvement**, le **dialogue** multi-parties prenantes qui se développent durant le processus.

Alors qu'avec le prototypage certains participants peuvent être plus résistants à la catégorisation ou avoir besoin de l'appui du consultant pour s'auto-catégoriser, l'intelligence collective dépasse la problématique individuelle et favorise l'accord sur une norme de groupe.

En outre l'atelier proposé par le consultant produit un résultat pertinent car son processus respecte certaines conditions ainsi énoncées par Noubel (2004) : 1) avoir un intérêt à coopérer (il s'agit d'un contrat client-consultant) ; 2) se fixer une mission collective partagée (un objectif supérieur commun : **raison d'être**) ; 3) pas de gaspillage en jeux relationnels inadaptés : pouvoir, sauvetage, privilège (une énergie focalisée sur le résultat) ; 4) donnant-donnant (la réciprocité) ; 5) donner sans attendre (la gratuité).

Si l'intelligence collective crée au cours des ateliers un consensus à partir des mots du dirigeant et des textes fondateurs, elle va aussi permettre l'ouverture avec l'aide du consultant sur un travail d'alignement des équipes, en **mesurant les écarts** entre les pratiques en cours dans l'entreprise et ce qu'elles devraient être au regard de la singularité, et d'identifier des objectifs : les pratiques à 1) renforcer ; 2) créer ; 3) modifier ; 4) stopper. De même, il est possible de repérer des **nœuds** existants et de formuler des propositions de moyens pour les dépasser. Par exemple les résultats des ateliers pour le manager peuvent concerner : les compétences et pratiques managériales, la relation avec les équipes (ex : traitement de conflits, animation des réunions, motivation, évaluation), la coopération entre services / métiers / zones géographiques, la relation avec les clients et les prospects, la relation avec les « *stakeholders* » (partenaires, médias…), l'innovation produit et services, la communication digitale, la vie sociale de l'entreprise. Autant de thématiques qui constituent les enjeux de l'identité organisationnelle (cf. figure 12, p.78).

Par ailleurs, en produisant un texte commun les participants prennent conscience de leur puissance collective au sens de Noubel (2004). L'intelligence collective transcende et inclut l'humain : elle est la capacité d'un groupe de personnes à collaborer pour formuler son propre avenir et y parvenir en système complexe. Pour ce faire chaque individu 1) ne possède qu'une connaissance partielle de l'environnement et n'a pas conscience de la totalité des éléments qui influencent le groupe ; 2) obéit à un ensemble restreint de règles simples par rapport au comportement du système global ; 3) est en relation avec plusieurs autres individus du groupe ; 4) trouve un bénéfice à collaborer (parfois instinctivement) et sa propre performance au sein du groupe est meilleure que s'il était isolé.

Côté consultant, ce dernier fait un premier chemin par l'élaboration d'un prototype et laisse ensuite une sorte de vide qui est complété par l'accompagnement d'un processus qui permet l'émergence d'une expression de la singularité venant du collectif. Il s'agit d'un processus dynamique, apprenant, au cours duquel les participants : 1) vivent une expérience humaine ; 2) peuvent mesurer immédiatement un résultat opérationnel : la production d'un texte utilisable pour améliorer l'organisation.

Par ailleurs l'étude de cas longitudinale sur une longue période permet d'ouvrir ce que Luhmann (2011) considère la « boîte noire » de la relation client consultant : il s'agit dès lors pour le chercheur de distinguer les étapes et les analyser. L'observation participante s'attache alors à expliquer la méthode utilisée par le consultant. Dans le contexte d'une organisation en difficulté ou en quête de sens, par induction et abduction (figure 49) les participants 1) actualisent les mots du fondateurs (Schein, 1983, 1984) en les réinterprétant avec leur propre perception ; 2) reconnecte l'organisation à l'esprit du fondateur : construction et émergence de l'identité originelle (singularité).

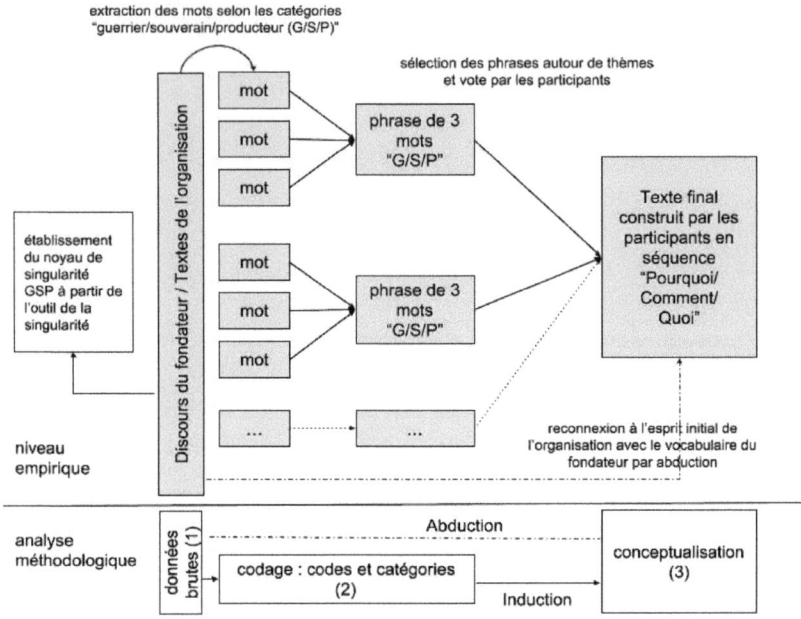

Figure 49 : analogie entre le niveau empirique de l'intelligence collective et le codage de données qualitatives selon Kelle (1995)

Induction : à partir des données brutes issues de la communication institutionnelle de l'organisation, de ses textes fondateurs et des discours du fondateur ou du dirigeant c'est-à-dire qui ont un lien avec la **singularité identitaire** (1), le consultant prépare le matériau en opérant une sélection de **mots** (codes) caractéristiques de l'identité de l'organisation selon les trois **catégories** « guerrier/souverain/producteur » (G/S/P). La construction de **phrases** avec un mot (2) de chacune des trois catégories dans l'ordre G/S/P constitue un premier niveau d'interprétation : les participants donnent un **sens** aux mots (Kelle, 1995) en questionnant leur propre représentation de l'organisation et ce qu'elle devrait être. Ces nouvelles catégories obtenues sont regroupées par thématique par une sélection que les participants opèrent collectivement.

Abduction : le texte final (3) assemblé par une herméneutique au sens de Kelle (1995) définit la singularité de leur entreprise qui s'inspire de son esprit originel (1) avec le vocabulaire du fondateur : il est de l'ordre de l'essence de ce qu'est l'organisation, de son projet, de sa nature. Il met en évidence des aspects **essentiels** et **existentiels**.

Tout comme la méthode du *Design Thinking* (Brown, 2009) qui face à un problème ou un projet d'innovation amène à appliquer la même démarche que celle qu'aurait un designer, la détermination de la singularité identitaire grâce à une approche en intelligence collective se veut une synthèse entre la pensée analytique et la pensée intuitive avec un processus de co-créativité. Si l'analyse qualitative exige de l'intuition, de l'imagination, de la sensibilité, un lien créateur d'idées, **interpréter** et **donner un sens** aux données qualitatives rejoint la définition de Simon (1969) à propos de l'intelligence collective, qui est une phase de recherche d'information, d'interprétation et de construction d'une vision de l'environnement à usage collectif.

Certains participants relatent en outre l'influence possible du consultant qui par son charisme entraîne les équipes. D'ailleurs la question de l'identité se pose généralement peu pour le client lorsqu'il fait appel au consultant : c'est souvent ce dernier qui amène le client à s'interroger sur des questions identitaires. Toutefois, si l'accès à la singularité semblait reposer essentiellement sur l'expertise du consultant (analyse du vocabulaire, accompagnement à la catégorisation du participant) nécessitant un format long (3 jours pour les sessions de formation), les ateliers en intelligence collective présentent un format court (3 heures) et sont encadrés par un protocole qui nécessite peu l'intervention du consultant. Au-delà de leur facilité et rapidité de mise en œuvre, les ateliers permettent d'impliquer une équipe pour aller vers une prise de conscience collective, un travail sur la vision partagée, une réflexion sur les solutions à mettre en œuvre ou les leviers de transformation à activer.

13.6. Retour vers le terrain à visée confirmatoire
13.6.1. Illustration à l'aide d'un retour d'expérience

Pour confirmer la pertinence de la clarification de l'identité organisationnelle par le consultant, nous relatons le cas d'un client de PMS.

En 2012 une grande société du secteur de la téléphonie est au bord de l'implosion lorsqu'un nouvel opérateur arrive sur le marché : la société perd 20 % de son chiffre d'affaires en un an. Les membres de la direction vivent dans la culpabilité de ne disposer que d'un réseau d'antennes peu étendu. Pour compenser ce qui est vécu comme une faiblesse, une politique de prix bas est instaurée dans le but de récolter des clients à la marge des autres opérateurs. Le climat social est délétère : l'entreprise est clivée entre les partisans de développer une marque *lowcost* et ceux voulant faire perdurer le concept initial de l'entreprise. Le diagnostic stratégique établi par un grand cabinet de conseil suggère une réduction drastique du périmètre de l'entreprise et une diminution des parts de marché sans scénario de création de valeur. Cette perspective est **angoissante** pour la direction qui ayant épuisé les solutions techniques et stratégiques se tourne alors vers d'autres consultants et d'autres approches dont l'une amène à traiter des questions **identitaires**. Elle engage alors un travail sur sa singularité avec PMS. Cette intervention d'une durée de deux ans touche près de 300 collaborateurs du management qui en diffusent les effets dans les niveaux opérationnels. En réalisant un alignement avec sa « singularité », la reformulation stratégique a donné lieu à un investissement dans la technologie, une réorganisation des équipes avec un downsizing plus léger que prévu, une orientation sur des avantages clients et non uniquement prospects. Les équipes de l'opérateur ont recommencé à croire à un futur pour leur organisation. Alors qu'elle était menacée de disparition, la société est aujourd'hui toujours présente sur le marché et bénéficie d'une dynamique économique satisfaisante : *« La stratégie engagée par Bouygues Telecom depuis deux ans porte ses fruits et lui permet d'afficher de bonnes performances commerciales ainsi qu'une forte progression de* *son chiffre d'affaires et de ses résultats financiers au premier semestre* » (communiqué Bouygues Telecom)[45]. L'arrivée d'un nouvel opérateur n'est plus considérée comme un problème, ni par la direction, ni par les collaborateurs. Cette organisation a pu subsister et même se développer grâce au travail réalisé en interne par ses équipes sur sa singularité.

La narration de ce cas appelle des commentaires :

- Les premières approches traditionnelles des consultants appliquant des modèles stratégiques n'ont pas été opérantes et n'ont fait que surajouter des angoisses aux dirigeants,
- Les dirigeants n'ont eu de cesse de trouver des solutions autres permettant de réinstaurer la confiance au sein de l'entreprise,
- L'appel à un consultant tirant sa spécialisation hors du « mainstream » traduisait l'ampleur de l'angoisse et de l'incertitude,
- L'intervention a mis l'accent sur une prise de conscience de la singularité identitaire par les dirigeants et les équipes de l'organisation,
- Le fait que de très nombreux collaborateurs aient été sollicités sur une intervention dans la durée a permis un renforcement, une propagation, des expériences véritablement partagées : la dimension collective apparaît fondamentale dans la réussite de l'intervention, dans les croisements.

Pour illustrer les effets de l'intervention sur la singularité dans la durée, en janvier 2018, la direction générale de cette société écrit au dirigeant de PMS à l'occasion des vœux de la nouvelle année : « *nous mettons vos conseils en application depuis deux ans* ».

13.6.2. Analyse de démarches en intelligence collective

La société de conseil anime des ateliers d'intelligence collective d'un format de trois heures auprès de ses clients pour les aider à exprimer leur singularité. Les effets de cette démarche sont illustrés à partir de l'analyse de comptes-rendus de missions auprès de quatre entreprises

---

[45] Latribune.fr, 31/08/2016, « Bouygues Telecom : les résultats financiers s'améliorent », https://www.latribune.fr/technos-medias/bouygues-telecom-les-resultats-financiers-s-ameliorent-595360.html

ayant des effectifs de 190 à 12 000 salariés pour des chiffres d'affaires compris entre 1,6 M€ et 4 Mrd€, et opérant dans différents secteurs d'activité : réseaux sans fil, logistique, banque, assurance. Afin de tester la cohérence de l'exercice et d'établir des comparaisons, nous avons sélectionné des entreprises ayant le même noyau de singularité au sens du modèle de l'outil, en l'occurrence « *guerrier cosmique* » (GSP).

Secteur d'activité de l'entreprise	Expression de la singularité de l'organisation sur les 3 niveaux :		
	Pourquoi ?	**Comment ?**	**Quoi ?**
Constructeur de réseaux sans fil	Pour **changer** le monde et les gens	avec l'**énergie** d'esprits passionnés, captons le **cœur** de la **valeur** en allant au-delà des ondes, vers les usages	cette **révolution** invisible du quotidien donne l'opportunité de **vivre** le **progrès**, tout droit vers la première **étoile** connectée
Entreprise internationale de logistique industrielle	(our company) explores **infinite proximity** for **growth** and **long term** profitability	as a **strong partner**, with a **flexible** and **knowledgeable** pool of people and a **commitment** to a global network, we **innovate** and integrate **on demand**	Allowing to increase **trust** and design lasting **cooperations**
Banque privée	(Notre banque) a l'**enthousiasme** d'une maison d'exception pour **transmettre** un héritage fait d'**audace**,	d'**esprit** et d'élégance ; **entreprendre** avec cet esprit de panache, c'est inventer l'**excellence** au quotidien,	qui nous permet de **chercher** le **sens** dans la complexité, et fait de nous le **premier** nom de notre industrie.
Société d'assurance mutuelle	**Pionnière** d'un **idéal** d'entraide, (notre société) insuffle une politique **collaborative** et marque ses **convictions** humanistes,	en promouvant l'**innovation** et la **co-construction** avec et pour le sociétaire, en poussant une **règle** de simplicité et en assumant son **modèle** auprès des jeunes,	afin de conquérir et d'élargir le **marché**.

Tableau 76 : exemples d'expressions collectives de la singularité de 4 entreprises du même noyau de singularité GSP

Le tableau 76 présente les phrases obtenues pour chacune des 4 entreprises de l'échantillon réparties sur les niveaux « Pourquoi ? Comment ? Quoi ? » afin d'opérer une comparaison. Les mots et expressions qui caractérisent :

1. la finalité (le pourquoi ?) convergent vers l'expression d'une remise en cause, d'une volonté. Ils appartiennent au domaine de **l'action, du mouvement, de l'activité, de la vitalité** (changer, croissance, rentabilité, enthousiasme, transmettre, audace),

2. la modalité (la méthode ou « le comment ? ») expriment des notions d'expertise, de référence, d'essentiel. Ils appartiennent au domaine de la **réflexion** (compétents, innovation, intégrer, entreprendre, excellence, règle, modèle),

3. la matérialité (le bénéfice ou « le quoi ? ») caractérisent l'art de vivre. Ils appartiennent au domaine de la **relation, du partage** (révolution, progrès, confiance, coopération, marché).

Les résultats permettent ainsi de comprendre le processus qui amène un collectif à exprimer une singularité : les participants ont constitué un texte « *guerrier/souverain/producteur* » (GSP) propre à leur entreprise.

Paradoxalement, les phrases construites par les participants n'expriment pas le métier des sociétés alors que les mots associés à leur activité figuraient parmi ceux remis au début de l'atelier (banque, assurance, logistique, réseaux). Les phrases dépassent ainsi le contexte de l'entreprise et rendent compte d'une **transcendance** et d'une **quête** (étoile, infinite proximity, le sens, un idéal) : elles ont une portée **existentielle**.

Le texte final spécifie ce qui rend l'organisation unique à partir d'éléments **persistants**, issus de son **origine**, sorte d'*ADN*. En l'exprimant à partir des mots du **fondateur**, les participants s'approprient la singularité de l'organisation à partir de leur propre perception. Cette production constitue une grille de lecture complémentaire pour **aligner** la stratégie : les participants peuvent analyser leur action managériale, la situation de leur organisation à la lumière de la singularité établie. Ils peuvent ainsi mesurer les écarts et déterminer les actions correctrices à mener. Ainsi le **raffinement** du prototypage par un travail collectif permet d'engager un travail opérationnel.

13.6.3. Le point de vue de consultants experts utilisateurs d'outils

Nous avons voulu également confronter les résultats empiriques des études de cas au regard de quatre consultants experts ayant utilisé l'outil de la singularité parmi d'autres approches (tableau 77). Nous avons mené des entretiens de type narratif que nous avons transcrits et analysés.

Société de conseil	Âge du consultant
Balthazar	50 ans
FL Conseil	49 ans
Institut National de Coaching	57 ans
PATRICKMATHIEU Recherche & Conseil	54 ans

Tableau 77 : les consultants de l'échantillon

Ces entretiens côté consultants, confirment nos résultats.

Les consultants constatent que les clients sont étonnés de l'approche : « *ils sont un peu suffoqués parce que c'est quand même dans un endroit où ils ne vont jamais* » (consultant expert, 57 ans).

Cela leur permet de découvrir des qualités et un potentiel insoupçonnés de leur entreprise. Ils prennent aussi conscience de la dimension anthropomorphique de leur organisation en tant que groupe humain : « *elle prend aussi des qualités humaines puisque la singularité est portée par leur fondateur. Du coup, ils comprennent bien que l'entreprise, c'est le fruit d'un humain qui l'a singularisée.* » (Consultant expert, 57 ans). Ils comprennent également « *ce qui tient une entreprise dans la durée, ce qui lui permet de se pérenniser, ce qui lui permet d'exister et comment on protège une entreprise dans la longue durée.* »

Les dirigeants peuvent considérer l'organisation, au travers de deux plans : celui de la singularité et celui de l'identité : « *On donne une double lecture, à la fois une lecture du destin et une lecture de la structure identitaire. Et donc, c'est parfois surprenant* » (Consultant, 57 ans). « *Les clients finissent par découvrir qu'il y a des éléments*

profonds qui ne changent pas, qui forment l'identité de l'entreprise. »
(Consultant expert, 57 ans)

Pour cet associé fondateur d'un cabinet de conseil en management prescripteur de la méthode de la singularité auprès de ses clients, le déclenchement d'une mission nécessite une « éducation » préalable à la singularité des clients : *« en quoi cette approche leur permet de traiter leur problématique, en quoi elle va permettre la réalisation de leurs objectifs, en quoi elle va permettre de solutionner une problématique que des cabinets conventionnels n'ont pas pu solutionner ou que partiellement. »* (Consultant, 50 ans)

En outre, le déclenchement d'une mission peut relever d'un processus de maturation lente : entreprendre un travail sur l'identité n'est pas spontanée chez le client surtout s'il est habitué aux techniques de cabinets de conseils généralistes. En échos avec la théorie d'Albert et Whetten (1985), c'est après avoir échoué avec des interventions sur les grands sujets de l'entreprise (marketing, finance, production, organisation) que le client devient sensible aux arguments du consultant à propos de l'identité. Autrement dit, c'est le consultant qui suggère au client un travail sur son identité : ce n'est pas une question que le client se pose a priori. Encore faut-il à ce moment-là que le client soit réceptif à cet argument car il ne pose pas lui-même ses difficultés comme des problèmes de singularité.

Selon le degré d'urgence du client, l'acte d'engagement de la mission tient aussi à la capacité de conviction du consultant. Au sujet de l'urgence, les consultants mentionnent deux profils de clients : ceux qui sont en situation de survie et ceux qui ont un défi ou une importante transformation à mener.

Un client rapporte à ce sujet *« il y a les clients qui l'appellent quand ils sont dans la merde et il y a des clients qui l'appellent parce qu'ils le connaissent et qu'ils savent qu'il peut révéler quelque chose d'utile »* (Directeur stratégique, haute couture).

La capacité du client à « porter » cette approche est à prendre en compte : elle peut parfois nécessiter un accompagnement individuel du dirigeant en parallèle de la mission. En effet, les éléments identitaires touchant à des points profonds de l'entreprise, peuvent déclencher des prises de consciences, remettre en cause des croyances.

De la même manière l'expérience des consultants participe aux succès des missions. C'est la raison pour laquelle il est nécessaire de les former et les certifier.

Le travail sur la singularité amène le consultant à pointer des nœuds majeurs de l'entreprise *« le problème numéro un de l'entreprise, le tabou ».* Mettre le doigt sur un vrai problème. Pour ce consultant les outils utilisés pour saisir la singularité combinent une large portée et un aspect collaboratif qui permet l'appropriation (intelligence collective) ainsi que de la verticalité nécessaire pour aller en profondeur. Pour lui il n'est pas nécessaire d'expliquer ou même de dévoiler l'outil utilisé : il suffit de guider les clients à travers le processus.

Chapitre 14. Implications et préconisations managériales

14.1. La préfiguration d'un paradigme émergeant

Le terme de paradigme est souvent utilisé de façon vulgarisée dans les entreprises pour mettre l'accent sur un nouveau projet, concept ou produit novateurs. Il est devenu une sorte de « *buzzword* » destiné à attirer l'attention. Il désigne couramment une manière de voir le monde. Or, la notion de paradigme utilisée pour les sciences par Kuhn[46] désigne l'ensemble des principes et méthodes partagés par une communauté scientifique. C'est un modèle à suivre qui, pour un temps, fait autorité, puis sera remplacé par un autre. Un paradigme naît « *d'une découverte scientifique universellement reconnue qui, pour un temps, fournit à la communauté de chercheurs des problèmes type et des solutions* » (Kuhn 1070, p.11).

L'auteur distingue des périodes relativement stables de progrès appelées « science normale » et des épisodes de rupture soudains appelés « science révolutionnaire ». Dans la science normale, la communauté scientifique partage un ensemble commun de croyances, de valeurs et de techniques. Elle s'accorde sur ce qui peut être considéré comme exemplaire. Cela défini le paradigme en vigueur et ses problèmes scientifiques qui doivent être résolus. Les scientifiques sont axés sur l'extension et l'articulation du paradigme plutôt que sur la recherche de son remplacement. Au fil du temps, se cumulent des observations considérées comme anormales avec la théorie et, malgré la résistance, ces anomalies provoquent une crise qui dure un certain temps : un malaise et des dissensions peuvent s'instaurer dans une partie de la communauté scientifique.

---

[46] Thomas Samuel Kuhn, (1922-1996) est un philosophe des sciences et historien des sciences américain. Il s'est principalement intéressé aux structures et à la dynamique des groupes scientifiques à travers l'histoire des sciences. Il est le promoteur d'une interprétation de l'histoire des sciences selon laquelle le développement historique des théories est discontinu ; pour rendre compte de ce processus il reprend, à Alexandre Koyré notamment, le concept de révolution scientifique et introduit celui, devenu classique, de changement de paradigme.

En réponse à des crises croissantes, la « science révolutionnaire » implique la proposition d'une nouvelle perspective qui conteste fondamentalement les hypothèses, les orientations et les attentes de la communauté. Cette proposition peut être acceptée et donc remplacer le paradigme existant si elle promet de résoudre certains problèmes restants tout en préservant une partie de ce qui a déjà été réalisé. Ces « changements de paradigme » exigent souvent le réexamen de connaissances établies précédemment car tout le paradigme précédent ne survit pas à la « révolution ». De tels changements définissent également de nouvelles orientations pour la recherche en résolvant des problèmes précédents et en signalant de nouveaux problèmes qui à leur tour doivent être résolus. Avec le temps, le paradigme nouvellement accepté devient la base d'une autre période de « science normale » qui pourrait par la suite rencontrer des crises qui provoquent encore une révolution. Pour Kuhn (1970) la science évolue ainsi par saccades. Au-delà de l'amélioration de la connaissance, les conceptions du monde se modifient profondément lors des changements de paradigme.

Un paradigme procède donc :

1) **d'une découverte scientifique à partir d'un ensemble d'observations et de faits avérés** ;

2) **de nouveaux problèmes qui doivent être résolus selon une méthodologie adaptée.** Un paradigme « détermine la légitimité des problèmes et aussi des solutions proposées » (Kuhn, 1970, p.155). Il détermine également comment les résultats de la recherche scientifique doivent être interprétés. Les paradigmes ont ainsi une fonction normative, ils façonnent la vie scientifique pendant un temps. *« L'utilité d'un paradigme est de renseigner les scientifiques sur les entités que la nature contient ou ne contient pas et sur la façon dont elles se comportent. Ces renseignements fournissent une carte dont les détails seront élucidés par les travaux scientifiques plus avancés. En apprenant un paradigme, l'homme de science acquiert à la fois une théorie, des méthodes et des critères de jugement, généralement en un mélange inextricable »* Kuhn (1970, p.155).

3) **d'un consensus au sein d'une communauté de chercheurs**. La communauté scientifique adhère au paradigme et les recherches se déroulent à l'intérieur du cadre épistémologique formé par ce paradigme avec des méthodes, des objectifs et des outils communs (revues, communications). Pour Kuhn (1970, p.144) « sans adhésion à un paradigme, il ne pourrait y avoir de science normale ». Cet auteur a appelé « matrice disciplinaire » ce qui fait l'objet d'une adhésion du groupe scientifique et qui explique la communication entre ses membres. Cette matrice comprend : les lois scientifiques et leur formalisation, la conception du monde et les procédés heuristiques, les valeurs qui soudent le groupe des chercheurs, le modèle de résolution des problèmes.

4) **d'une transformation de la pensée scientifique et du monde**. Pour Kuhn (1970) une observation qui contreviendrait radicalement à la théorie est peu probable, car la production des faits (par l'expérimentation), tout comme leur interprétation, dépend de la théorie. Si on fait une expérience qui dément le paradigme en place, cela suppose qu'il y a déjà eu une évolution (qui va amener un changement radical, une révolution). Le changement est progressif, mais aboutit à un moment de bascule où la transformation est radicale. On passe ainsi d'un paradigme à l'autre par une « révolution », car ils sont inconciliables. Les changements qui se produisent sont radicaux : les vérités auparavant admises ne le sont plus et les méthodes évoluent. Il y a une « incommensurabilité » entre l'ancien et le nouveau paradigme qui rend impossible la comparaison en raison de différences fondamentales dans leurs structures et les schèmes de pensée qu'ils introduisent : « les scientifiques voient tout d'un autre œil » (Kuhn, 1970, p.157). Le passage du géocentrisme (Ptolémée) à l'héliocentrisme (Copernic), le paradigme de Newton (loi de la gravitation fournissant une théorie qui explique l'héliocentrisme), le paradigme de la relativité générale (Einstein) sont des exemples de changement de paradigme. Ces changements prennent alors une dimension philosophique car la manière de voir le monde, de le comprendre et de le décrire change aussi. *« Bien que le monde ne*

*change pas après un changement de paradigme, l'homme de science travaille désormais dans un monde **différent** »* (Kuhn, 1970, p.170).

14.1.1. Sommes-nous en présence d'un nouveau paradigme ?

À ce jour, la majorité des recherches sur la dynamique de la construction identitaire s'est concentrée sur les efforts nécessaires à la création ou la transformation des identités organisationnelles dans des objectifs de transformation des organisations. Or, nous avons observé que la singularité sert de point d'ancrage à l'organisation dans un environnement changeant. Examinons si les quatre conditions de Kuhn (1970) sont remplies, à l'aide des tableaux 78 et 79.

Paradigme de l'identité organisationnelle	
Problèmes	Dans la réalité il est admis que dans l'identité de tout salarié comme de toute entreprise il existe des parties stables et des parties en évolution, objet de discussions entre les auteurs. Le désaccord entre les chercheurs provient de leur positionnement dans un paradigme exclusif qui consiste à affecter à un membre de l'organisation une identité, donc une apparence. Or selon comme on regarde cette identité elle apparaît tantôt mobile ou en construction et tantôt très stabilisée. Les deux points de vue sont portés par des assises, des explications, des justifications argumentées mais cela présente alors l'identité comme étant hétérogène.
Solutions	Notre proposition est d'affecter à l'identitaire des éléments invariants (que nous appelons la singularité) qui existent avant toute construction identitaire.
	Nous considérons que ces axes fondateurs invariants sont à l'identité ce que le bâtonnet tenu par le marchand de « barbe à papa » (Goffman, 1975) est au nuage de sucre c'est-à-dire variable en taille, en couleur, en forme. Ce bâtonnet sert d'appui, d'armature : ses qualités, sa tessiture, sa densité, sa maitrise permet d'enrouler autour une friandise. Les particularités de la singularité confèrent des nuances, des couleurs à l'identité et à ses processus d'identification. Ils sont coarticulés.
	Ainsi c'est dans un modèle et un paradigme qui sépare les deux « identité » / « singularité » que nous pouvons réunir la diversité et non pas l'hétérogénéité que s'oppose les auteurs, experts et chercheurs.
	Ce paradigme plus complexe rend davantage compte des constats empiriques observés en multitude et en récurrence que le précédent qui génère du désaccord, des conflits et des oppositions.

Observations considérées comme anormales avec la théorie	Il est extrêmement rare qu'un enfant très jeune, voire un bébé possède des caractéristiques fixées une fois pour toute. Du reste ne dit-on pas « quel caractère va-t-il avoir ? Quelle identité va-t-il se forger ? » Mais pourtant à son insu, les spécialistes remarquent et les parents parfois, des traits ou comportements qui traversent l'enfant et qui persisteront invariants à tout jamais, que l'on peut avoir tendance de considérer plus tard chez l'enfant, devenu salarié, comme appartenant à son identification.

Tableau 78 : la situation actuelle : le paradigme de l'identité organisationnelle

Paradigme émergeant de la singularité	
Nouveaux problèmes	La singularité n'est pas reconnaissable de fait. Se pose la question : comment distinguer les invariants dans l'identité organisationnelle ?
Nouvelles solutions	La mise au point d'outils et de méthodes pour saisir la singularité fait l'objet de la présente recherche.

Tableau 79 : émergence de la singularité

Le point d'origine est une découverte empirique de PMS à partir d'observations dans les entreprises croisées avec les travaux de Dumézil (Mathieu et al., 2015 ; Larçon, Reitter, 1979 ; Dumézil, 1968).

14.1.2. La transformation de la pensée scientifique

Le changement de paradigme permet d'enrichir le champ de la perception : nous ne percevons plus le monde de la même façon. Ce qui est abouti à ce stade de la recherche c'est la détection, stabilisée et non intuitive de la singularité.

L'identité est **stratégique** : elle est en construction permanente. La singularité est **structurelle**. Nous avons repéré que les individus comme les entreprises font des choses toujours d'une certaine manière mais n'en n'avaient pas conscience (dans notre exemple au chapitre 3 : E Leclerc).

Le terrain montre dans le paradigme actuel une hétérogénéité qui ne convient pas puisqu'on ne comprend pas pourquoi l'identité serait hétérogène. Or quand on sépare le concept de la singularité qui s'articule à l'identité, l'identité s'articulant elle-même à la singularité par une narration, nous constatons que c'est le fait d'un mélange de deux concepts différents qui n'avaient pas été identifiés comme tels, qui était à l'origine de ce pseudo aspect d'hétérogénéité au sein de l'identité. Ainsi, dans ce paradigme émergeant qui tient compte de ce fait là, qui est un fait d'observation beaucoup plus complexe, affuté, affiné, chaque concept reprend sa place et peut cohabiter.

Pour Morin (2011) « *quand un système est incapable de traiter ses problèmes vitaux, il se dégrade, se désintègre, ou bien se révèle capable de susciter un méta-système à même de traiter ses problèmes : il se métamorphose.* » Un exemple de métamorphose est la chenille qui s'enferme dans une chrysalide « *elle entame alors un processus qui est à la fois d'autodestruction et d'auto-reconstruction en une organisation et une forme différentes. Quand la chrysalide se déchire, il s'est formé un papillon qui, tout en demeurant le même être, est devenu autre. L'identité s'est maintenue et transformée dans l'altérité.* » (Morin, 2011, p. 31)

Ce que le paradigme apporte c'est une connaissance plus complexe qui permet de rendre compte de ce phénomène.

14.1.3. Implications

Si l'entreprise peut changer de culture, d'identité, de produits, de dirigeants, sa singularité reste stable. De même, l'acceptation de l'invariance dans le paradigme émergeant de la singularité permet au consultant de travailler sur l'identité du dirigeant : ce dernier est ainsi **reconnu**, **respecté** dans sa singularité et le consultant peut travailler avec lui sur sa partie adaptative. Cela amène vers un management avec un nouveau paradigme émergeant, avec des outils pour saisir la singularité et des outils plus opérationnels pour travailler sur l'identité (par exemple MBTI, Belbin).

En d'autres termes ce paradigme plus complexe permet depuis un filtre plus subtil de récupérer une réalité plus grande du terrain auquel est confronté le manager. Par exemple, d'un enjeu d'entreprise en termes de territorialité (de grand bureau, de pouvoir, etc.), le consultant peut travailler à un objectif de gestion efficace, pacifiée et plus juste. Autre exemple, ce paradigme plus complexe génère de la compréhension de manière à amoindrir les jugements de valeur.

Jusqu'au jour où ce paradigme ne sera plus suffisant !

14.1.4. Alignement du cadre stratégique sur la singularité révélée

Il ne s'agit pas d'une homogénéisation (uniformisation) mais d'une prise en compte d'un management de la différence. La singularisation s'oppose ainsi à la standardisation et donc à toute tendance à l'homogénéisation.

De quoi remettre en question la célèbre déclaration d'Henry Ford : *« Les gens peuvent choisir n'importe quelle couleur pour la Ford T, du moment que c'est noir ».*

Pour Martuccelli (2010, p. 176) la singularité engage une transformation de la sociologie : *« elle propose à l'individu de s'approprier de façon singularisée la connaissance sociologique pour qu'il parvienne à comprendre les évènements sociaux qui, tout en dépassant sa personne, n'en ont pas moins des conséquences importantes et parfois décisives pour lui. ».* Au-delà d'un travail sur soi, le changement personnel est aussi une question de remariage avec le monde (Martuccelli, 2010).

A la lumière de cette analyse, nous précisons qu'en l'état actuel du processus, la phase que Kuhn appelle « science normale », n'est pas encore atteinte. En effet, c'est à l'intérieur du cadre de la science normale que la communauté scientifique est amenée à partager des idées, des méthodes et des techniques relatives au paradigme et en débattre au travers de revues. **Le paradigme est donc considéré comme « émergeant ».** Signalons des travaux récents sur la singularité : la thèse d'Annelyse Guillaume Dejour[47] « Prendre en compte la singularité des acteurs en management, une source d'efficience pour les organisations : cas de recherches - interventions en établissements et services médicosociaux » ; la thèse d'Axelle Piednoir[48] « Mythes, objets et imitations - Le design en quête de sens -

---

[47] Guillaume Dejour Annelyse. Prendre en compte la singularité des acteurs en management, une source d'efficience pour les organisations : cas de recherches-interventions en établissements et services médicosociaux, sous la direction de Vincent Cristallini. - Lyon : Université Jean Moulin (Lyon 3), 2015.

[48] Axelle Piednoir. Mythes, objets et imitations. - Le design en quête de sens - De la Trifonctionnalité appliquée aux objets de marques et à leur reproduction singulière et identitaire. Une sémiologie de l'objet et de son imitation adaptée au marketing, sous la

De la singularité appliquée aux objets de marques et à leur reproduction singulière et identitaire. Une sémiologie de l'objet et de son imitation adaptée au marketing. » ; le colloque international – *Georges Dumézil, 30 ans après...*[49] ; l'ouvrage de Michel Poitevin « Georges Dumézil, L'enchanteur érudit »[50] et les cités de Luc Boltanski et Laurent Thévenot, « De la justification, les économies de la grandeur », Larçon, Reitter (1979) à propos des trois fonctions de Dumézil, les sous-jacents de Schein (1984) dans la culture organisationnelle.

Nous nous situons dans la période de rupture appelée par Kuhn (1970) « science révolutionnaire » avec la proposition d'une nouvelle perspective. Cette proposition est acceptable dans la mesure où elle permet de résoudre certains problèmes en considérant l'organisation au travers de sa singularité tout en préservant une partie de ce qui a déjà été réalisé sur l'identité organisationnelle.

Ce paradigme émergeant nécessitera le réexamen de connaissances établie notamment sur les implications managériales et de nouvelles orientations pour la recherche que nous ouvrirons en conclusion.

La singularité identitaire est à ce stade à la fois une **réalité** et un **projet** : cet état de fait apporte ainsi une réponse à la question : la « singularité identitaire » est-elle un point de vue ou une réalité ?

14.2. Les implications managériales

L'outil de la singularité à l'appui d'une démarche en intelligence collective se distingue d'un dispositif classique d'audit d'identité.

Pour Moingeon et al. (1997) un diagnostic d'identité est simultanément une analyse synchronique et diachronique. Le concept

---

direction de Jacques Fontanille et Isabelle Klock-Fontanille. - Limoges : l'Université de Limoges, 2019.

[49] Colloque international « Georges Dumézil, 30 ans après... », organisé par Paris-Sorbonne, les 23, 24 et 25 novembre 2016.

[50] Éditions Apogée, 2019. Michel Poitevin dans la conclusion de son ouvrage, ouvre sur les travaux sur la singularité de Patrick Mathieu.

d'identité est étroitement lié au concept d'histoire, l'identité étant le **produit de l'histoire** de l'organisation. En ce sens, l'identité confère à l'organisation une certaine stabilité. Mais l'identité produit aussi l'histoire. Elle contribue à façonner les perceptions et les actions des membres de l'organisation. Elle limite ou ouvre des domaines de possibilité en agissant comme une force d'inertie ou comme une force de progrès. Un diagnostic d'identité est une analyse de la partie **visible** et de la partie **cachée** de l'organisation qui nécessite de la patience, une capacité d'observation bien développée et une **immersion** prolongée dans l'organisation.

Pour cela il existe différentes méthodes, par exemples :

- Collecter et analyser des documents qui permettent une meilleure compréhension du problème et des étapes de gestion de l'entreprise : 1) de ses messages : discours de gestion, rapports annuels, rapports d'analyse, journal interne ou externe, dépliant d'information, matériel publicitaire ; 2) de l'histoire de l'organisation et de ses acteurs (fondateur), de ses traditions, de sa réputation.

- Réaliser des entretiens semi-directifs en face-à-face avec des acteurs clés au sein de l'organisation ou des entretiens de groupe, organisés sous la forme de groupes de discussion avec diverses méthodologies pour faciliter les discussions ou les brainstormings.

- Questionnaires à choix multiples.

Plus récemment, les techniques transversales se sont développées sous l'impulsion de chercheurs et de consultants :

- Les exercices créatifs permettent la collecte de données grâce à l'observation participante avec les équipes de gestion. Par exemple, la technique inspirée du concept de « serious game » (Roos, Victor et Statler, 2004) fait référence à l'intégration des dimensions cognitives, sociales et émotionnelles à travers le jeu. Ce dernier crée un nouveau contexte pour les discussions sur l'identité organisationnelle à travers une technique standardisée, et un processus de facilitation impliquant des matériaux de construction en 3D, afin d'explorer les identités de leurs organisations.

- Des exercices mobilisant l'intelligence collective basés sur une sélection de mots tirés du vocabulaire des fondateurs, des leaders et de la communication de l'organisation.

Étapes du consultant	Raisonnement classique	Raisonnement alternatif : celui de PMS
Identifier les besoins du client	Chercher l'alignement avec le client sur : - situation actuelle (faits et perception) - l'orientation du client (focus) - les besoins et les enjeux du client - contraintes (environnement, chronologie, budget ...) - les résultats attendus et la raison d'être de la mission - distinction entre les symptômes et le vrai problème - perspective avec d'autres problèmes dans l'entreprise, le point de vue des parties prenantes, les problèmes similaires d'autres entreprises	Le client n'a pas diagnostiqué lui-même que l'origine de ses difficultés pouvait se situer à un niveau identitaire, au moment où il fait appel au consultant. Toutefois, il a pu essayer de traiter sa problématique avec des cabinets de conseil conventionnels, sans résultat probant. Dans la négociation, le consultant délivre déjà une partie de son produit qui fait sens pour le dirigeant : il donne un premier décryptage de la singularité, parfois même, il déclenche la « révélation ». La démarche du consultant est ensuite exposée chemin faisant.
Comment explorer la situation des clients : exemple avec la méthode FOCA (mais il en existe d'autres méthode comme AIDA)	**Faits :** quelle est la situation actuelle ? **Opinion :** qu'en pensez-vous ? Que pensent les autres parties prenantes ? **Changement :** qu'est-ce qui devrait être changé ? - Quel est le futur état souhaité ? **Action :** quelles actions sont nécessaires ? Qu'est-ce que vous envisagez de faire ? Quelle est notre échéance ou jalons ?	Le consultant fait un pari qui va reconditionner et améliorer la qualité de la question initiale du client vis-à-vis de ce qu'il pense être sa problématique. Cette question peut changer de nature liée à l'énoncé d'un nouveau paradigme (celui de la singularité identitaire). Le processus de croissance proposé au client se situe dans un paradigme différent de celui de la question initiale.

Tableau 80 : la proposition alternative de conseil sur la singularité s'appuie sur un changement de paradigme

Le tableau 80 relate l'approche spécifique d'un cabinet alternatif comme PMS en comparaison avec un raisonnement classique.

Parce que l'environnement évolue rapidement dans des directions souvent imprévisibles, les organisations ont la nécessité de réagir de manière proactive pour survivre et prospérer (Lawler et Worley, 2006). Toutefois, de nombreuses initiatives de changement ne sont pas couronnées de succès. Selon Beer et Nohria (2000), 70% des initiatives de changement délibéré poursuivies ne parviennent pas à atteindre leurs objectifs. Or notre recherche situe la démarche des consultants dans la lignée de Fiol, Hatch et Golden-Biddle (1998) qui considèrent l'identité organisationnelle comme une signification ou un sens culturel centré sur elle-même. Elle influe sur les prémisses qui sous-tendent les choix des membres concernant les questions stratégiques, organisationnelles et opérationnelles (Dutton et Dukerich, 1991, Gustafson et Reger, 1995). Plutôt que de vouloir changer les cultures organisationnelles ou les valeurs culturelles alors qu'elles sont profondément enracinées et souvent inconscientes, les consultants révèlent aux dirigeants ce qui ne change pas pour en faire un **axe de transformation**. Autrement dit ils proposent un champ de réflexion dans un nouveau paradigme. Les effets de cette méthode vont se mesurer rapidement notamment au **réinvestissement** des équipes.

14.3. Les préconisations managériales

La recherche de sens a des implications managériales immédiatement opérationnelles pour les dirigeants et l'organisation elle-même (tableau 81).

Conséquences pour l'individu et l'organisation	
Niveau individuel	**Niveau organisationnel**
Un levier pour manager les équipes avec plus d'efficacité Le dirigeant développe une posture plus affirmée en amenant l'entreprise dans ce qu'elle sait faire et où elle est capable de performer : « *quand un client négocie sur des notions qui sont perpendiculaires à notre singularité, on a tendance à trancher beaucoup plus rapidement* » (Vice-président exécutive, logistique). Les équipes comprennent ce qui est important pour le développement de leur entreprise et mettent leur énergie sur les actions à forte valeur ajoutée.	**Faire des deuils** S'engager dans une recherche de sens permet de mettre à jour l'existant, ne pas oublier d'où vient l'entreprise vis-à-vis de ses fondateurs ou des figures tutélaires et s'en servir pour grandir : « *il faut juste un petit peu s'en dégager. Il a permis que cela existe mais maintenant c'est nous dans une autre époque avec d'autres acteurs, un autre écosystème* » (Directrice générale, syndicat professionnel). L'organisation se transforme depuis sa **raison d'être**, c'est-à-dire sa singularité, pour adapter son identité aux nouveaux contextes.
Ajustement de la personne avec son environnement ("Fit") Le sens permet une prise de conscience et de confirmer pourquoi un collaborateur se sent bien à sa place : « *confirmation d'un alignement entre ma personnalité profonde et ma fonction ce qui, d'une certaine manière m'a apporté une certaine sécurisation. Cela m'a rassuré* » (Secrétaire générale groupe, logistique fluviale). A l'inverse peut naître le sentiment de ne plus correspondre à l'entreprise et provoquer un départ : « *je ne me reconnais pas, je n'ai pas envie d'être comme cela. Donc je suis allée voir la DRH et on a commencé à discuter pour que je m'en aille. Il ne faut pas que ce soit un coup de tête. Il faut que ce soit mûrement réfléchi* » (Directrice communication et marketing, banque).	**Faire des choix d'efficacité** Le travail sur l'identité permet d'écarter rapidement et sans regret ou tergiversation ce qui ne convient pas au cap de l'organisation devenu conscient : « *de toute façon on sait bien que ce truc-là on ne le fera pas, ne perdons pas trop de temps parce que de toute façon ce n'est pas ce que l'on cherche* » (Vice-président exécutive, logistique). L'organisation se libère de contraintes inutiles pour se focaliser sur l'essentiel et tendre ainsi vers une meilleure performance.

Entrer en résonance avec ce que le collaborateur peut être	Un rôle pour l'entreprise dans l'écosystème
Le travail collectif sur le sens produit des réactions émotionnelles qui ne sont pas toujours exprimables mais immédiatement intégrées par le collaborateur : « *C'était quelque chose d'assez instinctif et de difficile à dire pourquoi j'aime cette entreprise : cela entre bien en résonance avec ce que je peux être donc c'est beaucoup plus profond, c'est un réalignement* » (Directeur marketing, boulangerie-pâtisserie). La capacité à mettre des mots sur des intuitions floues permet de préciser davantage la nature du lien entre la personne et l'organisation et de gagner en rationalisation.	Décrypter et expliquer le sens permet de situer le rôle et la place qu'occupe l'organisation dans l'écosystème. Il faut ensuite : « *consolider cette place et faire en sorte d'en être digne* » (Directrice générale, syndicat professionnel). Comprendre sa place dans l'écosystème peut constituer un appui dans une démarche de Responsabilité Sociale des Entreprises (RSE).

Tableau 81 : impact de la recherche de sens au niveau individuel et organisationnel

Préconisation 1 : la singularité comme une grille de lecture pour les RH afin d'assurer une direction efficace

L'outil de la singularité peut être utilisé dans le cadre de recrutements et de constitutions d'équipe dans une volonté de complémentarité en réalisant des ajustements selon les différents noyaux de singularité des membres. Il est un facteur de cohésion : il offre une grille de lecture des interactions humaines dans l'entreprise, favorisant ainsi l'efficacité des relations au sein d'un comité de direction en comprenant mieux les modes de fonctionnement de chacun.

De même, lors de l'intégration d'un nouveau dirigeant ou membre de Codir, la découverte de la singularité peut aider le manager à se situer par rapport à la singularité de l'entreprise. En s'appuyant sur cette grille de lecture, il sera en mesure de faire des choix stratégiques alignés avec la singularité de l'organisation.

« En tant que souverain magicien (SGP), je sais qu'il y a des caractéristiques à mon mode de raisonnement, mon mode

d'appréhension des problèmes, ma manière de les aborder, de les traiter. Cela me permet de relativiser ce mode de fonctionnement par rapport à d'autres. C'est-à-dire d'avoir une conscience plus claire que cela n'est pas le mode de raisonnement exclusif, universel de chacun mais que cela en est un parmi d'autres. Et que les autres sont audibles aussi, légitimes. Et puis, cela me permet dans le cadre plus strictement de la direction d'entreprise, de savoir en quoi mon mode de raisonnement peut être très bénéfique pour l'entreprise et d'enrichir d'une certaine manière le mode de fonctionnement de l'entreprise. Et savoir en quoi aussi à un moment donné, moi-même, je dois me mettre un peu au diapason du mode de fonctionnement de l'entreprise pour la mettre en mouvement. » (CEO, études marketing). Une façon pour le dirigeant de concevoir un management efficace dans le respect de la singularité de son organisation de manière à obtenir les meilleurs résultats.

Préconisation 2 : l'usage de la singularité identitaire pour « doper » le recrutement d'une marque employeur

Si la marque employeur est souvent associée à la communication de recrutement, elle porte également l'identité de l'entreprise, son ADN social. Elle sous-tend l'ambition RH, les valeurs, la culture, la réputation interne de toute l'organisation. Aligner la « promesse » RH sur la singularité identitaire peut contribuer à plus de cohérence pour plus d'efficacité (en particulier éviter la déception du candidat recruté face au poste présenté). Ainsi, les actions externes de marque employeur ne sauraient être dissociées et encore moins dissonantes de celles en internes (auprès des managers porteurs des promesses RH). Selon une enquête menée par ManpowerGroup[51] les jeunes candidats, qui entrent tout juste sur le marché du travail, sont à la fois « ultra connectés » et **« en quête de sens »**. Ces membres de la génération Z déclarent vouloir privilégier la flexibilité au salaire, le réseau social au diplôme, l'équilibre de vie à la performance. La transformation de leur rapport au travail, la pénurie des talents et le turnover grandissant

---

[51] 11e édition de l'Etude Pénurie de Talents de ManpowerGroup (2016), *http://www.manpowergroup.com/talent-shortage-2016*

sont au cœur des enjeux stratégiques des ressources humaines : en 2016, dans le monde, 40% des entreprises ont eu des difficultés à recruter. La « quête de sens » étant un élément important pour les jeunes recrues, un alignement par l'intégration de la singularité identitaire est un levier pour créer du « fit » entre l'organisation et les nouveaux talents.

Préconisation 3 : la singularité comme un facteur clé de succès dans la transmission des entreprises familiales

Un des points clés dans la succession des organisations notamment familiales et hénokiennes[52] est celui de la transmission des valeurs de l'entreprise (Mignon, 2011). Intervient alors le rôle de l'identité organisationnelle, le poids de son histoire ainsi que le rôle de l'éducation donnée aux futurs dirigeants. Pour Mignon (2011) les composantes de la pérennité organisationnelle sont à la fois le changement (adaptation, vision, pro-action, flexibilité) et la continuité (valeurs, satisfaction du client, ressources humaines, savoir-faire). Ainsi la prise en compte de la singularité identitaire de l'entreprise par le nouveau dirigeant apparait comme un pilier d'une transmission réussie et donc un facteur de sa pérennité : son ancrage, son rôle de pivot permet au nouveau dirigeant de trouver le bon alignement du cadre stratégique.

Préconisation 4 : l'usage de la singularité dans les fusions-acquisitions

La singularité identitaire contribue à une meilleure compréhension des relations et des interactions entre individus, entre entités (elles-mêmes) et entre les deux. Elle permet d'éclairer ce qui se joue dans ces interactions et d'aider au positionnement des collaborateurs dans la dynamique sociétale. Cette relation entre individus et organisations permet de révéler des terrains d'entente ou de désaccord liés aux enjeux partagés entre deux singularités. Quand cela est nécessaire, il peut être question d'élaborer des compromis entre entités. Une fois modélisées, ces interactions peuvent faciliter des **rapprochements**, des

---

[52] Membres de l'association d'entreprises familiales et bicentenaires

alliances, des **fusions-acquisitions**. Ce qui rejoint la nécessité d'Ullrich et al. (2005) et de Tienari, Vaara (2012) d'élaborer une « **continuité projetée** » de l'identité pour la réussite des fusions-acquisitions. Autrement dit, il s'agit d'élaborer une sorte de vision collective pour répondre aux questions du « pourquoi ? », du « comment ? » et du « quoi ? » de la nouvelle entité après intégration. Un défi pour lequel la prise en compte de la singularité identitaire peut apporter une contribution.

Préconisation 5 : le respect de la singularité pour éviter les coûts cachés

Dans une approche gestionnaire, le non-respect de la singularité peut entrainer des coûts (turnover, erreurs de recrutement, difficultés opérationnelles d'une fusion-acquisition, etc.). Cette préconisation fait écho à la théorie de Savall et Zardet (2010) : les dysfonctionnements résultants d'un non alignement entre la singularité identitaire et la stratégie peuvent créer des « coûts cachés » qui conduisent à la non-création de potentiel et empêchent la valeur ajoutée d'une entreprise de se développer.

Préconisation 6 : la singularité comme une nouvelle posture pour le conseil

La **raison d'être** définie par la loi Pacte vise à éclairer le rôle de l'entreprise et lui permettre de disposer d'un **cadre stratégique** pour ses décisions. Ce concept de **raison d'être** (les anglo-saxons le caractérisent sous l'appellation de « purpose ») invite les entreprises au sens de groupes humains fédérés autour d'un projet à réfléchir à leurs finalités et à leur rôle dans la société. Désormais les sociétés peuvent insérer une **raison d'être** dans leurs statuts. L'adoption de sa formulation finale relève du conseil d'administration et des actionnaires des entreprises : elle est gravée le marbre !

Cette actualité fait écho à la valeur ajoutée d'un cabinet de conseil alternatif qui fait usage de la singularité identitaire dans ses interventions auprès des organisations par rapport à un cabinet conventionnel qui sera davantage tourné vers la stratégie. Parce que la singularité porte la **raison d'être** de l'entreprise, comme nous l'avons démontré au cours de cette recherche, elle concerne le **sens profond** des activités d'une organisation : sa **vocation**, la **finalité** du projet que l'organisation apporte de manière **unique**, sa **contribution** auprès de ses clients, des actionnaires, des salariés, des partenaires, et à son environnement. La singularité permet ainsi d'élaborer une vision du futur, ce à quoi l'entreprise souhaite contribuer, ce qu'elle veut être et faire à l'horizon de cinq ou dix ans, c'est-à-dire bien au-delà de la clôture d'un exercice comptable.

La formulation de la **raison d'être** confiée au conseil d'administration ou de surveillance ouvre la voie à une **gouvernance** de l'entreprise par la singularité. Ceci met à plat le modèle stratégique conventionnel, qui préconise la définition de la stratégie en fonction de l'environnement concurrentiel de l'entreprise avec les fameuses matrices BCG ou McKinsey des cabinets conventionnels. A l'inverse, la singularité identitaire invite les dirigeants à formuler un projet qui vient de **l'intérieur** de l'organisation, permettant un **alignement** de la stratégie (budgets, business plans, technique, ressources humaines, projets) à la **raison d'être**. Ce qui a pour effet de générer de la **congruence** par la fidélité à la singularité, de la **confiance** dans les équipes, une substance au projet d'entreprise (Getz et al., 2016) et l' « empowerment ». En d'autres termes, un équilibre entre le « pourquoi », le « comment » et le « quoi ».

Cette recherche donne également aux consultants une clé de compréhension des effets de leurs interventions. Elle permet de montrer que le choix de la nature du conseil sur une certaine **verticalité** permet de clarifier la promesse de l'organisation en se positionnant dans un nouveau paradigme qui porte la **raison d'être** : la singularité identitaire.

Enfin, en se situant dans un modèle faisant écho à celui de la recherche intervention, un conseil alternatif sur la singularité contribue à l'innovation managériale en proposant un paradigme émergeant d'analyse de l'organisation, ce qui lui confère **une dimension avant-gardiste**.

*« Formulée par le conseil d'administration, la **raison d'être** peut aussi avoir un usage stratégique, en fournissant un cadre pour les décisions les plus importantes. »*[53]

Conclusion

Par cette recherche, nous avons montré, d'une part comment se produit la **clarification** de l'identité organisationnelle pour et par les dirigeants, l'apport de la **spiritualité** dans l'accès au sens et la contribution des consultants dans ce processus ; d'autre part l'émergence du paradigme de la **singularité** identitaire pour l'action managériale.

Dès la première partie de ce livre qui avait pour objectif d'explorer le concept de l'identité organisationnelle, nous avions constaté dans la littérature que ses différents développements et interprétations suscitaient des débats selon le point de vue adopté : fonctionnaliste ou constructiviste. Ces différentes approches pouvaient être à l'origine de confusions pour le dirigeant et rendre difficile et complexe l'accès à l'identité organisationnelle en dehors d'une démarche ethnographique, minutieuse et longue. Or une démarche longue est incompatible avec « l'échelle du temps » du dirigeant qui a une exigence de pro-activité dans le pilotage de son entreprise et un horizon comptable d'une année (le bilan). Nous avons observé que l'utilisation d'une **grille de lecture** de l'identité organisationnelle à partir d'un outil de décryptage de la singularité permet au dirigeant et à son équipe d'accéder directement au sens de leur organisation dans un processus mobilisant l'intelligence collective et spirituelle.

Dans le cadre de ce livre, une question de recherche principale et sept sous-questions de recherche ont été posées. Il est à présent possible d'y répondre.

Réponse à la question principale de recherche

---

[53] Extrait du rapport faisant part des résultats de la mission « Entreprise et intérêt général » de Jean-Dominique Senard, président du groupe Michelin, et Nicole Notat, ancienne secrétaire générale de la CFDT et présidente de Vigeo-Eiris (mars 2108).

« Quelle valeur ajoutée peuvent apporter les interventions conduites par un consultant auprès de dirigeants, visant à clarifier l'identité de l'organisation ? »

La clarification de l'identité organisationnelle auprès de dirigeants accompagnés par un consultant implique la stimulation de l'intelligence spirituelle et la mise en œuvre des principes du leadership spirituel (Schwartz, 1992). Les résultats montrent qu'un travail sur la mission amène les dirigeants à s'interroger sur : le **sens**, la **conscience** mais aussi le **bien-être**, la **considération** et la **bienveillance**. Le dirigeant a rarement le temps nécessaire et le recul suffisant pour se poser lui-même des questions relevant de l'identité face à des difficultés ou lorsqu'il est en quête d'une cohérence interne et externe. S'appuyer sur un tiers extérieur facilitateur, le consultant, va lui permettre de définir la mission de l'organisation et en découlera le cadre de l'action. Pour cela, le dirigeant formalise des principes **rationnels**, **émotionnels** mais aussi **spirituels** pour le management et les collaborateurs. Il peut ainsi aligner le « pourquoi », le « comment » et le « quoi » de l'organisation pour créer du sens, de la cohérence et de la confiance (figure 50).

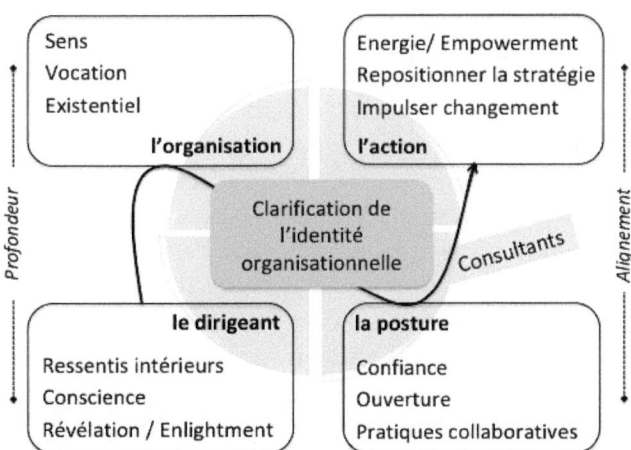

Figure 50 : le processus de clarification de l'identité organisationnelle

Réponses aux sous-questions de recherche

1. Quel est le rôle de l'accompagnateur dans l'accès à l'identité ?

Par la révélation qu'elle déclenche l'intervention des consultants favorise une prise de conscience du dirigeant. Le consultant en déplaçant l'attention du dirigeant sur des aspects **identitaires** de son organisation ou de sa personne, le « pourquoi », l'invite à sortir de sa zone de focalisation naturelle d'ordre stratégique, le « comment » et le « quoi ». Ce basculement l'entraîne à se connecter à une dimension **spirituelle** de son être. Selon George (2006), l'exercice de l'intelligence rationnelle est un processus lent, nécessitant du temps, beaucoup de réflexion et donc de grandes quantités d'énergie mentale à l'inverse de l'intuition qui vient de la **profondeur** de la conscience : elle est rapide, nécessite peu d'énergie et est le plus souvent exempte de nombreux préjugés qui peuvent fausser la pensée rationnelle. C'est dans un moment de « centime de goutte » qu'un éclat perspicace arrive dans la conscience (George, 2006). **La révélation et la prise de conscience sont d'autant plus fortes que le consultant met l'accent sur des éléments qui semblent a priori évidents mais que personne n'avait su voir.**

Le consultant active l'intelligence collective lors d'animation d'ateliers et prend soin de ne pas interférer en invitant les participants à repérer eux-mêmes ce qui fait sens au cours du processus de révélation (Weick, Roberts, 1993). Par ailleurs à l'appui de ses grilles d'analyse il cherche à mettre à l'épreuve le raisonnement des participants de manière à en tester la solidité.

2. L'accompagnement est-il universaliste ou contingent à la relation client-consultant ?

Le consultant accompagne le dirigeant dans la découverte de la singularité de l'organisation qui se situe dans un plan vertical, existentiel, non visible, lié à la valeur immatérielle de l'entreprise. Au cours de ce processus, en activant son intelligence spirituelle, le dirigeant **clarifie** l'identité organisationnelle. Il peut ensuite **aligner** la stratégie qui relève d'un plan horizontal, visible, lié à des éléments rationnels en cohérence avec la singularité de son entreprise. Dans cette position il remet en mouvement l'organisation avec une vision renouvelée. Cette transformation suppose une prise de conscience du dirigeant et des équipes qui vont eux-mêmes changer. La **révélation** par le consultant avec son outil constitue la **valeur ajoutée** dans le processus, le dirigeant n'étant pas parvenu seul à l'identifier. L'accompagnement est ainsi contingent à la relation client-consultant.

3. Où se situe l'outil de la singularité par rapport aux outils du leadership ?

Le repérage des outils d'accompagnement au leadership peut s'effectuer selon une lecture à plusieurs niveaux : 1) la visée : organisationnelle, individuelle, interindividuelle ; 2) le champ d'investigation : identitaire, spirituel, personnalité ; 3) l'ergonomie ; 4) la complémentarité avec les outils déjà maîtrisés ; 5) la certification et la qualité d'accompagnement ; 6) la stratégie du consultant. Ce travail introductif pourrait être complété d'une mesure précise des effets que les consultants avec l'appui de leurs outils peuvent produire dans le développement du leadership des personnes accompagnées.

Les usages de l'outil de la singularité se situent à la fois au niveau de **l'organisation** et au niveau du **dirigeant** avec ses équipes. Ces deux niveaux sont intimement liés dans la mesure où il y a une **interaction** entre la singularité identitaire de l'entreprise en tant que groupe humain et celle des dirigeants.

Un travail sur la singularité étant orienté sur la transformation, un accompagnement par un coaching peut être nécessaire pour permettre aux équipes d'accepter le changement.

En tant qu'**outil du leadership** la singularité permet d'explorer les **zones aveugles** et les **zones profondes** contrairement aux outils du management de l'organisation qui s'intéressent davantage à la surface. Cette distinction est adaptée pour l'étude de l'identité organisationnelle, concept central de notre recherche.

4. Quel est le fondement de l'outil de la singularité ?

Les outils accompagnés par les consultants viennent nous révéler des éléments non connus et qui font sens avec plus ou moins de pertinence. Si l'outil de la singularité trouve des fondements dans les travaux de Dumézil et Mathieu, tout comme le MBTI dans les travaux de Jung, le CTT dans les travaux de Maslow, ils résultent d'une observation attentive, minutieuse, sur la durée, des individus et des groupes humains. Ces études ethnographiques rendent compte de schémas, de schèmes, de comportements stables engrammés dans les individus ou les groupes humains lesquels fondent les organisations. Autrement dit, en plus de la gestion de la dimension visible, les artéfacts (Schein, 1984), le dirigeant intègre la gestion d'une dimension non visible que le consultant à l'aide d'un outil aide à lui révéler. Ainsi cette recherche vient enrichir le champ d'investigation des dirigeants pour **aligner** leur stratégie à partir d'un référentiel stabilisé autour de six noyaux de singularité.

Par ce prototypage, le participant accède avec l'appui du consultant à une révélation de la singularité alors que l'intelligence collective favorise la production d'une vision commune. Le prototype n'enferme pas mais il est une étape vers l'expression de la singularité qui permet un affinement du prototype. Pour Mathieu et al. (2015) le vocabulaire que le dirigeant utilise, tout comme les textes fondateurs d'une organisation, expriment le « noyau de singularité ».

Beaucoup d'autres outils reposent sur des formes de catégorisation ou de prototype. Cette recherche suggère l'importance de l'accompagnement qui complète ces outils et l'enjeu, de la certification des consultants qui va au-delà de la connaissance technique d'un outil et qui permet ainsi d'intégrer la dimension d'accompagnement fondée sur l'intelligence collective.

Enfin, le référentiel de la singularité permet la régulation de l'identification (chapitre 6) faisant écho à la cybernétique (Morgan, 1989) ou à un système à double boucle (Luhmann, 2006, 2011). L'apport de la singularité identitaire invite le dirigeant à rester « lui-même » tout en étant connecté à l'organisation. Ainsi dirigeants et organisations peuvent interagir à partir d'un même référentiel stable, l'objectif étant d'éviter les erreurs identitaires dans les choix stratégiques de l'organisation, de mettre en place un management des équipes adaptées et une meilleure communication au sein des équipes.

L'outil de la singularité met l'accent sur l'alignement des choix stratégiques avec la singularité identitaire de l'organisation.

5. Comment situer la singularité identitaire dans le champ de l'identité organisationnelle ?

La recherche a permis pour partie de clarifier les discussions entre les différentes facettes de l'identité selon qu'elle est considérée comme stable ou instable (figure 51).

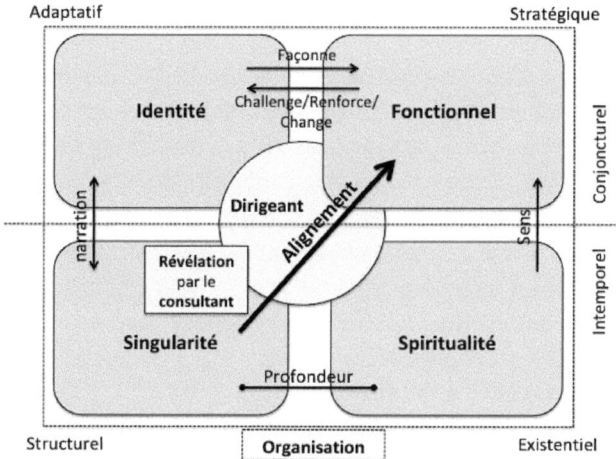

Figure 51 : l'alignement et la place des concepts singularité-identité-spiritualité

La structure de la singularité dont l'origine se trouve dans la fondation de l'entreprise (au sens de la transmission par le fondateur) porte le futur, la fonctionnalité (l'opérationnel) étant le présent. La singularité identitaire n'est pas de nature psychologique mais elle apparaît comme un référentiel vertical[54] qui porte la **raison d'être** de l'entité. La singularité ne peut pas être énoncée en soi mais elle peut se révéler par la prise de conscience de la cohérence du système complexe de cette même entité.

La singularité, une fois révélée crée un cadre stable pour le dirigeant : un point d'ancrage. Pour acquérir une réelle conscience de la singularité, le dirigeant commencera par la repérer (la révélation par le

---

[54] Vertical dans le sens où elle fait appel à de la transcendance : la singularité permet d'apporter une vision, un savoir-faire et un résultat.

consultant) et l'intégrera ensuite (l'appropriation peut s'opérer parfois par de l'accompagnement). Plus le dirigeant aura une conscience élevée de cette singularité identitaire, plus le cap à suivre sera clair passant par une forme de contrainte dans le sens où il choisira de s'y tenir.

Sur un plan théorique, le résultat de la recherche permet une gestion des paradoxes de l'identité par la singularité. Plutôt que de rester sur une identité hétérogène (fixe ou en mouvement) la distinction de la singularité présente l'avantage : 1) de pouvoir être saisie à l'aide d'un outil ; 2) et donc accessible pour le dirigeant ; 3) de comprendre la narration avec identité ; 4) de clarifier ; 5) de disposer d'un pivot pour la stratégie, d'un point d'appui en réponse à un environnement agité (VUCA, cf. introduction) ; 6) et ainsi aligner l'entreprise : stratégie, management, communication, ressources humaines, choix budgétaires, etc.

6. Comment accéder à l'identité ?

Les dirigeants par des choix d'objectifs et leur mise en œuvre sont responsables de la création d'une vision congruente de la mission de l'organisation (sa raison d'être) qu'ils se doivent de décliner à tous les niveaux de l'entreprise (Fry, 2003). Or trouver le « pourquoi » de l'organisation relève d'une démarche complexe pour laquelle les consultants mettent au point des outils basés sur des observations empiriques et sur leur savoir-faire.

Ces premiers résultats montrent l'intérêt d'une démarche identitaire et spirituelle et ouvre « la boite noire » d'une intervention de conseil par la singularité identitaire.

L'outil de la singularité principalement utilisé dans cette recherche est un moyen pour saisir la singularité identitaire par un prototypage (les six noyaux de singularité). Tout comme l'exercice mobilisant l'intelligence collective permet l'écriture d'un ensemble de phrases courtes conduisant à la formulation d'un énoncé, caractérisant la singularité de l'organisation.

7. La spiritualité permet-elle d'accéder à une autre facette de l'identité et au sens ?

Les deux bases de l'intelligence spirituelle sont le sentiment d'identité et une prise de conscience de sa nature intrinsèque (George,

2006). L'intelligence spirituelle commence par la prise de conscience de pas être simplement un être physique mais un être spirituel animant et occupant une forme physique. Cette conscience de ce sens de soi permet tout en restant la même personne de « jouer » différents rôles (dans le travail, dans sa famille, dans ses loisirs, dans ses activités). Lorsque le dirigeant entreprend à l'aide du consultant d'accéder à une dimension verticale de son être ou de son organisation, il active des principes spirituels pour accéder au sens, à une verticalité comme fil conducteur d'une stratégie alignée.

Apports méthodologiques et empiriques

Les études de cas constituent un apport empirique. Elles ont été menées durant trois années et entrecoupées de phases de prise de recul par rapport au terrain : nous avons cherché à être à la fois fidèle au terrain dans une optique interprétativiste et à garder une objectivité scientifique dans le but de théorisation. La singularité révélée est un processus que cette recherche a cherché à faire vivre et faire ressentir dans la mesure où en tant que dirigeant puis plus tard en tant que chercheur immergé dans le terrain, nous avons vécu ce phénomène de près.

Ces études de cas dans la lignée des travaux de Glaser et Strauss (1967) ont permis d'explorer des phénomènes complexes (révélation par le consultant, singularité identitaire) et peu connus afin d'en capturer la richesse et d'y identifier des modèles, dans une optique de génération de théorie (Eisenhardt, 1989 ; Yin, 2003). La méthodologie est ici appropriée dans la mesure où il s'agit de cas observés en plusieurs moments différents selon les critères de Yin (2003) : formation, entretiens, ateliers collaboratifs, permettant d'établir comment certaines conditions évoluent au cours du temps. Afin d'améliorer la validité externe des résultats, ils ont été confrontés à la littérature.

En revanche, le risque pourrait-être de conduire l'étude toute entière à un niveau abstrait, sans examiner le phénomène de façon détaillée. Il pourrait alors être utile de mener par exemple des entretiens auprès des participants à l'atelier en intelligence collective (chapitre 9) pour mieux comprendre leurs émotions, leur ressentis et les moments charnières dans la composition du texte, de même que l'homogénéité de leur niveau d'appropriation afin de mieux expliquer le succès de l'intervention des consultants.

La technique de codage a permis de mettre à jour un concept inattendu et original par rapport aux questions de recherche qui ont orienté le travail (Dumez, 2016). La dimension spirituelle est apparue comme un facteur substantiel dans la clarification de l'identité par le dirigeant. Quant à la singularité, plus que la partie stable de l'identité, elle est apparue comme centrale dans la dynamique « identité-stratégie-spiritualité » pour accéder au sens de l'organisation et aligner le cadre stratégique.

La démarche ethnographique s'est avérée appropriée pour étudier l'identité organisationnelle, pourtant davantage réservée habituellement à l'étude de la culture d'entreprise. L'identité organisationnelle a une implication dans les domaines de la gestion et de la transformation. Selon Rouleau, de Rond et Musca (2014), il est intéressant d'utiliser la méthode ethnographique pour étudier les organisations et en comprendre les changements subtils. Cette méthode permet de faire la différence entre les facteurs cycliques (changement dans l'ordre d'exécution) et les facteurs structurels (complexité croissante de leurs activités) par une étude diachronique. De plus, la méthode est valable dans tous les paradigmes de l'identité organisationnelle (fonctionnaliste, constructiviste et interprétatif). Watson (2011) a conceptualisé l'ethnographie non comme une méthode de recherche mais comme un moyen d'atteindre « l'essence de l'activité » en combinant plusieurs méthodes (observation participante, entretiens, analyse de documents et de vidéos, récits de vie).

Cette recherche ethnographique a rapporté de nombreuses observations sur un processus mené par un consultant du point de vue de l'intervention et des participants. Elle permet en outre de mieux comprendre le succès de l'intervention des consultants grâce à la qualité de ses deux phases : un prototypage qui permet une révélation de la singularité identitaire et un travail collectif faisant appel à l'intelligence collective.

Apports managériaux

Aujourd'hui, le territoire de la singularité identitaire est absent dans l'accompagnement des organisations et de leurs dirigeants. Les sociétés de conseil proposent davantage des outils qui caractérisent et/ou analysent la culture d'entreprise et dans une moindre mesure l'identité. Or, cette dernière reste horizontale car elle met en jeu des phénomènes de construction au quotidien et ne rattache pas l'organisation à son destin. L'identité évolue à travers le temps : remarquons d'ailleurs l'utilisation du terme « identité visuelle » pour les chartes graphiques, les logos et la typographie qui ne cessent d'évoluer ou de changer tout au long de la vie d'une entreprise.

Les outils de type MBTI et Ennéagramme s'interrogent sur les fondements de la personnalité : une combinaison de traits, de comportements et d'attitudes. Ces derniers ne questionnent donc pas notre territoire de recherche.

Les outils sur les valeurs comme le CTT s'appuient sur l'évolution des valeurs de l'entreprise afin de transformer la culture, en définissant des valeurs projetées qui incarnent le futur. Quant à l'outil de la singularité il implique la transformation depuis les invariants de l'organisation. En revanche le CTT et la singularité ont en commun le travail sur les niveaux de conscience qui permettent une évolution, un cheminement du dirigeant dès lors qu'il s'approprie, en ce qui concerne cette recherche, la singularité identitaire.

A contre-courant de l'idée que la transformation de l'organisation passe par un changement de sa culture ou son identité, cette recherche ouvre une autre voie d'accès à la transformation et à la pérennité. Celle-ci consiste à repérer les invariants de l'entreprise (la singularité identitaire) pour y aligner le cadre stratégique, l'évolution de l'identité de l'organisation n'étant qu'une conséquence dans un besoin d'adaptation à l'environnement.

L'intelligence collective permet l'appropriation de la singularité identitaire par l'équipe dirigeante de manière pratique et partagée. Le résultat produit devient une grille pratique d'évaluation pour tous les types de sujets de l'entreprise avec des principes concrets d'optimisation utilisables à l'échelle individuelle, un outil de travail disponible à tout moment pour les managers. L'analyse de la singularité identitaire peut ainsi servir de grille de lecture pour les RH : un levier pour manager les équipes avec plus d'efficacité, permettre au collaborateur de trouver un ajustement à son environnement, un outil pour le salarié lui permettant de comprendre sa place dans l'organisation au regard de la singularité identitaire.

En outre, la méthode opératoire du consultant pour les ateliers en intelligence collective facilite la création par abduction/induction d'une vision partagée autour des éléments fondateurs de l'organisation. A contre-courant d'un outil comme le *design thinking* tourné vers l'expérience client, cette innovation managériale invite les dirigeants à s'appuyer sur des **fondamentaux internes** pour créer du sens et permettre de créer avec les collaborateurs un **alignement** global. Ainsi les principes de cohérence et de convergence fondent une ligne directrice entre les acteurs (management, direction et collaborateurs).

Limites de la recherche

L'utilisation de la méthode ethnographique nécessite beaucoup de temps pour les chercheurs. Inversement, l'utilisation de méthodes basées sur des questionnaires ou de simples entretiens, bien que plus rapide quant à la production de résultats, ne rendra pas compte de la complexité des organisations actuelles (Olivier, Roos, 2006).

De plus, comme toute étude de cas, se pose la question de savoir si la généralisation des résultats issus de l'étude empirique est possible. Le positionnement épistémologique constructiviste basé sur une phase interprétativiste et malgré une triangulation des données ne permet pas d'avoir l'assurance d'une objectivité scientifique totale. Nous avons conscience que l'analyse et les résultats obtenus l'ont été au travers du prisme de notre regard. Une part de subjectivité demeure, inhérente certainement à ce travail.

Cependant, dans la mesure où l'un de nos enjeux méthodologiques reposait sur une observation participante dans une démarche ethnographique, cette subjectivité est essentielle pour donner à voir notre observation de façon la plus réaliste et la plus fidèle possible. Le jeu de regard subjectif est donc à la fois une limite et une opportunité. La prise de recul réalisée entre juin 2017 et mars 2018 consacrée exclusivement à l'analyse des données et à la rédaction de la thèse, les communications intermédiaires à plusieurs colloques et workshops depuis 2016 soumises aux critiques de la communauté scientifique ainsi que les présentations aux laboratoires de recherche (LARGEPA et IRGO) ont été un excellent cadre pour nous maintenir dans une position de chercheur tout en étant immergé en entreprise.

Le résultat mis à jour mérite certainement d'être approfondi dans la mesure où il ne concerne qu'un échantillon restreint de dirigeants. Il est possible que des subtilités puissent apparaître sur un échantillonnage plus important dans le cadre d'une recherche quantitative.

Dans un autre registre, on peut également s'étonner de pouvoir repérer la singularité d'une organisation nécessairement complexe à partir d'un panel de seulement six catégories ; on pourrait s'attendre à une définition de la singularité qui en s'appuyant sur une simplification un peu réductrice (la catégorie) puisse être enrichie par des propriétés singulières à l'image des « *thick descriptions* » de Geertz (1973).

Cela montre que dans le fond, plutôt que de connaître (soi ou l'organisation) en extension, les personnes qui se prêtent à la reconnaissance dans une catégorie, trouvent un intérêt différent : aller rapidement à l'essentiel et à la simplicité grâce un message concentré, être rassuré par le fait d'évoquer les éléments stables et durables sur lesquels s'appuie la singularité, pouvoir situer leur entreprise dans un univers concurrentiel, de comprendre son positionnement de façon efficace (le positionnement justifie la raison d'être différente et de découvrir une valeur à cette différence).

Cela rejoint une réflexion de Weick (1979) sur l'impossibilité de satisfaire à la fois les trois critères d'une recherche : être général, être simple, être exact. Dans ce cadre, le choix d'une catégorisation qui se veut universelle et qui repose sur six catégories, privilégie les deux premiers critères au détriment d'une exactitude qui appelle plus de variété et de déclinaison des modèles. Ce choix de la concentration permet de toucher un plus grand nombre de personnes quels que soient leur niveau de positionnement dans l'organisation, leur niveau intellectuel ou leurs préférences de perception. Les faits montrent ainsi que les consultants ont un rôle à jouer avec l'outil de la singularité pour favoriser une démarche collective, déclencher une révélation, tester la pertinence de solutions et accompagner le client dans sa recherche de sens.

Les implications d'un paradigme émergeant

L'étude de la singularité organisationnelle pourrait donner lieu à un nouveau développement dans les sciences de gestion. Le « mainstream » des méthodes RH consiste à proposer aux collaborateurs de revenir sur leur passé, sous la forme de bilans de compétences ou d'entretiens d'étape, s'accompagnant d'une logique d'intervention visant parfois à responsabiliser individuellement les acteurs des raisons de leurs difficultés ou de leurs échecs, ou bien à personnaliser les aides qui peuvent leur être proposées.

Il convient de s'interroger sur les nouveaux défis que pose pour la pratique du management, la singularité identitaire. La perception de la vie sociale par les individus passe de moins en moins uniquement par une identification ou une perception à partir des grands profils collectifs, mais se fait, au contraire, de plus en plus, par le biais de leurs expériences personnelles. Pour Martuccelli (2010) nous accordons plus d'attention à la singularité des personnes, des objets et des évènements en raison d'un passage de l'individualisme vers le singularisme, de l'affirmation de la singularité alors que l'égalité était la norme. Or c'est en prenant en compte la différence que l'égalité peut être protégée. Martuccelli (2010) décrit la singularité comme un fait d'époque émergeant. Elle représente un changement de paradigme de notre société : elle s'oppose à la standardisation et à la recherche d'homogénéisation. Cela traduit une tension entre le standard et le singulier, entre affirmation identitaire qui pourrait nous enfermer « en nous unidimensionnalisant dans le profil d'un seul groupe » (Martuccelli, 2010, p 27) et une pluralité identitaire qui nous extrait d'un groupe unique pour nous permettre d'affirmer notre singularité. Cela permet de porter un regard plus attentif sur le caractère singulier des phénomènes d'identité qu'ils soient collectifs ou individuels. La singularité apparaît ainsi comme « *une clé de voûte de la compréhension de la vie sociale* ».

Si l'industrialisation d'Henri Ford avait été un frein à la montée de la singularité avec la standardisation de l'offre, nous sommes entrés dans une période de différenciation des produits : esthétisme, hétérogénéité des produits, nouvelles technologies, nouvelles organisations du travail, nouvelles formes d'entreprises. Cette tendance appelle de nouvelles façons de manager plus spécifiques, plus segmentées, en travaillant à « *asseoir la continuité organisationnelle sur les singularités individuelles* » (Martuccelli, 2010, p. 20). Chacun depuis ce qu'il est, apporte sa contribution. Avec la singularité la personne est reconnue comme différente des autres, incomparable à l'intérieur d'un collectif de semblables.

Enfin, cette recherche répond à des exigences dans l'entreprise discutées au plan politique suite à la remise du rapport « Notat-Sénard » : la notion de « **raison d'être** » est désormais intégrée à la loi relative au plan d'action pour la croissance et la transformation des entreprises (Pacte).

Les perspectives de futures recherches

La singularité et la spiritualité ouvrent à une métaphysique tout comme le principe de la main invisible d'Adam Smith dans l'autorégulation des marchés ou du « fantôme » de Ricœur (1990, p. 140) à propos de l'identité car elles imprègnent le management de l'organisation dans un « ordre invisible des choses » (James, 1902) tout comme la notion d'alignement avec la mission et la vision (Mirvis, 1997). Selon Shepp et Foreman (2012) quand on transcende le soi, le but et le sens de la vie deviennent plus attachés à un plus grand « tout » plutôt qu'à un « soi-même » défini. Ce plus grand ensemble peut être conçu comme une abstraction métaphysique. Tout comme les « *cités* » repérées par Boltanski et Thévenot (1991), la singularité relève de processus stables. Se pose la question de l'existence de « lois » qui gouverneraient ces principes communs. Cette question devra faire l'objet de recherches et de développements dans d'autres champs disciplinaires (anthropologie, sciences de la nature).

Les travaux de thèse qui soutiennent ce livre ont été présentés au moment où à l'Assemblée Nationale les députés examinaient le projet de loi relatif du Plan d'Action pour la Croissance et la Transformation des Entreprises : la loi Pacte. Cette loi propose d'adjoindre à l'objet social une « **raison d'être** » de l'entreprise « constituée des principes dont la société se dote et pour le respect desquels elle entend affecter des moyens dans la réalisation de son activité ». Si toutes les sociétés sont concernées par la prise en considération des enjeux sociaux et environnementaux elles peuvent aussi désormais inscrire dans leurs statuts leur raison d'être qui va plus loin que la RSE en constituant un fil conducteur. La raison d'être :

- S'ancre dans l'intention des fondateurs de l'entreprise, transmise aux générations successives de dirigeants : le pourquoi ?
- Explicite les principes de décision que se donnent les dirigeants, en termes de valeurs, d'orientations et d'objectifs : le comment ?
- Exprime le service ou le produit à l'origine de toute démarche entrepreneuriale : le quoi ?

La qualité du fond de l'élaboration d'une raison d'être repose sur un processus faisant appel à la transcendance afin de faire émerger la vocation de l'organisation : il en découlera un alignement stratégique.

Au plan de la forme, la singularité permet une maîtrise de l'énonciation de la raison d'être. Le discours produit *in fine* n'exprime pas le métier des sociétés (banque, assurance, logistique, réseaux…) : il dépasse les dimensions étroites de l'entreprise et traduit l'effet de la transcendance signifiant une quête existentielle.

Une raison d'être ne s'invente pas : elle se révèle. On ne décrète pas un *purpose*. La raison d'être n'est pas le reflet d'une vision fantasmée de l'entreprise. Au contraire, le *purpose* doit être ancré dans la réalité de la société, à son origine même. Révéler le *why* d'une entreprise relève bien plus de la maïeutique que de la création : il s'agit de trouver dans les visions de chaque dirigeant, de chaque collaborateur, le dénominateur commun, l'étendard capable de rallier l'ensemble des salariés. En outre, le dirigeant face à des dysfonctionnements organisationnels ou des incertitudes pourra s'appuyer sur cette raison d'être.

La spiritualité a aussi sa part dans la façon de construire une raison d'être ancrée dans l'expérience de ceux qui connaissent l'entreprise : une raison d'être qui transcende la stratégie est portée par les dirigeants, inspire les salariés, structure le discours des managers, imprègne tout l'écosystème de l'entreprise, et donc permet de relier l'entreprise à son destin en permettant à chacun d'y trouver du sens. La spiritualité contribue ainsi à une différence positive dès lors que les participants sont en situation de s'ouvrir à cette dimension.

Pour Klaus Schwab Président du World Economic Forum (Davos) [55] : « la Quatrième Révolution Industrielle a le pouvoir de robotiser l'humanité et d'ébranler ce qui a été traditionnellement pour nous porteur de sens : travail, communauté, famille, identité. Ou bien, au contraire, nous pouvons y trouver l'occasion de faire accéder l'humanité à une nouvelle conscience collective et morale basée sur le sentiment d'un destin commun. C'est à nous qu'il revient de faire en sorte que cette deuxième hypothèse soit la bonne. »

Finalement, **être authentique c'est connaître et assumer sa singularité**. Pour reprendre la métaphore de Stéphen Hawking[56] « la singularité est toujours dans son futur, jamais dans son passé » (Hawking, 2014, p.61). Ce qui signifie qu'elle est en chacun de nous dès le départ et que pour aller à sa rencontre et la faire nôtre, c'est vers le futur que nous pouvons nous tourner, afin de nous ouvrir à notre propre destin.

---

[55] Schwab K. (2017), La quatrième révolution industrielle, Dunod, Paris.
[56] Hawking S. (2014), Petite histoire de l'univers, Flammarion

Bibliographie

Abell, D. F. (1980). *Defining the business: The starting point of strategic planning*. Englewood Cliffs and London, Prentice Hall.

Ackoff, R. L. (1999). Transformational Leadership. *Strategy and Leadership*, 27(1), 20-25.

Albert, S. (1998). The definition and metadefinition of identity. In D. A. Whetten & P. C. Godfrey (Eds.), *Identity in organizations: Developing theory through conversations*, 1(13). Thousand Oaks, CA: Sage.

Albert, S., & Whetten, D. A. (1985). Organizational Identity. *Research in Organizational Behavior*, 7, 263-295.

Anadón, M., & Guillemette, F. (2006). La recherche qualitative est-elle nécessairement inductive ? *Recherches qualitatives, Hors-Série « Les actes »*, 26-37.

Appelbaum, S. H., Habashy, S., Malo, J. L., & Shafiq, H. (2012). Back to the future: revisiting Kotter's 1996 change model. *The Journal of Management Development*, 31(8), 764-82.

Ashforth, B. E., Harrison, S. H., & Corley, K. G. (2008). Identification in organizations: an examination of four fundamental questions. *Journal of Management*, 34(3), 325-374.

Ashforth, B. E., & Johnson, S. A. (2001). Which hat to wear? The relative salience of multiple identities in organizational contexts. In M. A. Hogg & D. J. Terry (Eds.), *Social Identity Processes in Organizational Contexts* (p. 31-48). Ann Arbor, MI: Taylor & Francis.

Ashforth, B. E., & Mael, F. (1996). Organizational identity and strategy as a context for the individual. In J. A. C. Baum & J. E. Dutton (Eds.), *Advances in strategic management*, 13, 17-65. Greenwich, CT: JAI.

Ashforth B. E., & Mael F. (1989). Social identity theory and the organization. *Academy of Management Review*, 14(1), 20-39.

Argyris, C. (1964). *Integrating the Individual and the Organization*. New York: Wiley.

Aronson, E. (1992). *The social animal (6th ed.)*. New York: W. H. Freeman.

Autissier, D., Giraud, L., & Johnson K. (2015). *Les 100 schémas du management*. Paris : Eyrolles.

Barge J. K., & Oliver, C. (2003). Working with appreciation in managerial practice. *Academy of Management Review, 28*(1), 124-142.

Barnard, C. I. (1938), *The functions of the executive*, Cambridge, MA: Harvard University.

Barrett, R. (1998). *Liberating the Corporate Soul: Building a Visionary Organisation.* Boston, MA: Butterworth-Heinemann.

Barrett, R. (2017). *L'entreprise inspirée par les valeurs.* Paris : De Boeck Supérieur.

Bartel, C. A., & Saavedra, R. (2000). The collective construction of work group moods. *Administrative Science Quarterly*, 45, 197-231.

Beazley, D. A. (2002). *Spiritual orientation of a leader and perceived servant leader behavior: a correlational study.* Ph.D., Walden University, 96 pages.

Beer, M., & Nohria, N. (2000). *Breaking the Code of Change.* Boston, MA: Harvard Business School Press.

Bennis, W. G. (1966). *Changing organization.* NY: Mc Graw Hill.

Bernoux, P. (2009). *La sociologie des organisations.* Paris : Éditions du seuil.

Berry, J. W. (1980). Acculturation as varieties of adaptation. In A. M. Padilla (Eds.), *Acculturation: Theory, models and some new findings* (p. 9-25). Boulder, CO: Westview.

Berry, J. W. (1989). Imposed etics–emics-derived etics: the operationalization of a compelling idea. *International Journal of Psychology*, 24(6), 721-735.

Boeker, W. (1989). Strategic change: the effects of founding and history. *Academy of Management Journal*, 32, 489-515.

Boltanski, L., & Thévenot, L. (1991). *De la justification : les économies de la grandeur.* Paris : Gallimard.

Brewer, M. B., & Gardner W. (1996). Who is this 'We'? Levels of collective identity and self-representations. *Journal of Personality and Social Psychology*, 71(1), 83-93.

Brown, T. (2009). *Change by Design. How design thinking transforms organizations and inspires innovation.* NY: Harper Business.

Brown, J. G. (2012). Empowering students to create and claim value through the Thomas-Kilmann Conflict Mode Instrument. *Negotiation Journal*, 28(1), 79.

Brown, A. D., & Humphreys, M. (2003). Epic and tragic tales: making sense of change. *Journal of Applied Behavioral Science*, 39(2), 121-44.

Buono, A. F., Savall, H. & Cappelletti, L. (2018). *La recherche-intervention dans les entreprises et les organisations. De la conception à la publication.* Charlotte, NC : Information Age Publishing.

Burn, T., & Stalker, G. M. (1961). *The management of innovation.* Londres : Tavistock.

Bushe, G. R. (2011). Appreciative inquiry: Theory and critique. In D. Boje, B. Burnes & J. Hassard (Eds.), *The routledge companion to organizational change* (p. 87-103). Oxford, UK: Routledge.

Cacioppe, R., & Edwards, M. (2005). Seeking the holy grail of organisational development: a synthesis of integral theory, spiral dynamics, corporate transformation and action inquiry. *Leadership & Organization Development Journal, 26*(1), 86-105.

Cameron, K. S., & Quinn, R. E. (2005). *Diagnosing and changing organizational culture: based on the competing values framework.* NY: John Wiley & Sons.

Caplan, R. D. (1987). Person-environment fit theory and organizations: commensurate dimensions, time perspectives and mechanisms. *Journal of Vocational Behavior, 31*, 248-267.

Cash, K. C., Gray, G. R., & Rood, S. A. (2000). A framework for accommodating religion and spirituality in the workplace. *Academy of Management Executive*, 14, 124-134.

Cavanagh, G. F. (1999). Spirituality for managers: context and critique. *Journal of Organizational Change Management*, 12, 186-199.

Chalmers, A. F. (1976). *What is this thing called science?* St. Lucia, Qld.: Queensland University Press.

Chalmers, A. F. (1982). *Qu'est-ce que la science ?* Paris : La Découverte.

Chandler, A. D. (1972). *Stratégies et structures et de l'entreprise.* Paris : Les Éditions d'organisation.

Chandler, A. D. (1977). *The visible hand: the managerial revolution in american business*. Cambridge, MA: Harvard University Press.

Charreire, S., & Huault, I. (2001). Le constructivisme dans la pratique de recherche : une évaluation à partir de seize thèses de doctorat. *Finance Contrôle Stratégie*, 4(3), 31-55.

Chatman, J. (1989). Improving interactional organizational research: a model of person-organization fit. *Academy of Management Review*, 14(3), 333-349.

Chavel, T. (2011). Le coaching est-il une vocation ? *Revue Internationale de Psychosociologie*, 17(42), 197-208.

Cheney, G. (1983). On the various and changing meanings of organizational membership: a field study of organizational identification. *Communication Monographs*, 50, 342-362.

Chiapello, E., & Gilbert, P. (2013). *Sociologie des outils de gestion*. Paris : La Découverte.

Child, J. (1972). Organization structure, environment and performance: the role of strategic choice. *Sociology*, 6, 1-22.

Christianson, M. K. (2016). Mapping the terrain: the use of video-based research in top-tier organizational journals. *Organizational Research Methods*, 21(2), 261–87.

Clair, J. A., Beatty, J. E., & Maclean, T. L. (2005). Out of sight but not out of mind: managing invisible social identities in the workplace. *Academy of Management Review*, 30(1), 78-95.

Clark, T. (1995). *Managing consultants: consultancy as the management of impressions*. Buckingham: Open University Press.

Cloet, H., Vernazobres, P. (2011). Le marché français du coaching. Zoom sur les conventions de qualité. *Revue internationale de psychosociologie*, 42(17), 37-69.

Conger, J. & Associates (1994). *Spirit at Work*. San Francisco, CA: Jossey-Bass.

Cohen, A. J. (2010). Audiovisual recording. In A. J. Mills, G. Durepos & E. Wiebe (Eds.), *The Sage encyclopaedia of case study research* (p. 32-34). Thousand Oaks, CA: Sage.

Conroy, S., Henle, C. A., Shore, L., & Stelman, S. (2017). Where there is light, there is dark: a review of the detrimental outcomes of high organizational identification. *Journal of organizational behavior*, 38, 184-203.

Corley, K. G., & Gioia, D. A. (2004). Identity ambiguity and change in the wake of a corporate spin-off. *Administrative Science Quarterly*, 49, 173-208.

Costalat-Founeau, A. M., & Lipiansky, E. M. (2008). Éditorial. « Le sujet retrouvé ». *Connexions*, 89, 7-12.

Crozier, M. (1963). *Le Phénomène Bureaucratique*. Paris : Seuil.

Crozier, M., & Friedberg, E. (1977). *L'acteur et le système*. Paris : Seuil.

Cucumel, G., Beauchemin, J., & Gendreau, V. (2000). Analyse de stratégies argumentatives dans le cadre méthodologique de la cooccurrence étendue. Vème Journée Internationale d'Analyse Statistique des Données Textuelles, Montréal : Université du Québec, p.1-8.

Cunliffe, A. L. (2010). Retelling tales of the field: in search of organizational ethnography 20 years on. *Organizational Research Methods*, 13, 224-239.

Czarniawska, B. (1997). *Narrating the organization: dramas of institutionalized identity*. Chicago: University of Chicago Press.

De Certeau, M. (1980). *L'invention du quotidien. Tome 1 : Arts de faire*. Paris : Gallimard.

Denzin, N. K. (1978). *Sociological methods: a source book*, 2nd edition. NY: McGraw-Hill.

DeLong, T. J. (1982). Reexamining the Career Anchor Model. *Personnel*, 59 (3), 50-61.

De Rosnay, J. (2016). *Je cherche à comprendre*. Paris : LLL.

Desreumaux, A. (2015). *Théorie des organisations*. Paris : EMS.

De Vaujany, F. X. (2006). Pour une théorie de l'appropriation des outils de gestion : vers un dépassement de l'opposition conception-usage. *Management & Avenir,* 3 (9), 109-126.

Dobrev, S. D., & Gotsopoulos, A. (2010). Legitimacy vacuum, structural imprinting, and the first mover disadvantage. *Academy of Management Journal*, 53, 1153-74.

Don Chrusciel, (2004). Consultant as teacher or teacher as consultant: what is the relationship? *Leadership & Organization Development Journal*, 25(8), 663-677.

Drucker-Godard, C. (2013). De l'observation du chercheur à l'accompagnement du dirigeant. *@GRH*, 1(6), 67-89.

Dufrenne, M. (1953). *La personnalité de base*. Paris : Puf.

Dukerich, J. M., Kramer, R., & Parks, J. M. (1998). The dark side of organizational identification. *Identity in organizations: building theory through conversations*, 245-256.

Dumez, H. (1988). Petit organon à l'usage des sociologues, historiens et autres théoriciens des pratiques de gestion. *Economies et Sociétés*, 8, 173-186.

Dumez, H. (2016). *Méthodologie de la recherche qualitative*. Paris : Vuibert.

Dumézil, G. (1968). *Mythe et épopée I. L'idéologie des trois fonctions dans les épopées des peuples indo-européens*. Paris : Gallimard.

Dutton, J. E., & Penner, W. (1993). The importance of organizational identity for strategic agenda. In J. Hendry, G. Johnson & J. Newton (Eds), *Strategic thinking* (p. 89-113). Chichester, England: Wiley.

Dutton, J. E, & Dukerich, J. M. (1991). Keeping an eye on the mirror: image and identity in organizational adaptation. *Academy of Management Journal*, 34, 517–554.

Dutton, J. E., Dukerich, J. M., & Harquail C. V. (1994). Organizational images and member identification. *Administrative Science Quarterly*, 39(2), 239–263

Duyck, J. Y., Moal-Ulvoas, G., & Voynnet-Fourboul, C. (2017). *Management et spiritualité*. Paris : EMS.

Dyer, W., & Wilkins, A. (1991). Better stories, not better constructs, to generate better theory: a rejoinder to Eisenhardt. *Academy of Management Review,* 16(3), 613-619.

Eisenhardt, K. M. (1989). Building Theories from Case Study Research. *Academy of Management Review*, 14(4), 532-550.

Eisenhardt, K. (1991). Better stories and better constructs: the case for rigor and comparative logic. *Academy of Management Review,* 16(3), 620-627.

Enriquez, E. (2003). *L'organisation en analyse*. Paris : Puf.

Erikson, E. H. (1968). *Adolescence et crise. La quête de l'identité*. Paris : Flammarion.

Fayol, H. (2016). *Administration industrielle et générale*. Castres et Paris : Edi-gestion & andese.

Fauchart, E., & Gruber, M. (2011). Darwinians, communitarians, and missionaries: the role of founder identity in entrepreneurship. *Academy of Management Journal*, 54(5), 935-957.

Fiol, M. C. (1991). Managing culture as a competitive resource: an identity-based view of sustainable competitive advantage. *Journal of Management*, 17(1), 191-211.

Fiol, C. M., Hatch, M. J., & Golden-Biddle, K. (1998). Organizational culture and identity: what's the difference anyway? In D. A Whetten & P. C. Godfrey (Eds.), *Identity in organizations. Building theory through conversations* (p. 56-59). Thousand Oaks, CA: Sage.

Fiol, C. M. (1998). The identity of organizations. In D. A Whetten & P. C. Godfrey (Eds.), *Identity in organizations. Building theory through conversations* (p. 66-88). Thousand Oaks, CA: Sage.

Fiol, M. C. (2002). Capitalizing on paradox: the role of language in transforming organizational identities. *Organization Science*, 13, 653-666.

Flick, U. (2009). *An Introduction to Qualitative Research*. London: Sage Publications.

Foreman, P. O., & Whetten, D. A. (2016). Measuring organizational identity: taking stock and looking forward. In M. G. Pratt, M. Schultz, B. E. Ashforth & D. Ravasi (Eds.), *The Oxford Handbook of Organizational Identity*. Oxford: OUP.

Forgues, B., & Vandangeon-Derumez, I. (1999). Analyses longitudinales. In R. A. Thiétart (Eds.), *Méthodes de recherche en management* (p. 422-448). Paris : Dunod.

Fraenkel, J. R., & Wallen, N. E. (1990). *How to design and evaluate research in education*. New York: McGraw-Hill.

Fry, L. W. (2003). Toward a theory of spiritual leadership. *Leadership Quaterly*, 14, 693-727.

Gagliardi, P. (1986). The creation and change of organizational cultures: a conceptual framework. *Organization Studies,* 7(2), 117-134.

Garfinkel, H. (1967). *Studies in ethnomethodology.* Englewood Cliffs, NJ: Prentice Hall.

Garreau, L. (2011). Accéder à l'opérationnalisation d'un concept complexe au travers de la théorie enracinée : le cas du concept de sens. *Revue internationale de Psychosociologie,* 1-25.

Geertz, C. (1973). *The interpretation of cultures: selected essays.* New York: Basic Books.

George, M. (2006). How intelligent are you ... really? From IQ to EQ to SQ, with a little intuition along the way. *Training & Management Development Methods,* 20(4), 425.

Gephart, R. P. (1978). Status degradation and organisational succession: an ethnomethodological approach. *Administrative Science Quarterly,* 23(4), 553-581.

Gergen, K. J. (1978). Toward generative theory. *Journal of Personality and Social Psychology,* 36(11), 1344-1360.

Gerring, J. (1999). What makes a concept good? a criterial framework for understanding concept formation in the social sciences. *Polity,* 31(3), 357-393.

Getz, I., Carney, B. M. (2016). *Liberté & cie : quand la liberté des salariés fait le succès des entreprises.* Paris : Flammarion.

Ghadiri, D. (2014). Quand le changement menace l'identité. *Gestion,* 39(1), 38-47.

Giacalone, R. A., & Jurkiewicz, C. L. (2003). *Handbook of Workplace Spirituality and Organizational Performance.* Armonk, NY: M.E. Sharpe.

Gioia, D. A. (1998). From individual to organizational identity. In D. A Whetten & P. C. Godfrey (Eds.), *Identity in organizations. Building theory through conversations* (p. 17-31). Thousand Oaks, CA: Sage.

Gioia, D. A., Corley, K. G., & Hamilton, A. L. (2012). Seeking qualitative rigor in inductive research: notes on the Gioia methodology. *Organizational Research Methods,* 16(1), 15-31.

Gioia, D. A., Schultz, M., & Corley, K. G. (2000). Organizational identity, image and adaptive instability. *Academy of Management Review,* 41(3), 370-403.

Gioia, D. A., & Thomas, J. B. (1996). Identity, image and issue interpretation: sensemaking during strategic change in academia. *Administrative Science Quarterly*, 41, 370-403.

Glaser, B. G., & Strauss, A. L. (1967). *The Discovery of Grounded Theory: Strategies for Qualitative Research*. New York: Aldine de Gruyter.

Glaser, B. G., & Strauss, A. A. (2017). *La découverte de la théorie ancrée. Stratégies pour la recherche qualitative*. Paris : Armand Colin.

Glynn, M. A. (1996). Innovative genius: a framework for relating individual and organizational intelligences to innovation. *Academy of Management Review*, 21(4), 1081-1111.

Glynn, M. A. (2000). When cymbals become symbols: conflict over organizational identity within a symphony orchestra. *Organization Science*, 11(3), 285-98.

Godelier, E. (2004). Le changement de l'entreprise vu par les sciences de gestion ou... *Entreprises et Histoire*, 35, 31-44.

Goffman, E. (1975). *Stigmate*. Paris : Les éditions de minuit.

Goffman, E. (1971). *Relations in public: microstudies of the public order*. New York, NY: Basic Books.

Goffman, E. (1974). *Frame analysis: an essay on the organization of experience*. Cambridge, MA: Harvard University Press.

Goffman, E. (1982), The interaction order: American Sociological Association 1982 presidential address. *American Sociological Review*, 48, 1-17.

Gond, J. P., & Igalens, J. (2019). *La responsabilité sociale de l'entreprise*. Paris, Puf.

Gouldner, A. (1954). *Patterns of industrial bureaucracy: a case study of modern factory administration*. New York: Free Press.

Greenleaf, R. K., & Spears, L. C. (2002). *Servant leadership: a journey into the nature of legitimate power and greatness,* 25th anniversary edition. Mahwah, NJ: Paulist Press.

Greiner, L. (1972). Evolution and revolution as organizations grow. *Harvard Business Review*, 50(4), 37-46.

Grinder, J., & Bandler, R. (1979). *Frogs into princes: Neuro Linguistic Programming*. Moab, UT: Real People Press.

Guirdham, M. (2002). *Interactive behaviour at work*, 3rd edition. Harlow Essex: Financial Times Prentice Hall.

Gustafson, L. T., & Reger R. K. (1995). Using organizational identity to achieve stability and change in high velocity environments. *Academy of Management Best Papers Proceedings*, 464–468.

Hall, R. D., & Rowland, C. A., (2016). Leadership development for managers in turbulent times. *Journal of Management Development*, 35(8), 942-955.

Harquail, C., & King, A. (2002). We know more than we say: a typology for understanding a manifold organizational identity. *Academy of Management Proceedings*, MOC.

Haspeslagh, P. C., & Jemison, D. B., (1991). Managing acquisitions: creating value through corporate renewal. New York: the free press.

Hatch, M. J. (2000). Théorie des organisations, de l'intérêt de perspectives multiples. Paris : De Boeck.

Hatch, M. J., & Schultz, M. (1997). Relations between organizational culture, identity and image. *European Journal of Marketing*, 32 (5/6), 356-365.

Hatch, M. J., & Schultz, M. (2000). Scaling the tower of Babel: relational differences between identity, image and culture in organizations. In M. Schultz, M. J. Hatch, & M. H. Larsen (Eds.), *The expressive organization* (p. 11–36). Oxford, U.K.: Oxford University Press.

Hatch, M. J., & Schultz, M. (2002). The dynamics of organizational identity. *Human Relations*, 55, 989-1018.

Hatch, M. J., & Schultz, M. (2004). *Organizational identity*. Oxford University Press.

Hendry, J., & Seidl, D. (2003). The structure of significance of strategic episodes: social systems theory and the routine practice of strategic change. *Journal of Management Studies*, 40, 175-196.

Herzberg, F. (1966). *Work and the nature of men*. Cleveland, OH: World Publishing Co.

Hirèche, L. (2008). *La dynamique des jugements éthiques individuels en situation dans l'entreprise, une étude ethnographique*. Thèse sous la direction de Chanlat J.F.

Hogg, M. A., & Terry, D. J. (2000). Social identity and self-categorization processes in organizational contexts. *Academy of Management Review*, 25(1), 121-140.

Hrebiniak, L. G., & Joyce, W. J. (1985). Organizational adaptation: strategic choice and environmental determinism. *Administrative Science Quarterly*, 30, 336-49.

Igalens, J., & Roussel, P. (1998). *Méthodes de recherche en Gestion des Ressources Humaines*. Paris : Economica.

Inglehart, R. (1977). *The silent revolution: changing values and political styles among Western Publics*. Princeton, NJ: Princeton University Press.

Judge, W. Q. et al. (2015). Configurations of capacity for change in entrepreneurial threshold firms: imprinting and strategic choice perspectives. *Journal of Management Studies*, 52(4), 506-530.

Jung, C. G. (2016). *L'Âme et la vie*. Paris : Le Livre de poche.

Kakabadse, N. K., Louchart, E., & Kakabadse, A. (2006). Consultant's role: a qualitative inquiry from the consultant's perspective. *The Journal of Management Development*, 25(5), 416-500.

Kaku, M. (2019). *L'avenir de l'humanité : Terraformage de Mars, voyages interstellaires, notre destinée en dehors de la Terre*. Paris : De Boeck Supérieur.

Kansal, S., & Chandani, A., (2014). Effective management of change during merger and acquisitions. *Procedia economics and finance*, 11, 208-217.

Kardiner, A. (1969). *L'individu dans sa société*. Paris : Gallimard.

Katz, D., & Kahn, R.L. (1966). *The social psychology of organization*. Hoboken, NJ: Willey.

Kelle, U. (1995). *Computer-aided qualitative data analysis: theory, methods and practice*. Thousand Oaks, CA: Sage Publications Ltd.

Kieser, A., & Wellstein, B. (2008). Do activities of consultants and management scientists affect decision making by managers? In G. P. Hodgkinson & W. H. Starbuck (Eds.), *The Oxford Handbook of Organizational Decision Making* (p. 203–221). Oxford: Oxford University Press.

Knoblauch, H., & Schnettler B. (2012). Videography: analysing video data as a 'focused' ethnographic and hermeneutical exercise. *Qualitative Research*, 12(3), 334-356.

Kornberger, M., & Clegg, S. (2011). Strategy as performative practice: the case of Sydney 2030. *Strategic organization*, 9(2), 136-162.

Korzybski, A. (1950). Le rôle du langage dans les processus perceptuels. Dans *Une carte n'est pas le territoire* (2010). Paris : L'éclat.

Kotter, J. (1995). Leading change: why transformation efforts fail. *Harvard Business Review*, March-April, 59-67.

Krief, N., & Zardet, V. (2013). Analyse de données qualitatives et recherche-intervention. *Recherches en Sciences de Gestion,* 95 (2), 211-237.

Kuhn, T. S. (1970). *La structure des révolutions scientifiques*. Paris : Flammarion.

Kubr, M. (2002). *Management consulting: a guide to the profession*, (fourth edition). Geneva: International Labour Organization.

Laabs, J. (1996). Downshifters. *Personnel Journal*, March, 62-76.

LaFromboise, T., Coleman, J., & Gerton, J. (1993). Psychological impact of biculturalism: evidence and theory. *Psychological Bulletin*, 114, 395-412.

Langley, A., & Tsoukas S. (2010). Introducing 'perspectives on process organization studies'. In T. Hernes & S. Maitlis (Eds.), *Process, sensemaking and organizing*. New York: Oxford University Press.

Larçon, L., & Reitter, R. (1979). *Structures de pouvoir et identité de l'entreprise*. Paris, Nathan.

Laude, L., Vignon, C., & Waelli, M. (2012). Observer les organisations de l'intérieur. Plaidoyer pour des recherches ethnographiques. *Revue internationale de psychosociologie et de gestion des comportements organisationnels*, 18(45), 55-76.

Le Moigne, J. L. (1990). *La modélisation des systèmes complexes*. Paris : Dunod.

Le Moigne, J. L. (2012). *Les épistémologies constructiviste*. Paris : Puf.

Le Roy, F., & Pellegrin-Boucher, E. (2005). Bruce Henderson comme fondateur de la pensée stratégique. *Revue Française de Gestion*, 31(154), 9-20.

Leslie, D. (2020). Isaac Asimov: centenary of the great explainer. *Nature*, 577, 614-616.

Lévi-Strauss, C. (1983). *L'identité*. Paris, Puf.

Lewin K. (1967). *Psychologie dynamique : les relations humaines* (3e édition). Paris, Puf.

Likert, R. (1961). *New patterns of management*. NY: Mc Craw Hill.

Lipton, M. (1996). Demystifying the development of an organizational vision. *Sloan Management Review*, 37(4), 83+.

Liu, F., & Maitlis, S. (2014). Emotional dynamics and strategizing processes: a study of strategic conversations in top team meetings. *Journal of Management Studies*, 51, 202-234.

Llewellyn N., & Hindmarsh J. (2010). *Organisation, interaction and practice: studies in ethnomethodology and conversation analysis*. Cambridge, UK: Cambridge University Press.

Luhmann, N. (1995). *Social Systems*. Stanford, CA: Stanford University Press.

Luhmann, N. (2006). Communication Barriers in Management Consulting. In D. Seidl & K. H. Becker (Eds.), *Niklas Luhmann and Organization Studies* (p. 351–364). Copenhagen: Liber/CBS Press.

Luhmann, N. (2011). *Organisation und Entscheidung*. Opladen: Westdeutscher Verlag.

Mead, G. H. (1934). *L'esprit, le soi et la société*. Paris, Puf.

Marquis C., & Tilcsik A. (2013). Imprinting: toward a multilevel theory. *Academy of Management Annals,* 7, 193-242.

Martuccelli, D. (2010). *La Société singulariste*. Paris : Armand Colin.

Maslow, A. (1968). *Toward a psychology of being*. New York: Van Nostrand Reinhold.

Mathieu, P., & Monneyron F. (2015). *L'immaginaire du luxe*. Paris : Imago.

Maturana, F. H., Uribe, R., & Varela, F. G. (1974). Autopoiesis: the organization of living systems, its characterization and a model. *BioSystems*, 5, 187-196.

McGregor, D. (1971). *La dimension humaine de l'entreprise*. Paris : Gauthier-Villars.

McMillan, J.J. (1987). In search of the organizational persona: a rationale for studying organizations rhetorically. In L. Thayer (Eds.), *Organization communication: emerging perspectives II*. Norwood, NJ: Ablex.

Meier, O., & Schier, G. (2012). *Fusions et Acquisitions* (4ème édition). Paris : Dunod.

Merton, R. K. (1967). *On theoritical sociology*. New York: Free Press.

Mignon, S. (2001). *Stratégie de pérennité d'entreprise*. Paris : Vuibert.

Miles, M. B., & Huberman, A. M. (2003). *Analyse des données qualitatives* (2iéme édition). Paris : De Boeck.

Miller, E. J., & Rice, A. K. (1967). *System of organization: the control of task and sentient boundaries*. London: Tavistock.

Millward, L., & Kyriakidou, O. (2004). Linking pre- and post-merger identities through the concept of career. *Career Development International*, 1(9), 12-27.

Mintzberg, H. (1982). *Structure et dynamique des organisations*. Paris : Editions d'Organisation.

Mintzberg, H. (1987). The strategy concept I : five Ps for strategy. *California management review*, 30(1), 11-24.

Mitroff, I., & Denton, E. (2000). *A spiritual audit of corporate America: a hard look at spirituality, religion, and values in the workplace*. San Francisco: Jossey-Bass.

Mirvis, P. H. (1997). Soul work in organizations. *Organization Science*, 8(2), 193-206.

Mohe, M., & Seidl, D. (2011). Theorizing the client-consultant relationship from the perspective of social-systems theory. *Organization*, 18(1), 3-22.

Moingeon, B., & Ramanantsoa, B. (1997). Understanding corporate identity: the French school of thought. *European Journal of Marketing*, 31(5/6), 383-395.

Moisdon, J. C. (1997). *Du mode d'existence des outils de gestion*. Paris : Seli Arslan.

Morgan, G. (1989). *Images de l'organisation*. Laval : Les presses de l'université Laval, édition Eska.

Morin, E. (1991). *La méthode, 4 les idées*. Paris : Seuil.

Morin, E. (2011). *La Voie, pour l'avenir de l'humanité*. Paris : Fayard.

Munier, R. (2005). *Le Su et l'insu*. Paris : Gallimard.

Neal, C. (1998). The conscious business culture. *Creative Nursing*, 4, 5-7.

Nicolai, A. T., & Röbken, H. (2005). Scientification, immune responses, and reflection: the changing relationship between management studies and consulting. *Journal of Organizational Change Management,* 18(5), 416-34.

Noubel, J. F. (2004). *Intelligence Collective : la révolution invisible*. http://www.thetransitioner.org/Intelligence_Collective_Revolution_Inv isible_JFNoubel.pdf.

Ogden, C. K., & Richards, I. A. (1923). *The Meaning of Meaning*. New York: Harchourt, Brace & World.

Oliver, D., & Roos, J. (2006). Créativité et identité organisationnelle. *Revue Française de Gestion,* 32(161), 139-154.

Paillé, P., & Mucchielli, A. (2008). *L'analyse qualitative en sciences humaines et sociales*. Paris : Armand Colin.

Pellegrinelli, S. (2002). Managing the interplay and tensions of consulting interventions. The consultant–client relationship as mediation and reconciliation. *The Journal of Management Development,* 21 (5/6), 343-65.

Perez, Y. A. (2006). La littérature sur l'intervention de conseil dans les organisations : une revue critique. *La Revue des Sciences de Gestion*, 3(219), 151-158.

Perron, M. (2009). Comprendre et gérer le conflit relationnel. *Annales des Mines - Gérer et comprendre*, 95, 67-76.

Pfeffer, J., Sutton, R. (2000). *The knowing-doing gap: how smart companies turn knowledge into action*. Cambridge, MA: Harvard Business School Press.

Piedmont, R. L. (1999). Does spirituality represent the sixth factor of personality? Spiritual transcendence and the five-factor model. *Journal of Personality*, 67, 985-1014.

Pike, K. L. (1967). *Language in Relation to a Unified Theory of Structure of Human Behavior* (2nd ed.). The Hague, Netherlands: Mouton.

Plane, J. M. (2000). *Méthodes de recherche-intervention en management*. Paris : L'Harmattan.

Plane, J. M. (2013). *Théorie des organisations*. Paris : Dunod.

Point, S., & Voynnet-Fourboul, C. (2006). Le codage à visée théorique. *Recherche et Applications en Marketing, 21*(4), 61-78.

Poitevin, M. (2019). *Georges Dumézil, l'enchanteur érudit*. Rennes : Éditions Apogée.

Powell, E. E., & Baker, T. (2017). In the beginning: identity processes and organizing in multi-founder nascent ventures. *Academy of Management Journal*, 60(6), 2381-2414.

Pozzebon, M., & Pinsonneault, A. (2012). The dynamics of client-consultant relationships exploring the interplay off power and knowledge. *Journal of Information Technology*, 27, 35-56.

Pratt, M. G. (1998). To be or not to be? Central questions in Organizational identification. In D. A Whetten & P. C. Godfrey (Eds.), *Identity in organizations. Building theory through conversations* (p. 171-207). Thousand Oaks, CA: Sage Publications.

Pratt, M. G. (2003). Disentangling collective identity. In J. Polzer, E. Mannix, & M. Neale (Eds.), *Identity issues in groups: research in managing groups and teams* (p. 161-188). Stamford, CT: Elsevier Science Ltd.

Pratt, M. G., & Ashforth, B. E. (2003). Fostering meaningfulness in working and at work. In K. S. Cameron, J. E. Dutton & R. E. Quinn (Eds.), *Positive Organizational Scholarship: Foundations of a New Discipline*, (p. 309-327). San Francisco: Berrett-Koehler.

Pratt, M. G., Schultz, M., Ashforth, B. E., & Ravasi, D. (2016). Organizational identity, mapping where we have been, where we are, and where we might go. In M. G. Pratt, M. Schultz, B. E. Ashforth & D. Ravasi (Eds.), *The Oxford Handbook of Organizational Identity*. Oxford: OUP.

Ravasi, D., & Schultz, M. (2006). Responding to organizational identity threats: exploring the role of organizational culture. *Academy of Management Journal*, 49(3), 433-458.

Ricœur, P. (1990). *Soi-même comme un autre*. Paris : Seuil.

Robbins, S. R., & Duncan, R. B. (1988). The role of the CEO and top management in the creation and implementation of strategic vision. In D. C. Hambrick (Eds.), *The executive effect: concepts and methods for studying top managers* (p. 137-162). Greenwich, CT: JAI Press.

Rojas, R. R. (2002). Management theory and spirituality: a framework and validation of the independent spirituality assessment scale (Thèse Order No. 3043030).

Rouleau, L. (2007). *Théories des organisations. Approches classiques, contemporaines et de l'avant-garde*. Québec : Presses de l'Université du Québec.

Rouleau, L. (2013). L'ethnographie organisationnelle d'hier à demain. *Revue internationale de psychosociologie et de gestion des comportements organisationnels,* 48, 27-43.

Roos, J., Statler, M., & Victor, B. (2004). Playing seriously with strategy, *Long Range Planning*, 37, 549-568.

Sass, J. S. (2000). Characterizing organizational spirituality: an organizational communication culture approach. *Communication Studies*, 51, 195-207.

Sacks, H., Schegloff, E., & Jefferson, G. (1974). A simplest systematics for the organizations of turn-taking for conversation. *Language*, 50, 696-735.

Sacks, H. (1984). Notes on methodology. In J. M. Atkinson & J. Heritage (Eds.), *Structures of social action* (p. 21-27). Cambridge, UK: Cambridge University Press.

Sarason, Y. (1995). A model of organizational transformation: the incorporation of organizational identity into a structuration theory framework. *Academy of Management Journal, Best Papers Proceedings*, 47-51.

Savall, H., & Zardet, V. (2010). *Maîtriser les coûts et les performances cachés*. Paris : Economica.

Schein, E. H. (1978). The role of the consultant: content expert or process facilitator? *Journal of Counseling Development*, 56(7), 22-26.

Schein, E. H. (1983). The role of the founder in creating organizational culture. *Organizational Dynamics, 2*(1), 13-28.

Schein, E. H. (1984). Coming to a new awareness of organizational culture. *Sloan Management Review,* 25, 3-16.

Schein, E. H. (1987). *The clinical perspective in fieldwork.* Newbury Park, CA: Sage.

Schein, E. H. (1988). *Process consultation, Vol. 1* (revised ed.). Reading, MA: Addison-Wesley.

Schein, E. H. (2010). *Organizational Culture and Leadership.* San Francisco: Jossey-Bass.

Schein, E. H. (2015). *L'art de poser humblement des questions.* Paris : Ixelles Edition.

Schultz, M., & Hernes, T. (2013). A temporal perspective on organizational identity. *Organization Science*, 24(1), 1-21.

Schwartz, S. H. (1992). Universals in the content and structure of values: theory and empirical tests in 20 countries. In M. Zanna (Eds.), *Advances in experimental social psychology* (vol. 25, p. 1-65). New York, NY: Academic Press.

Selznick, P. (1949). *T.V.A. and the Grass Roots.* Berkeley, CA: University of California Press.

Selznick, P. (1957). *Leadership in administration: a sociological interpretation.* Evanston, IL: Row, Peterson.

Sheep, M. L., & Foreman, P. O. (2012). An integrative framework for exploring organizational identity and spirituality. *The Journal of Applied Business and Economics,* 13(4), 11-29.

Simon, H. (1969). *Sciences of the artificial.* Cambridge MA: M.I.T. Press.

Simons, R. (1994). How new top managers use control systems as levers of strategic renewal. *Strategic Management Journal,* 15(3), 169-189.

Siri, J., & Groddeck, V. (2012). Temporalized identities: how organizations construct identities in a society of presents. *Tamara Journal of Critical Organisation Inquiry*, 10(3), 9-19.

Spreitzer, G. M. (1995). Psychological empowerment in the workplace: dimensions, measurement, and validation. *Academy of Management Journal,* 38(5), 1442-1465.

Stimson, D. H., & Thompson, R. P. (1975). The importance of 'weltanschauung' in operations research: the case of the school busing problem. *Management science,* 21, (10), 1123–1132.

Stinchcombe, A. (1965). Social structure and organizations. In J. G. March (Eds.), *Handbook of Organizations* (p. 142–93). Chicago, IL: Rand McNally.

Strategor (1993). *Stratégie, Décision, Structure, Identité* (3ième édition). Paris : Dunod.

Strauss, A., & Corbin, J. (2015). *Basics of qualitative research: grounded theory procedures and techniques.* Newbury Park: Sage Publications.

Streeck, J., & Mehus, S. (2005). Microethnography: the study of practices. In K. L. Fitch & R. S. Sanders (Eds.), *Handbook of language and social interaction* (p. 381-404). Mahwah, NJ: Lawrence Erlbaum.

Suman, E. (2009). Role of behavioral and personality instruments in the improvement of team effectiveness in the organization. *Perspectives of Innovations, Economics & Business,* 3, 80-82.

Sutton, A., Allinson, C., & William, H. (2013). Personality type and work-related outcomes: an exploratory application of the Enneagram model. *European Management Journal,* 31, 234-249.

Tajfel, H. (1982). Social psychology of intergroup relations. *Annual Review of Psychology,* 33, 1-39.

Tajfel, H., & Turner, J. C. (1985). The social identity theory of intergroup behavior. In S. Worchel & W. G. Austin (Eds.), *Psychology of intergroup relations* (p. 7-24). Chicago: Nelson-Hall.

Teerikangas, S., & Very, P. (2006). The culture-performance relationship in M&A: from Yes/No to how. *British Journal of Management,* 17(1), 31-48.

Terry, D. J., Carey, C. J., & Callan, V. J. (2001). Employee adjustment to an organizational merger: an intergroup perspective. *Personality and Social Psychology Bulletin,* 27, 267-280.

Thévenet, M. (2014). *La culture d'entreprise,* Paris, Puf.

Thévenet, M. (2016). De la science à l'art du management. In J. Barthélemy & N. Mottis (Eds.), *A la pointe du management, ce que la recherche apporte au manager*. Paris : Dunod.

Thine, S. (2006). Pierre Bourdieu : éléments d'une analyse du champ du conseil. *Revue Française de Gestion*, 32(165), 35-43.

Tienari, J., & Vaara, E. (2012). Power and politics in mergers and acquisitions. In D. Faulkner, S. Teerikangas, & R. Joseph (Eds.), *Handbook of Mergers and Acquisitions* (p. 195–253). Oxford: Oxford University Press.

Kepner, C. H., & Tregoe, B. B. (1991). *La vision stratégique en action*. Paris : Les Éditions d'Organisation.

Turner, J. C. (1987). *Rediscovering the social group: a self-categorization theory*. Oxford: Blackwell.

Turner, J. C., Oakes, P.J., Haslam, S. A., & McGarty, C. (1994). Self and collective: cognition and social context. *Personality and Social Psychology Bulletin*, 20, 454-463.

Tyler, T. R., & Blader, S. L. (2003). The group engagement model: procedural justice, social identity, and cooperative behavior. *Personality and Social Psychology Review*, 7(4), 349-361.

Ullrich, J., Wieseke, J., & Dick, R. V. (2005). Continuity and change in mergers and acquisitions: a social identity case study of a german industrial. *Journal Management Studies,* 42(8), 1549-1569.

Van de Ven, A. (1992). Suggestions for studying strategy process: a research note. *Strategic Management Journal*, 13, 169-88.

Van Maanen, J. (1973). Working the street. In H. Jacob (Eds.), *The Potential for the Reform of Criminal Justice* (vol. 3, p. 83-130). Beverly Hills, CA: Sage Criminal Justice System Annuals.

Van Maanen, J. (1979). The fact of fiction in organizational ethnography. *Administrative Science Quarterly*, 24(4), 539-550.

Van Maanen, J. (2006). Ethnography then and now. *Qualitative Research in Organizations and Management,* 1(1), 13-21.

Van Maanen, J. (2011). Ethnography as work: some rules of engagement. *Journal of Management Studies*, 48(1), 218-234.

Visconti, L. M. (2010). Ethnographic Case Study (ECS): abductive modeling of ethnography and improving the relevance in business marketing research. *Industrial Marketing Management*, 39(1), 25-39.

Voynnet-Fourboul, C. (2011). La spiritualité des dirigeants en situation de passage de leadership. *Management & Avenir*, 48, 202-220.

Voynnet-Fourboul, C. (2012). Ce que "analyse de données qualitatives" veut dire. *Revue internationale de Psychosociologie*, 18(44), 71-88.

Voynnet-Fourboul, C. (2014). *Diriger avec son âme : Leadership et spiritualité*. Paris : EMS.

Watson, D., & Tellegen, A. (1985). Toward a consensual structure of mood. *Psychological Bulletin*, 98, 219-235.

Watson, T. J. (2011). Ethnography, reality and truth: the vital needs for studies of 'how things work' in organizations and management. *Journal of Management Studies*, 48(1), 202-216.

Watzlawick, P., Beavin, J., & Jackson, D. (1979). *Une logique de la communication*. Paris : Seuil.

Wax, M. (1980). Paradoxes of consent to the practice of fieldwork. *Social Problems*, 27, 272-83.

Weick, K. E. (1979). *The social psychology of organizing*. Reading, MA: Random House.

Weick, K. E. (1995). *Sensemaking in organizations*. Thousand Oaks, CA: Sage publications.

Weick, K. E., & Roberts K. H. (1993). Collective mind in organizations: heedful Interrelating on flight decks. *Administrative Science Quarterly*, 38(3), 357-381.

Werr, A., & Styhre, A. (2002). Management consultants–friend or foe? *International Studies of Management and Organization*, 32(4), 43-66.

Whetten, D. A. (2003). A social actor conception of organizational identity. *Business & Society*, 41(4), 393-414.

Whetten, D. A., & Godfrey, P. C. (1998). *Identity in organizations. Building theory through conversations*. Thousand Oaks: Sage Publications.

Whetten, D. A., & Mackey, A. (2002). A social actor conception of organizational identity and its implications for the study of organizational reputation. *Business & Society*, 41(4), 393-414.

Wilber, K. (2015). *Le livre de la vision intégrale*. Paris : Dunod.

Wilber, K. (1996). *A brief history of everything*. Boston, MA: Shambhala.

Wils, L., Wils, T., & Tremblay, M. (2010). Toward a career anchor structure: an empirical investigation of engineers. *Relations industrielles/Industrial Relations*, 65(2), 236-256.

Woodward, J. (1965). *Industrial organization: theory & practice*. Oxford: Oup.

Yanow, D. (2009). Organizational ethnography and methodological angst: myths and challenges in the field. *Qualitative Research in Organizations and Management: An International Journal*, 4(2), 186-199.

Ybema, S., Yanow, D., Wels, H., & Kamsteeg, F. (2009). *Organizational Ethnography. Studying the Complexities of Everyday Life*. London: Sage Publications.

Yin, R. K. (1999). Enhancing the quality of case studies in health services research. *Health Services Research,* 34, 1209-1224.

Yin, R. K. (1994). Discovering the future of the case study method in evaluation research. *Evaluation Practice,* 15(3), 283-90.

Yin, R. K. (2003). *Case Study Research: Design and Methods* (3rd edition). Thousand Oaks, CA: Sage.

Zaleznik, A. (1966). *Human Dilemmas of Leadership*. NY: Harper & Row.

Zaleznik, A. (1989). *The managerial mystique.* NY: Harper & Row.

Zara, O. (2008). *Le management de l'intelligence collective : vers une nouvelle gouvernance*. Paris : M21 Editions.

Table des matières